TAXNET
세무/회계 전문 재경비즈니스 포털 서비스

궁금증을 풀어주는 이전가격과 디지털세 Guide Book

이경근 저

조세통람

머리말

최근 해외 진출기업들의 세무담당자들이 직면한 국제조세 관련 고민거리 두 가지를 꼽으라고 하면 단연 '이전가격 세무조사'와 '글로벌 최저한세 시행'이라고 할 수 있다. 왜 그럴까?

우선 '이전가격 세무조사'에 고민이 많은 이유는, 날이 갈수록 외국 과세당국들의 이전가격 세무조사가 공격적으로 변화하고 있고 우리나라 과세당국들도 정기세무조사를 할 때마다 이전가격 조사를 심도 있게 수행해서 이전가격 조사와 관련한 추징 건수와 세액이 과거와는 비교가 안 될 정도로 늘고 있기 때문이다.

또한 내년부터 '글로벌최저한세'가 시행될 예정인데, 이에 따르면 해외 자회사의 실효세율이 15% 미만인 경우에는 해외자회사가 현지에서 적게 낸 세금을 본사가 우리 과세당국에 신고 · 납부하도록 국제적인 과세기준과 국내세법이 변경되었는데, 이 내용이 매우 복잡하여 자칫하면 신고 오류에 따른 가산세가 부과되거나 향후 세무조사 시 추가적인 세금 추징이 있을 수 있기 때문이다.

저자는 오랫동안 국제조세 실무 경험을 통해 해외진출기업들의 세무담당자들의 고충(pain points)을 잘 이해하고 있었기 때문에 이분들의 고민거리를 효과적으로 해소해 줄 수 있는 '가이드북'을 나름대로 정리해 보았다. 세무담당자들이 제기할 수 있는 질문들에 대해

답변을 하는 형식으로, 복잡하고 난해한 이전가격세제와 디지털세의 핵심적인 내용을 손쉽게 이해하는 데 초점을 두고 '가이드북'을 집필하였다.

또한 이 책은 국제조세에 관심을 가진 일반인에게도 국제조세 분야에서 그 중요성이 날로 커져가고 있는 이전가격세제와 디지털세 분야의 핵심적 내용을 빠르게 이해하는 데 도움을 줄 것으로 생각한다.

저자는 이 책에서 이론적인 설명은 최소화하고 가급적 사례와 도식을 통해 독자들이 제도의 본질을 손쉽게 이해할 수 있도록 하는 데 주력하였다. 아무쪼록 이 책이 국제조세의 비전문가들로 하여금 이전가격세제와 디지털세를 손쉽게 그러면서도 정확히 이해하는 데 도움이 되기를 희망한다.

2023년 8월
저자 이경근

차례

Chapter 1 이전가격세제

Chapter 2 디지털세

궁금증을 풀어주는

이전가격과 디지털세 가이드북

Chapter

1

이전가격세제

제1장 이전가격세제

1. 정상가격에 의한 과세조정은 왜 필요할까?
2. 이전가격세제는 이중과세방지협약(조세조약)과 충돌하지 않는가?
3. 비교가능성 분석은 무엇이고 왜 필요할까?
4. 비교가능성 분석은 어떤 절차를 거쳐 진행되며, 각 절차마다 구체적으로 어떻게 분석을 수행해야 하는 것일까?
5. 기능분석이란 무엇이고 어떻게 수행하는 것일까?
6. 비교가능성 분석과 실질과세원칙은 어떤 관계가 있을까?
7. 특수한 조건이나 상황에서 비교가능성 분석은 어떻게 해야 할까?
8. 정상가격 산출방법 중 전통적 거래접근 방법이란 무엇이고 이 방법들은 어떻게 적용될까?
9. 정상가격 산출방법 중 이익접근방법이란 무엇이고 이 방법들은 어떻게 적용될까?
10. 여러 정상가격 산출방법들 중 최종적으로 어떤 방법을 선택해야 할까?
11. 금융거래에 대해 정상거래원칙은 어떻게 적용될까?
12. 무형자산거래에 대해 정상거래원칙은 어떻게 적용될까?
13. 원가분담약정에 대해 정상거래원칙은 어떻게 적용될까?
14. 그룹 내 용역거래에 대해 정상거래원칙은 어떻게 적용될까?
15. 정상가격 산출방법의 신고 및 관련 증명자료의 보관 · 제출과 관련하여 납세자가 유념해야 할 사항은 무엇일까?
16. 이전가격세제에서의 소득처분(2차 처분)은 어떻게 이루어질까?
17. 이전가격세제와 관련하여 납세자는 어떤 문서를 과세당국에 제출하여야 하며 제출하지 않는 경우 어떤 불이익이 있는가?
18. '정상가격산출방법의 사전승인 제도'는 납세자가 어떻게 활용할 수 있을까?
19. 이전가격세제와 관세과세가격 평가제도의 조화는 왜 필요하고, 이를 위해 어떤 장치가 우리나라 세법에 마련되어 있을까?

1

정상가격에 의한 과세조정은 왜 필요할까?

기업조직이 성장함에 따라 효율적인 경영관리를 위해서는 각 사업부서(또는 계열회사)에 경영의사결정의 권한과 책임을 부여하는 분권화가 필요하게 된다. 일반적으로 분권화된 사업부들은 독자적인 사업영역을 구축하지만 경우에 따라서는 각 사업부 사이에 재화나 용역의 이전이 이루어지는데 이러한 거래를 이전거래(transfer transaction)라 하며, 내부 관리 목적으로 이전된 재화나 용역에 가격을 설정하기도 하는데 이 경우의 해당 재화나 용역의 가격을 이전가격(transfer price)이라고 부른다.

기술, 운송 및 통신 분야의 급속한 발전으로 인해 다국적 기업들은 세계 어디서나 기업 및 활동을 전개할 수 있는 유연성을 갖게 되었다. 다국적 그룹에 속한 기업들 간의 교역은 20세기 중반 이래 꾸준히 증가하고 있으며 이러한 교역은 현재 전 세계 국제 거래의 30% 이상을 차지한다. 이러한 국제적 사업 환경에서는 이전가격은 단순히 기업조직 내부 또는 다국적 기업그룹의 계열기업의 경영성과측정 이상의 의미를 갖게 된다. 왜냐하면, 국제거래에 있어서는 국가 간 법인세 · 관세 및 환율 등 국내거래 이외에 추가로 발생하는 요인들에 의해서 이전가격이 결정될 수 있고 따라서 다국적 기업 그룹 전체 입장에서의 이익은 국내거래 시의 이전가격과 달라질 수 있을 뿐 아니라, 다국적 기업은 이전가격의 적절한 조절을 통해서 특정 계열기업의 기업가치를 인위적으로 증대시키거나 감소시킬 수 있기 때문이다. 예를 들어, 국가 간 세율에 차이가 있을 경우 이전거래로 인한 이익을 세율이 좀 더 낮은 국가로 이전한다면 이전거래를 통해서 다국적 기업 그룹 전체 차원에서의 세후 수익을 증대시킬 수 있는 것이다. 이전가격이 다국적 기업 그룹 전체 차원의 세후 수익에 미치는 영향을 이해하기 위해 아래 사례를 살펴보자.

그림 Ⅰ-1

K라는 다국적기업그룹은 A국에 모회사 KP를 두고 있고 B국에 자회사 KS를 두고 있다. KP는 시계를 생산하여 전 세계 판매법인을 통해 제품을 소비자들에게 판매하고 있다. KP의 제조원가가 시계 1개당 $500이라고 가정하고 B국에 있는 자회사 KS에게 제품을 공급하면, KS는 시계 1개당 $200의 판매 일반관리비를 지출하면서 최종소비자에게 개당 $1,500에 판매를 하고 있다. 이 경우 KP가 KS에게 시계를 공급하면서 가격을 책정해야 하는데 이와 같이 모·자회사와 같은 특수관계가 있는 회사들 간의 거래를 특수관계 거래라고 부르고 그 특수관계 거래에서 책정되는 가격을 국제조세 실무에서는 이전가격(transfer price)이라고 부른다. 그리고 이전가격을 책정하는 행위는 transfer pricing이라고 부른다. 이 사례에서는 A국의 세율은 30%로 그리고 B국의 세율은 40%로 가정하는데, KP와 KS 사이에 이전가격을 얼마로 설정하는 것이 K그룹 전체로 볼 때 유리할 것인지 살펴보자.

표 I-1 이전가격 적용사례

이전가격	KP	KS	K-Group	선택
1,000인 경우	Sales 1,000 Cost 500 과세소득 500 세금(30%) 150 세후이익 350	Sales 1,500 Cost 1,200 과세소득 300 세금(40%) 120 세후이익 180	Sales 1,500 Cost 700 과세소득 800 세금 270 세후이익 530	선택
800인 경우	Sales 800 Cost 500 과세소득 300 세금(30%) 90 세후이익 210	Sales 1,500 Cost 1,000 과세소득 500 세금(40%) 200 세후이익 300	Sales 1,500 Cost 700 과세소득 800 세금 290 세후이익 510	선택 안함

〈표 I-1〉 왼편 상단에 기재된 이전가격은 KP의 KS에 대한 공급가격(또는 수출가격)을 의미한다. 이 가격을 얼마로 설정할 것인지에 대해서는 물론 많은 선택 대안이 있을 수 있겠으나 여기서는 편의상 $1,000인 경우와 $800의 경우 두 가지 대안에 대해서만 비교해 보자.

위 표에서 알 수 있듯이 KP의 KS에 대한 시계 공급가격은 KP의 매출액이 되고 동시에 KS의 매입원가를 구성한다. 따라서 KP의 경우는 매출이 $1,000 그리고 비용이 $500가 된다. A국의 세율을 30% 가정했기 때문에 A국에서 납부할 세금은 $150이 되며 세후이익은 $350이 된다. 한편 KS의 경우는 최종소비자에게 판매하는 가격

$1,500이 매출액이 되고 KP로부터 구매한 시계의 이전가격 $1,000가 매입원가를 구성하는데 여기서 판매 일반관리비 $200이 추가로 지출되므로 사업소득은 $300이 되어 세후이익은 $180이 된다. 이와 같이 이전가격이 $1,000로 책정된 경우에는 그룹전체적으로 발생되는 세금은 $270이고 세후이익은 $530이 된다.

한편 이전가격이 $800로 책정된 경우에는 위와 같은 방식으로 계산을 해보면 그룹 전체적으로 발생되는 세금은 $290이고 세후이익은 $510이 된다는 것을 확인할 수 있다.

위 표를 통해 확인할 수 있는 사실은, 다국적기업이 스스로 이전가격을 어떻게 설정하느냐에 따라 다국적 기업 그룹 전체의 세부담과 세후소득이 달라진다는 사실이다. 그렇다면 다국적기업 입장에서는 그룹 전체의 세후소득을 극대화하기 위해서 어떻게 해야 할 것인가? 합리적인 기업이라면 세율이 높은 국가에 가급적 과세소득이 적게 배분되도록 그리고 세율이 낮은 국가에 가급적 과세소득이 많이 배분되도록 이전가격을 설정하려고 할 것이다. 만일 K그룹이 세후 소득을 극대화하기 위해 이전가격을 $1,300로 설정한다면 KS의 과세소득은 0이 되고 그룹전체의 세후이익은 $560이 된다.

이제 다국적 기업이 아닌 해당 국가 입장에서 생각해 보자. 만일 B국이 이와 같은 상황을 방치한다면 어떻게 될 것인가? B국을 통해 거래하는 모든 다국적기업이 K그룹과 같은 생각을 하게 될 것이므로 결과적으로 B국 소재 기업들 중에 국제거래를 하면서 B국에 법인세를 납부하는 기업은 거의 없게 될 것이다. 그렇다면 과연 B국은 이러한 상황을 그대로 방치할 수 있을 것인가?

정상거래원칙(arm's length principle)

독립된 제3자들 간의 거래에서는 상품의 공급자는 가급적 높은 가격으로 상품을 팔려고 하고 소비자는 가급적 낮은 가격에서 상품을 사려고 할 것이다. 이렇게 특수관계가 없는 독립된 자들 간의 매매거래에서는 이해관계가 서로 충돌하기 때문에 거래 쌍방은 흥정이나 협상을 하여 가격을 결정한다. 이러한 가격을 영어로는 arm's length price라고 부르는데 우리말 번역은 '정상(거래) 가격' 또는 '독립기업 간 가격'이라고 할 수 있다. 이처럼 특수관계자 간의 거래에 대해 정상가격을 적용하는 원칙을 arm's length principle 즉 '정상거래원칙'이라고 부른다. 이 정상거래원칙은 이전가격세제 전반에 통용되는 가장 핵심적인 원칙이다.

앞의 사례에서 확인할 수 있듯이 특수관계기업들 간의 거래에서는 독립된 제3자간의 거래에서와는 달리 거래 당사자들 간의 이해가 서로 충돌하지 않기 때문에 정상가격과는 다른 가격을 설정하여 거래함으로써 '다국적기업 전체의 세후순이익의 극대화'를 추진할 수도 있다. 여기서 중요한 점은 모든 다국적 기업들이 실제로 세후순이익 극대화만을 위해 행동하지는 않는다고 하더라고 그럴 수 있는 개연성이 충분히 있다는 점이다.

그래서 세계의 대부분의 국가들은 자국의 과세권에 기초한 적정한 세수를 확보하기 위해 대응책을 마련하였는데 그것이 바로 '이전가격세제'이다. 우리나라도 1995년 국제조세조정에관한법률(이하 '국조법')에 이전가격세제를 정식으로 도입했다. 그리고 이 법에서 정상가격을 "거주자 · 내국법인 또는 국내사업장이 국외특수관계인이 아닌 자와의 통상적인 거래에서 적용되거나 적용될 것으로 판단되는 가격"으로 규정하고 특수관계자 간의 거래에서 채택한 이전가격이 정상가격과 다를 때에는 정상가격에 의해 과세조정을 할 수 있는 권한을 과세당국에게 부여하고 있다. 참고로 1979년 OECD 사무국이 발간한 이전가격보고서에 따르면 정상가격을 "공개된 시장의 동일 또는 유사한 조건 아래 동일 또는 유사한 거래에서 특수관계 없는 자 사이에 합의하였을 가격"으로 정의하고 있다.

OECD 이전가격 과세지침(Transfer Pricing Guidelines)과 UN 이전가격 매뉴얼(Transfer Pricing Manual)

OECD 모델조세조약 제9조를 구체적으로 적용하는 지침으로서, OECD는 회원국들 간의 합의하에 정상거래원칙(Arm's Length Principle)을 세부적으로 규정한 이전가격 과세지침(Transfer Pricing Guidelines)[1]을 1995년에 제정하였고 그 이후 동 지침을 수차례 업데이트하였다. 한편 UN은 UN 모델조세조약 제9조를 구체적으로 적용하는 지침으로서 OECD 이전가격 과세지침을 유보사항 없이 그대로 수용하였다. 다만, 2013년에 개도국 세무공무원의 편의를 위해 OECD 이전가격 과세지침을 실제 상황에 쉽게 적용할 수 있도록 이전가격 매뉴얼[2]을 작성 · 배포한 후 동 매뉴얼을 지속적으로 업데이트하고 있다.

세계의 대다수의 국가들은 자국의 이전가격세제 도입 시 OECD 이전가격 과세지침을 그대로 채택하거나 그중 일부를 법제화하여 운용하고 있다. 우리나라도 1995년 국조법과 시행령을 제정하면서 OECD 이전가격 과세지침의 중요 부분을 법제화하여 운용하고 있다.

---

1 정확한 명칭은 OECD Transfer Pricing Guidelines for Multinational Enterprises and Tax Administrations이다.

2 정확한 명칭은 United Nations Practical Manual on Transfer Pricing for Developing Countries이다.

2

이전가격세제는 이중과세방지협약(조세조약)과 충돌하지 않는가?

세계 대부분의 조세조약의 모델로 활용되고 있는 OECD모델 조세조약과 UN모델 조세조약은 제9조 제1항에 동일한 규정을 두고 있는데 그 핵심 내용은 국조법에 규정된 '정상거래원칙에 의한 과세조정 권한'을 조세조약 체결 당사국에 부여하고 있다. 조세조약 체결국이 이와 같은 규정을 조세조약에 포함하게 되면, 이로써 국내세법으로 채택한 이전가격세제가 설령 국가 간의 이중과세를 야기한다고 하더라도 동 세제 자체가 조세조약과 상충되지는 않음을 천명하는 효과가 발생한다.

다시 말해, OECD모델 조세조약 또는 UN모델 조세조약 제9조 제1항과 동일하거나 유사한 규정을 두고 있는 국가에서는 자국이 도입하고 있는 이전가격세제가 정상거래원칙(arm's length principle)에 기반을 두고 있다면 설령 동 원칙의 적용 결과 이중과세가 발생한다고 하더라도 국내의 이전가격세제와 조세조약과의 충돌을 피할 수 있는 것이다.

앞 절의 K그룹의 사례에서 K그룹이 세후 소득을 극대화하기 위해 이전가격을 $1,300로 설정했다고 가정하자. 이 경우 B국의 KS의 과세소득은 0이 되고 그룹전체의 세후이익은 $560이 된다. B국 과세당국은 세무조사를 통해 KS가 이익을 얻지 못한다는 사실을 알고 자국의 이전가격세제에 따른 가격조정을 하게 되었다고 가정하자. 그 결과 B국의 과세당국은 자회사가 A국의 모회사로부터 시계 수입 시 이전가격을 $1,000로 설정하여 $300을 자회사의 과세소득으로 조정하고 이에 대해 법인세 $120를 과세하였다고 가정하자.

그런데 위와 같은 B국 과세당국의 과세조치는 그 과세조치가 정당했는지 여부에 관계없이 해당 다국적 기업 그룹에 대해 일단 이중과세를 초래하게 한다. 왜냐하면 위 거래 시점에 모회사는 A국에서 $1,500을 이전가격으로 설정하여 A국의 과세당국에 이미 세금을 신고 · 납부했을 것이기 때문이다. B국의 과세당국이 A국에 신고된 이전가격까지 조정하는 것은 불가능하기 때문에 A국이 B국 과세당국의 조치를 정당한 조치로 수용하여 그에 상응하는 가격조정(즉 대응조정)을 허용하지 않는 한, 위에서 언급한 다국적 그룹이 경제적 이중과세[3]를 회피하는 것은 불가능하다. 만일 국가 간에 이러한 이중과세를 해소할 수 있는 장치를 마련하지 않은 채 그대로 방치한다면 국제거래의 불확실성이 너무 커져 전 세계의 무역과 투자는 크게 위축될 것이다.

위와 같은 상황에서 합리적으로 이중과세 문제를 해소하기 위해서는 A국의 과세당국과 B국의 과세당국이 명시적 또는 묵시적으로 합의할 수 있는 이전가격세제에 대한 국제적 과세기준이 정립되어야 하고 각국은 이러한 기준을 자국의 세법체계에 수용하여 운용해야 한다. 실제로 위와 같은 문제의 해결을 위해 OECD 모델조세조약과 UN 모델조세조

3 B국이 자회사에게 추가로 과세한 금액은 A국의 모회사가 부담하는 금액은 아니기 때문에 법적 이중과세라고는 할 수 없으나, B국 자회사의 소득은 결국 A국의 모회사의 배당 가능소득에 해당된다는 점에서 경제적 이중과세라고 할 수 있다.

약은 각각 제9조(특수관계 기업: Associated Enterprises) 제1항에서 정상거래원칙(Arm's Length Principle)에 입각한 이전가격과세원칙을 규정하는 한편, 제2항에서는 이에 따른 과세 시 이전가격세제를 적용한 과세당국이 정상거래원칙을 적용한 경우에는 거래상대국이 그 결과 발생하는 이중과세를 해소하는 조치(예 : 대응조정)를 취하도록 규정하고 있다.[4]

대응조정(Corresponding Adjustment)

| 그림 Ⅰ-2 | 대응조정 사례연구

국 외 / 국 내

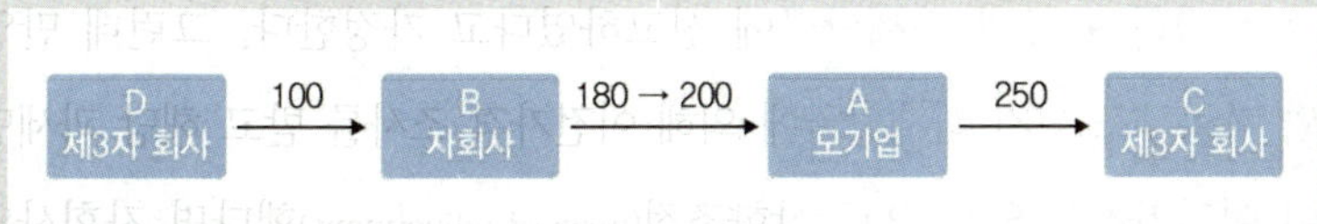

B의 과세소득				A의 과세소득			
과세 전		과세 후		대응조정 전		대응조정 후	
매 출	180	매 출	200	매 출	250	매 출	250
매출원가	100	매출원가	100	매출원가	180	매출원가	200
과세소득	80	과세소득	100	과세소득	70	과세소득	50

✔ 국외에서 이전가격과세가 되어도 국내에서 대응조정을 받게 되는 경우 그룹 전체의 과세소득은 변동 없음(80+70→100+50).

---

4 실상은 어느 한 과세당국의 이전가격 과세조치가 정상거래원칙을 제대로 적용했는지 여부에 대해 분쟁이 자주 발생한다. 이에 따라 대다수의 경우에는, 양국 과세당국이 특수관계자 간의 어느 특정 거래에 있어 정상가격이 얼마인지에 대해 상호합의절차(Mutual Agreement Procedure)를 거쳐 합의를 이루게 되면 이에 따라 과세소득을 재조정하고 거래상대국은 그에 대한 대응조정을 해주는 것이 일반적이다. 만일 과세당국 간에 합의가 이루어지지 않는다면 실제로 대응조정이 허용되지 않아 납세자가 이중과세를 부담하는 경우도 간혹 발생하기도 한다.

'대응조정'이란 어느 한 국가의 과세당국에 의해 행해진 1차적 과세조정(primary adjustment)에 대응하여 상대국가에 소재하는 특수관계 기업의 세부담액을 동 국가의 과세당국이 조정해줌으로써 양국에 의해 행해진 과세소득 배분에 일관성을 유지하는 것이다. 위 사례에서 국외에 있는 자회사는 제3자 회사로부터 반제품을 구매하여 가공 후 완제품을 만들어 국내 모회사에게 $180의 가격(즉 이전가격은 $180)으로 수출하고, 국내 모회사는 이 수입 제품을 국내 제3자 회사에 $250에 판매하였다고 가정하자. 이에 따라, 자회사는 매출은 $180, 매출원가는 $100, 과세소득은 $80으로 산정하여 현지의 과세당국에 신고하였다고 가정한다. 또한 국내 모회사도 매출은 $250, 매출원가는 $180(즉 이전가격은 $180), 과세소득은 $70으로 산정하여 국내 과세당국에 신고하였다고 가정한다. 그런데 만일 국외 자회사가 현지 과세당국에 의해 이전가격 조사를 받고 해당 과세당국이 이전가격을 $200으로 상향조정(upward adjustment)했다면 자회사의 과세소득은 $100으로 증가하게 되어 그만큼 법인세를 추징당하게 된다. 그런데 국내 과세당국이 외국의 과세당국과 상호합의를 한 후 동 금액이 정상가격임을 인정해준다면, 정상가격은 $200으로 취급되어 우리나라에서 대응조정이 이루어지게 된다.[5] 위 사례에서 비록 외국에서 $200만큼의 소득금액 조정을 하여 법인세를 추가로 납부한다고 하더라도 국내에서 대응조정을 허용하게 되면 감액되는 소득에 국내 법인세율을 곱한 금액 및 환급가산금을 수령할 수 있게 되므로 그룹 전체 차원에서는 이중과세를 해소할 수 있게 되는 것이다.[6]

[5] 구체적으로 설명하면, 국내 납세자가 국세청 본청이 발행하는 상호합의결과통지서를 첨부하여 관할 세무서에 경정청구를 하게 되면 해당 세무서에서 대응조정으로 감액되는 소득금액에 법인세율 곱한 금액만큼을 환급해 준다.

[6] 그러나 현실적으로 외국에서 과소신고 가산세 등을 추징당하는 부분은 대응조정을 통해 환급받지는 못한다는 점은 유념할 필요가 있다.

국조법 제12조(체약상대국의 과세조정에 대한 대응조정) 제1항에 따르면 "체약상대국이 거주자와 국외특수관계인과의 거래가격을 정상가격으로 조정하고, 이에 대한 상호합의절차가 종결된 경우에는 과세당국은 그 합의에 따라 거주자의 각 과세연도 과세표준 및 세액을 조정하여 계산할 수 있다"고 규정되어 있다. 이는 OECD 이전가격과세지침에서 언급하고 있는 소위 대응조정의 개념이 우리의 국조법에 반영된 것이다.

3

비교가능성 분석은 무엇이고 왜 필요할까?

앞 절에서도 설명하였지만, 이전가격세제의 핵심은 특수관계 거래를 독립된 제3자와의 거래와 비교를 하여 양자의 차이가 많이 나면 독립된 제3자와의 거래를 기준으로 특수관계 거래의 가격이나 이윤을 조정해야 한다는 것이다. 그런데 독립된 제3자와의 거래와 비교한다고 하여 제3자를 아무나 선정하여 비교할 수는 없다. 분석대상인 특수관계 거래와 유사한 상황과 조건을 갖춘 독립된 거래를 찾아 이 둘을 비교해야 의미가 있다. 이렇게 분석대상인 특수관계 거래와 유사한 상황과 조건을 갖춘 독립된 거래를 찾아서 양자를 비교하는 방식의 분석을 comparability analysis, 즉 비교가능성 분석이라고 부른다.

일반 세무조사의 경우에는 조사 대상 기업의 장부와 실제 거래 내용에 대한 자료를 세무조사관이 충분히 확보하고 양자를 대사하여 장부의 내용이 실제 거래를 잘 반영하였는지 확인한 후, 해당 거래에 세법과 관련 규정을 적정하게 적용하였는지를 확인하는 절차를 거치게 되면 대체로 조사 작업이 종결된다. 그런데 이전가격 조사의 경우에는 일반 세무조사에 더해 비교가능성 분석을 추가로 실시해야만 의미 있는 조사 결과가 도출된다. 여기서 비교가능성 분석이란 다음 두 가지에 대해 분석을 수행하는 것을 말한다. 첫째로, 특수관계자 거래에 있어 경제적으로 중요한 특성과 거래상황 그리고 거래당사자인 특수관계 기업들 각각의 역할과 책임을 이해하는 것이다. 이를 위해서는 다음과 같은 세부 작업들을 수행해야 한다.

① 산업 · 납세자의 사업 및 특수관계 거래에 대한 경제적으로 중요한 특징 이해

i) 납세자에 관한 기본 정보 수집

ii) 문제가 되는 특수관계 거래를 식별하고 정확하게 기술함(Identifying and accurately delineating the controlled transaction in question)

iii) 개별거래를 통합하여 분석을 할 것인지에 대한 평가를 수행함

② 특수관계 거래의 다음의 비교 가능성 요인들(comparability factors)에 대한 검토

i) 이전된 재산 또는 용역의 특성

ii) 조사대상인 특수관계 거래에 대한 기능분석

iii) 거래의 계약조건

iv) 거래의 경제적 상황

v) 거래 당사자들의 사업전략

③ 분석 대상 당사자 선택[7]

두 번째로 수행해야 하는 분석은, 특수관계자들 간에 행해진 거래의 조건을 독립된 제3자들 간에 비교가능한 상황에서 행해진 거래의 조건과 비교하는 것이다. 이를 위해서는 다음과 같은 세부 작업들을 수행해

[7] 정상가격산출방법에 따라 분석대상 당사자가 거래 당사자들 중의 어느 하나가 될 수도 있고(재판매가격방법, 원가가산방법, 거래순이익률방법의 경우), 양 당사자가 모두 분석대상 당사자가 될 수도 있다(비교가능 제3자 가격방법, 이익분할방법).

야 한다.

④ 잠재적 비교 가능 거래 식별 – 내부 비교 대상 및 외부 비교 대상
⑤ 적절한 경우 비교 가능성 조정(comparability adjustments)
⑥ 가장 적절한 이전가격 결정방법 선택
⑦ 정상가격 또는 정상이윤의 결정
⑧ 비교 가능성 분석 및 모니터링에 대한 문서화

이와 같은 비교가능성 분석은, 한편으로 가장 적절한 이전가격방법(즉 정상가격 산출방법) 선정을 하기 위해서도 필요하고 또 한편으로는 선정된 방법을 통해 적정한 정상가격이나 정상이윤을 파악하기 위해서도 필요하다.

여기서 유념해야 할 점은, '비교가능하다'는 것이 '비교되는 두 개의 거래가 반드시 동일함을 의미하는 것은 아니다'는 점이다. 이전가격세제에서 '비교가능하다'라는 말의 의미는 '비교되는 상황 간의 어떠한 차이가 가격이나 이익률에 실질적인 영향을 미치지 못하거나 혹은 그런 차이가 있는 경우에는 그 차이를 제거할 수 있는 합리적 조정이 이루어질 수 있다'는 의미이다.

아래의 간단한 사례를 통해 비교가능성 분석의 의미를 생각해보자.

〈기업 A〉는 해외 자회사인 〈기업 B〉가 제공하는 운송서비스에 의존하여 제품을 운송한다고 가정한다. 그런데 〈기업 B〉는 특수관계가 없는 독립기업인 〈기업 C〉에게도 운송서비스를 때때로 제공한다. 그러나 〈기업 C〉에게 그러한 용역을 제공하는 것은 〈기업 B〉의 총수익의 10%에 불과하고 총수익의 90%는 〈기업 A〉의 제품 운송으로부터 발생하는 매출에 의존한다. 이런 상황에서 〈기업 B〉가 독립기업인 〈기업 C〉에게 제공하는

운송서비스 거래를 이전가격 책정 목적상 특수관계 기업인 〈기업 A〉와의 거래의 비교대상거래라고 할 수 있을까?

이러한 질문에 적정하게 답변하기 위해서는 양 거래의 계약조건상의 차이가 없는지를 우선 살펴보아야 한다. 예를 들어, 〈기업 A〉와의 거래 시에는 거래하는 물량이 많아 거래량 할인(volume discount)이 적용되나 〈기업 C〉와의 거래 시에는 이러한 거래조건이 적용될 수 없다면, 〈기업 C〉에 적용한 가격을 그대로 〈기업 A〉와의 거래에 정상가격으로 보는 것은 불합리하다. 이외에도 거래조건과 가격결정 사이에 일정한 규칙성(regularity)이 존재한다면 비교가능성 분석 시 이러한 점들도 함께 고려해야 한다.

결론적으로 비교가능성 분석이란 이전가격세제의 핵심개념인 정상거래원칙(arm's length prinicple)을 적정하게 적용하기 위해서 분석대상인 특수관계자들 및 이들 사이의 거래를 분석한 후, 분석대상 거래와 동일하거나 유사한 거래로서 특수관계가 없는 독립기업들(즉 비교대상 기업) 또는 이들 사이의 거래(즉 비교대상거래)를 찾는 작업이라고 할 수 있다. 비교가능성 분석을 수행하는 과정에서 필요한 경우 비교가능성을 높이기 위한 조정(comparability adjustment)을 수행하기도 한다.

4

비교가능성 분석은 어떤 절차를 거쳐 진행되며, 각 절차마다 구체적으로 어떻게 분석을 수행해야 하는 것일까?

국조법 시행규칙 제7조에 의하면, 비교가능성 분석절차는 다음의 순서에 따른다고 규정하고 있다.

1. 분석대상 연도의 선정
2. 사업 환경 분석 : 산업, 경쟁, 규제 요소 등 거래와 관련된 일반적인 사업 환경 분석
3. 특수관계 거래 분석 : 국내외 분석대상 당사자, 적합한 정상가격 산출방법의 선택, 핵심적인 비교가능성 분석요소의 식별 등을 위한 분석
4. 내부의 비교가능한 거래에 대한 자료 수집과 검토 : 분석대상 당사자가 특수관계 없는 독립된 사업자와 한 거래의 자료 수집과 이에 대한 검토
5. 외부의 비교가능한 거래에 대한 자료 수집과 검토 : 특수관계가 없는 제3자 간의 거래를 파악하기 위한 상업용 데이터베이스 등 이용 가능한 자료의 수집 및 특수관계 거래와의 관련성 검토
6. 가장 합리적인 정상가격 산출방법의 선택 및 선택된 산출방법에 따라 요구되는 재무 지표(거래순이익률 지표를 포함한다)의 선정

7. 비교가능한 거래의 선정 : 분석대상 당사자가 특수관계 없는 독립된 사업자와 한 거래 또는 특수관계가 없는 제3자 간의 거래가 비교가능한 거래로 선정되기 위하여 갖추어야 할 특성을 비교가능성 분석요소를 바탕으로 검토하여 선정
8. 합리적인 차이 조정 : 회계기준, 재무정보, 수행한 기능, 사용된 자산, 부담한 위험 등 특수관계 거래와 독립된 제3자 거래 간의 가격 및 이윤 등에 실질적인 차이를 유발하는 요인들의 합리적인 조정
9. 수집된 자료의 해석 및 정상가격의 결정

아래에서는 위 절차별 비교가능성 분석방법[8]을, OECD이전가격지침, UN이전가격매뉴얼 및 우리나라 국조법령과 국세청 집행기준을 종합하여 가급적 쉽게 설명하고자 한다.

1. 분석대상 연도의 선정

이전가격보고서(또는 개별기업보고서)를 어느 특정 연도에 작성하는 기업은 보통은 직전 사업연도를 분석대상 연도로 하여 보고서를 만든다. 따라서 이때는 분석을 수행하는 사업연도의 직전 사업연도가 분석대상 연도가 된다고 할 수 있다. 그런데 과세당국이 특정 납세자를 대상으로 이전가격조사를 실시하는 경우에는 통상 조사통지서에 이전가격 조세대상 연도를 명시하여 제시한다. 보통은 부과제척기간 내에 있는 과거 3개년도가 이전가격 조사대상 연도가 된다. 이런 경우에는 이전가격 조사대상 연도가 분석대상 연도가 된다고 할 수 있다.

8 OECD 이전가격 과세지침에 따르면, 비교가능성 분석은 대체로 이들 작업들을 하나씩 수행함으로써 이루어진다. 그런데 위에서 열거한 작업들은 개념적인 순서를 기재한 것일 뿐 실제 비교가능성 분석이 반드시 작업들이 기재된 순서대로 이루어지는 것은 아니다. 그리고 경우에 따라서는 후속 작업을 수행하다가 문제가 있다고 판단되면 다시 앞부분의 작업을 다시 수행할 수도 있다.

다년간 자료(Multiple Year Data)의 활용

이전가격과세를 위한 분석 기간에 있어 개별연도 분석이 원칙이지만, 고의적인 이익 조작이 아닌 다양한 경제적 원인(예를 들어, 사업의 주기, 시장 침투 전략 등의 사업전략)으로 인하여 불가피하게 연도별 재무 수치의 변동이 발생한다면, 회사의 거래를 개별 연도에만 국한하여 볼 것이 아니라 다년도에 걸친 자료를 분석하여 그 회사의 이전가격과세에 문제가 있는지를 검토하는 것이 좀 더 합리적인 분석이 될 수 있다.

국조법 시행령 제15조 제3항은 “정상가격 산출방법을 적용할 때 경제적 여건이나 사업전략 등의 영향이 여러 해에 걸쳐 발생함으로써 해당 사업연도의 자료만으로 가격 · 이윤 또는 거래순이익을 산출하는 것이 합리적이지 않을 경우에는 여러 사업연도의 자료를 사용할 수 있다”고 규정하고 있다. 국조법 시행규칙 제9조에 따르면 다음의 경우에는 정상가격 산출방법을 적용할 때 여러 사업연도의 자료를 사용할 수 있다고 규정하고 있다.

① 경기변동 등 경제여건의 변화에 따른 효과가 여러 사업연도에 걸쳐 제품의 가격에 영향을 미치는 경우
② 시장침투전략, 제품 수명 주기를 고려한 판매전략 등 사업전략의 영향이 여러 사업연도에 걸쳐 제품의 가격에 영향을 미치는 경우
③ 그 밖에 거래의 실질 및 관행에 비추어 여러 사업연도의 자료를 사용하는 것이 합리적이라고 인정되는 경우

특수관계 거래의 사실 및 상황을 완전히 이해하기 위하여 검토 대상 연도와 이전연도들에서 얻은 자료를 검토하는 것이 유용할 수 있다. 해당 정보의 분석을 통해 이전가격 결정에 영향을 줄 수 있는(또는 영향을 줘야 하는) 사실을 알 수도 있다. 예를 들어 이전연도 자료는 거래에 대하여

납세자가 신고한 손실이 유사거래에서 발생한 손실과 일맥상통하는지의 여부 또는 제품이 수명 주기의 막바지에 있는지 여부를 보여줄 수 있다. 다년도 자료는 또한 장기계약에 대한 이해를 향상시킬 수 있다.[9]

다년도 자료의 사용이 반드시 다년도 평균의 사용을 의미하지는 않는다. 그러나 다년도 자료 및 평균은 경우에 따라 범위의 신뢰도를 향상시키기 위하여 사용된다.[10]

2. 사업 환경 분석 : 산업, 경쟁, 규제 요소 등 거래와 관련된 일반적인 사업 환경 분석

납세자인 기업은, 납세자의 사업현황이나 특성을 잘 모르는 세무조사관 또는 세무대리인이 이를 정확히 파악할 수 있도록 이전가격 보고서 등에 해당 기업이 속한 산업, 사업 활동의 성격(즉 제조업체, 도매업자, 배급업자 인지 등)을 기술하고 해당 기업의 세분화된 시장, 시장 점유율, 시장 침투 전략, 거래되는 제품이나 서비스의 유형 등이 무엇인지를 기술해 놓는 것이 필요하다. 납세자(또는 세무대리인)와 세무조사관이 조사과정에서 중요한 사실관계를 다르게 이해하고 서로를 신뢰하지 않으면 이전가격조사가 원활하게 진행되지 않고 예상 밖의 세무조사 결과에 직면하여 불필요한 조세분쟁을 겪을 수도 있기 때문이다.

3. 특수관계 거래 분석

앞 절에서도 설명했듯이 '분석대상인 특수관계 거래와 유사한 상황과 조건을 갖춘 독립된 거래를 찾아서 양자를 비교'하는 방식의 분석이

---

9 OECD이전가격과세지침 제3.76문단

10 OECD이전가격과세지침 제3.79문단

비교가능성 분석이다. 따라서 분석의 출발은 우선 분석대상인 특수관계 거래에 대해 정확한 이해를 하는 것이다. 해당 특수관계 거래를 정확히 이해하기 위해 여러 가지 고려할 사항들이 있다. 아래에서는 이들을 차례대로 살펴보기로 한다.

거래를 정확하게 식별하기(accurately delineated transaction)

세무조사관이 이전가격조사를 수행할 때 특수관계 거래의 계약당사자간의 거래 관련 계약조건은 비교가능성 분석을 함에 있어 첫 번째로 확인해 보아야 할 사항이다. 그런데 OECD 이전가격과세지침이나 UN 이전가격매뉴얼은 납세자가 제시하는 계약서에 기재되어 있는 계약조건을 무조건 믿지 말고 일단은 실제 행위가 계약조건을 따랐는지 확인해보고 양자에 차이가 있다면 서면 계약에도 불구하고 실제 행위를 기초로 거래를 정확하게 식별하라고 권고하고 있다.[11]

상업적 합리성이 결여되어 거래를 부인을 할 수 있는 사례로서 2017 OECD 이전가격 과세지침에 포함된 내용을 소개하면 다음과 같다.

예시

S1사는 신제품을 고안할 때 사용할 무형자산을 개발하기 위한 연구개발 활동을 수행한다. 이와 관련하여 S1사는 관계사인 S2사에게 향후 20년간 연구개발 업무에서 발생할 미래 무형자산에 대한 무제한 사용권리를 일시불로 이전하는 것에 대해 동의하고 있다. 그 기간 동안 S1사가 어떤 범위의 개발 활동을 수행할 것인지 불확실하고 잠재적인 결과를 가치화하는 것은 전적으로 추측에

11 비교 가능성 분석에서 중요한 첫 번째 단계는 경제적으로 관련된 특성을 분석하여 거래를 정확하게 정의하는 것이다. 그런데 이러한 특성은 거래 당사자 간의 계약뿐만 아니라 이들의 행위와 기타의 사실에도 반영되어 있다는 점에 유념할 필요가 있다. 이와 관련하여, 거래의 계약조건은 일반적으로 분석의 출발점이 된다. 그러나 실제 행위나 기타 사실이 서면 계약과 일치하지 않는 경우에는 그 부분에 대해서는 실제 행위와 기타 사실이 실제로 수행된 거래에 대한 최선의 증거로 간주된다(2017 UN 이전가격매뉴얼 B.2.3.1.4.문단).

근거한 것이며, 지급한 금액이 적절한 평가를 반영하는지의 여부를 결정하기 위한 신뢰할 수 있는 수단을 S1 사와 S2사 모두가 가지고 있지 않기 때문에 상기 계약은 양사에게 상업적으로 합리적이지 않다. 따라서 지급 형태를 포함하여 납세자가 채택한 계약의 구조는 이전가격 목적상 수정되어야 한다. 수행한 기능, 사용한 자산, 부담한 위험을 포함하는 특수관계회사의 상업적 또는 재무적 관계의 경제적으로 관련된 특징들에 의해 거래구조가 재구성되어야 한다. 그러한 사실들은, 사례의 사실 관계와 가장 부합하는 구조로 잠재적인 대체 구조의 범위를 좁히도록 할 것이다.

예를 들어, 거래 사실에 따라, S2사의 자금 제공 계약이나 S1사의 연구개발 용역 제공 계약으로 계약 내용이 변경될 수 있을 것이다. 만약 특정 무형자산을 확인할 수 있다면 가치 평가가 어려운 무형자산에 대한 지침을 고려하여 그러한 특정 무형자산 개발에 대한 조건부 지급조건으로 사용을 허락하는 것으로 계약 내용을 변경할 수 있을 것이다.

이와 같이 국제거래의 실질적 내용을 정확히 파악하여 그에 따라 필요하면 과세당국이 특수관계 간 이전가격 거래를 부인하거나 재구성할 수 있다는 내용의 지침은 2016년 개정된 OECD 이전가격 과세지침에 반영된 주요한 개정사항이다. 우리나라도 2018년 말~2019년 초 세법령 개정 시 이와 같은 내용을 우리 국조법령에 반영하였는데 이에 대한 상세한 내용은 후술할 "6. 비교가능성 분석과 실질과세원칙에는 어떤 관계가 있을까?"를 참조하기 바란다.

개별거래들을 통합하여 분석할 것인지에 여부에 대한 판단

원칙적으로는 정상거래원칙(arm's length principle)은 개별거래별로 적용해야 한다. 그러나 개별거래들이 밀접하게 연관되어 있거나 연속되어 있는 경우에는 개별거래별로 분석을 하는 것이 적절하지 않을 때도 있다. 국조법 시행령 제15조 제2항에 따르면, 정상가격산출방법을 적용할 때 개별 거래들이 서로 밀접하게 연관되거나 연속되어 있어 거래별로 구분하여 가격 · 이윤 또는 거래순이익을 산출하는 것이 합리적이지 않을 경우에는 개별 거래들을 통합하여 평가할 수 있다. 이와 관련하여 국조법 시행규칙 제8조(개별 거래 통합평가) 제4항은 개별 거래들의 통합분석이 필요한 경우를 다음과 같이 예시하고 있다.

① 제품라인이 같은 경우 등 서로 밀접하게 연관된 제품군(製品群)인 경우
② 제조기업에 노하우를 제공하면서 핵심 부품을 공급하는 경우
③ 특수관계인을 이용한 우회거래(迂廻去來)인 경우
④ 프린터와 토너, 커피 제조기와 커피 캡슐 등의 경우처럼 어떤 제품의 판매가 다른 제품의 판매와 직접 관련되어 있는 경우
⑤ 그 밖에 거래의 실질 및 관행에 비추어 개별 거래들을 통합하여 평가하는 것이 합리적이라고 인정되는 경우

개별기업별로 분석을 하는 것보다는 통합분석을 하는 것이 분석 대상기업의 사업 환경의 특성상 보다 합리적이라고 판단되는 경우에는 사업 환경 분석단계에서 이에 대한 판단을 할 필요가 있다. 특히 어느 기업이 자신의 비즈니스모델로서 여러 거래를 결합하여 수익의 적정성을 확보하는 포트폴리오 접근방법을 택하는 경우에는 더욱 그렇다. 포트폴리오 접근법은 납세자가 포트폴리오 내 하나의 제품에서 수익을 얻는 대신 전체 포트폴리오를 통해 적절한 수익을 얻기 위하여 특정거래들을 하나로 묶는 사업전략이다. 예를 들어 납세자는 이후 높은 이익을 받고 판매하거나 또는 제공할 수 있는 다른 제품 또는 관련 서비스(예를 들어 커피자판기와 커피캡슐 또는 프린터와 카트리지와 같이 장비와 필수 소모품)에 대한 수요를 창출하기 위하여 일부 제품을 적은 이익을 받고 팔거나 심지어 손해

를 보며 판매할 수 있다.

개별거래들을 통합하여 분석할 것인지 여부에 대한 판단은 비교가능성 분석 초기에 이루어지는 것이 바람직하다. 왜냐하면 거래들을 개별적으로 분석하는 것과 통합하여 분석하는 것은 이후의 절차와 구체적인 분석방법에 있어 커다란 차이를 가져오기 때문이다. 특히 이에 대한 판단은 추후에 비교대상 기업을 선택하는데 있어 결정적 차이를 가져온다. 예를 들어, 제조기업이 해외 자회사에게 노하우를 제공하면서 핵심 부품을 공급하는 경우 이를 하나의 통합거래로 보고 분석을 한다면, 비교대상 거래로서 해당 제조기업과 유사한 거래를 수행하는 하나의 거래를 택하고 이와 비교하여 정상거래원칙을 적용하면 된다. 그런데 만일 해당 제조기업이 해외 자회사에게 노하우를 제공하는 거래와 핵심 부품을 공급하는 거래를 각각 개별거래로 보고 분석을 한다면, 비교대상거래를 선택할 때도 '독립된 기업 간에 노하우를 제공하는 거래'와 '독립된 기업 간에 핵심 부품을 공급하는 거래'를 각각 비교대상으로 선택하여 거래가격이나 거래이윤의 적정성을 살펴보아야 한다.

특수관계 거래의 비교 가능성 요인에 대한 검토

앞에서도 언급했듯이 이전가격 책정을 위한 비교 가능성 분석의 첫 번째 단계는 분석대상이 될 특수관계 거래(controlled transaction)를 이해하고 정의하는 것이다. 이러한 분석은 일반적으로 ① 재화 또는 용역의 특성, ② 계약 조건, ③ 기능 분석, ④ 경제적 상황 및 ⑤ 사업전략의 다섯 가지 비교 가능성 요소를 중심으로 이루어진다. 이와 같은 비교 가능성 요소는 국조법 시행령 제16조 제1항에 규정되어 있다. 또한 국조법 시행령 제14조 제2항은 "비교 가능성이 높은지를 평가하는 경우에는 가격이나 이윤에 영향을 미칠 수 있는 재화나 용역의 종류 및 특성, 사업활동의 기능, 거래에 수반되는 위험, 사용되는 자산, 계약 조건, 경제 여건, 사업전략 등의 요소에 관하여 기획재정부령으로 정하는 사항을 분석하여야 한다"라고 규정하고 있다. 아래에서는 이들 비교가능성 요소들을 차례대로 살펴본다.

① 재화 또는 서비스의 특성

재화 또는 용역의 특성상의 차이는 공개경쟁시장에서 가격 차이를 유발한다. 따라서 그 특징들을 비교하는 것은 특수관계 거래와 독립기업 간 거래 간의 비교 가능성을 결정하는 데 유용하다. 고려해야 할 주요 특성으로서 유형자산의 거래에 있어서는 재화의 물리적 특징, 품질과 신뢰도(reliability), 공급의 확보 가능성(availability) 및 공급량 등을 들 수 있다. 용역의 제공에 있어서는 용역의 성격과 제공 정도(nature and extent)를, 그리고 무형자산의 거래에 있어서는 거래 유형(사용허여계약 또는 판매계약), 특허권 · 노하우 · 상표권 같은 자산의 형태, 권리보호의 기간과 정도, 자산의 사용에 따른 기대편익 등을 들 수 있다.[12]

재화 또는 용역의 특성을 고려하는 것은 어떤 정상가격산출방법을 사용하는지에 따라 달라질 수 있다. 비교가능 제3자 가격방법(comparable uncontrolled price method, CUP 방법)은 이러한 요소를 가장 엄격하게 검토하여야 하는 방법이다. CUP 방법하에서 재화 또는 용역의 특성의 중요한 차이는 그 가격에 영향을 미칠 수 있고, 그에 따른 적절한 조정이 필요할 수 있다. 재판매가격방법(resale price method, RPM)이나 원가가산방법(cost plus method, CPM)의 경우 재화 또는 용역의 특성에 약간의 차이가 있을 경우 매출총이익률이나 원가가산율에 미치는 영향이 덜 중

12 2017 OECD 이전가격 과세지침 1.107문단 및 국조법 시행규칙 제6조 제1항 제1호

요할 수 있다. 재화나 용역의 특성에 있어서의 차이는 전통적인 거래방법을 사용하는 경우보다 거래이익방법을 사용하는 경우에 덜 민감할 수 있다. 그러나 CUP 방법을 제외한 다른 방법을 사용할 경우에도 재화나 용역의 특성을 완전히 무시할 수는 없는데, 그 이유는 제품의 차이가 발생하면 비교 대상 당사자의 수행하는 기능, 사용되는 자산 및 부담하는 위험의 차이에도 영향을 미치게 되기 때문이다.[13]

② **계약조건**(Contractual Terms)

특수관계기업 간 거래에 있어 책정되는 이전가격이 정상가격에 해당되는지 여부를 판단함에 있어 가장 기본적이고 우선적으로 검토해야 할 자료는 해당 이전가격 거래를 수행하는 거래 당사자들 간에 체결된 계약서이다. 이 계약의 구체적인 조건과 내용을 유사한 상황에 있는 독립기업들 간에 체결되었을 계약을 기준으로 비교 · 분석하는 작업은 매우 중요하다. 특히 거래에 참여하는 특수관계 기업들이 부담하는 '거래위험'과 '이익배분' 사이에 상업적 합리성이 유지되도록 계약서가 체결되어 있는지를 검토해보는 것이 필요하다.

계약 당사자의 행위는 일반적으로 당사자 간의 계약조건의 결과다. 따라서 계약 관계(contractual relationship)는 이전가격을 계산할 때 신중한 분석이 필요하다. 계약조건은 서면으로 기재되는 경우가 일반적이지만 거래당사자들 간의 통신 또는 통화기록에서도 확인될 수 있다. 거래의 양당사자 간의 계약조건이 서면으로 명시적으로 정의되지 않은 경우 계약 조건은 당사자의 경제적 관계 및 그들의 행위를 통해 추론을 해야만 한다.[14]

---

13 2017 OECD 이전가격 과세지침 1.108문단

여기서 주목해야 할 주요 사항은 특수관계 기업들은 공통되는 중요한 이해관계를 가지고 있기 때문에 계약조건을 완전히 준수하지 않을 수 있다는 것이다. 이러한 점은, 계약조건이 통상 준수될 것으로 예상되는 독립기업과 대조가 된다. 따라서 특수관계 기업 간의 계약 조건이 "가짜(sham)"(진짜처럼 보이지만 자세히 살펴보면 현실성이 결여되어 있고 많은 법률 시스템에서 유효하지 않은 것)인지 여부 그리고 실제로 계약이 준수되었는지를 확인하는 것이 중요하다.[15](2021 UN TPM 3.4.3.2.).

또한 다국적기업들이 관여하는 거래의 명시적 계약조건은 해당 거래의 책임, 위험 및 이익이 관여하는 기업들 간에 어떻게 할당되었는지를 보여주는 형식에 대한 증거를 제공할 수 있다. 예를 들어, 거래의 계약 조건에는 부과되거나 지불된 대가의 형태, 판매 및 구매수량, 제공된 보증, 개정 및 수정에 대한 권리, 배송조건, 신용 및 지불 조건 등이 포함될 수 있다. 이러한 계약조건들에 대한 검토 외에도, 거래당사자들의 실제 행동이 계약과 일치하는지 확인하는 것이 중요하다.[16]

2020년 초에 발발한 Covid-19의 전 세계적 확산으로 글로벌 공급망에 예상치 않은 문제가 발생하고 이로 인해 계약당사자들은 당초에 체결한 계약을 이행하지 못하는 사태가 발생할 수 있다. 이 경우 독립된 제3자 계약 당사자들은 기존 계약의 특정 조건들을 재협상하려고 할 수 있으며, 마찬가지로 특수관계기업들 또한 기존 계약을 수정하거나 상업적 관계의 변경을 고려할 수 있다. 이러한 계약변경이나 수정이 정상거래원칙(arm's length principle)에 따른 것인지를 평가함에 있어 중

14 2021 UN 이전가격 매뉴얼 3.4.3.1. 문단

15 2021 UN 이전가격 매뉴얼 3.4.3.2. 문단

16 2021 UN 이전가격 매뉴얼 3.4.3.3. 문단

요한 점은, 독립된 기업이 그러한 비교 가능한 상황하에서 기존의 계약 또는 상업관계를 변경할 것이라는 명확한 증거자료 없이는, 단순히 경제사정이 바뀌었다는 이유로 특수관계자 간 기존계약 또는 상업관계를 변경해서는 안 된다는 것이다. 따라서 기존 계약 또는 상업관계의 변경이 있는 경우 그러한 변경이 정상가격 원칙에 따른 것이라는 것이 입증될 수 있는 자료와 설명이 잘 구비되어 있어야 한다.[17]

③ 특수관계 거래에 대한 기능분석

독립기업들의 거래에서 대가는 보통 각 기업의 사용자산 및 부담위험을 고려한 수행기능을 반영한다. 그러므로 특수관계 거래를 기술하고 특수관계 거래와 독립거래 사이의 비교가능성을 판단할 때에도 기능분석이 필요하다. 다시 말해, 기능분석은 경제적으로 거래당사자가 수행한 중요한 활동과 책임, 사용되거나 기여된 자산, 부담한 위험을 식별하기 위해 필요한 것이다.

기능분석은 당사자가 실제로 수행한 활동과 제공할 수 있는 역량(capabilities)에 초점을 둔다. 이러한 활동과 역량에는 '사업전략과 위험에 대한 결정'과 같은 경영 의사결정(decision-making)이 포함된다. 이를 위해, 다국적 기업그룹의 구조와 조직을 이해하고, 이들이 다국적 기업의 활동에 어떠한 영향을 주는지를 이해하는 것이 도움이 된다. 특히, 그룹 전체적으로 가치가 어떻게 창출되는지를 그리고 관계 기업들이 그룹의 다른 기업들과 함께 수행하는 기능의 상호의존성과 관계 기업들의 가치창출에 대한 기여도를 이해하는 것이 중요하다. 또한 기능을 수행하는 데 있어 각 당사자의 법적 권리와 의무에 대해서도 판단해

---

17 2020년 12월 OECD가 발표된 Covid-19관련 이전가격 과세지침 46문단.

보아야 한다. 한 당사자가 거래에서 다른 당사자에 비하여 많은 기능을 수행할 수 있지만, 무엇보다 중요한 것은 거래의 각 당사자에게 발생하는 빈도, 성격 및 가치의 관점에서 그러한 기능이 가지는 경제적 중대성이다.[18]

거래 당사자들의 실질적 기여, 역량 및 기타 특징들은 그들에게 실제적으로 선택 가능한 대안(options)에 영향을 미친다. 예를 들면, 어느 한 특수관계 기업이 그룹을 위해 물류용역(logistics services)을 제공할 때 그 물류회사는 한 지역에서 공급유통에 장애가 발생하는 경우에 대비하기 위해 몇 개 지역에서 여유공간을 보유한 창고를 운영하여야 한다. 이러한 상황에 있는 기업에게는 지역의 통합이나 여유 공간의 감소를 통해 높은 효율성을 확보하려는 독립기업의 선택은 비교가능한 대안이 되지 않는다. 그러므로 독립 물류회사가 공급유통의 장애위험을 줄이기 위해 관계 기업과 동일한 역량을 제안하는 상황이 아니라면, 특수관계 기업의 기능과 자산은 독립물류회사의 그것과 다르다고 보아야 한다.[19]

기능분석을 통해, 다국적 기업그룹이 고도로 통합된 기능을 여러 관계회사에 분할하고 있는지 알 수 있다. 분할된 활동들은 상당히 상호의존적일 수 있다. 예를 들면 물류, 보관, 마케팅 및 판매기능을 수행하는 여러 법인들로 분할하는 경우 분할된 활동들이 효과적으로 상호작용을 하도록 하기 위해서는 상당한 조정이 필요할 것이다. 판매활동은 마케팅활동에 상당히 의존하며, 마케팅활동의 예상결과를 포함한 판매업무의 수행은 재고 과정과 물류 능력의 조정을 필요로 한다. 위험

[18] 2017 OECD 이전가격 과세지침 1.51문단

[19] 2017 OECD 이전가격 과세지침 1.52문단

은 모든 당사자들의 기여를 통하여 완화되거나, 주로 별도의 조정기능에 의해 위험 완화 활동이 수행된다. 따라서 분할된 활동들에 대해 기능분석을 수행하는 경우 그 활동들이 상당히 상호 의존적인지, 상호 의존적이라면 상호 의존의 성격과, 관계 기업들이 기여하는 상업활동이 어떻게 조정되는지를 판단하는 것이 중요하다.[20]

기능분석 방법과 절차는 매우 중요하고 다루어야 할 내용이 많아 다음 절에서 별도로 논의한다.

④ 특수관계 거래의 경제적 상황

같은 재화 또는 용역의 거래라 하더라도 시장에 따라 정상가격은 달라질 수 있다. 그러므로 비교 가능성을 확보하기 위해서는 독립기업들과 특정관계 기업들이 활동하는 시장들은 가격에 중대한 영향을 미치는 차이가 없거나 차이가 있다면 적절한 조정이 이루어져야 한다. 이를 위해 우선 적합한 시장 또는 대체재나 대체용역이 거래되는 시장들을 확인하여야 한다. 시장의 비교가능성을 결정하는 데 관련된 경제적 여건으로는 지리적 위치, 시장규모, 경쟁 정도, 경쟁에 있어서 구매자와 판매자의 상대적 지위, 대체재나 대체용역의 이용 가능성과 그와 관련된 위험, 시장전체의 수요 · 공급과 특정지역의 수요 · 공급, 소비자의 구매력, 시장에 대한 정부규제의 특성 및 범위, 토지 · 노동 · 자본을 포함한 제조원가, 소매 또는 도매와 같은 시장의 단계, 거래 시기 등이 있다. 경제여건의 차이가 가격에 중요한 영향을 미치는지 또는 이러한 차이로 인한 영향을 제거하기 위해 합리적으로 정확한 조정이 가능한지는 특정 사안의 사실관계 및 상황에 따라 다르다.[21]

---

[20] 2017 OECD 이전가격 과세지침 1.54문단

경제 · 산업 · 제품에 대한 주기(cycle)는 비교 가능성에 영향을 주는 경제 여건에 해당한다. 주기가 있는 경우 다년간 자료(multiple year data)의 사용을 고려할 필요가 있다. 주기가 관련이 있다고 보면 납세자는 왜 주기가 있다고 보는지, 그 주기가 어떤 종류의 주기(경기주기, 제품주기 등)인지, 그 주기가 얼마나 지속되는지, 그 주기에서 특수관계 거래가 어디에 위치하는지, 어떤 식으로 또는 어느 정도까지 주기가 다른 종류의 정상가격산출방법에서 사용되는 자료들(예를 들면 가격, 이윤, 기능, 위험 등)에 영향을 미치는지를 설명할 수 있어야 한다.[22]

시장의 지리적 차이는 비교 가능성에 영향을 미치는 또 다른 경제 여건이다. 관련 시장을 식별하는 일은 사실 관계에 대한 문제이다. 많은 산업에서 여러 국가에 걸친 다국적 시장이 실질적으로 동일한 것으로 평가되지만(예를 들어 아시아/태평양, 미국/캐나다, 중남미, 유럽), 일부 산업에 있어서 각국 시장 간의 차이 혹은 더 나아가 국내시장 내의 차이가 상당히 중요하다.[23]

다국적 기업 그룹에 의해 여러 국가에서 유사한 특수관계 거래가 이루어지고 이들 국가의 경제여건이 실질적으로 동일한 경우 다국적 기업 그룹이 이들 국가에 적용하기 위한 이전가격정책에 필요한 비교 가능성 분석은 여러 국가를 묶어서 하는 것이 적절하다. 그런데 다국적 기업 그룹이 각국에서 취급하는 재화나 용역, 사용하는 자산, 부담하는 위험, 수행하는 기능, 사업전략 및 경제여건이 상당히 다른 경우가 있다. 이러한 경우 여러 국가를 묶어서 비교하는 접근법은 신뢰성을

[21] 2017 OECD 이전가격 과세지침 1.110문단

[22] 2017 OECD 이전가격 과세지침 1.111문단

[23] 2017 OECD 이전가격 과세지침 1.112문단

감소시킬 수 있다.[24]

⑤ **사업전략**(Business Strategies)

이전가격과세 목적으로 거래를 식별하고 비교 가능성을 결정하는 데 있어서는 사업전략 역시 반드시 검토되어야 한다. 이를 위해서는 기술혁신, 신제품 개발, 사업다각화 정도, 위험회피 정도, 정치환경 변화에 대한 평가, 현 노동법과 그 개정방향, 사업전략의 지속기간, 기타 기업의 매일 매일의 행동에 관한 여러 요소들을 고려하여야 한다.[25]

사업전략에는 시장침투전략도 포함된다. 시장침투 또는 시장점유율 확대를 꾀하는 기업은 동일한 시장 내에서 그런 목적이 없었다면 설정했을 가격보다 낮은 가격을 일시적으로 설정할 수 있다. 더구나 새로운 시장에 진입하기를 원하거나 시장점유율을 확대하기를 원하는 기업은 같은 시장 내의 다른 기업에 비해 일시적으로 창업비 또는 마케팅활동의 필요성 때문에 추가적 비용부담을 하게 되며, 이에 따라 낮은 이윤을 얻게 된다.[26]

비교 대상기업과 구별되는 사업전략을 추진하고 있다고 하는 납세자의 주장에 대하여 과세당국이 평가할 경우 시기적인 문제(timing issues)가 대두된다. 시장침투 또는 점유율확대와 같은 사업전략을 채택할 경우 미래의 이익이 증가될 것을 기대하여 현재의 이익 감소를 감수할 수 있다.[27]

---

[24] 2017 OECD 이전가격 과세지침 1.113문단

[25] 2017 OECD 이전가격 과세지침 1.114문단

[26] 2017 OECD 이전가격 과세지침 1.115문단

[27] 2017 OECD 이전가격 과세지침 1.116문단

납세자가 장래의 이익증가를 위해 현재의 일시적 이익감소를 감수하는 사업전략을 따르고 있는지를 검증하기 위해서는 다음의 몇 가지 사항을 고려해야 한다. 우선 과세당국은 납세자의 행동이 자신이 주장한 사업전략과 일치하는지를 검토해야 한다. 예를 들면, 만약 제조업자가 시장침투를 위해 판매업자에게 시장가격 이하의 가격으로 물건을 공급한다면 그 판매업자의 비용절감 효과가 소비자에 대한 판매가격이나 판매업자의 시장침투를 위한 비용에 반영되어야 한다. 다국적 기업 그룹의 시장침투전략은 그로 인한 비용을 어느 한쪽 당사자가 부담하든 간에 제조업자에 의해서 실행될 수도 있고, 제조업자와는 독립적으로 행동하는 판매업자에 의해 실행될 수도 있다. 또 시장침투 또는 시장확대전략에 따라 특별히 마케팅과 광고활동이 집중적으로 수행되는 경우가 있다는 점도 고려할 필요가 있다. 특수관계 거래의 양 당사자 간의 관계를 볼 때 사업전략에 따르는 비용을 부담한다고 하는 납세자가 실제로 비용을 부담하는지 여부도 고려하여야 한다. 예를 들면 독립기업 간 거래에 있어서는 장기적인 시장개발에 대하여 거의 책임이 없거나 책임을 부담하지 않는 단순한 판매대리인으로 활동하는 기업은 일반적으로 시장침투전략에 따르는 비용을 부담하지 않는다. 어떤 기업이 자신의 책임하에 시장개발 활동을 하고, 상표 · 상호를 통해 제품가치를 증가시키고, 제품과 관련된 영업권의 가치를 증가시킨다면 비교 가능성 확보를 위한 기능분석에 이러한 상황들을 고려해야 한다.[28]

또 다른 고려사항은, 사업전략을 따른다면 독립기업 간의 거래에서 소요되는 기간 내에 그 사업전략에 따르는 비용을 정당화하기에 충분한 보상을 과연 얻을 수 있을 것인지 여부이다. 시장침투와 같은 사업전략은 경우에 따라 실패할 수도 있다. 그러나 그러한 실패가 있다고

[28] 2017 OECD 이전가격 과세지침 1.117문단

해서 이전가격 설정 시 그 전략을 무시해도 좋다는 것은 아니다. 하지만 기대수익의 정도가 실제 거래 시에 합리적으로 받아들여지기 힘든 정도이거나 납세자의 사업전략이 성공적이지 못하였음에도 독립기업들의 경우에 비해 지나치게 오래 계속되는 경우 사업전략이 정상적이라고 보기는 힘들다. 정상적이고 합리적이라고 받아들일 만한 기간이 어느 정도인지를 결정할 때에 과세당국은 사업전략이 추진되고 있는 국가에서 명백히 드러나는 상업적 전략(commercial strategies)에 대한 증거를 검토하기를 원하게 된다. 그러나 결국 가장 중요한 사항은 예측 가능한 장래에 수익성이 있을 것이 합리적으로 기대되는지(전략이 실패할 수도 있다는 것을 인식하더라도)와 정상거래라면 동일한 경제적 환경과 경쟁 상황에서 비슷한 기간 동안 손실을 무릅쓰고라도 이익을 포기할 수 있겠는지이다.[29]

분석 대상 당사자 선택(choice of tested party)

원가가산방법, 재판매가격방법 및 거래순이익률방법을 적용할 때, 재무적 지표(원가가산율, 총이익률 혹은 순이익률)를 검증해야 하는 분석 대상 기업을 선택할 필요가 있다. 왜냐하면 이런 방법들의 경우에는 분석 대상 기업이 거래 당사자 중 어느 하나에 한정되기 때문이다.

분석 대상 기업의 선택은 거래의 기능분석에 맞게 이루어져야 한다. 분석 대상 기업은 일반적으로 이전가격방법이 가장 믿을 만한 방법으로 적용될 수 있으며 또한 믿을 만한 비교 대상을 찾을 수 있는 기업이어야 하는데 실무적으로는 대부분의 경우 덜 복잡한 기능분석을 할 수 있는 기업이 분석대상 당사자가 된다.[30]

---

29 2017 OECD 이전가격 과세지침 1.117문단

그림 Ⅰ-3

사례

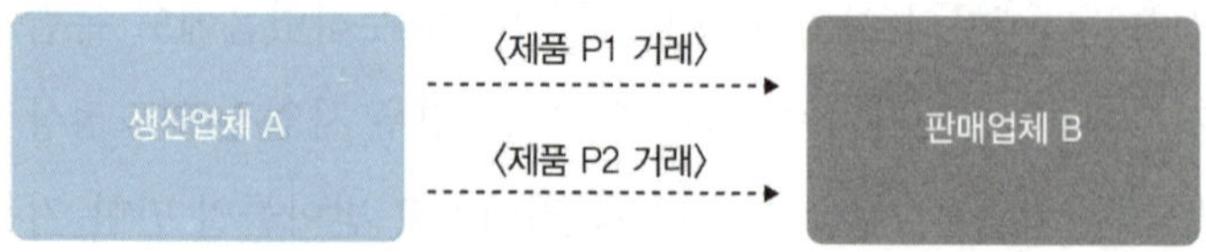

제품 P1 거래 : A는 B가 소유하는 무형자산을 이용하여 B의 기술적 지시에 따라 P1을 생산. A는 단순제조기능 수행, 무형자산을 제공하지 않음

⇒ 분석대상은 A

제품 P2 거래 : A사는 자신이 소유하는 특허 및 상표 등의 무형자산을 사용하여 P2를 생산, B사는 이를 단순 판매하는 기능 수행

⇒ 분석 대상은 B

예를 들면 A사가 두 가지 종류의 제품 P1 및 P2를 생산하며, 이를 다른 국가에 있는 특수관계자 B사에 판다고 가정한다. A는 B가 소유하는 가치 있는 무형자산을 사용하여 B의 기술적 지시에 따라 P1을 생산하는 것으로 가정한다. 이러한 P1 거래에서 A는 단순한 제조 기능만을 수행하며 독특한 가치가 있는 무형자산을 제공하지 않는다고 가정한다. 이러한 P1 거래에서 분석 대상은 대부분의 경우 A사가 된다. 한편, A사는 자신이 소유하는 가치 있는 특허 및 상표 등의 가치 있는 독특한 무형자산권리를 보유하고 사용하여 P2를 생산하며, B사는 이를 단순히 구입하여 판매만 한다고 가정한다. 이러한 P2 거래에서 B는 단순한 판매기능만을 수행하며 다른 독특한 가치가 있는 무형자산을 제공하지 않는다고 가정한다. P2 거래에 대한 분석대상은 대부분의 경우 B사가 된다.[31]

30 2017 OECD 이전가격 과세지침 3.18문단

그렇다면 이와 같이 단순한 기능을 수행하는 기업을 분석대상으로 삼는 이유는 무엇일까? 그것은 단순한 기능을 수행하는 기업을 분석대상으로 삼는 경우 비교대상 기업도 분석대상 기업과 유사한 단순 기능을 수행하는 기업이어야 하므로 우선 비교대상을 선정하는 것이 상대적으로 용이하다. 만일 어느 기업이 여러 다양한 기능을 수행하고 무형자산(intangibles)도 보유 · 활용하여 소득을 창출하고 있다면 이와 유사한 기능을 수행하는 비교대상 기업을 찾기가 무척 어렵기 때문에 설령 비교대상 기업을 선정하여 분석을 한다고 해도 비교가능성 분석 결과의 신뢰성이 문제가 될 수 있다. 그렇다면 이렇게 복잡한 기능을 수행하는 기업이 특수관계자와의 거래에서 설정한 이전가격이 또는 창출한 이윤이 정상가격(또는 정상이윤)인지 여부를 어떻게 판정할 수 있는가?

우선 제1장 제1절 "정상가격에 의한 과세조정은 왜 필요할까?"에 있는 〈표 Ⅰ-1 : 이전가격 적용사례〉에서 언급한 K그룹의 과세소득을 확인해보자. 이 표에서, 이전가격이 1,000이든 800이든 간에 K그룹 전체의 과세소득은 800으로서 변함이 없음을 알 수 있다. K그룹 전체 입장에서 보면, 제품의 최종소비자에게 판매를 하고 매출액이 발생할 때 최종소비자는 이 K그룹과 특수관계가 없는 제3자이기 때문에 여기서 발생하는 매출액 1,500은 시장가격 또는 정상가격을 반영한 매출액이라고 할 수 있다. 또한 제품의 생산비 500과 판매과정에서 발생한 비용 200은 K그룹과 특수관계가 없는 제3자에게 지급되었을 것이므로 이 생산비와 판매일반관리비도 시장가격 또는 정상가격을 반영한 비용이라고 할 수 있다. 이와 같이 매출액 1,500과 총비용 700은 모두 K그룹과 특수관계가 없는 제3자와의 거래를 통해 발생한 매출액과 비용이기 때문에, 그 차액인 과세대상소득 800은 모회사인 KP와 자회사

---

[31] 2017 OECD 이전가격 과세지침 3.19문단.

인 KS의 이전가격이 얼마로 설정되었는지와 관계없이 동일한 것이다. 이 과세대상소득 800은 KP와 KS가 이전가격을 어떻게 설정하느냐에 따라 각각에 귀속되는(또는 할당되는) 과세소득이 달라지는데 만일 KS에 과세소득이 상대적으로 많이 할당된다면 KP의 과세소득은 상대적으로 적게 할당된다. 반대로 KS에 과세소득이 상대적으로 적게 귀속된다면 KP의 과세소득은 상대적으로 많이 할당되게 된다. 이와 같은 메커니즘으로 인해, 일단 상대적으로 단순한 기능을 수행하는 기업(즉 KS)의 정상가격 또는 정상이윤을 확인할 수 있다면 모회사인 KP의 정상가격(또는 정상이윤)도 역시 확인할 수 있다. 즉 자회사인 KS의 정상이윤을 토대로 해당 이전가격의 정상가격이 산출되면 그 가격을 바로 KS의 정상가격으로 채택할 수도 있고, 설령 정상가격을 계산하지 않아도 그룹의 총과세소득에서 KS의 정상이윤을 차감하고 나면 그 여집합인 KP의 정상이윤을 바로 확인할 수 있는 것이다.

4. 비교 대상 거래(또는 기업)의 선정

비교가능 제3자 거래(Comparable Uncontrolled Transactions)란 분석 대상인 특수관계 거래와 비교되는 두 독립당사자들 간의 거래를 말한다. 이는 특수관계 거래의 일방과 독립기업 간의 비교가능 거래이거나(내부 비교 대상, internal comparables[32]), 혹은 특수관계 거래의 당사자가 아닌 두 독립기업 간의 거래이다(외부 비교 대상, external comparables).[33]

---

32 비교 가능성 분석에서는 'comparable'이란 용어를 명사화하여 사용하고 있는데 문맥에 따라 '비교 가능 거래', '비교 가능 기업' 또는 '비교 대상'으로 번역한다. comparables는 comparble의 복수를 가리킨다.

33 2017 OECD 이전가격 과세지침 3.24문단

| 그림 Ⅰ-4 |

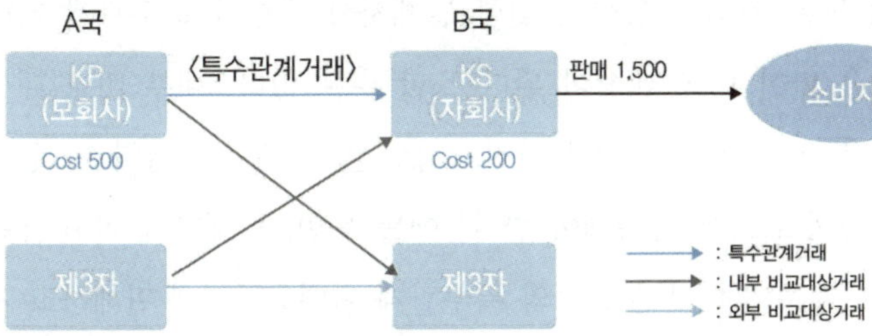

위 그림은 1절에서 인용한 K그룹 사례를 이용하여 내부 비교대상거래와 외부 비교대상거래를 보여주고 있는 그림이다. 만일 분석대상 연도 중에 KP(모회사)가 B국에 소재하는 제3자와 분석대상인 특수관계거래와 동일하거나 유사한 거래를 수행하였다면 이 거래가 특수관계거래의 내부 비교대상거래 중의 하나가 된다고 할 수 있다. 마찬가지로 분석대상 연도 중에 KS(자회사)가 A국에 소재하는 제3자와 분석대상인 특수관계거래와 동일하거나 유사한 거래를 수행하였다면 이 거래가 특수관계거래의 내부 비교대상거래 중의 하나가 된다고 할 수 있다. 그런데 만일 특수관계 당사자들인 KP나 KS가 관여하지 않은 제3자들 간에 분석대상인 특수관계거래와 동일하거나 유사한 거래가 수행되었다면 이 거래는 외부 비교대상거래라고 불린다.

내부 비교 대상(internal comparables)

일반적으로 내부 비교 대상은 외부 비교 대상보다 분석 대상 거래와 더 직접적이고 밀접한 관련이 있다고 할 수 있다. 즉 내부 비교 대상은 특수관계 거래와 동일한 회계기준 및 회계실무를 적용하기 때문에 재무분석은 더 쉽고 믿을 만하고 내부비교 대상 정보에 대한 접근은 결함이 상대적으로 적으며 비용이 적게 든다.[34]

그러나 내부 비교 대상이 항상 믿을 만하지는 않으며, 납세자와 제3자 간의 모든 거래가 항상 동일한 납세자가 수행한 특수관계 거래에 대한 믿을 만한 비교 대상이 된다고 할 수는 없다. 내부 비교 대상이 있는 경우 외부 비교 대상과 마찬가지로 앞 절에서 언급한 다섯 가지 비교 가능성 요소를 충족해야 한다. 예를 들면, 납세자가 어떤 제품을 제조하고 제품의 대부분을 국외 특수관계 판매업자에게 판매하고 제품의 나머지를 제3자에게 판다고 가정하자. 이 경우, 수량의 차이는 두 거래의 비교 가능성에 중요한 영향을 미친다. 이러한 차이에 대한 영향을 제거하기 위한 합리적으로 믿을 만한 조정이 불가능하다면, 납세자와 제3자 거래처 간의 거래는 분석 대상인 특수관계 거래에 대한 유효한 비교 대상이 될 수 없다.[35]

외부 비교 대상(external comparables)

외부 비교 대상에는 두 가지 유형이 있다. 첫 번째 유형은, 거래의 어느 두 당사자도 특수관계 거래의 당사자가 아닌 경우의 비교 대상이다. 예를 들어 독립된 당사자 간의 비교 가능한 상황에서 판매되는 유사 제품의 가격에 기초하여 정상가격 산출방법 중의 하나인 비교가능 제3자 가격방법을 적용하는 경우의 비교 대상이 이에 해당한다.[36]

두 번째 유형은, 기업들이 외부감사를 받은 재무제표를 기초로 제작된 상업용 데이터베이스(database)[37]에 합리적 선정기준을 적용하여 선

---

34 2017 OECD 이전가격 과세지침 3.24문단

35 2017 OECD 이전가격 과세지침 3.28문단

36 2017 UN 이전가격매뉴얼 B.2.3.4.7.문단

37 상업용 데이터베이스는 여러 회사들이 관련 정부기관에 제출하는 회계자료를 수집하여 탐색이나 통계분석에 적합한 전자적 형식으로 제공하는 사업자들(editors)에 의해 개발된 것이다. 이러한 데이터베이스는 비교 가능분석을 위해 유용하게 사용되며 외부비교 대상을

정한 비교 대상이다. 한편 상업용 데이터베이스에는 여러 가지 제약이 있음을 염두에 둘 필요가 있다. 상업용 데이터베이스는 공개된 정보에 의존하는데, 모든 국가가 회사들에 대한 정보를 동일하게 공개하는 것은 아니므로 모든 국가의 데이터베이스를 항상 사용할 수 있는 것은 아니다. 또한 데이터베이스를 사용할 수 있는 경우에도 해당 국가에서 사업을 영위하는 모든 회사에 대하여 동일한 유형의 정보를 담고 있는 것은 아닌데, 공개나 제출요건이 회사의 법적 형태에 따라 다르고 상장 여부에 따라 다르기 때문이다. 따라서 이러한 데이터베이스를 사용할 것인지 여부 그리고 사용하는 경우에도 어떻게 사용할 것인지를 따져봐야 한다. 왜냐하면 애초에 이들 데이터베이스는 이전가격 목적으로 작성되고 제공되는 것은 아니기 때문이다. 또한 고려해야 할 것은, 선택된 이전가격방법을 옹호할 만큼 충분히 자세한 정보를 데이터베이스가 항상 제공하는 것은 아니라는 점이다. 모든 데이터베이스가 동일한 수준의 세부사항을 포함하지는 않으며 따라서 항상 비슷한 수준의 신뢰성을 갖고 사용할 수 있는 것도 아니다. 또 한 가지 고려해야 하는 점은, 많은 국가에서 상업용 데이터베이스는 거래를 기준으로 하기보다는 주로 회사를 기준으로 재무성과를 비교하는 데 사용한다는 것인데, 제3자 거래의 정보는 입수하기가 쉽지 않기 때문이다.[38]

결과적으로 이런 데이터베이스를 사용하여 정상가격산출방법을 적용하는 경우에는 '특정 거래'보다는 '특정 회사'를 비교대상으로 삼아 분석하는 방법(예 : 거래순이익률방법, 원가가산방법, 재판매가격방법)을 주로 사용하게 된다.

식별하는 데 드는 비용을 절감해주고, 또한 사안의 사실관계에 따라 가장 믿을 만한 정보원이 된다(OECD 이전가격 과세지침 3.30문단)

[38] OECD 이전가격 과세지침 3.31문단

국외 비교 대상과 국내 비교 대상

비교 가능성 분석을 하는 경우 항상 특정 국가를 기준으로 그 국가 내의 비교 대상만을 탐색하는 것은 아니다. 특정 국가 내에 충분한 비교 대상이 없는 경우나 다국적 기업그룹의 여러 기업에 대한 비교 대상 기능분석을 할 때 비용을 절감하기 위해 여러 국가에 걸쳐 비교 대상을 탐색하기도 한다. 따라서 국내 비교 대상(domestic comparables)이 아니라고 하여 이들을 자동적으로 배척해서는 안 된다. 즉 국외 비교 대상이 합리적으로 믿을 만한지 여부는 사안별로 판단해야 하는데, 이들이 앞에서 언급한 비교 가능성 요소를 충족하는지에 따라 판단해야 하며 이 경우 필요하다면 후술하는 비교 가능성 조정(comparability adjustment)을 해야 한다.[39]

납세자에게 공개되지 않은 정보(Secret Comparables)

과세당국은 다른 납세자에 대한 조사로부터 혹은 납세자에게 공개되지 않은 정보자료로부터 사용할 수 있는 정보를 얻을 수 있다. 그러나 과세당국이 국내법상 비밀보장의 한도 내에서 그 정보들을 납세자에게 공개함으로써 납세자가 자신의 입장을 방어하고 법원의 효과적인 사법 통제에 의해 보호받을 기회를 갖도록 하지 못한다면, 과세당국이 그러한 정보를 기초로 하여 이전가격방법을 적용하는 것은 공정하지 못하다.[40] 우리나라의 조세심판원에서는 과세당국이 '납세자에게 공개되지 않은 정보'에 기초한 이전가격 조정을 수행한 사건들에서 납세자 청구 인용 판결을 오랜 기간, 반복적으로, 일관되게 내림에 따라 과세당국도 일반 이전가격조사에서 이러한 정보를 사용하지 않는 것이 관행화

---

[39] OECD 이전가격 과세지침 3.35문단

[40] OECD 이전가격 과세지침 3.36문단

되었다고 할 수 있다.

비교대상의 선정기준 및 절차(Screening Criteria and Procedure)

독립된 제3자 기업 간의 거래로부터의 비교대상을 선정하는 방식은 크게 두 가지로 나눌 수 있다. 첫째 방식은 가산적 방식(additive approach)인데 비교 대상 거래를 수행하는 것으로 알려진 독립된 제3자 기업들의 목록을 만들어서 비교 대상을 선정하는 것이다. 두 번째 방식은 차감적 방식(deductive approach)인데, 동일한 활동분야에서 유사한 범위의 기능을 수행하는 넓은 범위의 기업들로부터 탐색을 시작하는 방식이다.[41] 차감적 방식은 보통 데이터베이스를 탐색하는 것으로부터 시작한다. 그러므로 내부비교 대상에 대한 지침 및 외부비교대상의 정보출처에 대한 지침을 준수하는 것이 중요하다[42](TP §3.42). 실무적으로, 비교 대상을 선정하는 기준으로는 양적 기준과 질적 기준을 모두 적용한다. 일반적인 양적 기준(quantitative criteria)은 아래와 같다(TP §3.43).

① **매출, 자산 및 직원 수와 관련한 규모 기준**(size criteria) : 매출, 자산 및 직원 수와 관련된 절대적 규모 혹은 당사자의 활동에 비례한 상대적 거래 규모는 구매자나 판매자의 상대적인 경쟁관계에 영향을 미치며 그로 인해 비교 가능성에 영향을 미친다.

② **무형자산순가치/총순자산가치의 비율, 연구개발비/매출의 비율 등 상황에 따른 무형자산 관련기준** : 예를 들면, 검토대상기업이 중요한 무형자산을 사용하지 않거나 연구개발에 종사하지 않는 경우 중

[41] 실무적으로는 가산적 방식은 거의 사용하지 않고 차감적 방식을 주로 사용하므로, 여기에서는 차감적 방식의 내용을 중점적으로 다룬다.

[42] OECD 이전가격 과세지침 3.42문단

요한 무형자산이나 연구개발활동을 하는 회사를 비교 대상에서 제외하기 위해 이들을 사용한다.

③ **수출(국외매출/총매출)의 중요성과 관련한 기준**

④ **절대값 혹은 상대값으로 표현된 재고관련 기준**

⑤ **사업개시, 파산 등의 특별한 상황이라서 적절한 비교 대상이 될 수 없는 경우** : 이러한 상황에 있는 기업들은 비교 대상으로서 적절하지 않으므로 이들을 비교 대상 선정과정에서 제외하기 위한 기준이다.

비교대상의 선정 과정은 비교 가능성 분석에서 가장 중요한 부분으로서 명료하고 체계적이며 반복 가능해야 한다. 특히, 선정기준의 선택은 분석결과에 지대한 영향을 미치므로 비교대상 거래의 의미 있는 경제적 특징을 모두 반영해야 한다. 비교대상 선정에서 주관적 판단을 완전히 배제하는 것은 가능하지 않지만, 주관적 판단을 적용함에 있어 객관성을 증가시키고 투명성을 보장하기 위한 다양한 방안을 모색해야 한다. 과정의 투명성을 보장하는 일은 비교대상을 선정하는 데 사용하는 기준을 공개할 수 있는지 그리고 비교대상의 일부를 제외하는 이유를 설명할 수 있는지에 달려 있다. 또한 선정과정의 객관성을 증진하고 투명성을 보장하기 위해서는 이미 수행한 선정과정에 대한 정보에 접근할 수 있어야 하고 동일한 자료출처에 접근할 수 있어야 한다.[43]

비교대상 선정의 전형적인 과정은 아래 그림에서 보는 바와 같이 (ⅰ) 데이터베이스 선별(1차 선별), (ⅱ) 정량적 심사(2차 선별) 및 (ⅲ) 정성적 심사(3차 선별)의 3단계로 나눌 수 있다.

---

[43] OECD 이전가격 과세지침 3.46문단

그림 Ⅰ-5

비교대상 후보 식별
Identifying Potential Comparables

↓

데이터베이스 선별(1차 선별)
Database Screening Comparability Reviewed

↓

정량적 심사(2차 선별)
Quantitative Screening Comparability Reviewed

↓

정성적 심사(3차 선별)
Qualitative Screening Comparability Reviewed

↓

최종 선정된 비교대상 집합
Final Set of Comparables

비교대상 후보들은 각 단계에서 비교대상으로 적합한지 판단하기 위해 심사를 거친다. 우선 데이터베이스 선별은 일반적으로 산업분류 코드, 지리적 위치, 시장 수준, 사업 전략, 운영 규모, 독립성 및 재무정보와 관련하여 적용된다.

정량적 심사 과정에서는, 데이터베이스에 있는 정보가 검증대상 거래와 비교 가능한 재무정보 또는 충분한 영업 이익 정보를 보유하고 있는지를 확인하기 위해 해당 기간의 비교대상 재무정보를 선별해내는 작업을 종종 수행한다.

정성적 심사과정에서는, 정량적 심사를 통해서 선정해 놓은 비교대상 후보들에 대해 주로 다양한 정성적인 정보를 기반으로 비교대상을 선별하는 재무 비율(즉 진단 비율)을 적용하여 심사를 한다. 동 심사를 거

치고 나면 최종적으로 선정된 비교대상 집합이 남게 된다.[44]

실무적으로 우리나라 업계에서 많이 사용하는 선정기준을 사용한 선정과정 단계를 표로 정리하면 아래와 같다.

| 표 Ⅰ-2 | 비교대상 선정과정 사례

선정기준	선정기준 통과 기업 수
기업의 주요 경제활동	764
최근 10년간의 재무자료 확보 가능 여부	411
판매량이 일정 규모(예 : 미화 천만 달러) 이상인 기업	280
매출액 대비 임금비율이 일정률(예 : 25%) 이상인 기업	157
정성적 심사	8

5. 적절한 이전가격 결정방법 선택

국조법 제8조는 정상가격 산출방법으로서 비교가능 제3자 가격방법, 재판매가격방법, 원가가산방법, 이익분할방법, 거래순이익률방법, 기타 합리적인 방법을 규정하고 있다[각 방법에 대한 상세한 설명은 후속하는 절(節)들에서 다룬다]. 다만 이 중 기타 합리적인 방법은 그 앞에 열거한 방법으로 정상가격을 산출할 수 없는 경우에만 적용한다는 제한을 두고 있다.

국조법 시행령 제14조 제1항은 다음의 기준을 고려하여 가장 합리적인 방법을 선택하여야 한다고 규정하고 있다. 첫째, 특수관계가 있는 자 간의 국제거래와 특수관계가 없는 자 간의 국제거래 사이에 비교가능성이 높아야 한다. 둘째, 사용되는 자료의 확보 · 이용 가능성이

44 2017 UN 이전가격매뉴얼 B.2.3.4.12.문단

높아야 한다. 셋째, 특수관계가 있는 자 간의 국제거래를 비교하기 위하여 설정된 경제 여건 · 경영 환경 등에 대한 가정이 현실에 부합하는 정도가 높아야 한다. 넷째, 사용되는 자료 또는 설정된 가정(假定)의 결함이 산출된 정상가격에 미치는 영향이 적어야 한다. 끝으로 특수관계 있는 자 간의 거래와 정상가격 산출방법의 적합성이 높아야 한다.

국조법 시행령 제5조 제3항은 적합성이 높은지를 평가하는 경우에는 특수관계 거래에서 가격 · 이윤 또는 거래순이익 중 어느 지표가 산출이 쉬운지 여부, 특수관계 거래를 구별하는 요소가 거래되는 재화나 용역인지 또는 수행되는 기능의 특성인지 여부, 거래순이익률방법 적용 시 거래순이익률 지표와 영업활동과의 상관관계 등에 관하여 기획재정부령으로 정하는 바에 따라 분석하도록 규정하였다. 특히 '각각의 정상가격산출방법이 어떤 경우에 사용될 수 있는지'와 관련하여 국조법 시행규칙 제2조 제2항은 다음과 같이 규정하고 있다.

> ② 영 제14조 제3항에 따라 적합성이 높은지를 평가하는 경우에는 다음 각 호의 구분에 따른 사항을 고려하여 분석하여야 한다.
> 1. 비교가능 제3자 가격방법을 적용할 경우 : 비교대상 재화나 용역 간에 동질성이 있는지 여부. 이 경우 거래 시기, 거래 시장, 거래조건, 무형자산의 사용 여부 등에 따른 차이는 합리적으로 조정될 수 있어야 한다.
> 2. 재판매가격방법을 적용할 경우 : 분석 대상 당사자가 중요한 가공기능 또는 제조기능 없이 판매 등을 하는지 여부. 이 경우 거래되는 재화나 용역의 특성보다는 분석 대상 당사자와 비교 가능 대상 간에 기능상 동질성이 있는지를 우선적으로 고려하여야 하며, 고유한 무형자산(상표권이나 고유한 마케팅 조직 등을 말한다)의 사용 등에 따른 차이는 합리적으로 조정될 수 있어야 한다.
> 3. 원가가산방법을 적용할 경우 : 특수관계인 간에 반제품(半製品) 등의 중간재(中間材)가 거래되거나 용역이 제공되는지 여부. 이 경우 분석 대상

당사자와 비교 가능 대상 간에 기능상 동질성이 있는지를 우선적으로 고려하되, 분석 대상 당사자와 비교 가능 대상 사이에서 비교되는 총이익은 원가와의 관련성이 높고 동일한 회계기준에 따라 측정될 수 있어야 한다.

4. 거래순이익률방법을 적용할 경우 : 거래순이익률 지표(영 제8조 제1항 각 호의 거래순이익률 지표를 말한다. 이하 같다)와 영업활동의 상관관계가 높은지 여부. 이 경우 그 밖의 정상가격산출방법보다 더 엄격하게 특수관계 거래와 비교 가능 거래의 유사성이 확보될 수 있거나 비교되는 상황간의 차이가 합리적으로 조정될 수 있어야 한다.
5. 이익분할방법을 적용할 경우 : 특수관계인 양쪽이 특수한 무형자산 형성에 관여하는 등 고도로 통합된 기능을 수행하는 경우에 특수관계가 없는 독립된 당사자 사이에서도 각자의 기여에 비례하여 그 이익을 분할하는 것이 합리적으로 기대되는지 여부

6. 비교 가능성 조정(Comparability Adjustment)

국조법 시행령 제15조 제4항은 국조법 "제8조에 따라 정상가격을 산출하는 경우 해당 거래와 특수관계가 없는 자 간의 거래 사이에서 제14조 제2항에 따른 비교 가능성 분석요소의 차이로 인하여 적용하는 가격 · 이윤 또는 거래순이익에 차이가 발생하는 때에는 그 가격 · 이윤 또는 거래순이익의 차이를 합리적으로 조정하여야 한다"고 규정하고 있다. 일반적으로 비교가 가능하다는 것은 비교 가능한 상황들 간의 차이가 정상가격산출방법 내에서 검토되는 상황에 대하여 중대하게 영향을 미치지 못하고, 해당 차이를 제거하기 위해 합리적으로 타당한 조정이 이루어질 수 있다는 것을 의미한다.

비교대상의 정확성과 신뢰성을 제고하기 위해 비교대상의 재무 결과가 검증 대상자와 동일한 기준으로 작성되도록 일정한 조정이 필요할

수 있다. 그러나 조정을 수행하기 전에 다음과 같은 문제를 사전에 고려해볼 필요가 있다[45].

① **조정되는 데이터의 품질** : 비교 가능성 조정은 비교대상의 안정성을 향상시킬 수 있는 경우에만 적용될 수 있다. 비교대상에 대한 검색 프로세스에 중대한 단점이 있는 경우 또는 너무 많은 조정이 필요한 빈약한 비교대상에는 조정이 적용되지 않을 수도 있다.

② **수행된 조정의 목적** : 비교 가능성에 중요한 영향을 미치지 않는 차이는 조정되지 말아야 한다.

③ **비교 가능성 조정을 할 수 없는 거래** : 비교할 수 있는 모든 거래가 조정될 수 있는 것은 아니다. 일반적으로 영업권 또는 무형 자산과 관련한 일부 거래는 조정할 수 없다고 취급된다.

④ **조정의 신뢰성 및 정확성** : 조정은 객관적이고 검증 가능한 데이터를 기반으로 계산되어야 한다.

⑤ **문서화** : 비교 가능성 조정은 비교 가능성 분석의 일부이며 신뢰성을 보장하기 위해 적절하게 문서화되어야 한다.

비교 가능성 조정이 늘 가능한 것은 아니다. 예를 들어 매출채권의 차이를 조정하는 것은 회계기준의 주요 차이가 조정되지 않는다면 유용하지 않을 수 있다. 이와 같이 너무 정교한 조정이 때로는 비교대상 거래 검색의 결과가 과학적이고, 신뢰할 만하고, 정확하다는 잘못된 인상을 심어 줄 수도 있다.[46]

---

45 2017 UN 이전가격매뉴얼 B.2.3.5.1.문단

46 OECD 이전가격 과세지침 3.52문단

비교 가능성 조정의 투명성은 수행된 조정에 대한 설명, 조정을 한 이유, 조정의 방법, 어떻게 그 비교 가능 거래의 결과를 변경시켰는지 및 어떻게 조정이 비교 가능성을 제고하였는지에 대한 명확한 설명을 통해 확보될 수 있다.[47] 비교 가능성 조정은 ⅰ) 회계조정, ⅱ) 운전자본 조정, ⅲ) 기타조정의 세 가지 범주로 나눌 수 있다.

회계조정

분석대상 당사자(tested party)와 비교대상자 간에 회계 기준과 관행상의 다양한 차이가 있을 수 있으므로 이를 조정하지 않으면 측정 오류(measurement errors)가 발생할 수 있다. 회계 차이는 분류상의 차이 및 관련 법 또는 기준에 따른 차이 등으로 인해 발생할 수 있다.[48]

분류상의 차이에 의한 회계 차이의 고객에게 부여되는 판매 리베이트를 들 수 있다. 이는 회계 관행에 따라 매출액의 차감항목으로 취급될 수도 있고 일종의 마케팅 비용으로 기록될 수 있다. 이러한 회계 관행의 차이는 매출총이익의 크기에 영향을 미칠 수 있으므로 매출총이익을 사용하는 정상가격 산출방법(예 : 재판매가격법 또는 원가가산법)을 이용한 결과를 왜곡할 수 있다. 따라서 이러한 방법을 사용하는 경우에는 분석대상 당사자와 비교대상의 회계차이는 합리적으로 조정되어야 한다.[49]

---

47 OECD 이전가격 과세지침 3.54문단

48 2017 UN 이전가격매뉴얼 B.2.3.5.3.문단

49 2017 UN 이전가격매뉴얼 B.2.3.5.4.문단

운전자본 조정

가장 일반적인 비교 가능성 조정의 예로서 매출채권, 매입채무 및 재고자산의 상이한 수준을 반영하기 위하여 고려되는 운전자본조정이 있다. 매출채권, 매입채무 및 재고자산 차이 조정의 원리는 다음과 같다.

① 매출채권조정

예를 들어 제품의 판매가 60일 신용조건으로 이루어진다면 그 가격은 대금을 즉시 지불하는 경우의 가격에 60일간의 이자를 포함한다고 볼 수 있다. 일반적으로 매출채권을 많이 보유함으로써 회사는 고객에게 대금을 지불할 수 있는 긴 기간을 허락하게 되고, 그러한 신용기간 동안의 운영자금을 차입하거나 그렇지 않았더라면 투자를 위해 사용될 수 있었던 잉여현금이 줄어들게 된다.

② 매입채무조정

마찬가지로 매입채무를 많이 보유함으로써 회사는 공급자에게 대금을 지불하는 기간이 상대적으로 길어져서 이익을 보게 되는데, 구매를 위해 운영자금을 덜 차입해도 되고, 다른 곳에 투자할 잉여현금이 증가하게 된다.

③ 재고자산조정

높은 수준의 재고를 보유하고 있는 회사는 재고가 현금화되지 않아 추가적으로 구매하기 위해 자금을 차입하거나 또는 투자할 수 있는 잉여현금이 줄어들게 된다.

구체적인 운전자본조정사례를 들어 조정방법을 살펴보자.[50]

이 사례에서 분석대상 기업(Tested Party)의 매출액은 100이고 이자 · 법인세 차감 전 순이익(Earnings before interest and taxes : EBIT)는 5이며, 영업이익률은 5%로 가정한다. 한편 비교대상 기업(Comparable Party)의 매출액은 120이고 EBIT는 7이며, 영업이익률은 5.8%로 가정한다. 이러한 상황에서 양 기업의 운전자본 계정과목상 금액을 확인하고 매출액 대비 순운전자본 비율 및 그 차이를 구한다. 그리고 그 차이율에 이자율을 곱한 수치를 비교대상 기업의 영업이익률에 가산하거나 차감한다. 이렇게 함으로써 비교대상 기업과 분석대상 기업 사이에 매출액 대비 운전자본 수준을 동일하게 한 후의 비교대상 기업의 조정 영업이익률을 구하여 이를 활용하여 분석대상의 영업이익률과 비교한다. 이와 같은 조정을 비교대상 기업에 대해서 하는 이유는 통상 비교대상 기업은 복수인 경우가 많기 때문이다. 즉 어느 비교대상 기업(A)과 분석대상 기업의 순운전자본 조정을 함에 있어 분석대상의 수치를 조정한다면, 다른 비교대상 기업(B)과 분석대상 기업의 순운전자본 조정을 하는 과정에서 분석대상 기업의 수치가 다시 달라지므로 이 상황에서 당초 비교대상기업(A)과의 조정은 부적절해지게 된다. 이와 같은 문제점을 해결하기 위해서 각각의 분석대상기업의 수치를 조정한 후, 이 수치들을 분석대상 기업의 수치와 비교하는 접근방법을 취하는 것이다.

50 2021 UN 이전가격매뉴얼 3.5.3.11문단

표 Ⅰ-3 운전자본 조정 사례

구 분	분석대상 기업	비교대상 기업
매출액 — (A)	100	120
EBIT — (B)	5	7
영업이익률(B/A) — (C)	5%	5.8%
외상매출금 — (D)	100	110
재고자산 — (E)	20	40
외상매입금 — (F)	50	50
순운전자본(D+E+F) — (G)	70	100
매출액 대비 순운전자본 (G/A)	70%	83.3%
분석대상과 비교대상의 매출액대비 순운전자본의 차이 — (H)		-13.3%
순운전자본에 적용되는 이자율 — (I)		5%
운전자본 조정대상액 산출(HxI) — (J)		-0.665%
운전자본 조정(영업이익률 조정) — (C-J)		5.1%

거래순이익률방법의 경우 운전자본조정이 일반적이나, 경우에 따라 재판매가격방법 및 원가가산방법의 경우도 운전자본조정이 가능할 수 있다.

기타 조정

기타 조정은 비교되는 거래에 영향을 주는 특정 경제적 상황을 조정하기 위해 납세자 또는 과세당국이 시도하는 다양한 형태의 조정을 가리킨다. 일반적으로 분석 대상자와 비교대상자 간에는 수행된 기능, 사용된 자산, 부담한 위험 또는 투입된 자본(또는 이러한 요인들의 조합들)에 상당한 차이가 있을 수 있는데, 이러한 차이들을 적정하게 조정하지 않는다면 정상가격이나 정상이윤 값(또는 그 범위)의 신뢰도에 영향을 줄 수 있으므로 비교 가능성 조정의 타당성 여부를 검토해 보아야 한다.

7. 정상가격(또는 정상이윤)의 결정

일단 이전가격 결정 방법이 선택되고 나면 이 방법을 적용하여 적정한 정상가격(정상이윤)이나 정상가격(정상이윤) 범위를 산출해야 한다. 정상가격 산출방법에 대해서는 8절과 9절을 참고하기 바란다.

정상가격 범위(arm's length range)

국조법 시행령 제15조 제5항과 제6항은 정상가격 범위의 개념을 규정하고 있는데 이에 따르면, 국조법 제8조에 따라 정상가격을 산출하는 경우에는 특수관계가 없는 자 간에 있었던 둘 이상의 거래를 토대로 하여 정상가격 범위를 산정하여 이를 국조법 제6조에 따라 거주자가 정상가격에 의한 신고 등의 여부를 결정하거나 제7조에 따라 과세당국이 정상가격에 의한 결정 및 경정 여부를 판정할 때 사용할 수 있도록 규정하고 있다.

또한 거주자(내국법인 과 국내사업장 포함) 또는 과세당국이 제5항에 따른 정상가격 범위를 벗어난 거래가격에 대하여 국조법 제6조 또는 제7조에 따라 신고 또는 결정 및 경정 등을 하는 경우에는 그 정상가격 범위의 거래에서 산정된 평균값, 중위값, 최빈값, 그 밖의 합리적인 특정가격을 기준으로 하도록 규정하고 있다.

OECD 이전가격과세지침도 정상가격 범위의 활용을 허용하고 있는데, 그 이유는 이전가격 설정은 엄밀한 과학이 아니라서 적정한 방법들을 사용한 결과, 그 지표가 상대적으로 유사한 수준의 숫자들의 범위로 나타날 수도 있기 때문이다.[51] 참고로 국제조세 집행기준은 사분위 범위를 다음과 같이 설명하고 있다.

---

[51] OECD 이전가격 과세지침 3.55문단

이전가격 실무상 사분위 범위는 통상 정상가격 범위로 취급되고 이 개념은 이전가격 조정 여부를 판정하는 기준으로 활용되고 있다. 즉 분석대상 거래(기업)의 가격 또는 이윤이 비교대상 거래(기업)들의 수치를 기준으로 구한 사분위 범위에 포함되면 분석대상 거래(기업)의 가격 또는 이윤이 정상가격 범위에 포함되어 있다고 취급되어 별도의 이전가격 조정을 하지 않는다. 그러나 만일 분석대상 거래(기업)의 가격 또는 이윤이 비교대상 거래(기업)들의 수치를 기준으로 구한 사분위 범위 밖에 존재한다면 이는 해당 가격 또는 이윤이 정상가격 범위를 벗어나 있다고 취급되어 이전가격 조정을 하는데 이때는 통상 중위값의 수준까지 조정이 이루어진다.

국제조세 집행기준 5-6-3【사분위 범위】

사분위범위 의의	사분위범위는 관측값을 크기의 순서대로 배열하여 상위 100분의 25에 해당하는 값과 하위 100분의 25에 해당하는 값 사이의 범위를 말한다.
내 용	위 사분위값 25/100 (3n+2)/4 : 위 사분위값의 위치 사분위범위 아래 사분위값 25/100 (n+2)/4 : 아래 사분위값의 위치
사 례	n이 91인 경우 • 아래 사분위값의 위치=(91+2)/4=23.25 위 공식에 의하면 23번째값에 24번째값과 23번째값의 차액에 1/4을 곱한 값을 더해서 구해야 하나, 관례적으로 23번째와 24번째값의 평균을 아래 사분위값으로 함 • 위 사분위값의 위치=(91×3+2)/4=68.75 위 공식에 의하면 68번째값에 68번째값의 차액에 3/4을 곱한 값을 더해서 구해야 하나, 관례적으로 68번째와 69번째값의 평균을 위 사분위값으로 함

사례

재판매가격방법을 이용하여 과세당국의 5개의 거래로부터 다음과 같은 결과를 도출하였다고 가정하자.

비교대상거래	정상가격($)
1	42.0
2	44.0
3	45.0
4	47.5
5	48.0

- 중위값의 위치 $=\dfrac{5+1}{2}=3$

  따라서 중위값은 아래서 3번째 값인 45이다.

  위 사분위 값(Q3)은 집행기준 5-6-3의 공식에 의하면 n=5이므로 다음과 같이 계산된다.

  위 사분위 값(Q3) $=\dfrac{(5\times3+2)}{4}=4.25$

  그러나 관례적으로 4번째와 5번째의 평균값인 $47.75=\dfrac{(47.5+48)}{2}$를 위 사분위 값으로 한다.

  집행기준의 공식에 따르면 사분위 값(Q1) $=\dfrac{(5+2)}{4}=1.75$

  그러나 관례적으로 1번째와 2번째 평균값인 43이 아래 사분위 값이 된다. 그러므로 정상가격 범위는 $43부터 $47.75까지이다. 만일 특수관계인 간 거래 결과가 정상가격 범위를 벗어나는 경우에는 소득조정이 이루어져야 한다. 이때 조정의 기준이 5개의 정상가격 중 50%에 위치하는 숫자인 $45가 된다. 따라서 만일 특수관계인 간 거래 결과가 $42일 경우에는 차이에 해당하는 $3만큼의 소득조정이 있게 된다.

정상이윤의 결정

위에서 설명한 사분위범위를 활용한 정상이윤범위 결정방법 및 소득조정 방법을 사례를 통해 확인해 보자.

사례 1[52]

AP는, 2019년 과세연도에 대한 세무조사를 받고 있는 B국 자회사 BCO를 보유한 A국의 상장기업이다. AP는 전 세계 시장을 대상으로 소비재를 제조·판매한다. BCO는 AP로부터 조립된 제품을 수입하여 AP 이름으로 B국 내에서 도매·유통기능을 수행한다. AP는 특수관계가 없는 제3자에 대해서는 제품을 공급하지 않는다. 유사한 제품이 다른 회사에서 생산되어 시장에서 거래되고 있다.

BCO는 정상가격 설정방법으로 거래순이익률방법(Transactional Net Margin Method : TNMM)을 사용하고 있다. BCO는 AP가 수행하는 활동보다 덜 복잡한 활동을 수행하고 있기 때문에 이 특수관계 거래의 분석대상 당사자로 선정되었다.

BCO는 B국 신용평가사가 발행하는 database로부터, B국 시장에서 활동하는 다수의 도매 유통 사업자들을 비교대상 기업들로 선정하였다. 2017년부터 2019년까지의 과세연도에 BCO의 영업성과는 다음과 같다.

	2017	2018	2019	평균
매출액	$500,000	$560,000	$500,000	$520,000
매출원가	$393,000	$412,400	$400,000	$401,800
영업비용(operating expense)	$80,000	$110,000	$104,600	$98,200
영업이익(operating profits)	$27,000	$37,600	$(4,600)	$20,000

BCO와 비교대상 기업들 사이의 중요한 차이에 대해 비교가능성 조정(Comparabiliby Adjustment)을 한 후에 이들 기업들의 2017~2019 기간 중의 평균 영업이익률과 이 비율에 BCO의 매출액을 곱하여 구한 비교가능 영업이익(Comparable Operating Profits : COP)을 다음과 같이 산출하여 정리하였다.

52 United Nations, Practical Manual on Transfer Pricing for Developing Countries,

비교대상	A	B	C	D	E	F	G	H	I	J
영업이익률(%)	1.7	3.1	3.8	4.5	4.7	4.8	4.9	5.1	6.0	7.5
COP($)	8,840	16,120	19,760	23,400	24,440	24,960	25,480	26,520	31,200	39,000

B국 과세당국은 사분위 범위를 기준으로 정상가격범위를 정하고 있는데, 이 사례에서는 아래 사분위는 $19,760이고 위 사분위는 $26,520가 되므로 이 구간 내의 영업이익률 범위를 정상가격범위로 취급하고 있음을 의미한다. BCO는 2009년에는 $4,600달러의 영업손실을 보이지만, BCO의 2017~2019 기간의 평균 영업이익은 $20,000으로서 정상가격 범위 내에 존재하기 때문에 B국의 과세당국은 BCO에 대해 이전가격 조정(즉 소득 조정)을 할 수는 없다고 판단한다.

사례 2[53]

BCO가 다음과 같은 수입과 비용을 보고하였다는 점을 제외하고는 〈사례 2〉의 사실관계는 〈사례 1〉과 같다.

	2017	2018	2019	평균
매출액	$500,000	$560,000	$500,000	$520,000
매출원가	$370,000	$460,000	$400,000	$410,000
영업비용(operating expense)	$110,000	$110,000	$110,000	$110,000
영업이익(operating profits)	$20,000	$(10,000)	$(10,000)	$0

비교대상기업들의 COP의 사분위 간 범위는 〈사례 1〉에서 도출된 것과 동일하게 유지된다. 즉 정상가격 범위는 $19,760~$26,520로 유지된다. 2007년부터 2009년까지 BCO의 평균 영업이익은 0이므로 정상가격 범위를 벗어났다고 할 수 있다. 따라서 B국의 과세 당국은 이전가격 조정, 즉 소득 조정을 할 수 있다고 판단하고 있다. 여기서 한 가지 유념할 점은 위에서 보는 바와 같이 다년간자료를 통하여 정상가격 범위를 판정하는 경우 다년간의 평균이익 또는 평균이익률을 통하여 판정하지만 일단 이전가격 조정(소득 조정)을 하는

New York (2013), pp231-232.

경우에는 특정 연도의 정상이익 범위를 기준으로 그 연도의 분석대상기업의 이익이 이 범위를 벗어나는지 다시 확인해 보고 그 범위 밖에 있다면 해당연도의 비교대상 기업들의 중위값까지 조정을 해야 한다. 지금 BCO의 세무조사 대상연도는 2019년이므로 이 시점에서의 비교대상 기업들의 영업이익률과 COP를 확인해 보아야 한다. 그 결과는 다음과 같다.

비교대상	C	D	E	A	F	B	J	I	H	G
영업이익률(%)	0.5	1.5	2.0	2.6	2.8	2.9	3.0	4.4	6.9	7.4
COP($)	2,500	7,500	10,000	13,000	14,000	14,500	15,000	22,000	34,500	37,000

비교대상 기업들의 영업이익률 분포를 보고 판단해 보면, 중위값은 $14,250(즉 $14,000과 $14,500의 평균값)이다. 따라서 2019년 BCO의 영업이익은 이 값까지 상향조정되어야 한다. 이는 영업이익률로 따져보면 중위값이 되는 영업이익률은 2.85%(즉 2.8%와 2.9%의 평균값)이다. 그런데 BCO가 당초 2019년 세무신고한 실적에 따르면 2019년에는 영업이익이 -$10,000(영업이익률 기준으로는 -0.2%)이므로 중위값까지 소득 조정을 하려면 결국 $24,250만큼 영업이익(영업이익률 기준으로는 4.85%)만큼 상향 조정해야 한다. 이 금액에 B국의 법인세율(30% 가정)을 곱하여 산출한 세액($7,257)이 BCO가 부담해야 하는 추징세액이 된다.

사례 3

BCO가 다음과 같은 수입과 비용을 보고하였다는 점을 제외하고는 〈사례 3〉의 사실관계는 〈사례 1〉 및 〈사례 2〉와 같다.

	2017	2018	2019	평균
매출액	$560,000	$500,000	$530,000	$530,000
매출원가	$420,000	$360,000	$390,000	$390,000
영업비용(operating expense)	$110,000	$110,000	$110,000	$110,000
영업이익(operating profits)	$30,000	$30,000	$30,000	$30,000

53 United Nation, ibid. p234.

이 경우 비교대상기업들의 COP의 사분위 간 범위는 〈사례 1〉에서 도출된 것과 동일하게 유지된다. 즉 비교 대상기업들의 2017~2019 기간 동안의 평균 영업이익의 정상가격 범위는 $19,760~$26,520로 유지된다. 2007년부터 2009년까지 BCO의 평균 영업이익은 $30,000으로서 위 사분위값 $26,520을 넘는 금액이다. 이런 상황에서 B국 과세당국은 BCO의 이전가격에 대해 문제 삼지 않을 것이다. 왜냐하면 같은 기간의 평균 영업이익이 정상이윤 범위를 초과했기 때문이다.

그런데 마침 A국 과세당국도 2019 사업연도를 대상으로 AP에 대해 이전가격 조사를 실시했다고 가정해보자. 해당 특수관계 거래에서 단순 기능을 수행하는 당사자는 BCO로서 이는 A국 과세당국이 조사를 해보아도 동일하게 확인되었다. 그래서 A국 과세당국은 BCO가 B국 과세당국에게 신고한 2019년도의 세무신고서상의 매출액, 매출원가, 영업비용, 영업이익이 위와 동일함을 확인하였다고 가정하자. 이 경우 A국 과세당국은 BCO가 2017~2019 사이의 평균 영업이익이 $30,000으로서 사분위값 $26,520을 문제 삼을 수 있다. 왜냐하면 A국 과세당국입장에서 보면 이러한 결과는 해당 특수관계 거래에서 BCO에게 지나치게 많은 이익을 귀속시킴으로써 AP에 송금되는 (즉 AP에 귀속시키는) 소득을 너무 작게 만들었다고 주장할 수 있기 때문이다. 이 경우 2019년의 비교대상 기업들의 영업이익률은 〈사례 2〉의 경우와 동일하다고 가정한다. 그런데 〈사례 3〉에서는 2019년의 BCO의 매출액은 〈사례 2〉와는 달리 $530,000이므로 COP은 약간 차이가 발생하여 다음과 같이 정리된다.

비교대상	C	D	E	A	F	B	J	I	H	G
영업이익률(%)	0.5	1.5	2.0	2.6	2.8	2.9	3.0	4.4	6.9	7.4
COP($)	2,650	7,960	10,600	13,780	14,840	15,370	15,900	23,320	36,570	39,220

2019년의 비교대상 기업들의 영업이익률 분포를 보고 판단해 보면, 중위값은 $15,105(즉 $14,840과 $15,370의 평균값)이다. 따라서 2019년 BCO의 영업이익은 이 값까지 상향조정되어야 한다. 이는 영업이익률로 따져보면 중위값이 되는 영업이익률은 2.85%(즉 2.8%와 2.9%의 평균값)이다. 그런데 BCO가 당초 2019년 세무신고한 실적에 따르면 2019년에는 영업이익이 $30,000(영업이익률 기준으로는 5.66%)이므로 중위값까지 소득 조정을 하려면 결국 $14,895 만큼의 영업이익(영업이익률 기준으로는 2.81%)을 하향 조정해야 한다. 이렇게

BCO의 소득 금액이 하향 조정되는 만큼 AP의 소득 금액은 상향 조정될 것이므로 $14,895에 A국의 법인세율(25% 가정)을 곱하여 산출한 세액($3,724)이 BCO가 부담해야 하는 추징세액이 된다.

5 기능분석이란 무엇이고 어떻게 수행하는 것일까?

앞 절에서 '기능분석'이란, 5가지의 비교가능성 요소(comparability factors)의 하나로서 경제적으로 거래당사자가 수행한 중요한 활동과 책임, 사용되거나 기여된 자산, 부담한 위험을 식별하기 위해 필요한 것이라고 설명하였다. 사실 기능분석은 분석대상인 특수관계 거래 자체에 대한 분석뿐만 아니라, 특수관계 거래와 독립거래 사이의 비교 가능성을 판단할 때에도 필요하다.

기능분석은 거래에 관련된 사실을 기능, 위험 및 자산과 관련하여 파악하고 조직하여 거래에 참여한 당사자 간에 이들이 어떻게 나뉘는지를 파악하는 과정이다. 즉 우선 기능, 위험 및 자산을 분석하여 수행되는 기능의 성격, 부담하는 위험의 정도 및 각 당사자가 사용하는 자산의 성격을 결정한다. 이 분석을 통해 조사대상 거래에 적용할 가장 적절한 정상가격 산출방법과 비교대상을 선택한 후 궁극적으로는 거래당사자들 간의 이익(또는 손실)이 수행된 기능, 사용된 자산 및 부담하는 위험에 적절하게 할당되었는지 여부를 결정하는 것이다.

이전가격 책정에서 기능적 분석이 중요한 이유는, 거래와 관련된 기업의 기대 수익률이 수행된 기능의 중요성, 부담한 위험의 성격과 정도, 사용된 자산의 성격과 가치에 달려있기 때문이다. 일반적으로 수행되는 기능과 사용되는 자산의 가치가 높을수록, 그리고 거래 당사자가 부담하는 위험이 클수록 예상 수익(또는 잠재적 손실)이 커진다. 따라서 검토 중인 특수관계 거래와 관련하여 모든 당사자 기업들에 의해 수행 중인 기능, 사용된 자산 및 부담된 위험과 관련된 지도를 그려내는 것이 매우 중요하다.

기능분석에 대한 보다 명확한 이해를 위해 아래의 사례(이하 "계량컨소시엄 사례")를 살펴보자.[54] 특수관계 거래의 상황은 다음과 같다.

예시

A사는 A국의 법률에 따라 등록된 유한책임 회사인 동시에 세계 최대 규모의 계량 컨소시엄 중 하나인 다국적 기업그룹의 한 관계회사로서, 30개국 이상의 네트워크에서 기술을 공유하고 개발 및 제조 경험이 풍부하다. A사는 지능형 에너지 솔루션 사업을 영위하며 전자 계량기 및 해당 부품, 소프트웨어, 에너지 모니터링 분야의 시장 선두 주자이다. 또한, A사는 전자 에너지 계량기와 관련된 기술을 보유하고 있을 뿐 아니라 많은 선진국과 개도국에 마케팅 네트워크를 보유하고 있다.

B사는 B국의 법에 따라 등록된 유한책임 회사인 동시에 A사가 전액 출자한 자회사이다. B사는 발전, 송전, 배전 및 소비 부문에 대한 지원을 제공하고 전기 매출 관리에 필요한 서비스를 제공한다. B사는 신규로 광범위한 전력 계량기 및 휴대용 교정기를 제조하려고 한다. 그러나 이러한 장비는 국내 사용자의 요구를 충족시키기 위해 사용자의 특성에 맞추어야 한다. 이러한 변용기술은 B사에 의해 자체 연구개발 시설에서 개발된다.

B사는 A사와 라이선스 계약을 맺어 A사가 개발하고 특허권을 소유한, 핵심 기술 TECHNO A™를 확보했다. TECHNO A™는 소프트웨어를 기반으로 제품 기능을 향상시키고 유틸리티를 효율적으로 관리할 수 있는 기술이다. TECHNO A™ 기술은 디지털 및 마이크로 프로세서 기반 기술을 사용하여

54 2017 UN 이전가격매뉴얼 B.2.3.2.8.~B.2.3.2.46. 문단에서 사용하고 있는 사례를 소개한다.

전기흐름을 측정하고 그 측정결과를 유용한 정보로 처리하여 저장한다. 이러한 TECHNO A™ 기술의 사용은 계량기의 설계 및 제조에 큰 이점이 있다.

위와 같은 상황에서 B사와 A사 간의 특수관계 거래는 특정 부품의 구입과 A사의 기술의 사용허락(license)이다. B사는 B국에서 전력계를 제조하고 A사에서 프로세서 및 관련 부품을 구입 · 사용한다. 반면에 B사는 A사에게 완성된 전력계를 판매한다.

한편 B사는 효율성 제고를 위해 자체 R&D 센터를 운영한다. 이것은 기술에 대한 외부 자원에 대한 의존도가 향후에 감소될 수 있는 것에 대비를 하는 의미도 지니며 한편으로 제조과정의 비용절감을 추진할 수 있음을 의미한다. 또한, B사는 자체 마케팅 무형자산을 확립하기 위해 많은 마케팅 비용을 사용하면서 B국 시장에 진출했다. 이러한 마케팅 무형자산은 A사와 B사 사이에 기술 라이선스 계약이 체결된 A사의 무형 자산(즉 TECHNO A™)과는 별개이다.

수행된 기능(Functions Performed)

"수행된 기능"이란 거래의 각 당사자가 거래와 관련하여 수행하는 활동이다. 기능분석을 수행함에 있어서 경제적으로 의미 있는 기능들이 고려되어야 하는데, 이는 그러한 기능을 수행하는 기업의 예상수익률이 높아질 것이 기대되기 때문이다. 따라서 기능분석의 주안점은 수행하는 기능을 최대한 많이 찾아내려는 데 있는 것이 아니라, 관련 기업이 수행하는 중요한 기능을 찾아내는 데 있음을 유념할 필요가 있다.

기능분석을 할 때 일반적으로 관찰되고 검토되는 기능들은 다음과 같다.

- 연구 · 개발
- 제품설계 및 엔지니어링
- 제조, 생산, process engineering 및 설계 업무
- 구매, 자재관리 및 기타 조달 활동

• 제조, 생산 또는 조립 작업
• 운송, 창고 및 재고관리
• 마케팅, 광고, 홍보 및 유통
• 기술개발에 대한 시장 정보
• 관리, 법률, 회계 및 금융, 신용 및 채권회수, 교육 및 인사 관리 용역과 같은 그룹 내 용역

표 I-4 계량컨소시엄 사례에서 전기계량기 사업과 관련하여 A사와 B사에 의해 수행된 기능의 질적 상대 평가

<table>
<tr><th colspan="2" rowspan="2">카테고리</th><th colspan="2">강도 수준</th></tr>
<tr><th>A사</th><th>B사</th></tr>
<tr><td colspan="2">시장개발</td><td>Ⓡ</td><td>ⓇⓇⓇ</td></tr>
<tr><td colspan="2">품질개발</td><td>ⓇⓇⓇ</td><td>ⓇⓇ</td></tr>
<tr><td colspan="2">제 조</td><td>–</td><td>ⓇⓇⓇ</td></tr>
<tr><td colspan="2">품질관리</td><td>ⓇⓇ</td><td>ⓇⓇⓇ</td></tr>
<tr><td colspan="2">판매 후 활동</td><td>–</td><td>ⓇⓇⓇ</td></tr>
<tr><td rowspan="3">일반 관리 기능</td><td>기업 전략 결정</td><td>Ⓡ</td><td>ⓇⓇⓇ</td></tr>
<tr><td>재정, 회계, 재무 및 법률</td><td>–</td><td>ⓇⓇⓇ</td></tr>
<tr><td>인적 자원 관리</td><td>–</td><td>ⓇⓇⓇ</td></tr>
</table>

이용한 자산(Assets Used)

특수관계 기업들 간의 국제거래에서 어느 한 기업이 사용하거나 관계 기업 간에 이전되는 중요 자산(유형 자산뿐 아니라 무형 자산)들은 이전가격세제 목적상 적정하게 파악되어야 한다. 이전가격 분석을 위해서는 사용된 자본자산의 유형별로(예 : 플랜트 및 장비, 무형 자산, 금융 자산 등) 구분해서 파악하는 것이 필요하다. 또한 경제적으로 중요한 자산의 경우에

는 해당 자산의 존속기간(age), 위치, 적용 가능한 재산권 보호방법, 시장가치 등과 같이 사용된 자산에 대해 보다 상세한 분석을 수행하는 것이 필요하기도 하다.

앞의 계량컨소시엄 사례에서 언급된 A사와 B사의 운용자산에 대한 분석은 다음과 같다.

| 표 I-5 | 운용된 자산에 대한 분석 요약

카테고리	강도(intensity) 수준	
	A사	B사
유형 자산	✓✓	✓✓✓
무형 자산	✓✓✓	✓✓
-기술 관련	✓✓✓	
-브랜드 관련	✓	✓
-법적 보호 관련	✓	✓✓✓

부담하는 위험(Risks Assumed)

1) 위험분석의 필요성

기업들은 이익을 낼 기회를 찾기 위하여 상업활동을 하지만, 그 기회는 불확실성을 동반한다. 왜냐하면 이익을 낼 기회 추구에 필요한 자원이 예상보다 크거나 기대수익을 창출하지 못할 수도 있기 때문이다. 이와 같이 위험(risk)은 사업활동에 본질적으로 내재하는 것이다. 위험을 식별하는 일은 기능과 자산의 식별과 함께 이루어지는데, 특수관계 기업에 대한 상업적 · 재정적 관계를 파악하고 거래를 정확하게 식별하는(delineating) 과정 전체에 있어 필수 불가결한 것이다.[55]

사업기회와 관련된 위험부담은 공개시장에서 그 기회의 기대이익에 영향을 미치며, 계약 당사자들 간에 부담하는 위험의 배분은 거래가격을 통하여 거래손익을 어떻게 정상적으로 배분하는지에 영향을 미친다. 그러므로 관계 거래와 독립거래 그리고 관계당사자와 독립당사자를 비교하는 경우, 이들이 어떠한 위험을 부담하는지, 이러한 위험 부담에 영향을 주는 어떠한 기능이 수행되는지, 그리고 어느 거래당사자가 이 위험을 부담하는지를 분석하여야 한다.[56]

이와 같이 경제적으로 중요한 위험의 부담은 거래가격 결정과 관련이 있으므로 이전가격 결정 분석에서는 먼저 이와 같은 위험을 식별하고 어떤 회사가 이를 부담하는지 확인해야 한다. 이와 같은 분석은 당사자 간에 존재하는 계약조건에서 출발하지만, 수행하는 기능 및 기타 관련 사실을 포함하여 당사자의 행위도 고려해야 한다.[57]

2) 위험분석의 단계 및 절차

국조법 시행규칙 제10조 제1항은 거래 당사자가 부담한 위험을 다음의 순서에 따라 분석하도록 규정하고 있다.

국조법 시행규칙 제10조【기능 평가를 위한 위험 분석】

① 영 제16조 제1항 제2호에 따라 거래 당사자가 수행한 기능을 평가할 때 거래 당사자가 부담한 위험은 다음 각 호의 순서에 따라 분석한다.

1. 거래에 수반되는 경제적으로 중요한 위험의 식별
2. 계약 조건에 따라 거래 당사자가 부담하는 위험의 결정

55 2017 OECD 이전가격 과세지침 1.57문단

56 2017 OECD 이전가격 과세지침 1.58문단

57 2017 UN 이전가격 매뉴얼 B.2.3.2.25문단

3. 다음 각 목의 사항을 고려한 위험에 관한 기능 분석
   가. 거래 당사자의 행위 및 거래와 관련된 그 밖의 사실관계를 바탕으로 해당 거래를 통해 발생한 경제적 이익 또는 손실이 실제로 귀속되는 거래 당사자의 식별
   나. 거래 당사자가 수행한 위험에 대한 다음의 관리 · 통제 기능
      1) 연구 · 개발 투자 또는 사업용 자산에 대한 투자 등 위험이 수반되는 활동의 개시 여부에 관한 의사결정
      2) 위험과 관련된 거래 상황의 변화에 적절히 대응하고 위험을 감소시키기 위한 의사결정
   다. 거래 당사자의 위험을 부담할 수 있는 다음의 재정적 능력
      1) 위험이 수반되는 활동을 개시하기 위한 자금을 동원할 수 있는 능력
      2) 위험을 감소시키기 위한 활동에 소요되는 비용을 부담할 수 있는 능력
      3) 거래 상황의 변화에 따라 발생한 손실을 부담할 수 있는 능력
4. 제2호 및 제3호의 분석 결과를 종합하여 다음 각 목에 따른 거래 당사자가 부담한 위험의 재배분
   가. 제2호 및 제3호 가목에 따른 분석 결과의 비교. 이 경우 제2호와 제3호 가목에 따른 분석 결과가 다른 경우에는 제3호 가목에 따라 위험을 부담하는 것으로 본다.
   나. 거래 당사자가 부담한 위험의 최종 결정. 이 경우 가목에 따라 위험을 부담하는 거래 당사자가 제3호 나목에 따른 위험에 대한 관리 · 통제 기능을 하지 않거나 같은 호 다목에 따른 위험을 부담할 재정적 능력이 없는 경우에는 해당 거래에서 실제로 위험에 대한 관리 · 통제 기능을 하고 위험을 부담할 재정적 능력을 가진 거래 당사자가 위험을 부담하는 것으로 본다.

이전가격결정을 위한 위험 분석은 다음 그림과 같이 6단계로 나눌 수 있다.

| 그림 Ⅰ-6 | 위험분석의 단계 및 절차

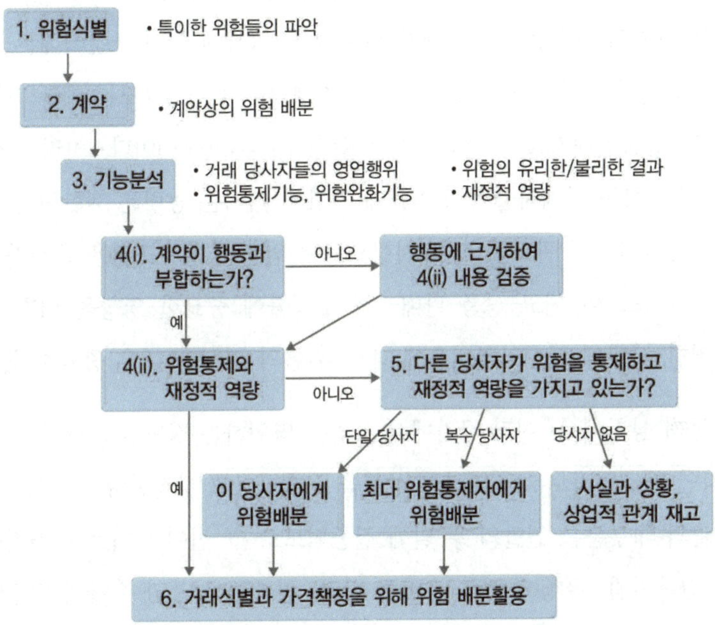

① 1단계 : 경제적으로 중요한 위험의 식별(Identification of economically significant risk)

어떠한 이익추구사업도 수익 발생을 기대하지 않으면서 상업적 기회와 관련된 위험을 부담하지는 않는다. 위험의 부정적 효과는 예상했던 유리한 결과가 실현되지 않을 때 일어난다. 예를 들면, 어떤 상품이 예상했던 많은 고객수요를 끄는 데 실패할 수 있다.

위험의 경제적 중요성과 위험이 관계 기업 간 거래가격에 어떻게 영향을 미치는지 판단하는 것은 다국적 기업 그룹의 가치창출 방법, 다국적 기업 그룹이 수익을 유지하는 활동, 거래의 경제적 관련특성에 대한 기능분석의 일환이다. 위험을 중심으로 기능분석을 하는 사례로서 다음의 두 가지 상황을 상정해볼 수 있다. 첫째 상황에서, 어느 다국적 기업 그룹이 난방유를 고객에게 판매한다. 경제적 특성을 분석해본 결과, 그 상품은 차별성이 없고 시장은 경쟁적이며 시장규모는 예측 가능하고, 상품판매자들은 시장가격의 수용자(price-taker)이다. 이러한 상황에서, 상품 판매자들이 수익률에 영향을 미치는 능력은 제한적이다. 원유공급자와의 관계를 잘 유지함으로써 얻어낸 신용조건은 운전자본 확충에 도움이 되고 상품 판매자의 수익률에 중요한 영향을 미친다. 이러한 상황에서는 자본비용에 대한 위험의 영향은 매우 중요하다.[58]

둘째 상황에서, 여러 국가에서 사업을 영위하는 장난감 소매상이 제3자인 제조업자로부터 다양한 상품을 구매한다고 상정한다. 이 소매상 매출의 대부분은 연말의 두 달에 집중되므로 그 전에 행하는 구매기능의 전략지침, 유행에 대한 올바른 판단, 판매할 상품과 수량의 결정에 상당한 위험이 존재한다. 상품의 유형과 수요는 시장마다 다르므로 지역시장에서 올바른 판단을 하기 위해서는 전문지식이 필요하다. 소매상이 제3자인 제조업자와 특정 상품을 일정 기간 독점적으로 공급받기로 협상하는 경우 구매위험의 영향은 더 커진다.[59]

위험은 여러 가지 방법으로 유형화 할 수 있지만, 이전가격 분석과 관련된 분석 틀은 위험을 야기하는 불확실성의 원천을 고려하는 것이다. 여러 원천과 유형의 위험이 있을 수 있는데 위험의 중요성은 비즈니스 거래의 성격에 따라 다르다.

거래 당사자들이 생각할 수 있는 위험의 목록은 아래 표에 예시되어

[58] 2017 OECD 이전가격 과세지침 1.74 문단

[59] 2017 OECD 이전가격 과세지침 1.75 문단

있지만 이 목록은 전적으로 예시적이다. 예시된 개별 위험요소(또는 열거되지 않은 다른 위험 요소)의 관련성과 중요성은 업계와 납세자의 상황 및 거래의 성격에 따라 다르다.

| 표 I-6 | 부담된 위험의 예시 목록

위험의 성격	상 세
1. 재무 위험	a. 자금 조달 방법 b. 이자율 변동 c. 손실 자금 d. 환위험
2. 제품 위험	a. 제품 디자인 및 개발 b. 제품의 업그레이드/노후화 c. 애프터 서비스 d. R&D와 관련된 위험 e. 제조물 책임 위험 f. 지적 재산권 위험 g. 공정 위험 h. 재고 위험
3. 시장 위험	a. 광고 및 상품 판촉 등 시장 개발 b. 수요와 가격의 변동 c. 경기 순환 위험 d. 거래량 위험 e. 서비스 인센티브 제도 위험 f. 자산 중복 위험
4. 추심 위험	a. 신용 위험 b. 대손 위험
5. 사업적 위험	a. 자본 투자와 관련된 손실 위험 b. 단일 고객 위험 c. 인적 자본을 잃을 위험
6. 일반적인 비즈니스 위험	a. 재산 소유와 관련된 위험 b. 사업 개발과 관련된 위험 c. 인플레이션 위험

위험의 성격	상 세
7. 국가 / 지역적 위험	a. 정치 위험 b. 보안 위험 c. 규제 위험 d. 정부 정책 관련 위험

② 2단계 : 위험의 계약상 분담(Contractual assumption of risk)

일단 경제적으로 유의미한 위험이 인식되면, 다음 단계의 분석은 어느 당사자가 그러한 위험을 부담했는지에 대한 고려가 되고 이와 관련하여 분석의 시작점은 일반적으로 당사자 간의 계약 조건이다. 상호 대등하게 거래하는 당사자들은 위험을 초래한 결과가 나타나기 전에 그들 사이에 중대한 위험을 할당하는 것에 동의할 것으로 예상된다. 그러나 관계 기업 간의 계약은 경제적으로 중요한 모든 위험의 할당에 대해 명시적인 규정을 두지 않을 수도 있다. 계약에서 일반적으로 분담되는 위험의 대부분은 예를 들어 재고 위험, 불량 채권, 외환 위험 등과 같이 분담으로 인해 완화될 수 있는 위험이다. 시장 상황, 가격 경쟁, 원자재 공급, 임금 인상 등은 일반적으로 완화하기가 더 어려우며 계약에서 식별되지 않을 수 있다.[60]

누가 위험을 부담하는 당사자가 될 것인지는 이러한 위험이 포함된 거래의 당사자들 간의 서면계약에 의하여 설정될 수 있다. 서면계약에는 통상 당사자들 간의 위험분담 의도를 밝혀놓고 있는데, 일부 위험은 이와 같은 계약상의 약정에 따라 명시적으로 부담된다. 예를 들면, 유통업자는 고객과의 계약을 통해 판매와 관련된 매출채권 위험, 재고위험 및 신용위험을 부담한다. 한편 위험은 묵시적으로 부담될 수 있다.

60 2017 UN 이전가격 매뉴얼 B.2.3.2.30문단

예를 들면, 계약조건에서 일방이 우발상황에 대한 대가(contingent remuneration)를 지급하지 않는다고 정하는 경우 이는 묵시적으로 우발손익과 같은 일부 위험의 결과를 상대방에게 배분하는 결과가 된다.[61]

계약상 위험부담이란, '유리한 결과의 사후실현(ex post materialisation)'과 관련된 잠재적인 편익의 일부 또는 전부를 받는 대신 '불리한 결과의 사후실현'과 관련된 잠재적 비용의 일부 또는 전부를 부담하는 사전합의(ex ante agreement)를 말한다. 계약에 의한 사전적인 위험부담의 경우, 위험결과의 실현에 앞서 위험을 부담하기로 확약하였다는 명백한 증거를 제시하는 것이 중요하다. 실무적으로는 관계 기업의 사전결정이 이루어진 지 몇 년 후에 결과가 나타나고 나서 세무당국의 조사가 이루어지는 경우가 많으므로, 상업적 · 재정적 관계의 위험에 대한 세무당국의 이전가격분석에 있어 위와 같은 증거는 매우 중요하다. 위험의 결과가 이미 확실하게 알려진 때에는 미래의 위험이 더 이상 존재하지 않기 때문에 이러한 상황에서 관계 기업들이 위험을 의도적으로 분담하는 계약을 체결하는 것은 위험의 정의상 더 이상 위험의 분담 행위가 아니다. 마찬가지로, 위험의 결과가 확실할 때 과세당국이 사후적으로 위험을 재배분하는 것은 개발 중인 무형자산의 평가 등과 같이 특별히 예외적인 상황 이외에는 부적절하다.[62]

서면 계약서가 일치하지 않거나 실제로 준수되지 않을 수도 있다. 예를 들어 계약서에 전자 제품 제조업체가 보증 위험을 부담한다고 명시되어 있지만 사실상 재판매자가 보증기간 동안 고객 수리비용을 상습적으로 지불하는 경우에 재판매자가 실제 위험을 부담한다. 따라서

61 2017 OECD 이전가격 과세지침 1.77문단

62 2017 OECD 이전가격 과세지침 1.78문단

당사자 간의 위험부담 결정은 단순히 계약의 합법적인 형식이 아니라 당사자의 실제 행동을 고려해야 한다.[63]

포괄적이고 일관된 계약이 체결된 경우에도 당사자의 행위 및 기타 사실을 분석하는 것이 중요하다. 특히 경제적으로 중요한 위험을 통제하는 당사자 또는 당사자를 고려하는 것이 중요하며 위험을 할당받은 당사자가 실제로 위험을 부담할 수 있는 재정적 능력을 갖추고 있는지 여부를 고려하는 것도 중요하다.[64]

③ 3단계 : 위험과 관련된 기능 분석

이 단계에서에서는 거래당사자인 관계 기업들의 위험과 관련한 기능을 분석한다. 이러한 분석을 통해서 경제적으로 중요한 특정 위험의 부담과 관리에 있어 관계 기업들이 어떻게 행동하는지에 대한 정보와, 특히 어느 기업이 위험통제 기능과 위험완화 기능을 수행하고, 어느 기업이 유리하거나 불리한 위험결과를 책임지는지, 어느 기업이 위험을 부담할 재정능력이 있는지에 대한 정보를 파악할 수 있다.

아래에서는 이러한 위험 분석에 관련되는 주요 개념을 우선 정리해 본다.

'위험관리(risk management)'는 사업활동과 관련된 위험을 평가하고 대응하는 기능을 말하는데 다음의 3가지 요소로 구성된다. (ⅰ) 위험한 활동을 선택하거나, 그만 두거나 줄이는 결정을 할 수 있는 역량, (ⅱ) 의사결정 기능을 실제로 수행하면서 사업기회와 관련된 위험에 대응할 것인지 여부 그리고 어떻게 대응할 것인지를 결정할 수 있는 역량,

---

63 2017 UN 이전가격 매뉴얼 B.2.3.2.31문단

64 2017 UN 이전가격 매뉴얼 B.2.3.2.32문단

(iii) 위험을 완화할 역량, 즉 위험 완화작업을 실제로 하면서 위험 결과에 영향을 미칠 방법을 강구할 수 있는 역량이다.[65]

위험관리는 위험부담과 같은 의미는 아니다. 위험부담(risk assumption)은 위험으로 인한 이익의 증가나 감소의 결과를 감수한다는 의미로서, 위험을 부담한 당사자는 또한 위험이 실현되면 재정 또는 다른 결과를 부담한다. 위험관리 기능의 일부를 수행하는 당사자는 그 관리활동에 해당하는 위험을 부담하지 않고, 위험부담 당사자의 지시에 따라 위험 완화기능을 수행하도록 고용되기도 한다. 예를 들면, 위험부담 당사자의 세부지시에 따라 특정 제조과정의 품질관리를 하는 당사자에게 상품 반환위험을 일상적으로 완화하는 업무를 외부조달할 수 있다.[66]

위험을 부담할 재정적 역량(financial capacity)은 위험을 부담하거나 위험을 없애거나, 위험 완화기능에 대한 대가를 지급하거나, 위험이 실현되면 그 결과를 책임질 자금을 조달하는 것(access to funding)으로 정의된다. 위험부담 당사자가 자금을 조달하는 경우, 위험이 실현되었을 때 예상되는 손실을 충당하기 위해 사용 가능한 자산과 필요한 경우 현실적으로 사용 가능한 추가적인 유동성을 고려한다. 이러한 판단은 위험부담 당사자가 관계 기업과 동일한 상황에서 독립된 당사자로 활동한다는 전제하에 이루어져야 하며, 정상거래원칙에 따라 정확히 식별되어야 한다. 예를 들면, 소득창출자산에 내재하는 권리를 활용하면 그 당사자에게 자금조달이 가능하게 할 수 있다. 위험부담 당사자가 위험과 관련된 자금소요를 충당하기 위해 기업그룹 내에서 조달하는 자금을 받는 경우, 자금을 제공하는 당사자는 재무위험을 부담하지만

---

65 2017 OECD 이전가격 과세지침 1.61문단

66 2017 OECD 이전가격 과세지침 1.63문단

자금을 제공하였다는 이유만으로는 추가자금이 필요한 특정위험을 부담하는 것은 아니다. 위험을 부담할 재정능력이 결여된 경우 적정한 위험배분을 위해서는 추가검토가 필요하다.[67]

'위험의 통제(control over risk)'는 앞에서 정의한 위험관리 요소들 중 2가지와 관계되는데, 즉, (ⅰ) 위험한 활동을 선택하거나, 그만 두거나 줄이는 결정을 할 수 있는 역량, (ⅱ) 의사결정 기능을 실제로 수행하면서 사업기회와 관련된 위험에 대응할 것인지 여부 그리고 어떻게 대응할 것인지를 결정할 수 있는 역량이 그것이다. 위험을 통제하기 위해서 (ⅲ)에서 언급한 일상적 위험완화 활동을 수행할 필요는 없다. 이러한 일상적 위험완화 활동은 외부조달에 의해서도 수행이 가능한데, 이 경우 위험의 통제는 외부조달 활동의 목표를 정하고 위험완화 기능의 제공자를 활용하는 결정을 내리며 그 목표가 적절히 달성되었는지를 평가하고, 필요한 경우 외부조달자와 계약을 변경하거나 해지를 결정하는 역량을 갖추고 이러한 결정과 평가를 실제로 적절히 수행하는 것을 의미한다.[68]

위험통제(control over risk)라는 말을 위험 그 자체에 영향을 미칠 수 있다거나 불확실성을 완전 해소할 수 있다는 의미로 받아들여서는 안된다. 일부 위험은 인위적으로 통제할 수 없으며 사업활동을 하는 모든 사업에 영향을 미치는 사업활동의 일반조건이다. 예를 들면, 일반적 경제상황과 상품가격 주기(cycle)는 영향을 받는 다국적 기업그룹의 통제범위 밖에 있다. 대신 위험통제는 위험을 부담할지 여부를 결정하고, 예를 들어 투자시점, 개발프로그램의 성격, 마케팅전략의 설계, 생

67 2017 OECD 이전가격 과세지침 1.64문단

68 2017 OECD 이전가격 과세지침 1.65문단

산수준의 설정 등을 통하여 그 위험에 대처할지 여부 그리고 어떻게 대처할지를 결정하는 역량과 권한으로 이해되어야 한다.[69]

'위험완화(risk mitigation)'란 위험의 결과에 영향을 줄 것으로 예상되는 방법을 말한다. 이러한 방법에는 불확실성을 감소시키는 방법이나 위험의 부정적 효과가 일어나는 경우 그 결과를 감소시키는 방법을 포함한다. 위험통제를 위험완화 방법을 선택하여야 한다는 의미로 받아들여서는 안 되는데, 왜냐하면 위험을 평가할 때 사업가는 핵심적인 사업 활동에 근본적으로 내재하는 위험과 같은 불확실성을 평가한 후에 기회를 창출하고 이를 최대화하기 위해 위험을 부담하고 직면해야 하기 때문이다.[70]

위험통제의 개념은 다음 사례를 통해서 설명될 수 있다. A사는 전문 제조업자 B사를 지정하여 상품을 대신 제조하도록 한다. 계약내용에 따라 B사는 제조용역을 수행하지만 A사가 상품양식과 설계를 제공하며, A사가 수량과 상품인도시기 등 생산일정을 결정한다. 계약관계를 보면 A사가 재고위험과 제품반환 위험을 진다. A사는 C사를 고용하여 생산과정의 품질관리를 정기적으로 수행하게 한다. A사는 품질관리 검사의 목표와 A사를 대신하여 C사가 수집할 정보를 지정한다. 이에 대해 C사는 A사에게 직접 보고한다. 경제적으로 관련된 특성의 분석에 따르면, A사는 위험을 부담할지 여부 그리고 어떻게 부담할지, 어떻게 위험에 대처할지에 대한 여러 가지 결정을 할 역량과 권한을 행사함으로써 상품반환 위험 및 재고위험을 통제한다. 이에 더하여, A사는 위험완화 기능과 관련하여 상황을 판단하고 결정할 능력이 있으며 실

69 2017 OECD 이전가격 과세지침 1.67문단

70 2017 OECD 이전가격 과세지침 1.68문단

제로 이러한 기능을 수행한다. 이에는 외부조달활동의 목표결정, 다른 제조업자와 품질검사인을 고용할지 여부의 결정, 목표가 적절히 이루어졌는지에 대한 평가, 필요한 경우 계약을 변경하거나 해지할 결정이 포함된다.[71]

④ 4단계 : 1단계~3단계의 해석

4단계는, 1단계부터 3단계까지 분석을 통해서 수집한 특수관계 거래에서 발생하는 위험의 부담 및 위험관리와 관련된 정보를 해석하는 단계이다. 4단계는 다시 다음과 같은 두 단계로 세분할 수 있는데 그 첫 단계[즉 4(i) 단계]는 특수관계 거래의 당사자들 간에 체결된 계약의 조건을 당사자들이 적정하게 이행하는지를 분석하는 단계이다. 두 번째 단계[즉 4(ii)단계]는 4(i)단계에서 분석된 대로 위험을 부담한 당사자가 위험에 대한 통제를 하고 위험을 실제로 부담할 재정적 역량을 가지는지를 분석하여 1~3단계에서 얻은 정보를 해석하고 계약상 위험의 부담이 당사자들의 행위나 다른 사실관계와 일치하는지를 판단하는 단계이다. 4(ii)단계 분석을 통해 계약상 위험의 부담이 당사자들의 행위나 다른 사실관계와 일치한다고 판단되면 후술할 5단계는 고려할 필요가 없으며 6단계 작업을 바로 시작하면 된다.

경제적으로 중요한 위험과 관련된 계약조건과 당사자의 실제 행위 사이에 차이가 있고 제3자들은 거래가격을 정할 때 이러한 차이를 고려하였을 경우, 당사자들의 행위는 일반적으로 위험부담에 대한 당사자들의 의도와 관련된 최선의 증거로 취급되어야 한다.[72] 예를 들면,

---

71 2017 OECD 이전가격 과세지침 1.69문단

72 2017 OECD 이전가격 과세지침 1.88문단

기능통화가 미달러화인 제조업자가 다른 국가의 관계회사인 판매업자에게 재화를 판매하는데, 관계회사의 기능통화는 유로화이고 서면계약에 따라 판매업자는 관계 거래에 대한 모든 환위험을 부담한다고 가정하자. 그런데 실제로 제조업자가 상당 기간 유로화로 재화가격을 정하는 경우, 서면으로 작성된 계약조건은 당사자들 간 실제 상업 · 재정관계를 반영하지 않는다고 할 수 있다. 거래위험의 부담은 실제로는 적용되지 않는 서면계약상의 조건의 내용이 아니라 당사자들의 실제 행위에 따라 결정되어야 한다.[73]

특정위험을 통제하는 거래당사자가 하나 이상 있는 경우도 있다. 이러한 상황에서 위험을 부담한 어느 한 관계 기업이 실제로 그 위험을 부담할 재정능력이 있어 위험을 통제하고 있다고 분석된다면, 다른 관계 기업이 또한 같은 위험을 통제한다는 사실로 인해 위 관계 기업이 위험을 부담한다는 사실이 영향을 받지 아니한다. 따라서 위 관계 기업은 후술하는 5단계 분석 대상은 되지 아니하고 바로 6단계 분석을 수행해도 된다.[74]

위험을 부담하는 어느 특수관계 기업이 과연 그 위험을 통제하는지를 판단하는 것은 매우 복잡할 수 있으므로 독립된 제3자 간의 비교가능 거래를 통해서 위험관리(또는 위험통제) 수행여부를 유추할 수 있다. 즉 해당 특수관계 거래와 비교 가능한 독립거래에서 어느 한 거래 당사자가 비교 가능한 위험을 부담하는 것이 발견되고 또한 그 당사자가 위험을 관리(또는 통제)하는 것이 확인된다면, 해당 특수관계 거래에 있어서도 위험을 부담하는 당사자가 위험을 관리(통제)한다고 볼 수 있을

73 2017 OECD 이전가격 과세지침 1.89문단

74 2017 OECD 이전가격 과세지침 1.94문단

것이다.[75]

⑤ **5단계 : 위험의 배분**(Allocation of risk)

1단계~4(ⅰ)단계의 분석에 따라 위험을 부담한 관계 기업이 위험을 통제하지 않거나 위험을 부담할 재정능력이 없다고 파악되는 경우에는, 사실상 위험을 통제하면서 위험을 부담할 재정능력이 있는 기업에 위험을 배분하여야 한다. 여러 기업들이 통제를 하고 위험을 부담할 재정능력이 있는 것으로 확인되는 경우, 위험은 가장 많은 통제를 하는 기업이나 기업들에게 배분되어야 한다. 통제활동을 하는 다른 당사자들은 수행된 통제활동의 중요성을 감안하여 적절히 보상받아야 한다.[76]

예외적 상황에서, 어떠한 관계 기업도 위험을 통제하지 않고 위험을 부담할 재정적 역량이 없는 경우가 있다. 제3자 간 거래에서는 일반적으로 이러한 상황이 발생하지는 않으므로, 특수관계 거래에서 이와 같은 상황이 발생했다면 그 내재적인 이유와 그러한 상황을 야기한 행동들에 대한 면밀한 분석을 하여야 한다. 이러한 평가에 따라, 과세당국은 정상거래결과에 이르기 위해서 그 거래에 대하여 어떠한 조정이 필요한지 결정해야 할 것이다.[77]

---

75 2017 OECD 이전가격 과세지침 1.97문단

76 2017 OECD 이전가격 과세지침 1.98문단

77 2017 OECD 이전가격 과세지침 1.99문단

⑥ 6단계 : 위험배분의 결과를 고려한 거래가격산정

납세자와 세무당국은 사용 가능한 수단과 방법에 따라 위험부담의 재정적 결과와 기타결과 및 위험관리에 대한 대가를 고려하여 정확히 식별된 거래에 대한 가격을 산정하여야 한다. 위험부담은 적절한 기대수익으로 보상되어야 하며, 위험완화는 적절한 대가를 받아야 한다. 따라서 위험부담과 위험완화를 모두 담당하는 납세자는 위험 부담만 하거나 위험 완화만 하는 납세자에 비하여 더 많은 대가를 받을 자격이 있다.[78]

위험과 관련된 통제기능에 대하여는 항상 적절히 보상받아야 한다. 보통 위험이 배분된 결과에 따라 보상이 이루어지므로, 당사자는 유리한 편익을 수취하고 불리한 비용을 부담한다. 한편 어떤 당사자가 위험통제에는 기여를 하지만 그 위험을 부담하지 않는 경우에는, 유리할 수도 있고 불리한 수도 있는 결과를 분담하는 형태를 띠는 보상을 통제에 대한 기여도에 비례하여 행하는 것이 적절할 수 있다.[79]

위에 기술한 절차에 따라 앞 절에서 논의한 계량컨소시엄 사례의 위험분석을 한 결과 각 거래 당사자가 부담하는 위험은 다음과 같다고 가정하자.[80]

---

[78] 2017 OECD 이전가격 과세지침 1.100문단

[79] 2017 OECD 이전가격 과세지침 1.105문단

[80] 2017 UN 이전가격 매뉴얼 B.2.3.2.46문단

| 표 Ⅰ-7 | '계량컨소시엄 사례' 위험 분석

위험 분류	A사의 위험 노출	B사의 위험 노출
제조물 책임 위험	A사는 제품에 결함이 발생하거나, B사의 기술흡수가 충분히 되지 않는 경우 평판이 악화될 위험이 있다.	B사는 제품이 국내 전기 회사가 제공한 주문 사양을 준수하지 않는 경우 제조물 책임위험에 직면한다고 가정한다. 고객 사양 또는 국내/국제 제품 표준과의 부적합으로 인해 발생하는 위험은 B사가 부담하기 때문이다. 그러나 이 위험은 B사와 자체 R&D 센터에서 배포한 우수한 품질, 안전 표준 및 프로세스로 인해 완화된다.
기술 위험	A사는 기술의 소유자로서 높은 기술 위험에 노출되어 있다고 가정한다. 시장 경쟁과 끊임없는 기술발전으로 인해 A사는 기존 기술을 지속적으로 업그레이드하고 새로운 기술을 개발해야 한다. A사는 현대적인 기술로 제품을 제공하는데 지속적으로 중점을 두고 있다.	B사의 제조 공정은 복잡하지 않다고 가정한다. 또한, A사가 제품의 기술 및 노하우를 제공했으므로, B사는 주요 기술 위험에 직면하지 않는다.
연구 개발 위험	A사는 다양한 시장에 서비스를 제공하고 있으며, A사의 엔지니어링 및 R&D 전문가는 전 세계 고객에게 경쟁력과 혁신적인 솔루션을 제공하기 위해 끊임없이 노력하고 있다고 가정한다.	B사의 사업을 지원하고 고객에게 기술 지원을 제공하는 경우를 제외하고는, 중요한 R&D가 B사에 의해 수행되지 않으므로, 그다지 연구개발 위험에 직면하지 않는다고 가정한다.
신용 위험	그룹 내부 회사 간의 기술과 부품 판매의 경우에 A사는 최소한의 위험에 직면해 있다고 가정한다.	매출액과 관련된 모든 주요 신용 위험은 B사가 부담한다고 가정한다.
재고 위험	A사는 주로 제품 및 기술 개발에 종사하며, 본 위험은 A사가 부담하지 않는다고 가정한다.	B사는 원자재/부품의 조달을 관리하고 완제품을 포함한 각 제품의 필수 재고 수준을 유지 관리해야 한다고 가정한다. 그러나 본 위험은 부품이 A사에서 조달되는 범위까지는 완화된다.
외환 위험	A사는 B사에 기술과 부품을 수출한다고 가정한다. 따라서 그들은 또한 외화에 대한 현지 통화의 절상/절하 위험에 직면되어 있다.	B사가 A사로부터 기술과 부품을 수입하고 그 판매가 국내 시장으로 제한되어 있기 때문에, 수입은 외화에 대한 현지 통화의 절상 또는 절하의 위험에 직면되어 있다.

이와 같은 상황에서 A사와 B사 부담한 위험을 요약정리하면 아래 표와 같다.

표 I-8 각 거래 당사자가 부담한 위험 요약

분 류	강도 수준	
	A사	B사
제조물책임 위험	Ⓡ	ⓇⓇⓇ
기술위험	ⓇⓇⓇ	Ⓡ
연구개발 위험	ⓇⓇⓇ	ⓇⓇ
신용위험	–	ⓇⓇⓇ
재고위험	–	ⓇⓇⓇ
외환위험	ⓇⓇ	ⓇⓇ

6

비교가능성 분석과 실질과세원칙은 어떤 관계가 있을까?

'국제거래의 실질적 내용을 정확히 파악하여 그에 따라 필요하면 과세당국이 특수관계 간 이전가격 거래를 부인하거나 재구성할 수 있다'는 내용의 지침은 BEPS 프로젝트의 추진 결과 2017년 OECD 이전가격 과세지침에 반영된 주요한 개정사항이다. 우리나라도 2018년 말~2019년 초 세법령 개정 시 이와 같은 내용을 국조법령에 반영하였다. 우선 국조법 제8조 제2항, 제3항, 제4항을 개정하여 다음과 같은 내용을 규정하였다.

국조법 제8조【정상가격의 산출방법】

② 과세당국은 제1항을 적용할 때 거주자와 국외특수관계인 사이의 상업적 또는 재무적 관계 및 해당 국제거래의 중요한 거래조건을 고려하여 해당 국제거래의 실질적인 내용을 명확하게 파악하여야 하며, 해당 국제거래가 그 거래와 유사한 거래 상황에서 특수관계가 없는 독립된 사업자 사이의 거래와 비교하여 상업적으로 합리적인 거래인지 여부를 판단하여야 한다.

③ 과세당국은 제2항을 적용하여 거주자와 국외특수관계인 간의 국제거래가 상업적으로 합리적인 거래가 아닌 것으로 판단하고, 해당 국제거래에 기초하여 정상가격을 산출하는 것이 현저히 곤란한 경우 그 경

제적 실질에 따라 해당 국제거래를 없는 것으로 보거나 합리적인 방법에 따라 새로운 거래로 재구성하여 제1항을 적용할 수 있다.

④ 제1항부터 제3항까지의 규정에 따른 정상가격 산출방법에 관한 구체적인 사항은 대통령령으로 정한다.

또한 위 법령의 규정을 보완하기 위해 국조법 시행령 제16조가 다음과 같이 마련되었다.

국조법 시행령 제16조【국외특수관계인과의 거래의 실질적 내용과 상업적 합리성】

① 과세당국은 법 제8조 제2항에 따라 거주자와 국외특수관계인 사이의 국제거래의 실질적인 내용을 명확하게 파악하기 위해 다음 각 호의 요소를 고려해야 한다.

1. 계약조건
2. 사용된 자산과 부담한 위험 등을 고려하여 평가된 거래 당사자가 수행한 기능. 이 경우 부담한 위험은 거래 당사자의 위험에 대한 관리·통제 활동 및 위험을 부담할 재정적 능력 등을 고려하여 기획재정부령으로 정하는 바에 따라 분석해야 하며, 거래 당사자가 수행한 기능은 거래 당사자뿐만 아니라 거래 당사자와 특수관계에 있는 자 모두를 고려하여 전체적으로 사업활동이 수행되고 있는 방식, 거래 상황 및 관행을 종합적으로 고려해야 한다.
3. 거래된 재화나 용역의 종류 및 특성
4. 경제 여건 및 사업전략

⑥ 과세당국은 법 제8조 제2항 및 제3항에 따라 거주자와 국외특수관계인 사이의 국제거래가 상업적으로 합리적인 거래인지 여부를 판단할 때 다음 각 호의 기준을 고려해야 한다.

1. 특수관계가 없는 독립된 사업자 사이에서는 해당 거래조건에 대한 합의가 이루어지지 않을 것으로 예상할 수 있을 것. 이 경우 유사한 거래 상황에서 특수관계가 없는 독립된 사업자 간 해당 거래와 유사한 거래가 체결된 사례가 없다는 사실만으로 해당 거래조건에 대한

합의가 이루어지지 않을 것으로 판단해서는 안 된다.
2. 해당 거래를 체결하지 않거나 다른 방식으로 거래를 체결하는 것이 거주자 또는 국외특수관계인에게 사업목적상 유리할 것
3. 해당 거래로 인하여 거주자 또는 국외특수관계인의 조세부담이 상당히 감소하는 등 조세 혜택을 고려하지 않는다면 해당 거래가 발생하지 않을 것으로 예상할 수 있을 것

기획재정부가 발간한 보도자료에 따르면 위와 같은 규정들은 이전가격세제의 국제기준을 반영하여 국제거래의 실질적 내용 파악 및 거래부인 · 재구성에 관한 적용 원칙을 명확화한 것이라고 기술되어 있으나,[81] 위 제3호의 기준은 OECD 이전가격 과세지침의 규정이나 UN 이전가격 매뉴얼에서는 명확하게 제시되지 않은 기준이라는 비판도 있다.

국제거래의 실질적 내용을 정확히 파악하여 그에 따라 필요하면 과세당국이 특수관계 간 이전가격 거래를 부인하거나 재구성할 수 있다는 취지의 지침은, 우리나라의 경우 이전가격세제가 도입되던 당시부터 이미 도입되었다. 즉 2021년 2월 현재 국조법 시행령 제14조 제4항과 동일한 내용의 규정이 이미 이전가격세제 도입할 때부터 존치하였던 것이다. 즉 해당 조문은 "과세당국은 특수관계가 없는 자 간의 거래가 거래 당사자에 의하여 임의로 조작되어 정상적인 거래로 취급될 수 없는 경우에는 그 거래를 비교 가능한 거래로 선택하지 아니할 수 있다"라고 규정되어 있는 바, 이는 정상가격은 정상적으로 수행된 거래를 전제로 그 거래를 통해서 설정되어야 한다는 원칙을 명문화한 것이라고 할 수 있다.

---

81 기획재정부, "2018년 세법 후속 시행령 개정안–상세본(보도자료2)", 2019.1.8.

또한 국조법 제10조에서 규정된 제3자 개입거래도 위에 설명한 원칙과 맥을 같이 한다. 국조법 제10조의 규정에 의하면, 거주자가 국외특수관계인이 아닌 자와 국제거래를 하는 경우에도 그 거래가 ① 해당 거주자와 국외특수관계인 간에 그 거래에 대한 사전계약(거래와 관련된 증거에 따라 사전에 실질적인 합의가 있는 것으로 인정되는 경우 포함)이 있고, ② 해당 거주자와 국외특수관계인 간에 그 거래조건이 실질적으로 결정되는 때에는 국외특수관계인과 국제거래를 한 것으로 보아 그 거래에 대하여 정상가격산출방법을 적용하고 이에 따른 과세조정을 하도록 되어 있다. 이 경우 사전계약은 서류에 의한 계약은 물론 구두계약도 포함된다. 제3자 개입거래의 의미를 보다 자세히 살펴보자.

사례분석 제3자 개입거래

내국법인 A는 홍콩법인 B에게 한국에서의 특허권 사용대가로 1만 달러를 지불하였고 B는 다시 미국법인 C에게 아시아지역에서의 특허권 사용대가로 2만 달러를 지급했다.

이 경우 B는 A와 특수관계가 있지 않지만 C는 A의 국외특수관계자이다. 당해 거래는 내국법인 A와 미국법인 C 사이의 사전계약에 의하여 이루어졌고 모든 거래조건이 A와 C 사이에 실질적으로 결정되었음을 과세당국이 확인하였다고 가정하자.

이때는 당해 국제거래가 A와 C 사이에 발생하였다고 보아야 하고, 따라서 B에게 지급한 1만 달러는 사실상 C에게 지급된 것으로 보고 과세해야 할 것이다. 한편, A와 C 사이의 거래에서 추정되는 1만 달러의 거래대금이 정상가격인지 여부를 판정하기 위해서는 독립적인 관계에 있는 기업 간의 비교대상 거래를 통하여 그 가격의 적정성 여부를 확인하여야 한다.

제3자 개입거래에 관련된 국조법상의 규정이 갖는 의미는 만일 이러한 조항이 없었더라면 A와 B 사이의 거래는 특수관계인 간의 거래가 아니므로 이전가격세제가 적용되지 않았을 것인데 동 규정으로 인하여 이전가격세제를 적용할 수 있게 된다는 것이다. 그런데 이렇게 특수관계인 사이에 특수관계인이 아닌 제3자가 개입된 경우 무조건 이전가격세제를 적용할 수 있도록 한다면 어떠한 결과가 발생할 것인가? 이런 경우에는 실제 순수한 상업적 이유(bona fide commercial reason)에 의해 이루어진 거래까지도 특수관계인 간의 거래라고 하여 부당한 세무 간섭을 받는 경우가 발생할 수 있다. 그러므로 국조법에서는 제3자 개입거래에 대하여 이전가격세제를 적용하도록 하기 위해서는 ① 거주자와 국외특수관계인 간에 당해 거래에 대한 사전계약이 있다는 사실과 ② 거래조건이 당해 거주자와 국외특수관계인 간에 실질적으로 결정되었다는 사실을 과세당국이 입증하도록 하였다.

7

특수한 조건이나 상황에서 비교가능성 분석은 어떻게 해야 할까?

지금까지 주로 일반적인 상황에서의 비교가능성 분석에서 공통적으로 발생하는 이슈들을 중심으로 설명을 하였다. 여기서는 가끔씩 발생하는 특수한 상황 또는 조건하에서의 이전가격 이슈에 대해서 살펴보고자 한다.

손실(losses)

다국적 기업 전체적으로는 이익을 실현하나 그룹 내 어느 하나의 기업이 계속 손실을 보고 있다면, 과세당국은 이 기업을 대상으로 이전가격문제를 제기할 수 있다. 물론 특수관계 기업들도 과다한 창업비용, 불리한 경제여건, 비능률 또는 그 밖의 사업상 이유로 특정 기간에 손실이 발생할 수 있다. 그러나 독립기업이라면 지속적인 손실을 감수하지 않을 것이고, 손실이 계속된다면 결국 사업을 중단할 수 있다. 그런데 만일 이 기업이 특수관계 기업이고 그 사업으로 그룹 전체에 이익을 가져올 수 있다면, 해당 기업 자체가 계속 손실을 내더라도 그룹 차원에서 그 사업을 지속할 수 있다.[82]

다국적 기업 그룹 차원에서 경쟁력을 갖추어 이익을 얻기 위해서 모든 제품 또는 서비스를 생산할 필요가 있고, 그중 일부 개별제품라인에서 정기적으로 손실을 보는 경우를 가정해보자. 다국적 기업 그룹 내의 손실 기업은 손실을 낼 수밖에 없는 생산 라인만 가지고 있어 계속적으로 손실을 볼 수 있다. 그런데 독립기업들이라면 충분한 용역 대가를 보상받을 수 있어야 그와 같은 용역을 수행할 수 있다. 따라서 이러한 종류의 이전가격문제에 접근하는 합리적인 방법 중 하나는 해당 기업이 정상가격원칙에 따라 독립기업이 받을 수 있는 수준의 용역 대가를 받아야 한다고 보는 것이다.[83]

손실의 원인을 분석할 때 고려할 중요한 요소 중의 하나는 사업전략이 다국적 기업 그룹별로 다양한 역사적 · 경제적 · 문화적 조건에 따라 달라질 수 있다는 점이다. 일정 기간 내의 손실은 비록 그 손실이 지속적으로 발생하더라도 시장 침투를 위한 저가전략이라는 이유로 정당화될 수 있다. 예를 들어 어느 생산업자는 새로운 시장으로의 진입, 현재 시장에서의 점유율 증가, 신상품의 소개, 잠재적 경쟁자에 대한 선제적 우위 점령 등의 사업 목적을 위해 일시적으로 손실을 감수하는 저가전략을 택할 수 있다. 그러나 저가전략은 장기적으로 이익을 내기 위한 목적으로 한정된 기간 동안에만 적용될 수 있다. 만약 그러한 가격전략이 합리적인 기간을 넘어 계속된다면 정상가격조정이 필요할 수 있다. 특히 비교대상거래보다 오랜 기간 동안 손실이 발생하였던 사실이 다년간 자료 분석으로 밝혀진 경우에는 더욱 그러하다. 또한 과세당국은 독립기업들이 유사한 방식으로 가격을 결정하였다고 기대할 수 없는 상황이라면 특별히 낮은 가격(예 : 생산능력을 완전히 가동하지 않는 상태에서의

---

[82] 2017 OECD 이전가격 과세지침 1.129문단

[83] 2017 OECD 이전가격 과세지침 1.130문단

한계비용에 의해 가격을 책정하는 경우)을 정상가격으로 보아서는 안 된다.[84]

일반적으로, 손실을 시현하는 비특수관계자 간 거래(uncontrolled transaction)가 비교대상이 될 수 있는지 여부를 입증하기 위해서는 좀 더 검토가 이루어져야 한다. 손실이 정상적인 사업조건을 반영하지 못하거나, 제3자에게 발생한 손실이 특수관계 거래에서 납세자가 부담한 손실과 비교가능한 위험 수준에서 초래된 것이 아닌 경우에는, 손실을 시현한 거래 또는 기업은 비교대상에서 제외해야 한다. 그렇지만, 비교가능성 분석 요건을 충족하였으나 손실을 시현한 비교대상 기업들(loss-making comparables)을 단지 손실을 발생시켰다는 이유로 제외해서는 안 된다.[85]

OECD가 2020년 12월 18일에 발표한 'Covid-19 확산이 이전가격 미칠 영향에 대한 OECD 지침(Guidance on the transfer pricing implications of the COVID-19 pandemic, 이하 'Covid-19 TP'라 칭함)'에 따르면 손실(losses)에 대한 위 지침의 연장선에서 다음과 같은 지침을 추가로 제시하고 있다.

'제한된 위험만을 부담하는 기업(limited risk entity)'이 손실을 부담할 수 있는지 여부를 결정하기 위해서는 그 거래와 관련된 정확한 사실관계를 파악해야 하고, 그 거래의 제반 상황을 고려해야 한다. OECD 이전가격지침서(2017) 문단 3.64에 "단순하거나 낮은 수준의 기능은 장기간에 걸쳐 손실을 낳을 것으로 예상되지는 않는다"고 규정되어 있으며, 이는 단순 또는 낮은 기능을 수행하는 기업도 단기간 동안은 손실을 부담할 가능성이 있음을 의미한다(Covid-19 TP §39). 제한된 위험을

84 2017 OECD 이전가격 과세지침 1.131문단

85 2017 OECD 이전가격 과세지침 3.65문단

부담하는 기업이 손실을 부담하는 것이 정당한지의 여부를 결정할 때에는 해당 기업이 부담하는 위험을 분석하는 것이 매우 중요하다. 이는 거래 당사자 간의 위험배분이 거래로 인한 이익 또는 손실의 배분 방식에 영향을 미치기 때문이다. 예를 들어, Covid-19로 인하여 특정 제품에 대한 수요가 급격히 감소한 경우, 제한된 위험을 부담하는 자가 약간의 시장위험을 부담하였다면 수요 감소로 인한 손실의 일부분을 부담할 수도 있다. 정상거래원칙에 따라 특정 거래 당사자가 부담하는 손실의 정도는, 선정된 정상가격 산출방법, OECD 이전가격 지침서 제2장 및 제3장의 설명된 지침을 포함하여 비교대상거래와의 비교를 통한 분석대상거래의 경제적 특성과 거래조건에 따라 다를 것이다 (Covid-19 TP §40).

이와 같은 배경하에 2022년 2월 국조법 시행령 개정 시 다음과 같은 규정이 신설되었다.[86]

제15조【정상가격 산출방법의 적용】

⑦ 법 제8조 제1항에 따라 정상가격을 산출할 때 경기침체, 대량실업 등 특수한 경제위기 상황을 고려할 필요가 있는 경우에는 경제 상황의 변동으로 손실이 발생한 기업이 한쪽 또는 양쪽의 당사자인 거래도 거주자와 국외특수관계인 간 거래의 비교대상 거래로 삼을 수 있다.

정부정책의 효과(the effect of government policies)

가격 통제(가격인하), 이자율 통제, 용역대가 또는 경영수수료(management fee)의 지불 통제, 로열티의 지불 통제, 특정분야의 보조금, 환율 통제, 반덤핑 관세, 환율정책 등과 같은 정부간섭이 있는 경우, 납세자

[86] 해당 규정은 국조법 시행령 시행일(2022.2.15.) 이후 신고 또는 결정 · 경정하는 분부터 적용된다.

는 정상가격조정을 고려하게 된다. 일반적으로 이러한 정부간섭은 특정 국가의 시장조건으로서 해당 시장에 대한 이전가격 평가 과정에서 고려되어야 한다. 문제는 이와 같은 정부간섭이라는 관점에서 볼 때 특수관계 기업 사이의 거래가 독립기업 사이의 거래와 일관성이 있는지 여부이다.[87]

가격통제가 어느 단계에서 제품이나 용역의 가격에 영향을 미치는가를 결정하는 것은 중요한 문제이다. 가격통제가 어느 경우에는 최종소비자가격에 직접 영향을 미칠 수 있으나 다른 경우에는 시장 내 유통구조상 그 전 단계에서 영향을 미칠 수도 있다. 실제로 다국적 기업은 가격통제를 고려하기 위하여 이전가격을 조정하지 않음으로써 최종판매자가 가격통제로 인한 손실을 그대로 부담하도록 하거나, 어떠한 형태로든지 최종판매자와 중간공급자 사이에 부담을 나누어 가격을 조정할 수도 있다. 독립적인 공급자라면 가격통제로 인한 손실을 나눌지 여부 외에도 다른 생산 라인과 사업기회를 모색할지 여부를 고려하게 된다. 왜냐하면 독립기업이라면 아무런 이익이 없는 재화나 용역을 생산·분배 또는 제공하지 않을 것이기 때문이다. 가격통제를 하는 국가에서 이전가격조사를 할 때에는 판매기업이 실현할 수 있는 이익이 가격통제로 인해 영향을 받을 수 있다는 점을 고려해야 한다.[88]

특수관계 기업 사이에 정상가격원칙에 따라 상환하였을 채무의 지급이 어느 나라에서 금지 또는 중단(block)된 경우에는 특별한 문제가 발생할 수 있다. 예를 들어 어느 국가의 외환통제로 인하여 기업이 다른 나라에 있는 그룹 내 특수관계 기업에게 이자를 지급하지 못할 수 있는데, 이때 나라마다 세무처리가 다를 수 있다. 가령 채무자 소재지국에

[87] 2017 OECD 이전가격 과세지침 1.132문단

[88] 2017 OECD 이전가격 과세지침 1.133문단

서는 미지급 이자가 지급되었거나 혹은 지급되지 않은 것처럼 취급할 수 있다. 또한 채권자 소재지국에서도 채권기업이 이자를 수령하였거나 수령하지 않은 것으로 볼 수 있다. 일반적으로 정부통제가 특수관계 기업 사이 또는 독립기업 사이에 똑같이 적용된다면, 세법에서도 각각의 거래를 동일하게 취급하여야 한다. 반면 정부통제가 특수관계 기업 간 거래에만 적용될 때에는 간단한 해결방법이 없는데, 그 대안으로 정부통제를 계약조건에 영향을 미치는 요소로 보아 정상가격원칙을 적용하는 방법이 있을 수 있다.[89]

2020년 초에 발발한 Covid-19의 전 세계적인 확산으로 글로벌 경제위기가 닥쳐오자 우리나라를 포함한 세계 각국은 다양한 형태의 정부 지원을 제공하였다. 이러한 금전적 또는 비금전적 형식의 정부지원 프로그램은 잠재적으로 이전가격에 영향을 미칠 수 있으므로 정부지원에 따른 효과가 고려되어야 하며, 경제적 영향 등의 특성에 대한 분석이 필요하다. Covid-19 정부지원 프로그램과 관련한 OECD의 주요 지침은 다음과 같다.[90]

첫째, 정부지원의 이전가격에 대한 영향을 분석하기 위해서 경제적 특성이 적정하게 평가되어야 한다. 특히 특수관계 거래 및 비교 가능한 독립기업 간 거래와 관련된 정부지원의 경제적 특성을 평가해야 하고, 정부지원에 따른 이전가격의 영향이 존재하는 경우 이와 관련한 경제적 특성을 문서화해야 한다.

둘째, 정부지원은 특정 국가의 시장조건으로 간주해야 하고, 이전가격에 미치는 영향을 분석할 때 현지 시장의 특성을 고려해야 한다. 이

89 2017 OECD 이전가격 과세지침 1.134문단

90 OECD, *Guidance on the transfer pricing implications of the Covid-19 pandemic*, 18 December 2020, pp19-24.

는 기업이 공급하는 재화 또는 용역의 가격에 영향을 미칠 수 있으므로 비교가능성 분석 시 정부지원이 시장 이점을 제공하는지 여부, 매출의 증가 또는 원가의 감소에 대한 영향, 지원의 효익이 제3자에게 전달되었는지 여부 등을 고려해야 한다. 이러한 추가적인 분석 없이 정부지원으로 인한 효과를 이전가격 분석에 적용하는 경우 정상가격으로 인정되지 않을 위험이 존재한다. 또한 정부지원은 비교가능성 분석에 있어서 직접적인 영향을 미치기 때문에 신뢰성 있는 비교가능 회사를 식별하기 위해 유사한 지리적 시장 내에서 유사한 기능을 수행하고, 유사한 위험을 부담하며, 유사한 자산을 사용하는 독립기업의 정보를 사용해야 한다.

셋째, 정부지원을 받는 경우 부담하는 위험의 부정적인 영향을 정량적으로 감소시킬 수 있으나 이는 OECD 이전가격 지침의 위험배분 규정과는 차이가 있으며, 이로 인해 위험 배분의 방법이 변경되지는 않는다.

의도적 상계거래(Intentional Set - off)

과세당국은 국제거래의 가격이 정상가격과 다른 경우에도 (i) 거주자(내국법인 포함)가 같은 국외특수관계인과의 같은 과세연도 내의 다른 국제거래를 통하여 그 차액을 상계(相計)하기로 사전에 합의하고 (ii) 해당 거주자가 그 거래 내용과 사실을 증명할 때에는 그 상계되는 모든 국제거래를 하나의 국제거래로 보아 과세조정을 할 수 있다(국조법 §10 ①). 이와 같은 상계거래 규정을 두고 있는 목적은 납세자의 세부담을 합리적으로 조정해 줄 수 있도록 하기 위한 것이다.

그런데 이와 같은 규정을 적용할 때에는 몇 가지 유의사항이 있다.

첫째, 이와 같은 상계는 사전에 거래상대방 간에 상호 의도된 것이라야 한다. 즉 국조법은 의도적 상계(intentional set-off)만을 허용하고 있다. 이는 OECD의 이전가격과세원칙에서 표방하는 입장과 동일하다. 그런데 국조법에서는 이와 같은 상계거래를 거주자가 입증하도록 하고 있는데, 그 의미는 무엇인가? 이는 ① 납세자는 그가 행한 특수관계가 있는 자들과의 둘 또는 그 이상의 거래에서 의도적으로 설정된 상계처리 약정이 존재하고, ② 상계처리를 감안할 때 세무신고 시 관련 거래들의 거래조건들이 정상가격원칙에 부합됨을 입증하여야 한다는 것을 의미한다.

상계거래 인정 시 또 하나의 유의사항은 상계를 주장하는 거래들이 같은 과세연도에 발생되어야 한다는 점이다. 이러한 제약을 둔 이유는 과세연도 말을 기준으로 과세소득금액과 세부담액이 확정되어야 하기 때문이다. 예를 들어 설명하면 12월 말 법인인 어느 외국법인 A의 자회사 B가 A와 거래함에 있어 2023년 12월 31일 기준으로 과세소득과 세액을 확정해야 함에도 불구하고 2024년 중에 발생할 것으로 예상되는 상계거래로 인하여 이를 확정을 하지 못한다면 이에 대해 상계거래를 인정하기는 힘들게 된다. 설령 미래의 거래를 무시하고 2023년 12월 31일을 기준으로 과세소득 및 세액 계산을 하여 그 금액을 확정한다고 하더라도 향후 발생한 상계거래에 의하여 그 금액이 계속 변동된다면 납세의무의 불확정한 상태가 오랫동안 지속되어 많은 행정비용 및 납세협력비용을 초래하게 될 것이다. 이와 같은 실무상의 불합리성을 해결하기 위해 상계거래의 인정을 동일 과세연도 내의 거래로 한정하였다.[91]

상계거래와 관련하여 "만일 상계처리에 의하여 소득의 성격이 달라

91 이와 같은 입법례는 미국에서도 찾아 볼 수 있다(US Internal Revenue Reg. §1.482-1.g.4.).

지거나 소득 및 비용의 원천이 달라져서 우리나라에서 납부해야 할 세액에 영향을 미치는 경우 이에 대하여 어떠한 취급을 해야 하느냐"하는 문제가 있다.

예를 들어, 외국의 A법인이 우리나라에 B라는 자회사를 두어 노하우를 전수한 후 B로 하여금 고성능 TV를 제조하게 한 후 이를 판매하도록 하고 있다고 하자. 금년에 B가 A에 판매한 1천대의 고성능 TV의 정상가격은 10억 원이고, 노하우의 정상사용료는 3억 원이라 하자. 이 경우 A는 TV의 수입대금과 노하우 사용료를 상계 처리하여 7억 원만 B에게 지급하였다. 이 경우 국조법 제10조 제1항의 규정에 따라 A와 B는 상계거래가 가능하여 이득을 보지만 그 과정에서 우리나라는 상계 처리로 인하여 A가 B로부터 지급받아야 할 사용료 3억 원에 대한 원천징수세액(제한세율이 10%일 경우 3천만 원)만큼의 세수 일실이 초래될 수가 있다.

이에 대해 국조법은 증명되는 상계거래에서 그 어느 하나의 거래가 법인세법 제98조, 제98조의 2, 제98조의 3 및 소득세법 제156조, 제156조의 2에 따라 원천징수의 대상이 될 때에는 상계거래가 없는 것으로 보아 해당 원천징수 규정을 적용하도록 규정하고 있다(국조법 §10 ②). 따라서 국조법 제8조 제2항에 따른다면 원천징수대상이 되는 사용료에 대해 상계거래가 없었다면 한국에서 징수했어야 할 만큼의 원천징수세액 3천만 원은 B가 추가로 한국의 과세당국에 납부해야 한다. 즉 상계거래를 인정하는 경우에도 국내에서 원천징수대상이 되는 소득이 발생한 때에는 해당 거래에 대해서 상계거래가 없는 것으로 보아 원천징수하도록 하여 우리나라에서 정당히 행사할 수 있는 과세권 확보를 위한 장치를 마련해 두고 있다고 할 수 있다.

8

정상가격 산출방법 중 전통적 거래접근 방법이란 무엇이고 이 방법들은 어떻게 적용될까?

OECD 이전가격세제 관련 문헌에 따르면, 정상가격을 산출하기 위한 전통적 거래방법이란 비교가능 제3자 가격방법(comparable uncontrolled price method, CUP 방법) · 재판매가격방법(resale price method, RPM방법) · 원가가산방법(cost plus method, CPM 방법)을 말하는 것으로 1979년 발표된 OECD 이전가격보고서[92]에는 전통적 거래방법만 소개되어 있다. 여기서는 이들 내용을 차례대로 살펴본다.

비교가능 제3자 가격방법(comparable uncontrolled price method, CUP 방법)

국조법 제8조 제1항 제1호는, '비교가능 제3자 가격방법'을 '거주자와 국외특수관계인 간의 국제거래와 유사한 거래 상황에서 특수관계가 없는 독립된 사업자 간의 거래가격을 정상가격으로 보는 방법'으로 규정하고 있다.

국세청이 발간한 국제조세 집행기준 5-0-2(비교가능 제3자 가격방법)는 이 방법의 적용 사례를 아래와 같이 제시하고 있다.

---

92 1979년 발간된 OECD이전가격 보고서의 영문 명칭은 "Transfer pricing and multinational enterprises : report of the OECD Committee on Fiscal Affairs, 1979"이다.

사례

| 그림 I-7 | 비교가능 제3자 가격방법을 사용한 정상가격 산출방법

• 내국법인 갑이 국외특수관계인 A에 원재료를 수출하는 경우 비교대상거래 가격인 $1,000이 정상가격에 해당

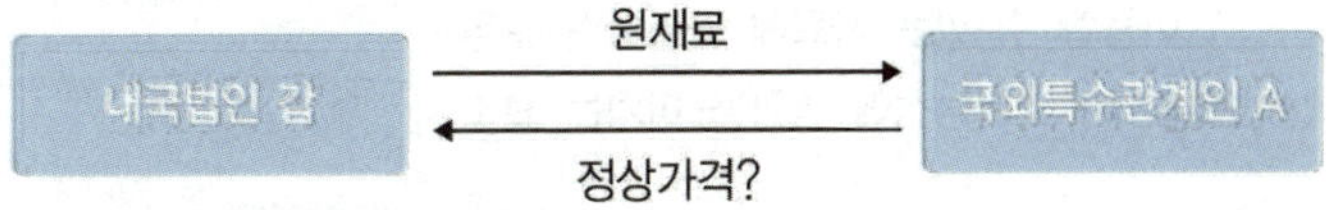

• 비교대상거래(내부)

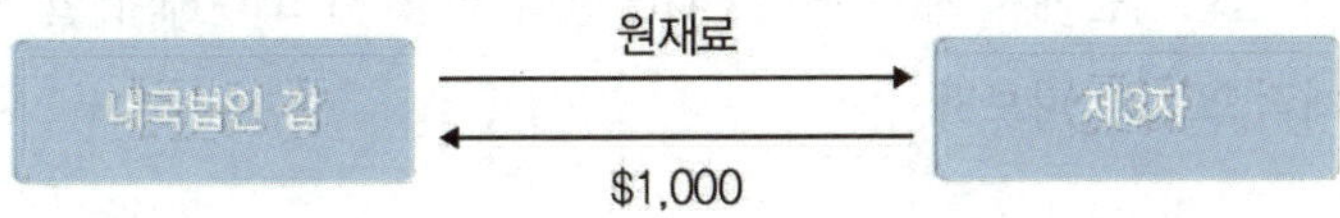

• 비교대상거래(외부)

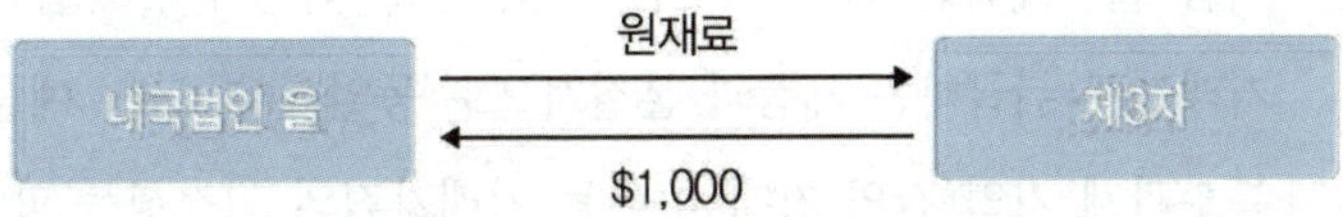

국제조세 집행기준 5-0-2(비교가능 제3자 가격방법)는 이 방법의 적용 시 고려사항을 다음과 같이 규정하고 있다.

○ 제품의 동일성(품목, 규격, 사양, 수량)
○ 거래 시기의 동일성(계절별 영향에 따른 가격차이 고려 : 스키, 에어컨과 같은 계절적 상품은 계절에 따라 가격차이가 날 수 있음)
○ 거래 시장의 동일성(시장수준, 지리적 동일성)
○ 거래조건의 동일성(대금지급조건, 운송조건, 할인정책)
○ 원유, 농산물, 광물 등에 대해 공개시장거래가격을 바탕으로 정상가격 산출
 - 해당 국제거래와 공개시장 거래 간 거래조건(물품의 물리적 특성, 품질, 거래량, 거래시기, 운송조건 등) 차이를 합리적으로 조정해야 함

– 해당 국제거래와 공개시장 거래 간 거래조건(물품의 물리적 특성, 품질, 거래량, 거래시기, 운송조건 등) 차이를 합리적으로 조정해야 함

– 가격결정시점(해당 물품거래에서 가격 산출의 기준이 되는 시점)은 납세자가 신뢰할 만한 자료 제출 시 인정. 단, 자료를 제출하지 않거나 다른 증거가 있는 경우 선하증권에 기재된 선적일 등 과세당국이 이용할 수 있는 자료에 근거하여 결정

○ 기타 비교 가능성에 영향을 미치는 요소

이 집행기준에서 제시하는 'CUP 방법 적용 시 고려해야 할 사항'을 구체적으로 살펴보자.

① **제품의 동일성**(품목, 규격, 사양, 수량) : 특수관계인 간의 대상거래에서 취급하는 제품은 품목, 규격, 사양, 수량 측면에서 독립기업 간 거래에서 취급하는 제품과 본질적으로 동일해야 한다. 예를 들어 특수관계 기업 간의 거래(A)와 동 거래가격의 적정성을 파악하기 위해 선정한 독립기업 간 거래(B)는 본질적으로 동일하지만 A와 B의 차이는 A의 경우 B에서 취급된 기계의 물리적 특성을 약간 변경(또는 선택 사양의 추가)한 것이라면 이는 가격에 영향을 미치는 부분과 그 크기를 합리적으로 계량화할 수 있으므로 B를 비교 가능한 거래로 취급할 수 있다.

② **거래 시기의 동일성** : 특수관계인 간의 대상거래가 독립기업 간 거래와 거래 시기가 서로 다를 경우 일반적으로 제품의 수요·공급에 중요한 영향을 미칠 수 있고 가격에 미치는 효과를 계량화할 수도 없으므로 비교 가능성이 있다고 할 수 없다.

③ **거래 시장의 동일성** : 특수관계인 간의 대상거래와 독립기업 간 거래가 서로 다른 시장수준[93](예를 들어 소매 또는 도매, 1차 도매상 또는 2차

도매상 등의 단계를 말함)에 놓여 있다면 이들 거래는 각각의 판매가격 및 매출원가에 중요한 영향을 미칠 것이므로 비교 가능성이 없다고 취급된다. 또한 특수관계인 간의 대상거래와 독립기업 간 거래는 거래되는 시장이 상호 다른 경우(해외시장과 국내시장의 차이 및 국내시장에서도 지역 간의 차이) 일반적으로 비교 가능성이 없다고 간주된다.

예를 들어 특수관계인 간 거래(A)와 독립된 자들 간의 거래(B)는 모두 도매시장에서 형성된 것이고 여타의 경제여건은 동일하나 거래가 각각 다른 나라의 시장에서 발생하여 중요한 차이가 있다고 하자. 이 경우와 같이 시장의 지리적 차이(difference in geographic market)는 일반적으로 판매제품의 원가 및 재판매가격에 영향을 미치며, 또한 동 차이는 중요한 차이로 취급되므로 CUP 방법하에서는 시장의 지리적 차이가 있다면 비교 가능 거래로 보지 않는다.

④ **거래조건의 동일성** : 대금지급조건(예를 들어 현금거래와 외상거래의 차이, 외상 거래의 경우에도 대금회수 및 지급기간의 차이), 운송조건[incoterms상의 다양한 조건(CNF, CIF, FOB 등)에 따른 차이], 판매량에 따른 할인정책 등이 다른 경우 분석 대상거래와 비교대상거래는 일반적으로 비교 가능성이 없다고 취급된다. 예를 들어 특수관계 기업 간의 거래(A)와 동 거래가격의 적정성을 파악하기 위해 선정한 독립기업 간의 거래(B)는 본질적으로는 동일하나, 다만 A는 FOB(free on board) 가격에 의해 책정되었고 B는 CIF(cost insurance and freight)

93 집행기준상의 시장수준이라는 의미는 market level의 번역으로서 시장단계라고 새기는 것이 타당할 것으로 보인다. 실제로 국제조세 집행기준 5-5-2에서는 비교대상거래 선정에 있어서 검토해야 할 제 요소로서 거래단계(소매 또는 도매, 1차 도매상 또는 2차 도매상 등의 단계를 말함)를 예시하고 있다.

가격에 의해 책정된 경우 두 거래는 일반적으로 비교 가능성이 없다고 취급된다. 그러나 CIF에 포함되어 있는 운송비 및 보험료를 합리적으로 구분 계산해서 운송조건상의 차이를 가격에 반영할 수 있다면 B거래는 A거래의 비교 가능 거래로 볼 수 있다. 다른 예로 특수관계인 간 거래인 A거래와 독립된 자들 간의 거래인 B거래는 본질적으로 동일하나 A의 경우는 다량으로 판매되어 일정 할인율이 적용되었다고 한다면 동 할인율이 가격에 미치는 효과가 합리적으로 계산이 가능하다면 B거래는 비교 가능 거래라고 할 수 있다. 예를 들어 할인정책이 존재하는 범위 내에서 일정한 가정을 통해 조정이 가능한데, 특수관계인 간의 대상거래는 주문량이 60개이고, 이 경우 독립기업 간 거래의 할인율은 직접 구할 수 없으나 주문량이 20개인 경우 2%, 100개인 경우 5%라는 독립기업 간 거래의 할인정책만 구할 수 있다면 주문량 60개는 20개와 100개 사이에 존재하므로 선형(linear) 추계방법을 사용해서 3.5%[={(60−20)÷(100−20)}×(5%−2%)+2%]의 할인액을 구하여 사용할 수 있을 것이다. 그러나 특수관계인 간의 대상거래의 거래량이 1,000개인 경우에는 할인정책의 범위를 훨씬 초과하므로 실제 독립기업 간 거래 시 이와 같은 거래가 발생한 사례를 찾을 수 없다면 선형추계방식에 의한 할인율 산정은 허용될 수 없다.

⑤ **기타 비교 가능성에 영향을 미치는 요소** : 위에서 살펴본 내용 이외에도 판매 관련 무형자산이나 외환위험 등은 일반적으로 비교 가능성이 없다고 취급될 수 있는 중요한 고려사항이다. 예를 들어 특수관계 기업 간의 거래(A)는 자사의 상표를 부착하여 판매하지만 동 거래가격의 적정성을 파악하기 위해 선정한 독립기업 간

거래(B)는 자사의 상표를 부착하지 않고 주문자의 상표를 부착하여 판매하는 소위 OEM방식을 채택하고 있다고 하자. 이와 같이 유형재화의 판매와 관련하여 포함된 무형재화(상표권)는 가격에 미치는 효과가 크고, 그 크기를 합리적으로 확인할 수 없다면 B를 비교가능 거래라고 할 수 없다.

⑥ 공개시장가격 활용 시 고려사항

2019년 세법시행령 개정 시 국조법 시행령 제5조에 소위 '공개시장가격'을 비교가능 제3자 가격의 하나임을 명확히 규정하고 동 가격을 사용하는 경우의 세부기준을 다음과 같이 규정하였다.

국조법 시행령 제5조【비교가능 제3자 가격방법】

법 제8조 제1항 제1호에 따른 비교가능 제3자 가격방법을 국내 또는 국외의 공개시장(이하 이 조에서 "공개시장"이라 한다)에서 거래되는 원유, 농산물, 광물 등에 대해 적용할 때는 다음 각 호의 사항을 고려해야 한다.

1. 거주자(내국법인과 국내사업장을 포함한다. 이하 이 절에서 같다)와 국외특수관계인 간의 물품거래와 공개시장에서 특수관계가 없는 독립된 사업자 간의 물품거래를 비교하여 물품의 물리적 특성 및 품질, 공급물량·시기, 계약기간, 운송조건 등 거래조건에 상당한 차이가 있는 경우에는 이러한 차이를 합리적으로 조정해야 한다.
2. 가격 산출의 기준이 되는 시점(이하 이 조에서 "가격결정 시점"이라 한다)은 다음 각 목의 기준에 따른다.
   가. 거주자가 가격결정 시점에 대한 신뢰할 만한 자료를 제출하는 경우 : 거주자가 제출한 자료에 근거하여 결정
   나. 거주자가 가격결정 시점에 대한 자료를 제출하지 않았거나 거주자가 제출한 자료에 근거하여 가격결정시점을 결정하는 것이 실제 거래에 비추어 합리적이지 않은 경우 : 선하증권에 적힌 선적일 등 과세당국이 이용할 수 있는 자료에 근거하여 결정

과세당국이 납세자의 이전가격 실제에 대하여 적정한 조사를 수행할 수 있도록 지원하기 위하여 납세자는 신뢰성 있는 증거를 제출해야 하며, 이전가격 보고서의 일부로서 (i) 상품거래의 가격결정 정책, (ii) 비교가능 제3자 거래 또는 공개시장 거래가격으로 나타나는 비교 가능 제3자 계약을 토대로 거래가격을 조정하였음을 소명하기 위해 필요한 정보, 그리고 (iii) 가격 책정 공식, 제3자 실수요자와의 계약서, 프리미엄이나 할인의 적용 여부, 가격결정일, 공급사슬 정보, 세무 이외의 목적으로 준비된 정보 등 기타 관련 정보를 문서화해야 한다.[94]

공개시장 거래가격을 참조하여 결정되는 상품거래에서 특히 중요한 요소는 가격결정일(pricing date)로서, 이것은 상품거래 가격을 결정하기 위해 당사자들이 선택한 특정한 시간, 일자나 기간(예 : 평균 가격이 결정되는 구체적인 날짜의 범위)을 의미한다. 납세자가 특수관계자 간 상품거래에서 거래 발생 시점에 특수관계회사 간에 합의한 가격결정일에 대한 신뢰성 있는 입증자료(예 : 제안서 및 수용, 계약서, 계약조건을 제시하는 자료)를 제출하고, 이 내용이 당사자들의 실제 행위 또는 기타 사실관계와 일치할 경우, 과세당국은 특수관계인 간에 합의된 가격결정일을 참고하여 상품거래의 가격을 결정하여야 한다. 만일 특수관계인 간 서면계약 상에 명시된 가격결정일이 당사자들의 실제 행위 또는 기타 사실관계와 불일치할 경우, 과세당국은 기타 사실관계와 일치하며 독립기업이 유사한 상황에서(산업 관행을 고려하여) 합의하였을 다른 가격결정일을 확인해야 한다. 납세자가 특수관계인 간 거래에서 관계회사 간에 합의된 가격결정일에 대한 신뢰성 있는 증거를 제출하지 않고, 과세당국이 정확히 규명된 다른 가격결정일을 확인할 수 없는 경우, 과세당국은 가용한 증거를 바탕으로 상품거래의 가격결정일을 간주할 수 있으며, 이는 선

[94] 2017 OECD 이전가격 과세지침 2.21문단

하증권이나 운송수단에 따라 선하증권에 준하는 문서에 명시된 선적일자가 될 수 있다. 이것은 가용한 정보에 기초한 적합한 비교가능성 차이조정을 제외하고서는 거래되는 상품의 가격이 선적일자의 평균 공개시장 거래가격을 기준으로 결정될 수 있다는 것을 의미한다.[95]

재판매가격방법(resale price method, RPM방법)

재판매가격방법은, 특수관계 기업으로부터 구매된 상품이 독립기업에게 재판매되는 경우의 가격을 기준으로 하는 정상가격 산출방법이다. 재판매가격에서 재판매 마진을 차감하고 다른 구매관련 원가(예, 관세)를 조정한 후의 가격은 특수관계 기업들 간에 당초 이전된 자산의 정상가격으로 간주된다.[96]

| 그림 Ⅰ-8 | 재판매가격방법을 사용한 정상가격 산출방법

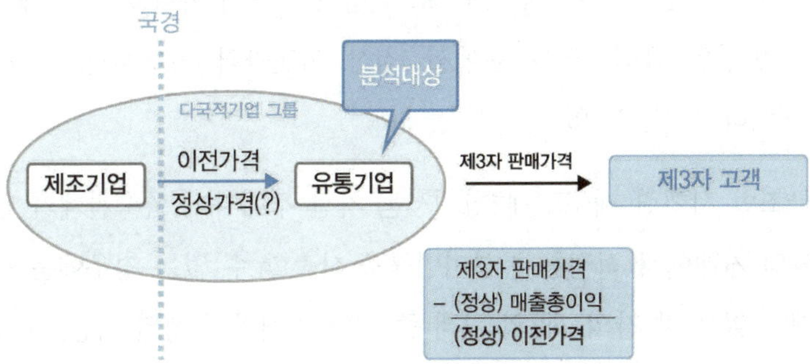

재판매가격 방법은 분석대상 기업(tested party)이 단순한 유통기능 또는 재판매기능을 수행하는 기업인 경우 주로 사용되는 정상가격산출방

95 2017 OECD 이전가격 과세지침 2.22문단

96 2017 OECD 이전가격 과세지침, 용어(Glossary), 29면.

법이다. 즉 특수관계자인 제조기업과 유통기업 사이에 책정되는 이전가격이 정상가격인지 여부를 검증하기 위해서, 유통기업이 특수관계가 없는 제3자에게 상품이나 용역을 제공하고 받은 판매가격(즉 정상가격)을 계산의 출발점으로 삼는 방법이다.

위 그림 오른편 상자에 있는 산식, 즉 '제3자 판매가격 – (정상) 매출총이익 = (정상) 이전가격'은 재판매가격방법을 통해 정상가격을 산출하는 메커니즘을 요약한 것이다. 여기서 '제3자 판매가격'은 특수관계가 없는 자와의 거래에서 형성된 가격이므로 일종의 정상가격이다. 그리고 '(정상) 매출총이익'이란, 비교대상기업의 매출총이익률에 분석대상기업의 판매가격을 곱하여 산출한 이익을 의미하는데 특수관계자가 아닌 비교대상기업(상업용 Database에서 추출한 복수의 기업들이 될 수도 있음)의 매출총이익률을 기초로 계산된 금액이라는 점에서 이것도 일종의 arm's length value라고 할 수 있다. 따라서 이 산식을 통해 구해진 이전가격은, 분석대상 법인이 자의적으로 설정한 가격이 아니고 시장 메커니즘이 반영된 금액이라는 점에서 '정상 이전가격(arm's length transfer price)'이라고 할 수 있다.

국조법 시행령 제6조 제3항에서는 자산 구매자가 특수관계가 없는 자와의 거래에서 적정한 통상이익률을 산출할 수 없는 경우에는 특수관계가 없는 자 간의 제3의 거래 중 해당 거래와 수행된 기능, 사용된 자산 및 부담한 위험의 정도가 유사한 거래에서 발생한 통상이익률을 판매기준 통상이익률로 사용할 수 있다고 규정하고 있다. 즉 우선적으로 내부비교대상 거래를 참고하여야 하고, 내부비교대상 거래를 발견하지 못하는 경우 외부비교대상 거래를 참고할 수 있다는 의미이다.

재판매가격방법은 대개의 경우 구입한 물품을 단순가공하여 재판매하는 거래에 주로 적용된다. 그러나 최근 거래기법이 다양해짐에 따라 용역수행을 상품화하여 판매하는 사례가 종종 나타나고 있다. 이러한 상품은 국제적으로 거래되는 과정에서 중간거래자의 통상의 이윤을 붙여 재판매될 소지가 높으므로 재판매가격방법을 반드시 자산(property 또는 asset)의 거래에만 적용하도록 그 적용범위를 한정할 필요는 없다. 따라서 2021년 2월 국조법 시행령이 전면 개정되기 전 시행령 제6조 제3항은 '합리적인 정상가격 산출을 위하여 필요한 경우에는 용역거래 및 기타 국제거래에 있어서도 재판매가격방법을 적용할 수 있도록 규정'하였다.[97]

재판매가격방법 적용을 위한 비교를 함에 있어서 CUP 방법하에서 보다는 재화 차이에 대한 조정이 적게 요구된다. 그것은 재화의 차이가 가격에 미치는 영향보다는 이윤에 미치는 영향이 적을 것이기 때문이다.[98]

시장 경제에서 유사한 기능을 수행하는 재화나 용역에 대한 대가는 사업 내용이 다르더라도 균등화되는 반면, 종류가 다른 제품들의 가격은 그 제품들이 서로 대체되는 범위 내에서만 서로 균등화된다. 매출총이익은 수행한 특정기능(사용자산과 부담위험 고려)에 대한 매출원가(cost of sales)를 공제하고 난 후의 총 보상(gross compensation)을 나타내므로, 제품차이는 그 중요성이 다소 떨어진다 할 수 있다. 예를 들어 현실에 비추어 볼 때 유통회사는 냉장고를 팔 때나 에어컨을 팔 때나 유사한 기능(사용자산과 부담위험 고려)을 수행한다는 것을 알 수 있다. 따라서 시장경제하에서는 두 활동에 대해 비슷한 수준의 보상이 주어진다. 그러나

[97] 국조법령이 전면 개정되는 과정에서 이 규정은 당연한 것으로 취급되어 삭제된 것으로 보인다.

[98] 2017 OECD 이전가격 과세지침 2.29문단

소비자는 냉장고와 에어컨을 특별히 가까운 대체재로 생각하지 않을 것이므로 그 가격들이 같아질 것으로 기대하기는 어렵다.[99]

비록 재판매가격방법에서 광범위한 제품차이가 허용되긴 하지만 특수관계 거래에서 이전되는 재화는 독립거래에서 이전되는 재화와 비교되어야 한다. 광범위한 제품의 차이로 인해 특수관계 거래와 독립거래에서 양 당사자 간에 수행되는 기능의 차이가 발생할 수 있다. 재판매가격방법을 적용할 때 상대적으로 제품이 덜 비슷해도 되지만 제품이 보다 비슷할수록 보다 나은 결과가 나오는 것이 통상의 예다. 예를 들어 어느 특정 거래에서 높은 가치를 지니거나 상대적으로 독특한 무형자산이 관련된다면 제품의 유사성 여부가 보다 큰 중요성을 가지므로 유의미한 비교를 하기 위해서는 특별한 주의를 기울여야 한다.[100]

재판매가격방법은 수행 기능의 비교 가능성(사용자산과 부담위험 고려)에 의존한다. 특수관계 거래와 독립거래 그리고 거래당사자 간에 기능의 차이가 있고 이런 차이가 정상거래 여부를 검증하기 위해 사용되는 매출총이익률에 실질적인 영향을 미치는 경우에는 재판매가격방법의 신뢰성은 낮아질 수 있다. 특수관계 거래와 독립거래에서 매출총이익률에 영향을 미치는 중대한 차이가 있는 때에는(예를 들어 거래당사자들이 수행하는 기능의 성격상 차이 등) 그런 차이에 대한 조정이 이루어져야 한다. 조정의 범위와 신뢰도에 따라 특정한 사안에서 재판매가격방법상 분석의 상대적 신뢰도가 결정된다(2017 TP §2.34).

재판매가격방법은 재판매업자가 제품의 가치를 크게 증가시키지 않는 경우에 사용하는 것이 바람직하다. 왜냐하면 재판매 전에 그 제품들

---

[99] 2017 OECD 이전가격 과세지침 2.30문단

[100] 2017 OECD 이전가격 과세지침 2.31문단

이 추가적인 공정을 거치거나 보다 복잡한 제품에 투입되어 그 제품의 특성이 없어지거나 변형된 경우에는(예를 들면 여러 부품들이 결합되어 완제품 또는 반제품이 되는 경우) 재판매가격방법을 사용하여 정상가격을 결정하는 것이 매우 어려워지기 때문이다. 또한 다른 특수관계 기업이 소유한 제품과 관련된 무형자산(상표권 또는 상호)의 형성 또는 유지에 재판매업자가 실질적으로 기여하는 경우 매출총이익률 산정에 더 신경을 써야 한다. 이런 경우 최종제품의 가치에 포함된 무형자산의 가치가 어느 정도인지 평가하기는 쉽지 않다.[101]

판매기준통상이익률은 재판매업자의 활동 수준에 의해 영향을 받을 수 있다. 활동 수준은 재판매업자가 판매대리인으로서 최소한의 서비스를 제공하는 경우로부터 광고 · 마케팅 · 유통 · 보증 · 재고를 활용한 자금조달(financing stock) · 기타 관련서비스 등에 따르는 위험에 대한 완전한 책임을 지는 경우에 이르기까지 아주 다양한 범위에 걸쳐 있을 수 있다. 만약 특수관계 거래에서 재판매업자가 중요한 영업활동을 하지 않고 단지 제품들을 제3자에게 판매하기만 한다면 판매기준통상이익률은 그 수행 기능에 비추어 볼 때 아주 낮게 된다. 재판매업자가 제품의 마케팅에 특별한 기술이 있거나 사실상 특별한 위험을 부담하는 경우 또는 제품과 관련된 무형자산의 개발 · 유지에 실질적으로 기여하는 경우에는 판매기준통상이익률은 더 높아진다. 그러나 재판매업자의 활동 수준이 최소한이든지 상당한 정도이든지 관련 증거에 의해 충분히 뒷받침될 필요가 있다.[102]

특수관계 거래와 독립기업 간 거래 사이에 회계처리기준이 다른 경

101 2017 OECD 이전가격 과세지침 2.35문단

102 2017 OECD 이전가격 과세지침 2.37문단

우 판매기준통상이익률 계산 시 비용 계산 등의 일관성을 유지하기 위해서 판매기준통상이익률을 계산할 때 쓰이는 자료에 대하여 적절한 조정이 이루어져야 한다. 예를 들어 연구개발비용이 한 거래에서는 영업비용에, 다른 거래에서는 매출원가에 반영된다면 각각의 판매기준통상이익률은 적절한 조정이 없다면 비교될 수 없다.[103]

원가가산방법(Cost Plus Method : CPM)

원가가산방법이란, 특수관계 거래에서 자산(또는 용역)의 공급자에 의해 발생된 원가를 사용하는 정상가격산출방법이다. 이 원가에 적정한 이윤을 추가하여, 수행된 기능(사용된 자산과 부담된 위험을 고려)과 시장 상황을 고려하여 적절한 이익을 얻는다. 이와 같이 위에서 언급한 원가에 이윤을 가산한 가격은 당초 특수관계 거래의 정상가격으로 간주될 수 있다.[104]

| 그림 Ⅰ-9 | 원가가산방법을 사용한 정상가격 산출방법

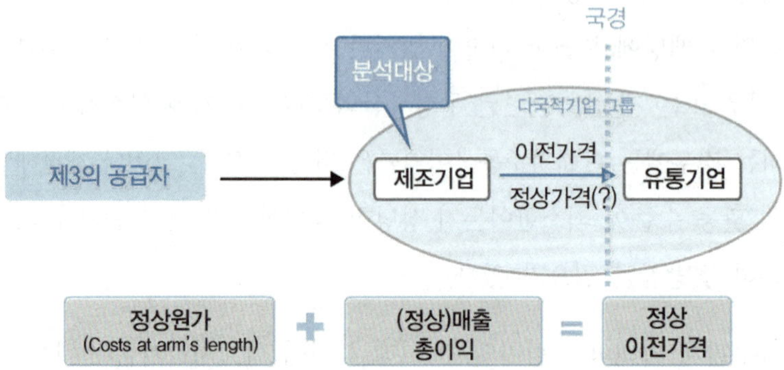

[103] 2017 OECD 이전가격 과세지침 2.41문단

[104] 2017 OECD 이전가격 과세지침, 용어(Glossary), 26면.

원가가산방법은 분석대상 기업(tested party)이 특수관계 기업을 위해 단순한 제조(또는 가공)기능 또는 용역제공 기능을 수행하는 기업에 대해 적용한다. 즉 특수관계자인 제조기업과 유통기업 사이에 책정되는 이전가격이 정상가격인지 여부를 검증하기 위해서, 특수관계가 없는 제3의 공급자로부터 재료나 노무를 제공받고 지급한 원가 즉 정상원가(Costs at arm's length)를 계산의 출발점으로 삼는 방법이다.

위 그림 아래쪽에 있는 산식, 즉 '정상원가 + (정상) 매출총이익 = (정상) 이전가격'은 재판매가격방법을 통해 정상가격을 산출하는 메커니즘을 요약한 것이다. 여기서 '정상원가'는 특수관계가 없는 자에게 지급한 각종 생산요소 가격이므로 일종의 정상가격이다. 그리고 '(정상) 매출총이익'이란, 비교대상기업(상업용 Database에서 추출한 복수의 기업들이 될 수도 있음)의 매출총이익률에 분석대상기업의 매출원가를 곱하여 산출한 이익을 의미하는데 특수관계자가 아닌 비교대상기업의 매출총이익률을 기초로 계산된 금액이라는 점에서 이것도 일종의 arm's length value라고 할 수 있다. 따라서 이 산식을 통해 구해진 이전가격은, 분석대상 법인이 자의적으로 설정한 가격이 아니고 시장 메커니즘이 반영된 금액이라는 점에서 '정상 이전가격(arm's length transfer price)'이라고 할 수 있다.

이와 더불어 국조법 시행령 제7조 제2항에서는 자산 판매자나 용역제공자가 특수관계가 없는 자와의 거래에서 적정한 통상이익률을 산출할 수 없는 경우에는 특수관계가 없는 자 간의 제3의 거래 중 해당 거래와 수행된 기능, 사용된 자산 및 부담한 위험의 정도가 유사한 거래에서 발생한 통상이익률을 원가기준 통상이익률로 사용할 수 있다고 규정하고 있다. 이는, 재판매가격방법과 마찬가지로 '내부비교대상 거래를 찾을 수 없는 경우에는 외부비교대상 거래를 활용할 수 있다'는 의미이다.

국조법 시행규칙 제6조 제2항 제3호에 의하면 원가가산방법을 적용할 경우 특수관계인 간에 반제품 등의 중간재가 거래되거나 용역이 제공되는지 여부를 고려하여 분석하여야 한다. 이 경우 분석 대상 당사자와 비교 가능 대상 사이의 기능상의 동질성이 있는지를 우선적으로 고려해야 하며, 분석 대상 당사자와 비교 가능 대상 사이에서 비교되는 총이익은 원가와의 관련성이 높고 동일한 회계기준에 따라 측정될 수 있어야 한다.

CUP 방법에 비해 원가가산방법에서는 제품차이에 대한 조정이 상대적으로 덜 필요하고, 비교 가능성의 다른 요소들에 좀 더 중점을 두는 것이 적절하다. 그런 요소들 중 일부는 가격보다는 원가가산이익률에 보다 큰 영향을 미친다.[105] 예를 들어 A회사는 특수관계에 있는 유통업자에게 토스터를 제조 · 판매하고 B회사는 특수관계가 없는 유통업자에게 다리미를 제조 · 판매하며, 토스터와 다리미 제조에 대한 이익률은 소형 가전제품 시장에서 대체적으로 보아 동일하다고 가정하자(원가가산방법을 적용하면서 유사한 제3자의 토스터 제조자가 없다는 가정함). 만약 원가가산방법이 적용된다면 특수관계 거래와 독립거래 간에 비교되는 이익은 제조자의 유통업자에 대한 판매가격과 제품 제조원가와의 차이가 될 것이다. 그러나 A회사는 B회사에 비해 제조공정이 보다 효율적일 수 있으며, 그에 따라 A회사는 더 낮은 원가를 가지게 될 수 있다. 결과적으로 A회사가 토스터 대신 다리미를 만들어 B회사와 동일한 가격을 책정한다 하더라도(즉 특별한 다른 조건이 존재하지 않는다면) A회사의 이익

[105] 2017 OECD 이전가격 과세지침 2.47문단

률은 B회사보다 높아진다고 보는 것이 타당하다. 그런데 원가가산방법을 사용하면서 공정효율의 차이가 이익에 미치는 영향에 대한 조정을 할 수 없다면 이를 이용하여 산출된 정상가격을 전적으로 신뢰할 수는 없다.[106]

비교 가능성의 또 다른 중요한 측면은 회계처리의 일관성이다. 특수관계 거래와 독립기업 간 거래에서의 회계처리가 다른 경우에는 일관성을 유지하기 위해 각 사례에서 같은 성격의 비용이 사용되도록 자료에 대한 적정한 조정이 있어야 한다. 총이익률은 특수관계 기업 간 거래와 독립기업 간 거래 사이에 일관되게 측정되어야 한다. 이외에 원가기준통상이익률에 영향을 미치는 원가의 회계처리방법이 차이가 있어 신뢰할 만한 비교 가능성을 확보하기 위해서 차이를 고려해주어야 하는 경우도 있다. 어떤 경우에는 일관성과 비교 가능성을 확보하기 위해 일정한 영업비용을 고려하여야 할 필요도 있다. 이러한 경우 원가가산방법은 총이익률(gross margin)보다는 순이익률(net margin)에 근접하게 된다.

정확한 회계기준과 용어를 규정하기 어렵겠지만 일반적으로 한 기업의 원가와 비용은 크게 세 가지 범주로 나눌 수 있다. 첫째, 원재료와 같이 제품이나 용역을 생산하는 데 드는 직접원가가 있다. 둘째, 생산과정과 밀접한 관계가 있지만 여러 제품과 서비스에 공통으로 소요되는 간접원가가 있다(예 : 여러 다른 제품을 생산하는 데 사용되는 장비를 수선하는 부서의 원가). 마지막으로 감독비용, 일반관리비용과 같은 기업 전체적인 영업비용 등이 있다.[107] 일반적으로 원가가산방법은 직접원가 및 간접

---

[106] 2017 OECD 이전가격 과세지침 2.48문단

[107] 2017 OECD 이전가격 과세지침 2.53문단

원가를 공제한 후의 이익을 사용하는 데 비해 순이익법은 여기에 영업비용까지 공제한 후의 이익을 사용한다. 각 나라별 실제 관행의 차이로 인해 위에서 설명한 세 가지 범주 간의 정확한 구별은 어렵다. 그래서 원가가산방법에서는 특별한 경우 영업비용을 원가에 포함하여 분석하기도 한다. 그러나 위 세 가지 범주를 수학적으로 정확히 구별하는 데 문제가 있다고 해서 총이익과 순이익을 구별하는 기본원칙을 바꿀 수는 없다.[108]

[108] 2017 OECD 이전가격 과세지침 2.54문단

9

정상가격 산출방법 중 이익접근방법이란 무엇이고 이 방법들은 어떻게 적용될까?

이익접근방법 출현 배경

1980년대까지 일방적으로 세계 경제를 선도하던 미국이 1980년대 후반부터 일본 독일 등에 비해 상대적으로 쇠퇴하는 경향을 보였다. 즉 일본과 유럽의 다국적 기업들은 경쟁력이 높은 제품들을 생산하여 미국에서 판매시장을 넓혀갔고 이에 따라 시장에서 도태한 미국 기업들은 폐업이 속출하여 실업이 증가하게 되었으며, 무역수지적자도 급증하게 되었다. 이는 당시 사회보장제도의 확대로 인해 천문학적으로 늘어나는 재정적자와 함께 쌍둥이 적자를 초래하여 미국의 커다란 정치 · 경제적 이슈가 되었다.

이런 상황에서, 외국계 기업들은 그동안 미국에서 사업실적이 급신장했음에도 불구하고 미국 기업보다 상대적으로 적은 조세부담을 하고 있다는 견해가 일반인들에게 확산되었다. 실제로 1980년대 후반기 외국계 기업의 영업이익률과 조세부담 실적을 조사해본 결과 미국 내국법인의 영업이익률 및 조세부담 실적보다 상당히 저조한 것으로 나타났다. 이러한 실적조사 결과는, 외국기업들이 미국의 무역적자와 재정적자의 주범이라는 인식과 함께 미국시민들의 외국계 기업에 대한 적대감 확산에 불을 붙이는 결과를 초래하였다.[109]

이와 같은 외국기업에 대한 적대적 여론과 사회적 분위기로 인해 당시 미국 과세당국(IRS[110])은 외국기업에 대해 이전가격 조사를 강도 있게 시행하였으나 앞 절에서 소개한 전통적인 정상가격 산출방법만으로는 이렇다 할 조사 성과를 거두지 못했다. 급기야 미국 내국기업의 평균적인 이익률 수준을 기초로, 이러한 이익률 수준을 신고하지 못한(그 결과 납부세액도 미국기업보다 훨씬 저조한) 외국 기업들의 영업이익률 실적을 미국기업 수준으로 조정하여 과세를 하는 소위 제4의 정상가격 산출방법이 종종 사용되곤 하였다. 그러나 이러한 과세는 당시 미국 세법의 규정으로는 그 법률적 근거가 미비하였으므로 법원에 소송이 제기되는 경우 IRS가 패하는 경우가 속출하였다.

이에 따라 미국 의회는 당시 미국의 일부 주정부가 채택하고 있는 (i) 공식에 의한 소득 배분방법(formulary method)[111]를 채택하는 방안, (ii) 외국계 기업에 대해서는 판매수입에 대해서 일정한 세율로 매상세를 부과하는 대신 기존 법인과세를 폐지하는 방안, 또는 (iii) 외국인이 25% 이상 소유하고 있는 미국법인의 경우 일정한 사업 초기단계를 지

---

109 그러나 외국계 기업들은, 그들의 영업이익률이 저조한 이유가 인위적인 과세소득 조작이 아니고 미국시장에 진출한 결과 불가피하게 발생하는 비용이 미국기업들보다 크기 때문이라고 주장했다. 즉 미국에 진출하는 초기 단계에는 사업비용(즉 srart up costs)이 많이 소요되고, 현지에서의 사업 환경과 경영방식에 익숙하지 못함으로써 생겨나는 각종 경영상의 비용, 그리고 새로운 시장개척과 소비자 인식도를 제고하기 위해 지출되는 영업비용 등이 많아져서 영업이익률이 저조한 것이라고 주장하였다(장덕렬, “미국세무의 이론과 실무”, 조세통람, 1993, 730면과 809-810면 참조).

110 Internal Revenue Service의 약자

111 예를 들어 캘리포니아 주정부는 Unitary Method라는 방식을 채택하고 있는데 외국의 특수관계 기업들 간에 발생한 소득을 객관적인 배분요소(factors)를 기준하는 방식으로 배분한다.

나면 미국의 동종 산업 평균영업이익률의 75%에 해당하는 이익률에 당해 기업의 총매출액을 곱한 금액 이상을 소득으로 신고하도록 하는 최저신고 소득안 등을 심도 있게 검토하였다. 그러나 이러한 접근방법들은 외국의 과세당국과 체결한 조세조약의 기본 원칙 중의 하나인 정상거래원칙(arm's length principle)의 위배를 초래하게 되어 국제적 마찰이 불가피할 것으로 예상되었다. 또한 상대 과세당국이 미국기업에 대해 유사한 보복조치를 취할 우려가 있었고 그 결과 해당 납세자들은 경제적 이중과세를 감내해야 한다는 점들이 문제점으로 지적되었다.

여러 우여곡절 끝에 1990년대 초에 미국 의회는 세법규정을 개정하여 소위 이익분할방법(profit split method)과 비교가능이익방법(comparable profits method)[112]을 정상가격 산출방법의 종류에 포함시켰다. 이로써 미국은 정상가격 산출방법으로서 전통적인 거래접근 방법에서 벗어나 미국의 비교가능 기업의 영업이익을 외국계 기업의 영업이익과 곧바로 비교하여 차이가 현저한 경우 이전가격 조정을 하는 것이 법률적으로 정당화되었던 것이다.

한편 당시까지 전통적 거래접근방법만을 정상가격산출방법으로 인정하고 있던 미국 이외의 OECD국가들은 미국의 이와 같은 일방적인 행동을 좌시할 수는 없었다. 즉 미국의 이와 같은 세법 개정안의 내용을 OECD 재정위원회에 보고하도록 하였고 미국은 이러한 요청을 수용하는 한편 OECD재정위원회에서 자국의 세법개정안의 정당성을 설파하는 기회로 활용하려고 하였다. 그동안 미국의 일방적 조사와 과세권 행사에 불만을 가지고 있던 유럽과 일본의 과세당국들은, OECD 재정위원회에서 미국의 과세당국과 1년이 넘도록 치열한 논리적 공방

112 분석대상인 납세자의 사업결과(operating resutls)를 특수관계가 없는 납세자들의 사업결과와 비교하는 방법이다(Internal Revenue Code § 1.482-5).

을 벌였다. 특히 비교가능이익방법과 같이 이익에 기초한 방법 등은 정상가격원칙의 범주를 벗어난다는 주장도 유럽의 과세당국들에 의해 심각하게 제기되었다. 이와 같은 이익접근방법에 대한 반대론자들은 동 방법들을 사용하는 국가들이 국제거래에서 과세소득을 자신의 관할권에 과도하게 편입시키기 위해 이들을 무리하게 사용하고 있다고 비난하고 나섰다. 그러나 미국도 자국의 이전가격세제를 개정하는 과정에서 축적한 경험과 논리를 기초로 유럽국가들의 공격에 대하여 맞대응을 팽팽하게 해 나갔다. 결국 1995년 미국, 유럽 및 일본의 과세당국들은 서로의 주장을 일부 양보하여 국제적인 이전가격 과세기준에 있어 대타협을 이루어 냈는데 그 내용을 요약하면 다음과 같다.

즉 정상거래원칙(arm's length principle)이 이전가격세제를 다루는 가장 효과적인 원칙임을 분명히 하는 대신 동 원칙을 폭넓게 해석하여 비전통적인 접근방법들도 엄격한 제약하에서(with strict limitations) 최후에 사용하는 조건으로(in last resort cases) 인정을 하게 되었다.

다시 말해 비전통적인 방법들은 정상거래원칙의 일체성(integrity)을 보존하는 방식으로 적용되는 경우에 한하여 그 정당성을 인정받게 되었다. 이렇게 수정된 OECD 과세지침에서는 이익접근방법들이 거래적 접근방법의 틀 안에서 운용되도록 하였고, 한편으로 보다 철저한 비교가능성 분석(comparability analysis)을 동반해야 한다는 점이 강조되었다. 이러한 맥락에서 이익접근방법이란 용어도 '거래'를 중시한다는 점을 부각하여 '거래이익방법(transactional profit methods)'으로 표현하게 되었다. 이와 같은 내용은 1995년 OECD가 발간한 이전가격지침(Transfer Pricing Guidelines)에 반영되게 되었다.

결론적으로 미국을 포함한 OECD 국가들은 정상거래원칙이 이전가격세제를 다루는 가장 효과적인 원칙임을 분명히 하는 대신, 동 원칙을 폭넓게 해석하여 비전통적인 이익 접근방법들도 엄격한 제약 하에서(with strict limitations) 최후에 사용하는 조건으로(in last resort cases) 정상가격 산출방법의 한 종류로서 취급을 하게 되었다고 할 수 있다.

거래이익방법의 종류

1) 거래순이익률방법

거래순이익률방법은 하나 또는 그 이상의 특수관계인 간의 거래를 통해서 실현된 거래순이익(the net profit margin)을 파악하여 이를 유사한 상황에서 독립된 기업들 간에 실현된 거래순이익과 비교하는 방법이다.[113] 동 방법은 유사한 거래를 하는 비교 가능 기업들 사이에는 그러한 거래를 통하여 유사한 순이익이 실현될 수 있다는 전제에 기초하고 있다. 이러한 전제는 경제학의 한계생산력균등의 법칙에 그 이론적 근거를 두고 있다. 즉 자본가가 투자의사 결정을 하는 때에는 가능한 투자대안 중 투자수익률을 극대화시키는 대안(사업)에 우선 투자하게 될 것인데, 여러 투자대안들 간의 투자수익률이 균등하게 될 때까지 이러한 투자대안들에 골고루 투자를 할 것이다. 그래서 결국 유사한 상황에서 비교 가능기업들 간에 유사한 투자수익률을 기대할 수 있다.

그러나 이러한 주장은 이론적으로는 비록 타당할지라도 현실은 이론과 항상 일치하지는 않는다. 예를 들어 시장에서 아직 경쟁이 심하지 않은 신제품을 취급하고 있는 기업의 경우 투자수익률은 동 업종의 평균수익률을 초과할 수도 있고, 반대로 수요가 전반적으로 쇠락하는 제품을 취급하는 기업의 경우 또는 잘못된 의사결정으로 경영 효율이 저

113 OECD, Glossary, 2017 TP Guidelines, p31.

조한 기업의 투자수익률은 동 업종의 평균수익률을 하회할 수도 있다. 결국 어느 기업이 비록 정상가격에 의거 제품의 가격을 책정한다고 하더라도 그 기업이 처한 상황에 따라 이론적인 투자수익률 이상 또는 이하의 수익률을 달성할 수 있다. 이러한 특징은 정상가격산출방법으로서의 거래순이익률방법의 신뢰성을 저하시키는 점이기도 하다. 그러므로 동 방법을 사용하는 경우에는 기업의 실제 상황이 동 방법의 전제조건이 되는 경제원리(즉 한계생산력균등의 법칙)에 항상 부합하지는 않는다는 점을 감안할 필요가 있다.

국조법 규정에 따르면 거래순이익률방법이란, "거주자와 국외특수관계인 간의 국제거래와 유사한 거래 중 거주자와 특수관계가 없는 자 간의 거래에서 실현된 통상의 거래순이익률을 기초로 산출한 거래가격을 정상가격으로 보는 방법"을 말한다(국조법 §8 ① 4호). 이 경우 통상의 거래순이익률은 다음의 어느 하나에 해당하는 지표[114]를 기초로 산출한다(국조령 §8 ①).

① 매출액에 대한 거래순이익[115](매출 총이익에서 영업비용을 뺀 금액을 말하며, 영업비용은 판매비와 일반관리비를 말함)의 비율
② 자산에 대한 거래순이익의 비율
③ 매출원가 및 영업비용에 대한 거래순이익의 비율
④ 영업비용에 대한 매출총이익의 비율
⑤ 기타 합리적이라고 인정될 수 있는 거래순이익률

국조법 시행규칙 제6조 제2항 제4호에 따르면 거래순이익률방법을

114 이러한 지표를 "거래순이익률지표"라고 부른다.

115 명칭은 '거래순이익'이지만 실제 적용되는 재무제표상의 계정과목은 '영업이익'을 가리키고 있음에 유념할 필요가 있음

적용할 경우에는 거래순이익률 지표와 영업활동과의 상관관계가 높은지 여부를 고려하여 하도록 되어 있다. 또한 국조법 시행규칙 제2조 제3항에 따르면 앞서 언급한 거래순이익률의 각 지표는 다른 특별한 사정이 없으면 다음의 사항을 고려하여 선택하여야 한다.

1. 매출에 대한 거래순이익의 비율은 특수관계인으로부터 구매한 제품을 독립된 제3자에게 재판매하는 경우에 사용한다. 이 경우 판매장려금, 매출할인, 외환손익에 대해서는 분석 대상 당사자와 비교 가능 대상에 대하여 동일한 회계기준을 적용하여야 한다.
2. 자산에 대한 거래순이익의 비율은 유형자산 집약적인 제조활동, 자본 집약적인 재무활동 등과 같이 분석 대상 당사자가 창출한 거래순이익과 자산의 관련성이 큰 경우에 사용한다. 이 경우 자산의 범위에는 토지 · 건물 · 설비 · 장비 등 유형의 영업자산과, 특허권 · 노하우 등과 같이 영업활동에 사용되는 무형의 영업자산 및 재고자산 · 매출채권(매입채무는 제외한다) 등과 같은 운전자본이 포함된다. 다만, 투자자산 및 현금은 금융산업인 경우에만 영업자산으로 한다.
3. 매출원가 및 영업비용(판매비 및 일반관리비를 말한다. 이하 같다)에 대한 거래순이익의 비율은 거래순이익과 매출원가 및 영업비용의 관련성이 높은 경우에 사용한다. 이 경우 매출원가 및 영업비용은 분석 대상 당사자가 사용한 자산, 부담한 위험, 수행한 기능 및 영업활동과의 관련성을 고려하여 측정한다.
4. 영업비용에 대한 매출총이익의 비율은 단순 판매활동을 하는 경우(특수관계인으로부터 재화를 구입하여 다른 특수관계인에게 판매하는 단순 중개활동을 하는 경우 등을 말한다)에 사용한다.

① 거래순이익률방법 적용 시 정상가격의 산출 사례

사례 1 **'매출에 대한 거래순이익의 비율' 사용 시 정상가격**[116]

• 아래 거래에서 비교대상거래의 거래순이익의 매출에 대한 비율을 10%로 가정할 때 정상가격은?

※ (1,000－X－100)/1,000＝0.1

정상가격 X는 800원

| 그림 Ⅰ－10 | 거래순이익률방법을 사용한 정상가격 산출방법(Ⅰ)

사례 2 **'매출원가 및 영업비용에 대한 거래순이익의 비율' 사용 시 정상가격**

| 그림 Ⅰ－11 | 거래순이익률방법을 사용한 정상가격 산출방법(Ⅱ)

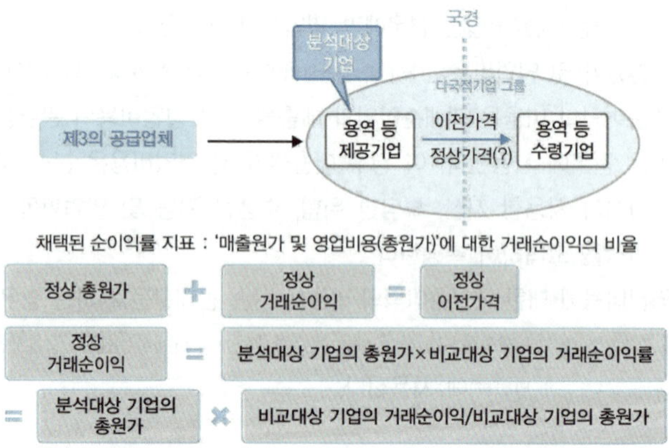

이 방법은, 분석대상이 다국적기업그룹 내의 다른 특수관계회사에게 단순가공을 한 완성제품을 공급하거나 특정 용역을 공급하는 경우에 주로 사용하는 방법이다. 즉 이런 경우에는 전통적 거래방법 중 '원가가산방법'을 사용할 수

116 국제조세 집행기준 5－4－2【거래순이익률방법】에서 제시된 사례임

있는 상황에서 원가가산방법을 사용하는 대신 이 방법이 사용된다. 원가가산방법과 거래순이익률방법과 차이점은, 원가가산방법의 경우 매출총이익률을 활용하고 따라서 적용되는 원가도 매출원가(즉 매출액에서 매출총이익을 차감한 금액)이지만, 거래순이익률방법의 경우에는 거래순이익률을 활용하고 따라서 적용되는 원가도 '매출원가 및 영업비용'[즉 매출액에서 거래순이익(영업이익)을 차감한 금액]이 된다.

만일 분석대상기업의 매출원가가 $100이고 영업비용이 $50라고 가정하면 분석대상기업의 총원가는 $150이 된다. 그런데 분석대상기업이 특정 제품의 제조과정에서 발생된 재료비는 제3자인 공급업체로부터 재료를 받은 대가로서 지급한 것이고, 노무비는 독립된 제3자인 근로자로부터 근로용역을 제공받은 대가로 지출한 것이며, 공장임차료도 독립된 제3자인 임대인에게 지급된 것이라고 가정하면 분석대상기업의 총원가는 모두 특수관계가 없는 제3자에게 지급한 대가의 합계액이라고 할 수 있으므로 정상 총원가라고 말할 수 있다. 그런데 비교가능성분석을 해본 결과 비교대상 기업들의 거래순이익률(즉 영업이익을 '매출원가 및 영업비용'으로 나눈 비율)이 10%라고 가정하면 위 사례에서 정상거래 순이익은 $15(= $150×10%)가 된다. 따라서 위 사례의 정상 이전가격은 $165(= $150+$15)가 된다.

② 거래순이익률방법 적용 시 소득조정 사례

거래순이익률방법은 가격접근방법이라기보다는 소득(또는 이윤)접근방법이므로 실무적으로는 위 방식과 같이 정상가격을 먼저 구하고 이 가격을 활용하여 정상이윤을 산출하고 소득조정을 하기보다는, 아래 방식과 같이 정상이윤율을 파악하고 이를 활용하여 곧바로 소득조정을 하는 것이 일반적이다.

사례 1 거주자(내국법인 포함)가 국외특수관계자로부터 매입 후 제3자에 판매하는 경우

거주자의 사업활동(또는 기능)이 재판매 거래 유형에 해당하는 경우에는, 거래순이익률 지표로서 '매출에 대한 거래순이익의 비율'을 사용하는 것이 일반적이다.[117] 분석대상기업(A)의 매입가격(즉 이전가격)이 $7,000, 영업비용은 $2,600 매출가격은 $10,000이라고 가정하면 분석대상기업의 영업이익률은 다음과 같이 구할 수 있다.

영업이익률 = 영업이익/매출액 = ($10,000−$7,000−$2,600)/ $10,000
= 4%

만일 비교대상기업들의 재무제표를 통해 구한 영업이익률의 상사분위값이 12%, 하사분위값이 8% 그리고 중위값이 10%라고 가정하면, A의 영업이익률은 정상가격 범위 밖에 존재하고 따라서 중위값인 10%까지 소득조정이 이루어져야 한다.

이 경우 소득조정은 영업이익률을 구할 때 분모로 활용하는 '매출액'을 활용하여 이루어진다.

즉 소득조정 금액 = $10,000×(10%−4%) = $600

이는 분석대상기업인 A의 영업이익이 당초 $400으로 설정되었지만 $600만큼의 소득이 증액 조정되어 조정 후에는 A의 영업이익이 $1,000까지 증액됨을 의미한다.[118] 이 경우 적용되는 법인세 한계세율이 22%라고 가정하면 결과적으로 A에 대한 추징 법인세액은 $132(= $600 × 22%)이 된다.

117 국조법 시행령 제8조 제1항 제1호

118 이는 당초 특수관계기업들 간에 설정했던 이전가격 즉 A의 매입가격을 당초 $7,000에서 $6,400으로 인하하는 것을 의미하며, 결과적으로 이 경우의 정상 이전가격은 $6,400이 된다고 할 수 있다.

사례 2 거주자(내국법인 포함)가 제3자로부터 매입 후 가공하여 국외특수관계자에게 판매하는 경우

거주자의 사업활동(또는 기능)이 원재료나 반제품을 제3자로부터 매입한 후 다국적기업그룹 내의 다른 특수관계회사에게 단순가공을 한 완성제품을 공급하거나 특정 용역을 공급하는 경우에는 거래순이익률지표로서 '매출원가 및 영업비용에 대한 거래순이익의 비율'을 채택하는 것이 일반적이다.

분석대상기업(B)의 제3자로부터 반제품을 $6,000에 매입하여 완성품을 만드는 과정에서 가공비가 $1,700가 소요되었으며 특수관계회사에 판매하는 과정에서 영업비용(즉 판매비와 일반관리비) $1,300가 소요되었다고 가정하자. 그리고 특수관계회사에 매출한 가격(즉 이전가격)은 $9,450으로 설정했다고 가정하면 총원가(즉 매출원가 및 영업비용의 합계)를 기준으로 한 B의 거래순이익률은 다음과 같이 구할 수 있다.

총원가를 기준으로 한 거래순이익률 = 영업이익/총원가
= ($9,450−$6,000−$1,700−$1,300)/($6,000+$1,700+$1,300)
= $450/$9,000 = 5%

만일 비교대상기업들의 재무제표를 통해 구한 '총원가를 기준으로 한 거래순이익률'들의 상사분위값이 12%, 하사분위값이 8% 그리고 중위값이 10%라고 가정하면, A의 영업이익률은 정상가격 범위 밖에 존재하고 따라서 중위값인 10%까지 소득조정이 이루어져야 한다.

이 경우 소득조정은 '총원가를 기준으로 한 거래순이익률'을 구할 때 분모로 활용하는 '총원가'를 활용하여 이루어진다.

즉 소득조정 금액 = $9,000×(10%−5%) = $450

이는 분석대상기업인 B의 영업이익이 당초 $450로 설정되었지만 $450만큼의 소득이 증액 조정되어 조정 후에는 B의 영업이익이 $900까지 증액됨을 의미한다.[119] 이 경우 적용되는 법인세 한계세율이 22%라고 가정하면 결과적으로 B에 대한 추징 법인세액은 $99 (= $450 × 22%)이 된다.

119 이는 당초 특수관계기업들 간에 설정했던 이전가격 즉 B의 판매가격을 당초 $9,450에서 $9,900으로 증가시키는 것을 의미하며, 결과적으로 이 경우의 정상 이전가격은 $9,900이 된다고 할 수 있다.

③ 거래순이익률방법의 장 · 단점

장점

일반적으로 거래순이익률방법에서 거래순이익률지표(자산순이익률, 매출대비 영업이익률, 기타 지표 등)는 비교가능 제3자 가격방법에서 사용되는 가격에 비해 거래차이로 인한 영향을 적게 받으며, 매출총이익률을 사용하는 재판매가격방법이나 원가가산방법보다 기능차이로 인한 영향을 적게 받는다. 기업 간 수행기능의 차이는 영업비용의 차이로 나타난다. 이로 인해 다양한 매출총이익률을 기록한 회사들이더라도 거래순이익률을 비교하면 유사한 수준이 될 수 있다. 게다가 국가에 따라 매출총이익 또는 영업이익에 있어 비용의 회계처리방법에 대한 공개적인 자료가 부족하여 매출총이익의 비교 가능성에 문제를 제기하기도 하는 반면, 거래순이익률지표의 사용은 그러한 문제를 발생시키지 않는 것이 일반적이다.[120]

사례 기능 차이로 인한 효과에 있어 매출총이익이 영업이익보다 영향을 더 많이 받는 경우[121]

구 분	Case 1 제한된 마케팅 기능을 수행하는 유통업자	Case 2 상대적으로 중요한 마케팅 기능을 수행하는 유통업자
제품 매출(제품, 가격, 판매량, 판매시장이 모두 동일하다고 가정)	1,000	1,000
제조업자로부터 구매한 금액에 기능 분석을 통하여 산출한 마케팅 기능에서의 중요한 차이 금액을 고려한 매입가격	600	480*
매출총이익	400(40%)	520(52%)
마케팅 비용	50	150**
기타 영업비용	300	300
영업이익	50(5%)	70(7%)

120 2017 OECD 이전가격과세지침 2.68문단

* 이 사례에서는 유통업자가 수행하는 마케팅 기능 간 차이로 인하여 거래금액에서 조정되어야 하는 금액이 120이라고 가정함.

** 상대적으로 중요한 마케팅 기능을 수행함에 따라 영업비용이 100만큼 추가로 발생한다고 가정함.

납세자가 Case 2와 같이 제조를 담당하는 특수관계인과 거래하고 비교대상기업은 Case 1과 같이 거래하는 경우 비교대상기업의 정보가 부족하여 각 기업이 수행하는 마케팅 기능의 정도가 밝혀지지 않았다면, 매출총이익을 기준으로 분석 시 오류금액은 120(12%×1,000)임에 비해 영업이익 기준 시에는 20(2%×1,000)이 된다. 이 사례를 통하여 기능 차이로 인한 효과에 대하여 매출총이익을 기준으로 하는 경우보다는 영업이익을 기준으로 하는 경우가 영향을 적게 받음을 알 수 있다.

거래순이익률방법은 현실적으로 거래당사자 한쪽만을 분석하므로 거래당사자들 중 하나("분석 대상 당사자")만을 검토하면 된다. 또한 후술할 이익분할방법처럼 많은 당사자들의 사업활동에 대한 기록과 장부를 동일한 회계기준이 적용되도록 하거나 관련 당사자들에게 원가배분을 하지 않아도 된다. 이러한 점은 거래당사자 중 하나가 복잡한 거래를 하고 서로 연관된 많은 활동을 하거나 한 당사자에 대해 신뢰할 만한 정보를 얻기 어려울 경우에도 거래순이익률방법을 사용할 수 있게 한다. 거래순이익률방법의 경우에도 당사자 간의 거래의 성격을 규명하고 가장 적합한 정상가격산출방법을 결정하기 위해 기능분석을 포함한 비교 가능성 분석은 항상 수행되어야 한다.[122] (2017 TP §2.69)

단점

거래순이익률방법에서 납세자의 거래순이익률지표는 독립된 당사자

---

121 OECD 이전가격과세지침 Annex Ⅰ to Chapter Ⅱ

122 2017 OECD 이전가격과세지침 2.69문단

간의 가격이나 매출총이익률에 영향을 미치지 않거나 그 영향이 크지 않은 다른 요인들에 의해 영향을 받을 수 있다. 이로 인해 독립기업의 거래순이익률지표를 신뢰성 있고 정확하게 결정하는 것이 무척 어려워질 수 있다.[123]

정상가격산출방법을 사용하기 위해서는 특수관계 거래 당시의 독립기업 간의 자료가 필요한데, 시기상 문제로 인해 일반적으로 그러한 자료를 구하지 못할 가능성도 있다. 이로 인해 납세자가 특수관계 거래 시점에 거래순이익률방법을 적용하기가 어려워질 수도 있다(다년도의 자료를 사용한다면 이러한 문제 중 일부를 완화시켜줄 수 있음). 게다가 납세자는 이 방법을 효과적으로 적용하기 위해 독립기업 간 자료에 근거한 거래순이익률에 관한 충분하고 구체적인 정보를 구하지 못할 수 있다.[124]

이전가격과 관련 없는 많은 요인들이 거래순이익률에 영향을 미친다는 사실로 인해 불충분한 비교가능성 분석이 될 경우 거래순이익률방법의 전반적인 신뢰성에 영향을 미칠 수 있다.[125]

거래순이익률방법은 대응조정방법이 어려울 수 있는데, 특히 이익률로부터 이전가격을 역산하는 것이 가능하지 않는 경우에 더욱 그러하다. 예를 들어 납세자가 특수관계 기업들과 구매 및 판매거래를 동시에 하는 경우 거래순이익률방법의 적용 결과 납세자의 이익이 상향 조정되어야 한다면 특수관계 기업들 중 어느 기업의 이익이 줄어들어야 하는지가 불확실할 수 있다.[126]

---

[123] 2017 OECD 이전가격과세지침 2.70문단

[124] 2017 OECD 이전가격과세지침 2.71문단

[125] 2017 OECD 이전가격과세지침 2.72문단

[126] 2017 OECD 이전가격과세지침 2.73문단

④ Berry Ratio(매출총이익의 영업비용에 대한 비율)

Berry Ratio는 거주자가 재고에 대한 부담없이 단순 판매활동 또는 용역을 수행하는 경우로서 아래 요건을 모두 갖춘 경우에 적용할 수 있다.[127]

- 영업비용과 매출총이익 사이에 비례관계가 존재할 것
- 판매되는 제품가치는 매출총이익에 중대한 영향을 미치지 아니할 것
- 다른 정상가격 산출방법이 사용되어야 하는 제조 등 다른 중요한 기능을 수행하지 아니할 것

Berry Ratio는 납세자가 상품을 특수관계인으로부터 구매하여 이를 다시 다른 특수관계인에게 매출하는 중개활동과 관련하여 유용할 수 있다. 이러한 경우 독립된 거래당사자에 대한 매출거래가 없어서 재판매가격방법을 적용하는 것이 어려울 수 있으며, 원가가산방법의 경우도 특수관계인으로부터의 구매인 경우 매출원가에 대한 가산율을 적용하기가 어렵다. 중개인의 경우 영업비용이 본점경비 배분액, 임차료 및 사용료 지급액과 같은 특수관계인 관련비용의 영향을 크게 받지 않는다면 그 거래순이익률지표가 특수관계 거래와 충분히 독립적이라 할 수 있으므로 Berry Ratio가 적절한 거래순이익률지표로 사용될 수 있다.[128](2017 TP §2.108)

2) 이익분할방법(Profit Split Method)

이익분할방법이란, 거주자와 국외특수관계인 간의 국제거래에 있어 거래 당사자 양쪽이 함께 실현한 거래순이익을 합리적인 배부기준에

---

127 국제조세 집행기준 5-4-3

128 2017 OECD 이전가격과세지침 2.108문단

따라 측정된 거래당사자들 간의 상대적 공헌도에 따라 배부하고, 이와 같이 배부된 이익을 기초로 산출한 거래가격을 정상가격으로 보는 방법(거래형태별로 거래당사자들의 적절한 기본수입을 우선 배부하는 경우를 포함)을 말한다(국조법 시행령 제9조). 이익분할방법을 적용하는 경우에는 다음의 사항들을 고려해야 한다.

1. 거래 당사자 양쪽이 함께 실현한 거래순이익은 제3자와의 거래에서 실현한 거래순이익으로 할 것
2. 상대적 공헌도는 다음 기준과 각 기준이 거래순이익의 실현에 미치는 중요도를 고려하여 유사한 상황에서 특수관계가 없는 독립된 사업자 간의 거래에 적용될 것으로 판단되는 합리적인 배부기준에 따라 측정할 것
   - 사용된 자산 및 부담한 위험을 고려하여 평가된 거래 당사자가 수행한 기능의 상대적 가치
   - 영업자산, 유형 · 무형의 자산 또는 사용된 자본
   - 연구 · 개발, 설계, 마케팅 등 핵심 분야에 지출 · 투자된 비용
   - 그 밖에 판매증가량, 핵심 분야의 고용인원 또는 노동 투입시간, 매장 규모 등 거래순이익의 실현과 관련하여 합리적으로 측정할 수 있는 배부기준

이익분할방법에서 사용하는 거래순이익은 어느 특정거래로부터 발생한 매출액에서 매출원가 및 영업비용을 차감한 금액(계산방식은 영업이익과 동일하지만 어느 특정거래를 중심으로 하는 이익이라는 측면에서 영업이익과는 다른 거래순이익이라는 용어를 사용하게 된 것임)이다.

2022년에 개정된 OECD 이전가격 지침에 따르면, 다음의 지표들(indicators) 중 어느 하나 이상이 존재할 때 이익분할방법을 적용하는

것이 적합하다고 기술하고 있다.

우선, 첫 번째 지표는 각 당사자가 '독특하고 가치 있는(unique and valuable) 공헌(contribution)을 한다는 것'이다. 그리고 특수관계가 있는 각 당사자의 공헌이 "독특하고 가치있다" 는 평가를 내리려면, (i) 해당 공헌들이 유사한 상황에 놓여 있는 비특수관계인들이 행하는 공헌과는 비교 가능한 것이 아니어야 하고, (ii) 그 공헌이 사업 운영상 실제 또는 잠재적 경제이익의 핵심 원천에 해당한다고 볼 수 있어야 한다. 이러한 공헌을 하는 비교대상 기업은 거의 찾기가 어려운데, 그 이유는 그와 같은 공헌들이 해당 기업들이 갖는 경제적 우위(advantage)의 주요 원천이기 때문이다.

이러한 상황에서는 각자의 독특하고 가치 있는 공헌과 관련된 위험이 거래의 상대방에 의해 통제될 수 없을 것이다. 예를 들면, 어느 한 상품의 핵심 부품을 개발하고 생산하는 업체와 다른 핵심 부품을 개발하고 생산하는 업체가 있는데, 이 두 부품이 함께 사용되어 완제품이 생산 · 판매된다면, 각 업체들은 경제적 혜택의 원천이 되는 독특하고 가치 있는 공헌을 하고 있다고 할 수 있다. 이런 상황에서는 상품 전체와 관련된 개발 위험을 어느 누구도 통제하고 있다고 할 수 없다. 대신에 양 당사자들은 함께 개발 위험을 통제하고 그들의 공헌에 의해 초래될 관련 이익(relevant profits)을 함께 공유하고 있다고 해야 할 것이다.[129]

두 번째 지표는 사업운영이 고도로 통합되어 있기 때문에 각 당사자들의 공헌내용을 각각 분리해서는 신뢰성 있는 평가를 할 수 없는 경우이어야 한다는 것이다. 여기서 고도로 통합되어(a high degree of integration)

[129] 2022 OECD 이전가격과세지침 2.130문단

있다는 것은 어느 한 거래 당사자의 기능수행, 자산의 사용 및 위험 부담의 각 방식이 다른 거래당사자의 기능수행, 자산의 사용 및 위험 부담의 각 방식과 상호 연결되어 있다는 것을 말한다.[130]

세 번째 지표는 거래당사자들이 경제적으로 중요한 위험을 함께 부담하고 있거나 긴밀하게 관련된 위험을 각자 부담하여야 한다는 것이다.[131](2022 TP §2.139) 거래 이익분할 방법을 사용해야 함을 가리키는 지표로서 관련이 있는지 여부는, 문제되는 위험이 경제적으로 중요하다는 이유로 각 당사자가 관련 이익을 공유하는 것이 얼마나 정당한지에 달려 있다.[132]

① 정상가격산출방법 적용사례[133]

아래 거래에서 내국법인 '갑'은 원재료를 100원에 구입하여 제조비용 50원을 지출하였고 국외특수관계자 'A'는 영업비용 10원을 지출하여 각각 거래순이익 100원이 발생한 것으로 장부에 계상하였다. 이에 따라 이전가격은 250원[= 원재료 100원+제조비용 50원+ '갑'이 계상한 거래순이익 100원]으로 설정된다. 또한 A가 독립된 제3자에 판매한 가격은 360(=250+10+100)이다.

- 배부기준에 의해 측정한 상대적 공헌도는 갑 : A=4 : 1로 가정한다.
- '갑' 과 'A'의 정상 거래순이익 상대적 공헌도에 따라 다음과 같이 계산된다.

---

130 2022 OECD 이전가격과세지침 2.133문단

131 2022 OECD 이전가격과세지침 2.139문단

132 2022 OECD 이전가격과세지침 2.141문단

133 국제조세 집행기준 5-4-1의 사례를 활용하되 일부 수정하였음

– ‘갑’의 정상 거래순이익 ⇒ 200원 × 4/5 = 160원

– ‘A’의 정상 거래순이익 ⇒ 200원 × 1/5 = 40원

– 정상가격 ⇒ 원재료 100원 + 제조비용 50원

+ 정상거래순이익 160원 = 310원

따라서 ‘갑’이 임의로 계상한 거래순이익 100원은 정상거래순이익 160으로 대치되고 그에 따라 소득조정이 이루어져야 한다.

그림 Ⅰ-12 이익분할방법을 이용한 정상가격산출방법 사례

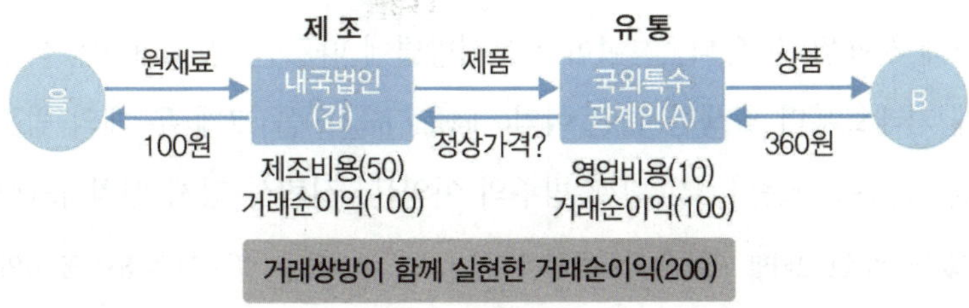

② 이익분할방법 적용 시 유념해야 할 사항

이익분할방법은, 독립기업들이 특수관계 거래와 비교 가능한 상황에서 달성했을 결과와 유사한 결과를 만들어 내기 위해서 경제적으로 타당한 기준에 따라 특수관계 거래로부터 관련 이익을 분할하는 방법이다. 이러한 작업은 각 당사자들의 상대적 공헌도를 고려하여 이루어진다.

공헌도 분석에서 관련 이익(the relevant profits)은 분석 대상이 되는 특수관계 거래로부터 발생하는 모든 이익을 말하는데, 그 이익은 독립거래당사자가 그 거래를 통해 실현할 것으로 기대하는 합리적인 이익

의 크기에 따라 특수관계자들에게 배분되어야 한다. 이러한 분할은 이용 가능한 비교대상거래의 자료를 활용하여 이루어질 수 있다. 만일 그러한 자료가 없다면, 특수관계 거래에 참여한 각 특수관계 기업의 공헌도의 상대적 가치를 기초로 이익을 분할할 수 있다. 이 경우 공헌도는, 독립기업들 간에 달성했을 이익분할의 값을 추정한 것으로서 다국적 기업들이 내부 정보를 사용하여 결정된다.[134]

거래 참여자 중 일부에 대해서는 '거래 일방만을 분석 대상으로 하는 방법(one-sided method)'을 통해 신뢰성 있게 가치가 부여될 수 있으나 나머지 참여자에 대해서는 그렇게 할 수 없는 경우에 잔여이익 분석이 적절하게 사용될 수 있다. 잔여이익 분석방법에 따르면, 검토대상인 특수관계 거래로부터 발생한 관련 이익(relevant profits)을 크게 두 개의 범주(categories)로 나눈다. 첫 번째 범주의 이익은, 신뢰성 있게 벤치마크할 수 있는 공헌(신뢰할 만한 비교대상 업체들에서 흔히 발견될 수 있는 덜 복잡한 공헌)에 귀속된다. 통상적으로 이 최초 단계의 대가(initial remuneration)는, 독립적인 거래당사자 간의 비교 가능 거래의 대가를 파악하기 위해 사용되는 전통적인 거래접근 방법 또는 거래순이익률방법을 적용하여 결정한다. 이 최초단계의 대가에는, 거래 참여 당사자들의 독특하고 가치 있는 공헌 및 고도의 통합과 경제적으로 중요한 위험의 공동부담에 귀속되는 공헌에 대한 보상인 두 번째 범주의 대가는 포함되지 않는다.

통상적으로, 거래 참여자들 간의 잔여이익의 배분은 당사자들의 공헌도의 상대적 가치를 기준으로 두 번째 범주의 이익을 분할하는 것인데, 이 단계의 이익 분할 방식은 위에서 언급한 공헌도 분석(contribution analysis)에서 사용했던 방식과 같다.[135]

---

[134] 2022 OECD 이전가격과세지침 2.150문단

이익은 거래에 대한 당사자의 상대적 기여도를 반영하여 경제적으로 타당한 기준에 따라 분할되어야 하며, 따라서 이렇게 분할된 이익은 독립된 제3자들 사이에서 얻을 수 있는 이익의 배분과 비슷하다. 이익을 분할하는 데 사용되는 기준 또는 분할 요소는 다음과 같아야 한다.[136]

- 이전가격 정책 구성과 독립적이어야 한다. 즉 특수관계 거래의 대가와 관련된 자료(예 : 관련 기업에 대한 판매액)와 관련되지 않은 객관적인 자료(예 : 독립된 거래 당사자에 대한 판매)를 기반으로 해야 한다.
- 검증 가능해야 한다.
- 비교 가능 자료, 내부 자료 또는 둘 다에 의해 지원되어야 한다.

비교 가능한 상황에서 독립 당사자가 비교 가능한 거래에서 어떻게 이익을 분할했는지에 대한 직접적인 증거가 더 이상 없는 경우, 이익의 배분은 기능, 사용된 자산 및 위험에 의해 측정된 당사자의 상대적 공헌도를 기반으로 측정할 수 있다.[137]

특수관계 거래에 대한 당사자들의 각각의 공헌도를 평가하기 위해서는 내부자료가 필수적이다. 그러한 가치의 결정은, 특수관계 거래의 당사자들이 기여하는 모든 경제적으로 중요한 기능, 자산 및 위험을 고려한 기능분석에 따라 이루어져야 한다. 특수관계 거래에 부여된 가치에 대한 기능, 자산 및 위험의 상대적 중요성에 대한 평가에 기초하여 이익을 분배하는 경우, 평가의 독단성(arbitrariness)을 막기 위해 신뢰할 수 있는 객관적 자료를 사용해야 한다. 독특하고 가치 있는 무형

[135] 2022 OECD 이전가격과세지침 2.152문단

[136] 2022 OECD 이전가격과세지침 2.166문단

[137] 2022 OECD 이전가격과세지침 2.168문단

자산의 관련 공헌을 식별하고, 경제적으로 중요한 위험의 부담과 이러한 공헌을 한 요소들의 중요성, 목적적합성(relevance) 및 측정에 특히 주의를 기울여야 한다.[138]

[138] 2022 OECD 이전가격과세지침 2.178문단

10

여러 정상가격 산출방법들 중 최종적으로 어떤 방법을 선택해야 할까?

앞 절에서 설명한 정상가격 산출방법들의 주요특징들을 요약 · 비교하면 아래와 같은 〈표〉로 정리할 수 있다.

| 표 Ⅰ-9 | 정상가격 산출방법 비교표[139]

산출방법	비교 가능성 요구 수준	적용대상 사업유형	비교 가능성 지표	비교 가능성 결정요소 예시
비교가능 제3자 가격방법	매우 높음	모든 업종	거래가격 (이자율, 수수료율 포함)	재화 또는 용역의 특징, 시장수준(도매, 소매 등), 판매지역, 거래일시, 상표, 특허, 계약 및 지불조건, 운송 · 보험료 포함 여부, 수량할인 여부, 시장전략 등
재판매 가격방법	높음	유통, 단순가공	매출총이익/매출	재화 또는 용역의 특징, 수행기능 및 부담위험, 독점판매권 또는 무형자산 유무, 시장전략, 판매지역
원가가산 방법	높음	제조, 용역제공	매출총이익/원가	재화 또는 용역의 특징, 수행기능 및 부담위험, 제조효율, 무형 자산 유무, 시장전략, 판매지역
이익분할 방법	보통 또는 낮음	모든 업종	공헌도	수행기능 및 부담위험, 부담비용 및 자본투자, 무형자산소유 여부

139 국제조세 집행기준 5-6의 2-1

<table>
<tr><th>산출방법</th><th>비교 가능성 요구 수준</th><th>적용대상 사업유형</th><th>비교 가능성 지표</th><th>비교 가능성 결정요소 예시</th></tr>
<tr><td rowspan="2">거래순 이익률 방법</td><td rowspan="2">보통 또는 낮음</td><td>모든 업종</td><td>영업이익/매출 또는 자산 또는 (매출원가 +판관비)</td><td>수행기능 및 위험부담, 기업의 경쟁(독과점) 상태, 경영능력, 사업단계(창업단계, 성숙단계 등)</td></tr>
<tr><td>(Berry Ratio) 용역제공, 유통업</td><td>매출총이익/ 영업비용</td><td>수행기능 및 부담위험, 영업비용의 구성, 경영능률</td></tr>
</table>

국조법 제8조 제1항은 제1호에서 제5호까지 언급한 정상가격 산출방법을 차례로 규정하고 제6호를 "그 밖에 대통령령으로 정하는 바에 따라 합리적이라고 인정되는 방법"을 정상가격 산출방법으로 규정하고 있다. 또한 동법 시행령 제10조에서는 이러한 방법이란 '국조법에서 정한 산출방법 외에 거래의 실질 및 관행에 비추어 합리적이라고 인정되는 방법을 말한다'라고 규정하고 있다.

기타 합리적인 방법에 대해서는 OECD 이전가격과세지침도 "어떤 방법이든 특정거래와 관련되어 있는 다국적 기업그룹 내의 기업들이 받아들일 수 있고, 또한 그 기업들이 소재하는 세무당국들이 인정할 수 있는 방법이라면 허용되어야 한다[140]"고 규정하고 있어 우리 국조법과 같은 태도임을 알 수 있다.

한 가지 유념할 점은 국조법 제8조 제1항은 본문에서 "다만, 제6호의 방법은 제1호부터 제5호까지의 규정에 따른 방법으로 정상가격을 산출할 수 없는 경우에만 적용한다"고 규정하고 있으므로 그 적용순위는 명시적 규정을 두고 있는 정상가격 산출방법들에 비해 후순위라는

140 2017 OECD 이전가격과세지침 2.11문단

것이다. 이는 납세자나 과세당국이 독자적으로 개발한 기타 합리적 방법보다 국조법에 명시적으로 두고 있는 정상가격 산출방법들에 좀 더 권위를 인정하고 있는 것으로 해석된다.

정상가격 산출방법의 선택기준

정상가격은 국외특수관계인이 아닌 자와의 통상적인 거래에서 적용되거나 적용될 것으로 판단되는 재화 또는 용역의 특성 · 기능 및 경제환경 등 거래조건을 고려하여 같은 항 각 호에서 규정된 방법 중 가장 합리적인 방법을 선택하도록 되어 있다(국조법 제8조 제1항). 또한 국조법 시행령은 위와 같은 국조법의 규정에 따라 정상가격을 산출할 때는 다음 각 호의 기준을 고려하여 가장 합리적인 방법을 선택하여야 한다고 규정하고 있다(제14조 제1항).

그 기준은 첫째, '비교가능성'인 바, 특수관계가 있는 자 간의 국제거래와 특수관계가 없는 자 간의 국제거래 사이에 비교 가능성이 높아야 한다. 둘째, 사용되는 자료의 확보 · 이용 가능성이 높아야 한다. 셋째, 특수관계가 있는 자 간의 국제거래를 비교하기 위하여 설정된 경제 여건 · 경영 환경 등에 대한 가정이 현실에 부합하는 정도가 높아야 한다. 넷째, 사용되는 자료 또는 설정된 가정(假定)의 결함이 산출된 정상가격에 미치는 영향이 적어야 한다. 끝으로 특수관계 있는 자 간의 거래와 정상가격 산출방법의 적합성이 높아야 한다.

위에서 언급한 국조법 규정에 따라 '가장 합리적인 방법을 선택하여 정상가격을 산출하는 경우'에는 '납세자의 사업 환경 및 특수관계 거래 분석, 내부 및 외부의 비교 가능한 거래에 대한 자료수집, 정상가격산출방법의 선택 및 가격 · 이윤 또는 거래순이익 산출, 비교 가능한 거래의 선정 및 합리적인 차이 조정 등의 분석절차'를 거쳐야 한다고 규정하고 있다(국조법 시행령 제15조 제1항).

또는 국조법 시행규칙 제6조는 정상가격산출방법의 적합성 평가에 대해 다음과 같이 매우 유용한 기준을 제시하고 있다.

1. 비교가능 제3자 가격방법을 적용할 경우 : 비교대상 재화나 용역 간에 동질성이 있는지 여부. 이 경우 거래 시기, 거래 시장, 거래조건, 무형자산의 사용 여부 등에 따른 차이는 합리적으로 조정될 수 있어야 한다.
2. 재판매가격방법을 적용할 경우 : 분석 대상 당사자가 중요한 가공기능 또는 제조기능 없이 판매 등을 하는지 여부. 이 경우 거래되는 재화나 용역의 특성보다는 분석 대상 당사자와 비교 가능 대상 간에 기능상 동질성이 있는지를 우선적으로 고려하여야 하며, 고유한 무형자산(상표권이나 고유한 마케팅 조직 등을 말한다)의 사용 등에 따른 차이는 합리적으로 조정될 수 있어야 한다.
3. 원가가산방법을 적용할 경우 : 특수관계인 간에 반제품(半製品) 등의 중간재(中間材)가 거래되거나 용역이 제공되는지 여부. 이 경우 분석 대상 당사자와 비교 가능 대상 간에 기능상 동질성이 있는지를 우선적으로 고려하되, 분석 대상 당사자와 비교 가능 대상 사이에서 비교되는 총이익은 원가와의 관련성이 높고 동일한 회계기준에 따라 측정될 수 있어야 한다.
4. 거래순이익률방법을 적용할 경우 : 거래순이익률 지표(영 제8조 제1항 각 호의 거래순이익률 지표를 말한다. 이하 같다)와 영업활동의 상관관계가 높은지 여부. 이 경우 그 밖의 정상가격산출방법보다 더 엄격하게 특수관계 거래와 비교 가능 거래의 유사성이 확보될 수 있거나 비교되는 상황간의 차이가 합리적으로 조정될 수 있어야 한다.
5. 이익분할방법을 적용할 경우 : 특수관계인 양쪽이 특수한 무형자산 형성에 관여하는 등 고도로 통합된 기능을 수행하는 경우에 특수관계가 없는 독립된 당사자 사이에서도 각자의 기여에 비례하여 그 이익을 분할하는 것이 합리적으로 기대되는지 여부

정상가격산출방법의 적용 우선순위

앞절에서도 언급했듯이 OECD 재정위원회는 1995년 OECD 이전가격과세지침이 발간 당시에는 전통적인 거래접근방법이 우선 적용되고 동 방법으로서는 적정하게 정상가격을 산출할 수 없는 경우에 한하여 거래이익 접근방법을 적용하도록 적용상 우선 순위를 설정하였다. 그런데 그 후 약 10년이 지난 후 OECD 재정위원회가 실지 조사를 해보니, 다수 국가의 이전가격 실무에서 거래이익 접근방법은 전통적인 거래접근방법보다 압도적으로 많이 사용되고 있음이 확인되었다. 이에 따라 OECD 재정위원회는 정상가격산출방법에서 거래이익 접근방법을 마지막 방법(last resort)으로 취급하는 것이 과연 타당한지를 재논의하게 되었다. 결과적으로 OECD는 2010년 기존의 OECD 이전가격 지침을 개정하여 '마지막 방법으로서의 거래이익접근방법의 지위'를 없애고 거래이익 접근방법을 전통적 거래방법과 동일한 선상에서 비교되어야 한다는 결론에 이르게 되었고 이에 따라 우리나라도 2010년 말 국조법을 개정하여 이를 수용하였다.

따라서 현행 국조법령에 따르면, 정상가격은 국조법 제8조 제1항 제1호부터 제5호까지 규정되어 있는 정상가격산출방법들(즉 비교가능 제3자 가격방법, 재판매가격방법, 원가가산방법, 거래순이익률방법, 이익분할방법) 중 가장 합리적인 방법으로 계산한 가격으로 정할 수 있다. 다만, 제6호에서 규정하는 '그 밖의 대통령령으로 정하는 합리적인 방법이라고 인정되는 방법'은 제1호부터 제5호까지의 방법으로 정상가격을 산출할 수 없는 경우에만 적용한다.[141]

---

141 엄격히 말하면, 기존의 5가지 정상가격산출방법과 그 밖의 합리적인 방법 간에는 적용순위의 순서가 있다고 볼 수 있다.

11

금융거래에 대해 정상거래원칙은 어떻게 적용될까?

예시

한국쓰리엠은 2005년 9월 룩셈부르크에 위치한 A사와 '회사 간 융자 및 예치 협정'을 체결했다. 이 협정에 따라 한국쓰리엠은 2012년 10월부터 2018년 12월까지 약정이자율 연 1.232%~2.5%로 약 1~3개월 이후 상환받기로 약정하고 A사에 무보증 조건으로 예치했고, 만기를 갱신하면서 추가 예치가 또는 예금 회수가 필요한 경우엔 원금을 증액 또는 감액하면서 해당 약정이자율 상당 이자를 수취하는 금전거래를 했다.

서울지방국세청은 한국쓰리엠에 대해 세무조사를 실시했는데, A사와의 거래를 통해 A사로부터 수취한 이자는 실질적으로 저리의 이율로 국외특수관계인인 A사에게 금전을 대여한 것으로 국제조세조정에 관한 법률 제5조 제1항 제1호 등에서 규정한 '비교가능 제3자 가격방법'에 따른 정상가격보다 낮다는 전제 하에, 한국쓰리엠과 A사 간의 약정이자율을 부인하고 조사청이 산정한 정상이자율에 따른 이자소득과 한국쓰리엠이 신고한 이자소득 간의 차액을 익금에 산입해야 한다고 관할 세무서장에게 과세자료를 통지했다.

영등포세무서장은 특수관계가 없는 독립된 기업 간 회사채발행 거래를 기초로 정상이자율 산정 및 소득금액 조정을 통해 2018년 한국쓰리엠에 대해 가산세와 법인세 합계 87억여 원을 부과했다.

이에 불복한 한국쓰리엠은 조세심판원에 심판청구를 제기했다. 심판원은 위법한 처분이라고 판단하면서 "해당 거래를 금전대차 거래로 보고 그에 따른 정상

이자율(정상가액)을 재조사해, 그 결과에 따라 과세표준과 세액을 경정하라"는 취지의 재조사결정을 내렸다.

이에 서울지방국세청은 해당 결정 취지에 따라 재조사를 했고, 가산세와 법인세 합계 19억여 원을 부과했다. 그러자 한국쓰리엠은 "과세당국은 임의로 이자율을 산정 · 조정한 뒤 이전가격 과세를 해 위법하다"고 주장하면서 서울행정법원에 소송을 냈다.

재판부는 "국제조세조정법에선 정상가격에 의해서만 과세조정이 허용된다고 규정하고 있고, 국외특수관계인이 아닌 자와 통상적인 거래에서 허용되거나 적용될 것으로 판단되는 재화 또는 용역의 특성 · 기능 및 경제환경 등 거래조건을 고려해 계산하도록 해 독립기업의 원칙에 따라 정상가격을 산정하도록 규정하고 있다"며 "그런데 과세관청이 독립기업의 원칙에 따른 정상가격을 산정하기 위한 노력 없이 일률적으로 간주정상이자율 규정을 적용해 과세할 수 있다면, 이는 독립기업의 원칙에 따른 정상가격 산출을 규정한 국제조세조정법을 형해화하는 해석"이라고 밝혔다.

이어 "한국쓰리엠과 A사의 거래는 국제조세조정법 시행령에서 정한 독립기업의 원칙에 따라 산정되는 통상적인 이자율로 인정할 수 있다"며 "그럼에도 국제조세조정법 시행령 개정일인 2017년 2월을 기준으로 이후 거래에 대해 과세관청이 국제조세조정법 시행령에서 정한 간주정상이자율을 해당 거래의 정상이자율로 선택해 적용할 수 있다고 보는 것은 그 자체로 자의적인 과세권 행사에 해당한다"고 판시했다.

위 내용은 2022년 10월 11일에 법률신문에 게재된 기사 내용을 소개한 것이다. 앞 절에서 소개한 이전가격세제는 다국적기업그룹에 속한 기업들의 재화나 용역의 거래뿐만 아니라 자금거래에서 적용되는 이자율이 정상이자율인지를 판정하기 위한 목적으로도 활용된다. 즉 자금거래에서 적용되는 이자율은 자금을 활용하는 편익에 대한 가격이라고 볼 수 있는데, 특수관계자들 사이의 자금거래에서는 종종 시장이자율이 아닌 거래 당사자들이 임의로 책정한 이자율이 채택될 수 있고 그 결과 자금대여 기업의 이자수입과 자금차입 기업의 이자비용이 다국적기업이 원하는 대로 결정될 수 있다. 더 나아가 다국적기업 내 어느 특정 기업의 과세소득이 다국적기업그룹의 자체 결정에 의해 좌우될 수 있다. 이와 같은 이전가격세제를 활용한 잠재적 조세회피 가능성을 최소화하기 위해 OECD 이전가격 과세지침과 우리나라 국조법상의 이전가격세제는 이와 같은 자금거래에 대해서도 이전가격세제를 적용하도록 규정하고 있다.

금전대차거래에 적용되는 정상거래원칙(Arm's Length Principle)

1) OECD 이전가격 과세지침(TP Guidelines)의 주요내용

2022년 1월에 개정된 OECD 이전가격 과세지침(TP Guidelines) 제10장은 다국적기업그룹(이하 "MNE 그룹")내의 기업 간의 다양한 금융거래와 관련된 이전가격 이슈에 대해 지침을 제시하고 있는데 그 중에서 자금대차거래의 정상 이자율 결정에 관한 부분을 요약하면 다음과 같다.

① **외부** CUP(External CUP)[142]

일반적으로 대출시장이 광범위하게 존재하고 대출시장의 정보와 분석내용을 확보할 수 있으므로, 비교가능 제3자 가격방법(CUP)을 적용하는 것이 다른 방법보다 더 쉬울 수 있다. 대출에 대한 신용등급, 대출조건 및 기타 비교가능성 요인들을 고려할 때, 충분히 비교가능한 조건을 가지고 있으면서도 동일한 신용등급을 가진 다른 대출에 관한 공개된 자료를 이용하여 벤치마킹 작업을 함으로써 분석대상인 대출에 관한 정상 이자율을 추정할 수 있다. 정상이자율 또한 채권 발행이나

---

[142] 2022년 개정된 OECD 이전가격지침 10.89~10.93문단.

대출, 예금, 전환사채, 또는 상업어음과 같은 그룹 내 대출에 대한 다른 현실적인 대안들의 수익률에 기초하여 산출될 수도 있다.

② 내부 CUP(Internal CUP)[143]

MNE 그룹의 어느 계열사와 독립된 기업 간의 비교 가능한 대출 거래는 내부 CUP을 적용할 수 있는 비교대상거래가 될 수 있다. 그러나 이 경우 비교가능성 조정을 하지 않고 MNE그룹이 대외채무에 지급한 평균 이자율은 그 자체로 내적 CUP에 해당한다고 볼 수는 없다.

③ 대출 수수료 부과[144]

그룹 내 대출에서 별도의 대출수수료(예 : arrangement fees 또는 commitment fees)가 부과되는 경우, 이러한 수수료 부과는 다른 그룹 내 거래와 마찬가지로 분석되어야 한다. 그런데 독립적인 대부업자들의 경우에는 자본을 조달하거나 규제요건을 충족함에 있어서 실제로 비용이 발생될 수 있으나, MNE 그룹 내 구성기업들에게는 이러한 비용이 발생되지 않을 수 있다.

④ 자금조달 비용(cost of funds)[145]

대출한 자금에 대한 가격은 대출자의 자금조달 비용과 대출 알선 및 처리 비용, 다양한 경제 요인을 반영한 리스크 프리미엄, 수익 마진 등을 합산한 금액을 기준으로 책정된다. 이러한 접근은 대출이 독립된

---

143 2022년 개정된 OECD 이전가격지침 10.94~10.95문단.

144 2022년 개정된 OECD 이전가격지침 10.96문단.

145 2022년 개정된 OECD 이전가격지침 10.97~10.100문단.

당사자로부터 차입되고, 하나 이상의 관련 중개 회사를 통해 최종적으로 차입자에게 전달되는 경우에 사용될 수 있다.

⑤ **신용부도스왑**(Credit Default Swap)[146]

신용부도스왑이란, 기업이나 국가의 파산 위험 자체를 사고 팔 수 있도록 만든 파생금융상품을 말한다. 거래를 하는 당사자 중 한쪽이 다른 상대방에게 수수료를 주는 대신, 기업 혹은 국가의 부도나 채무불이행이 발생할 경우, 상대방으로부터 보상을 받도록 설계된 일종의 보험이라고 할 수 있는 금융상품이다(예를 들어, A은행이 B기업에 대한 회사채를 사고, 이 회사채에 대한 부도위험에 대해 A은행은 C금융기관한테 수수료를 지급하는 대신, B기업이 파산할 경우 C금융기관으로부터 채권을 보전받도록 약정하는 것임). 신용부도스왑을 구입할 때 지급하는 수수료를 CDS 프리미엄이라고 하는데, 이 값이 커지면 그 채권은 부도위험이 높다는 것을 말한다.

신용부도스왑은 기초 금융자산(underlying financial asset)과 관련된 신용위험을 반영한다. 비교가능한 거래로 사용할 수 있는 기초 자산에 대한 정보가 없는 경우 납세자와 과세당국은 신용부도스왑의 스프레드를 사용하여 그룹 내 대출과 관련된 리스크 프리미엄을 계산할 수 있다.

그러나 신용부도스왑은 시장에서 거래되는 금융상품으로서 변동성이 클 수 있다. 이러한 변동성은 특정 투자와 관련된 신용 리스크를 개별적으로 측정하기 위한 대용물인 신용부도스왑의 신뢰성에 영향을 미칠 수 있다. 왜냐하면 신용부도스왑 스프레드는 부도위험뿐 아니라 신용부도스왑 계약의 유동성 또는 협상된 계약의 양(volume)과 같은 부도위험과 상관없는 요인들도 반영하기 때문이다. 이러한 상황으로 말

---

[146] 2022년 개정된 OECD 이전가격지침 10.101~10.103문단.

미암아, 예를 들어 동일한 상품이 서로 다른 신용부도스왑 스프레드를 가질 수 있는 경우도 발생할 수 있다. 따라서 그룹 내 대출과 관련된 위험 프리미엄을 추정하기 위해 신용부도스왑을 사용하려면 정상 이자율에 도달하기 위해서 부도위험과 상관없는 여러 요인들을 신중하게 고려해야 한다.

⑥ **경제모델**(Economic modelling)[147]

특정 산업에서는, 정상 이자율에 대한 대용물로서 경제모델에 의존하여 이자율을 계산함으로써 그룹 내 대출의 가격을 책정한다. 가장 일반적으로 사용되는 경제모델에서는, 무위험 이자율과 대출의 다양한 측면과 관련된 여러 프리미엄의 조합(예를 들어, 기본위험, 유동성위험, 예상 인플레이션 또는 만기)을 통해 이자율을 계산한다. 어떤 경우에는 경제모델에 대출기관의 운영비용을 보상하는 요소도 포함하기도 한다.

경제모델 결과의 신뢰성은 특정 모델에 포함된 매개변수와 채택된 기본가정에 따라 달라진다. 그룹 내 대출의 가격 책정에 대한 접근 방식으로서 경제모델의 신뢰성을 평가할 때 경제모델의 결과는 독립 당사자 간의 실제 거래를 나타내지 않으므로 비교 가능성 조정이 필요할 수 있다는 점에 유의하는 것이 중요하다. 그러나 신뢰할 수 있는 비교 가능한 제3자 거래를 식별할 수 없는 상황에서 경제모델은 그룹 내 대출에 대한 정상가격을 식별하는 데 유용한 도구가 될 수 있다.

---

[147] 2022년 개정된 OECD 이전가격지침 10.104~10.106문단.

⑦ **은행 의견**(Bank opinions)[148]

어떤 상황에서 납세자는 독립적인 은행으로부터 서면 의견을 받아 이것을 통해 그룹 내 대출에 대한 정상가격 이자율을 입증하려고 할 수 있다. 이 의견은 "은행영업가능(bankability) 의견"이라고도 불리는데 은행이 어느 특정 기업에 대한 비교 가능한 대출을 하는 경우에 적용할 이자율을 명시한 것이다.

그런데 이러한 접근 방식은 실제 거래의 비교를 기반으로 하지 않기 때문에 비교가능성에 기반한 정상가격 접근 방식에서 벗어난다. 더구나 이런 의견들은 실제 대출 제안에 해당하지 않는다. 일반적으로 상업은행은 정식 대출 제안에 앞서 관련 실사 및 승인 절차를 수행하는데 위와 같은 서신은 그러한 절차를 거치지 않고 작성되기 때문에 이런 서신은 일반적으로 정상거래 조건의 증거를 제공하는 것으로 간주되지 않는다.

2) 국조법령상의 정상이자율 관련 규정

국조법 시행령 제11조 제1항에 따르면, 거주자(내국법인 포함)와 국외특수관계인 간의 금전대차거래에서 적용되는 정상가격으로서의 이자율("정상이자율")을 산출하는 경우에는 다음 각 호의 요소를 고려해야 한다. 이 경우 거주자와 국외특수관계인 간의 금전대차거래는 통상적인 회수기간 및 지급기간이 지난 채권의 회수 및 채무의 지급 등 사실상의 금전대차거래를 포함한다.

---

[148] 2022년 개정된 OECD 이전가격지침 10.107~10.108문단.

1. 채무액
2. 채무의 만기
3. 채무의 보증 여부
4. 채무자의 신용 정도

여기서 '채무자의 신용정도' 평가 시 다음과 같은 사항들을 고려해야 한다.[149]

1. 과거의 재무정보와 합리적으로 예측 가능한 미래의 재무정보
2. 국가 · 지역 · 업종 · 기술수준 · 시장지위 등 비재무적 정보
3. 거주자와 국외특수관계인으로 구성된 기업들의 집단(이하 "기업집단")의 구성원으로서 누리게 되는 신용등급 상승 등 부수적 이익

정상이자율 산출방법으로서 또한 같은 조 제2항은 정상이자율의 산출방법으로서 원칙적으로 국조법 제8조 제1항 제1호 내지 제6호에서 규정하는 방법 중 어느 방법이라도 사용할 수 있으나 실무적으로는 비교가능 제3자 가격방법이 가장 많이 활용되고 경우에 따라 기타 합리적인 방법이 사용되기도 한다. 특히 제6호에서 규정하는 '기타 합리적이라고 인정되는 방법'을 적용할 때에는 다음 각 호에서 정하는 이자율을 따를 수 있다.[150,151]

---

149 국조법 시행규칙 제2조의 2

150 국조법 시행령 제11조 제2항

151 국조법 제8조 제1항에는 "다만, 제6호의 방법은 제1호부터 제5호까지의 규정에 따른 방법으로 정상가격을 산출할 수 없는 경우에만 적용한다"라고 규정되어 있으므로 정상가격 산출방법들 중 '기타 합리적인 방법'은 적용 순위가 후순위라는 점을 유념할 필요가 있다.

1. 「자본시장과 금융투자업에 관한 법률」 제5조에 따른 파생상품 및 이와 유사한 해외파생상품 중 채무불이행 등 신용위험에 대비하기 위한 신용부도스왑 거래에서 적용되는 보험료율 성격의 율에 제1항 각 호의 요소를 고려하여 산출한 이자율
2. 국제금융시장에서 통용되는 이자율 산정 모형을 기반으로 무위험이자율, 부도위험, 유동성위험, 채무의 만기, 물가상승률 등의 변수를 반영하여 산정한 이자율에 제1항 각 호의 요소를 고려하여 산출한 이자율
3. 거래금액 및 국제금융시장의 실세(實勢)이자율을 고려하여 기획재정부령으로 정하는 이자율

위 3호에서 규정하는 '기획재정부령으로 정하는 이자율'이란 다음 어느 하나의 이자율을 말한다.

1. 거주자가 국외특수관계인에게 자금을 대여하는 경우 : 「법인세법 시행규칙」 제43조 제2항에 따른 당좌대출이자율[152]
2. 거주자가 국외특수관계인에게 자금을 차입하는 경우 : 직전 사업연도 종료일의 다음 표의 구분에 따른 통화별 지표금리에 1.5퍼센트를 더한 이자율. 다만, 별표에 없는 통화의 경우에는 미합중국 통화에 해당하는 지표금리에 1.5퍼센트를 더한 이자율로 한다.

통화	지표금리
한국(KRW)	KOFR(The Korea Overnight Financing Repo rate)
미합중국(USD)	SOFR(Secured Overnight Financing Rate)
유럽연합(EUR)	ESTR(Euro Short-Term Rate)
영국(GBP)	SONIA(Sterling Overnight Index Average)
스위스(CHF)	SARON(Swiss Average Rate Overnight)
일본(JPY)	TONA(Tokyo Overnight Average Rate)

152 법인세법 시행규칙 제43조 제2항에서 "기획재정부령으로 정하는 당좌대출이자율"이란 연간 1000분의 46을 말한다고 규정하고 있다.

위 내용을 풀어서 설명하면, 거주자나 내국법인이 국외특수관계인의 자금을 대여하는 경우에는 특수관계가 있는 내국법인 간 거래 시 시가로 간주하는 이자율인 「법인세법 시행규칙」 제43조 제2항에 따른 당좌대출이자율을 적용하는 경우에도 이전가격세제 목적상 정상이자율로 취급하겠다는 의미가 담겨있다. 한편 거주자나 내국법인이 국외특수관계인으로부터 자금을 차입하는 경우에는 대여자를 중심으로 국제적 기준금리라고 할 수 있는 LIBOR에 1.5%의 가산율을 더한 이자율을 정상이자율을 취급하겠다는 것이다.

국조법 시행령 제11조 제1항 본문의 후단에는 "이 경우 거주자와 국외특수관계인의 금전대차거래는 통상적인 회수기간 및 지급기간이 지난 채권의 회수 및 채무의 지급 등 사실상의 금전대차거래를 포함한다"라고 규정되어 있다.

이 규정은, 국외특수관계인과의 재화나 용역거래 시 통상적인 회수기간 또는 지급기간을 넘어서 매출채권을 지연회수했거나 매입채무를 지연지급하였다면 이러한 행위는 사실상의 금전대차거래로 취급될 수 있고 따라서 이에 대해서는 정상이자율을 기준으로 한 이자율 조정이 가능하다는 것을 의미한다. 이 경우 이전금액을 계산하기 위해 사용하는 이자율은 금전대차거래와 동일하게 비교대상거래의 ① 채무액, ② 채무의 만기, ③ 채무보증 여부 및 ④ 채무자의 신용 정도가 유사한 독립거래의 이자율을 고려하여 결정되어야 한다. 그런데 '사실상 금전대차거래'에 해당하는지를 판정하기 위해서는 관련 매출채권 회수기간 또는 지급기간이 과연 통상의 회수기간 또는 지급기간을 넘어서는 것인지에 대한 객관적인 분석이 선행되어야 한다. 구체적으로는 국조법 시행령 제5조 제2항의 정상가격산출방법의 비교 가능요소, 즉 재화와 용역의 특성, 기능분석, 계약조건, 경제여건 및 사업전략에 대한 분석을 통해 비교 가능 대상거래의 통상적인 회수 또는 지급기간을 비교하여야 할 것이다.

거래가격 결정구조의 이러한 경제학적 메커니즘을 고려해볼 때 매출채권의 회수기간 차이는 특수관계인 간의 매출가격 및 이를 통한 거래순이익을 결정하는 여러 가지 요소 중의 하나라고 보는 것이 좀 더 타당하다. 따라서 회사가 당초 정해진 채권회수기간에 따라 자회사로부터 채권을 회수하고 있고, 특수관계 거래가격 또는 이익에 대한 정상가격산출방법의 검토를 통해 이전가격의 합리성이 담보되는 상황이라면, 채권의 회수기간 차이만을 분리하여 회수기간 차이에 대한 이자에 대한 이익 이전 여부를 검토하는 것은 타당하지 않다(조심 2012중2350, 2014.11.4.; 조심 2011서356, 2014.1.10. 결정도 같은 취지임).

자금통합거래에 적용되는 정상가격 산출방법

1) 자금통합거래(Cash Pooling)의 개념

자금통합거래란, 자금을 물리적으로 집중시키거나 개념적으로 하나의 현금 계좌로 통합함으로써 다국적기업 전체차원의 유동성을 관리하기 위해 다국적기업그룹(이하 "MNE 그룹")내 기업들 간 또는 이들과 제3의 독립된 은행 간의 행하는 거래를 말한다. MNE 그룹의 경우에는 복수 국가의 여러 은행계좌에 있는 서로 다른 통화의 잔액을 통합하고 이를 일괄적으로 관리하게 되면 다음과 같은 이점을 갖게 된다. 첫째, MNE 그룹은 은행과의 거래에서 이자비용과 이자수익을 최적화할 수 있는데, 이는 은행과의 자금통합관리 약정을 통해 관리자계좌로 통합된 순 잔액을 기준으로 이자를 계산할 수 있기 때문이다. 또한 MNE

그룹은 구조적 측면에서 자금통합관리를 통해 중앙집중식 현금관리를 함으로써 그룹 내 전체 현금관리의 통제를 강화할 수 있고 한편으로 그룹차원의 유동성을 개선할 수 있다. 결과적으로 MNE 그룹은 조직 내 잉여자금을 활용하여 재투자를 할 수 있게 되고 그에 따라 추가 수익을 향유할 수 있으며, 경우에 따라서는 외부 자금의 조달을 감소시킬 수 있다.

자금통합거래는 크게 다음의 세 종류로 나누어 볼 수 있다.

① **물리적 자금통합거래**(physical cash pooling)

물리적 자금통합거래란, MNE그룹 내 각 구성법인들의 자금이 물리적으로 자금통합관리자 계좌로 이동하는 거래를 의미한다. 예를 들면, 아래 도표의 A와 같이 자금통합관리를 운영하지 않는 경우, 각 구성법인들의 개별 현금 잔액이 각 은행 계좌에 남게 되므로, 법인 1, 2는 개별 잔액에 예금 이자율을 적용받게 되고, 법인 3의 경우에는 개별 잔액에 대출 이자율을 적용받는다. 이에 반하여 도표의 B와 같이 물리적 자금통합관리를 운영하는 경우, 각 법인들의 전체 현금 잔액이 물리적으로 자금통합관리자 계좌로 통합되어 현지 각 은행계좌의 최종 잔액은 제로(0)가 되고, 자금통합관리자 계좌는 통합된 순 잔액에 예금 이자율을 적용받는다. 만일, 은행과 목표잔액(target balance) 방식으로 계약을 체결한다면, 국가별 현지 은행 계좌의 최종 잔액이 제로(0)가 아닌 각 국가의 구성법인별로 미리 정해진 일정 수준의 잔액을 기준으로 운영이 된다. 각 구성법인의 계정이 목표잔액으로 조정된 후 잉여금 또는 부족액이 있는지 여부에 따라 자금통합관리자는 목표잔액을 충족하기 위해 은행에서 차입하거나 목표잔액을 초과하는 잉여금을 은행에 예치할 수 있다.

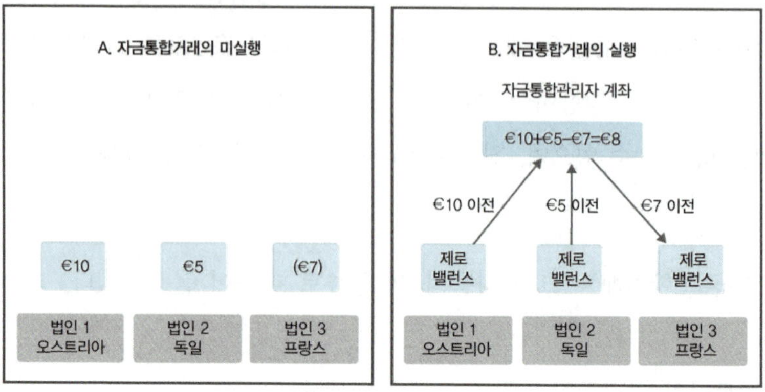

② **개념적 자금통합거래**(notional cash pooling)

개념적 자금통합거래에서 기업 내 각 구성법인의 자금은 물리적으로 이동하지 않지만, 약정에 참여하는 구성법인의 각 은행 계좌의 잔액이 특정 국가의 동일 은행에서 가상적으로 상호 상계된다. 이러한 계약에서 각 구성법인들은 서로 다른 통화별 은행계좌를 사용할 수 있지만, 각 국가에 다수의 은행계좌를 운영할 수는 없다. 이 경우 각 관계사의 개별 은행계좌의 현금 잔액이 가상적으로 상호 상계된 후 통합된다. 이자 계산은 가상적으로 통합된 순 잔액에 적용되기 때문에, 개념적 자금통합거래 역시 이자수익을 극대화할 수 있다. 이 거래방식에서는, 자금이 물리적으로 이전되지 않으므로 개념적 자금통합거래 비용이 물리적 자금통합거래 비용보다 적을 가능성이 높다. 은행이 수행하는 기능은 은행의 수수료 또는 이자율로 계산된다. 자금통합관리자가 수행하는 최소한의 기능으로(기능이 주로 은행에서 수행되기 때문에) 동 관리자가 추가한 가치는 그룹 내 가격 책정에 거의 반영되지 않는다. 은행 스프레드를 제거하거나 은행과의 거래에 있어 은행 잔고의 단일화(결과적으로 자금 예치가 될 수도 있고 자금 대출이 될 수도 있음) 결과로 생성된 혜택을 적절하게 할당하려면 각 구성법인들의 자금통합거래에서의 기여도 또는 부담을 고려해야 한다.

③ 단일 법적계좌 자금통합거래(single legal account cash pooling)

아래 도표에서 보는 바와 같이, 단일 법적계좌 자금통합거래는 자금통합관리자의 일상적 거래를 위한 은행 계좌와 구성법인의 자금을 통합하기 위한 최상위계좌로 구성된다. 단일 법적계좌 자금통합관리에서 구성법인은 둘 이상의 거래계좌를 포함할 수 있고, 서로 다른 통화를 별도로 구성할 수도 있고, 다양한 형태의 거래가 가능한 다중통화기능의 계좌를 운영할 수 있다. 이들 법인별 잔액은 모두 자금통합 관리자의 최상위계좌에 통합된다. 이 구조는 자금통합관리자가 사내 은행의 기능을 수행하면서 기업 내 다른 법인들을 지원하기 위해 외부의 은행 서비스를 이용한다.

이러한 형태의 거래에서는, 외부 거래은행은 구성법인들과 직접적으로 거래하는 당사자가 아니므로 자금통합관리자의 최상위계좌 외에는 구성법인들의 계좌를 추적할 수 없다. 자금통합관리자와 외부 은행과의 거래는 구성법인들 사이의 거래에 영향을 미치게 된다. 특히, 구성법인들 사이의 대출거래는 다양한 세무 및 법적인 문제를 수반하기 때문에 구성법인들 사이에 내부 이자를 계산해야 한다.

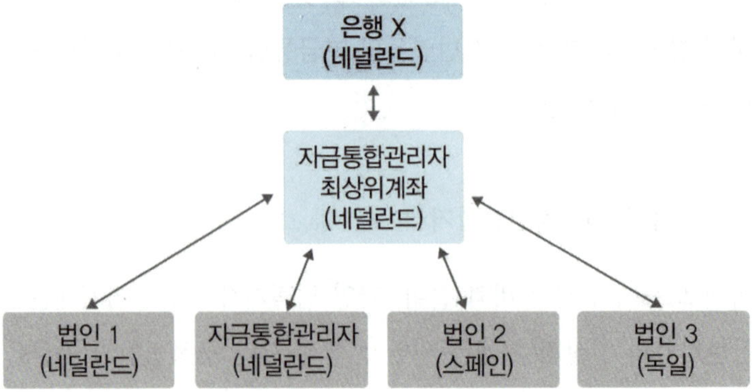

2) 국조법령상의 규정

2022년 2월 15일 신설된 국조법 시행령 제11조의 2는 다국적기업 그룹 내의 자금통합거래의 정상가격 산출방법에 대해 다음과 같이 규정하고 있다.

국조법 시행령 제11조의 2【자금통합거래의 정상가격 산출방법】

① 이 조에서 "자금통합거래"란 거주자와 국외특수관계인으로 구성된 기업들의 집단(이하 "기업집단"이라 한다)이 유동성을 통합적으로 관리하기 위해 그 구성 기업 중에서 기업집단의 자금을 통합적으로 관리하는 자(이하 "자금통합거래관리자"라 한다)를 선정하여 각 구성 기업이 개설 · 보유하고 있는 예금계좌를 기업집단 차원에서 관리함에 따라 기업집단 내부의 거주자와 국외특수관계인 간에 편익(자금거래에 따른 수수료 취득, 이자비용 감소 등의 이익을 말한다. 이하 같다)이 발생하는 거래로서 다음 각 호의 어느 하나에 해당하는 거래를 말한다.

1. 기업집단에서 자금통합거래관리자가 아닌 구성기업(이하 "자금통합거래참여자"라 한다)이 자금통합거래관리자의 예금계좌(이하 "자금통합모계좌"라 한다)에 자금을 이체하거나 자금통합모계좌로부터 자금을 이체받음으로써 자금통합거래참여자와 자금통합거래관리자 간에 편익이 발

생하는 거래

2. 자금통합거래관리자가 자금통합모계좌를 개설 · 보유함이 없이 자금통합거래참여자 간의 자금대여를 중개하거나 각 자금통합거래참여자의 예금계좌에 있는 모든 자금을 합산한 금액을 기준으로 금융회사로부터 자금을 조달하는 등 실질적으로 기업집단 내에서 자금을 통합하여 관리함으로써 자금통합거래참여자와 자금통합거래관리자 간 또는 자금통합거래참여자 간에 편익이 발생하는 거래

② 자금통합거래에 대해 법 제8조에 따른 정상가격의 산출방법을 적용할 때에는 다음 각 호에 따라야 한다.

1. 자금통합거래관리자와 자금통합거래참여자가 자금통합거래에서 얻는 편익을 각각 고려할 것
2. 자금통합거래관리자의 편익을 산정할 때에는 다음 각 목의 구분에 따른 산출방법을 적용할 것
   가. 자금통합거래관리자가 기업집단 수준의 자금조달 전략 수립, 유동성 관리, 신용위험 · 유동성위험 · 환율변동위험 관리 등 적극적으로 자금을 통합관리하는 경우 : 제11조에 따른 금전대차거래의 정상가격 산출방법
   나. 가목 외의 경우 : 제12조에 따른 용역거래의 정상가격 산출방법
3. 자금통합거래참여자의 편익을 산정할 때에는 다음 각 목의 구분에 따른 산출방법을 적용할 것
   가. 제1항 제1호에 해당하는 자금통합거래의 경우 : 제11조에 따른 금전대차거래의 정상가격 산출방법. 이 경우 자금통합거래의 기간, 기업집단 수준의 위험관리 정책 등 기획재정부령으로 정하는 사항을 고려해야 한다.
   나. 제1항 제2호에 해당하는 자금통합거래의 경우 : 자금통합거래참여자의 기대편익과 기여도 등 기획재정부령으로 정하는 사항을 고려한 정상가격 산출방법

또한 자금통합거래참여자의 편익을 산정하기 위해서는 다음과 같이 같은 법 시행규칙 제3조의 2에서 규정된 내용을 고려해야 한다.

국조법 시행규칙 제3조의 2【자금통합거래에 대한 편익 산정 방법 등】

① 영 제11조의 2 제2항 제3호 가목에 따른 자금통합거래참여자의 편익을 산정할 때에는 자금통합거래의 기간, 기업진단 수준의 위험관리 정책, 상호 보증여부 등을 고려한 신용정도 및 자금통합거래에 참여한 각 당사자가 수행한 기능, 사용한 자산 및 부담한 위험의 정도 등을 고려하여야 한다.

② 영 제11조의 2 제2항 제3호 나목에 따른 자금통합거래참여자의 편익을 산정할 때에는 자금통합거래에 참여함에 따라 절감되는 이자비용에 비례하여 산출하는 기대편익과 자금통합거래참여자의 기여도 등을 고려해야 한다.

12

무형자산거래에 대해 정상거래원칙은 어떻게 적용될까?

이전가격세제상 무형자산의 개념

2017년 개정된 OECD 이전가격 과세지침은 무형자산(Intangible)에 대해 "유형자산이나 금융자산이 아닌 자산으로서 기업 등에 의해 소유될 수 있거나 상업활동에 사용되기 위해 통제될 수 있고, 독립기업 간에 비교 가능한 상황에서 발생한 거래였다면 그 자산의 사용 또는 이전에 대한 보상을 받을 수 있는 것을 가리킨다"라고 규정하고 있다.

개정 OECD 과세지침은 '무형자산과 관련된 경우 이전가격 분석은 회계 또는 법률적 의미에 중점을 두기보다는 독립기업 간 비교 가능한 거래에서 합의되는 조건에 따라 결정되어야 한다'라고 규정하고 있다.[153] 이와 같은 맥락에서 이전가격 목적상의 무형자산 개념과 OECD 모델조세조약 제12조 목적상의 사용료(royalties)에 대한 정의는 일치될 필요가 없는 두 가지 상이한 개념이라고 한다. 즉 특수관계회사들 간의 지급금액이 조세조약에서 규정하는 사용료로 취급되지 않는 경우에도 이전가격 세제 목적상 무형자산에 대한 대가로 취급될 수 있다는 것이

153 2017년 개정된 OECD 이전가격지침 6.6문단

다. 예를 들면, 영업권이나 계속사업 가치와 관련된 특정 대가는 OECD 모델조세조약의 제12조 목적상의 사용료(royalties)에는 해당되지 않으나 이전가격세제 목적상으로는 무형자산으로 취급될 수 있다. 반대로 OECD 모델조세조약 제12조에서 적절하게 로열티로 취급된 대가가 이전가격세제 목적상 무형자산에 대한 대가로 취급되지 않을 수도 있다.[154]

2017 OECD 이전가격 과세지침의 "용어(Glossary)" 편의 규정에 따르면 무형자산은 크게 마케팅 무형자산(marketing intangibles)과 사업 무형자산(trade intangibles)으로 나눌 수 있다. 이에 따르면 마케팅 활동과 관련된 마케팅 무형자산은 제품이나 용역의 상업적 이용을 돕고, 관련 제품의 판매를 촉진하는 중요한 가치를 지닌 것으로서, 문맥에 따라 상표권(trademark), 상표명(trade name), 고객목록, 고객과의 관계, 마케팅 및 고객에게 상품이나 서비스를 판매하는 데 사용되는 전매(proprietary) 시장과 고객 자료를 포함한다. 사업 무형자산(trade intangibles)은 마케팅 무형자산 이외의 무형자산을 가리킨다. 이와 같이 무형자산의 종류가 다르다고 하여 분석 대상거래에 대한 정상가격을 결정하는 데 있어 상이한 접근이 적용되는 것은 아니다.[155]

국조법 시행령 제13조(무형자산거래의 정상가격 산출방법) 제1항은 무형자산의 종류를 다음과 같이 예시하고 있다.[156]

1. 「특허법」에 따른 특허권
2. 「실용신안법」에 따른 실용신안권

---

[154] 2017년 개정된 OECD 이전가격지침 6.13문단

[155] 2017년 개정된 OECD 이전가격지침 6.16문단

[156] 2019년 시행령 개정 시 제7호와 제8호의 내용이 무형자산의 범위에 추가되었다.

3. 「디자인보호법」에 따른 디자인권
4. 「상표법」에 따른 상표권
5. 「저작권법」에 따른 저작권
6. 서비스표권, 상호, 브랜드, 노하우, 영업비밀 및 고객정보 · 고객망
7. 계약에 따른 권리 및 채취권, 유료도로관리권 등 정부로부터 부여받은 사업권
8. 영업권 및 계속기업가치

OECD 이전가격 과세지침은, **그룹 시너지**(Group Synergy)를 '특정 상황에서, 다국적 기업 및 그룹을 구성하는 관계사들은 유사한 환경에 있는 다른 독립기업들이라면 향유할 수 없었을 상호작용(interaction) 또는 시너지'라고 정의하면서 합리적 경영, 중복된 비용요소 제거 노력, 통합 시스템, 구매력 및 차입능력 등을 포함한 다양한 형태로 나타날 수 있다고 설명하고 있다. 이러한 특징들은 특수관계 거래의 정상가격 조건에 영향을 미칠 수 있으며 이전가격 분석 시 비교가능성 요소로서 명시되어야 하나, 그룹 시너지는 해당 기업들이 소유하거나 통제력을 가질 수 있는 것이 아니므로 무형자산에 해당되지는 않는다는 입장을 취하고 있다.[157]

한편 OECD 이전가격 과세지침은, **지역선정에 의한 비용절감**(location savings) 및 **특정시장의 특성**(market specific characteristics)이 특수관계 기업들간의 거래와 관련한 정상가격에 영향을 미칠 수 있다고 규정하고 있다. 예를 들어, 특정시장 내에서의 소비자들의 높은 구매력은 명품 소비재(luxury consumer goods)의 구매가격에 영향을 미칠 수 있으며, 낮은 인력비용, 시장의 유사성, 기후 등은 특정 상품 및 서비스 제공 대가에 영

[157] 2017년 개정된 OECD 이전가격지침 6.30문단

향을 미칠 수 있다. 그러나 이러한 지역선정에 의한 비용절감과 특정시장의 특성은 기업들이 소유하거나 통제력을 가질 수 있는 것들이 아니므로 무형자산에는 해당하지는 않는다는 입장을 취하고 있다.

또한 OECD 이전가격 과세지침은, '어떤 기업은 다른 기업에 비해 상대적으로 우수하거나 경험이 풍부한 핵심인력(즉 집약된 노동력 : assembled workforce)을 보유하며, 이는 이들이 제공하는 용역의 정상가격과 기업이 생산하는 제품 또는 용역에 대한 효율성에 영향을 미친다'라고 규정하고 있다. 일반적으로, 집약된 노동력의 존재는 이전가격 목적을 위해 별도로 보수를 지급할 필요가 없다. 왜냐하면 집약된 노동력이 제공한 가치는 일반적으로 이들에 의해 생산된 제품이나 제공한 서비스에 대한 정상대가에 반영되기 때문이다. 이러한 점에서, 집약된 노동력은 일반적으로는 무형자산에는 해당되지 않는다는 것이 OECD 이전가격 과세지침의 입장이다.

무형자산의 가치증진을 위해 수행된 기능 및 합리적 보상

2017 OECD 이전가격 과세지침에 따르면, 비록 무형자산의 법적 소유자가 본래 무형자산을 사용하여 발생하는 수익을 수취할 권리를 보유한다고 해도 무형자산 법적 소유자가 속한 다국적 기업의 다른 구성원들이 무형자산의 가치에 기여하는 기능을 수행하였거나, 이를 위해 자산을 사용하였거나, 또는 위험을 부담하였다면 그 구성원들에 대해 그들의 공헌도에 따라 정상거래원칙에 부합하는 보상이 이루어져야 하며 이를 위해서는 다음과 같은 절차에 따라 무형자산 관련 거래분석을 실시해야 한다.[158]

---

[158] 2017년 개정된 OECD 이전가격지침 6.32~6.34문단

(i) 특별한 거래에서 사용되거나 이전된 무형자산 및 무형자산의 개발(development), 향상(enhancement), 유지(maintenance), 보호(protection) 및 활용(exploitation)과 관련된 것으로서 특정되고 경제적으로 중요한 위험을 식별한다.

(ii) 계약의 제반 조건(terms and conditions)에 기초한 무형자산의 법적소유권을 결정하는 것에 특별히 주안점을 두면서 전체적인 계약 약정을 파악한다. 이를 위해서는, 관련된 등록(registrations)과 사용허여계약(licence agreements) 및 다른 관련 있는 계약이나 다른 법적 소유권 표시(indicia), 그리고 특수관계 기업들 간의 계약상 위험 부담 규정을 포함한 계약상의 권리와 의무 내용을 검토한다.

(iii) 기능분석을 통하여 … 특히 위탁한 기능을 누가 통제하는지 그리고 특정되고 경제적으로 중요한 위험을 누가 통제하는지를 분석함으로써 … 무형자산의 개발(development), 향상(enhancement), 유지(maintenance), 보호(protection) 및 활용(exploitation)과 관련된 기능 수행, 자산 사용, 위험 관리를 하는 계약당사자가 누구인지를 파악한다.

(iv) 관련 계약상의 규정들과 계약당사자들의 행동 사이의 일관성이 있는지 여부를 확인하고 경제적으로 중요한 위험을 부담하는 자가, 무형자산의 개발, 향상, 유지, 보호 및 활용과 관련된 위험을 통제하고 이러한 위험을 부담할 재정적 역량(financial capacity)을 갖추었는지를 확인한다.

(v) 위험을 분석하고 배분하는 기본틀을 염두에 두면서, 무형자산의 법적소유권, 관련된 등록과 계약하에서 연관된 다른 계약관계 및 거래당사자들의 행동에 비추어 무형자산의 개발, 향상, 유지, 보호 및 활용과 관련된 실제의 특수관계 거래를 기술(delineate)한다.

(vi) 수행된 기능, 사용된 자산, 부담한 위험으로 인한 각 당사자의 공헌도에 상응하도록 이들 거래들에 대한 정상가격을 결정한다.

무형자산 거래의 정상가격 산출 시 고려요소

아래 열거하는 항목들은 무형자산 혹은 무형자산의 권리이전과 관계된 비교가능성 분석 시 고려해야 할 무형자산의 주요 개별적 특성(specific features of intangibles)에 대한 설명이다.

① 독점성(exclusivity)

무형자산 또는 무형자산 권리의 독점적 또는 비독점적인 특성은 비교가능성 분석과 관련하여 고려되어야 한다.[159] 예를 들어, 특허는 특정기간 동안 특허에 포함된 발명을 사용할 수 있는 독점적인 권리를 부여한다. 무형자산의 권한을 통제하는 기업이 시장에서 다른 기업을 배제시키거나, 시장에서의 이점을 제공하는 무형자산의 사용을 배제시킨다면, 해당 기업은 높은 수준의 시장 지배력 및 영향력을 누릴 수 있으므로 비독점적인 권리를 부여한 경우보다 더 많은 대가를 받아야 할 것이다.

② 법적 보호의 정도(extent)와 기간(duration)

특정 무형자산과 관련된 법적 보호는 경쟁업체의 시장 진입을 저지할 수 있다. 노하우나 영업기밀과 같은 무형자산에 대한 법적 보호는 특허권과 같이 직접적으로 법적 보호를 가지는 무형자산과는 다른 성격을 가지고 있고, 다른 무형자산만큼 강하거나 길지 않다. 제한적인 수명을 가진 무형자산은 법적 보호 기간이 해당 유형자산을 사용함으로써 얻는 미래의 수익에 영향을 미칠 수 있으므로, 법적 보호 기간이 중요하다. 예를 들어, 다른 점에서는 비교가능성이 있는 두 개의 서로

---

[159] 2017년 개정된 OECD 이전가격지침 6.118문단

다른 특허권이, 하나는 연말에 특허가 만료되고 다른 하나는 10년 후에 특허가 만료된다면 이 특허권들은 동일한 가치를 가질 수 없다.[160]

③ 지리적 범위

무형자산 또는 무형자산에 대한 권리의 지리적 범위는 비교 가능성 분석 시 중요한 고려 사항이다. 예를 들어, 무형자산에 대한 글로벌한 사용 권한은 어느 한 국가 또는 일부 국가에서만 허용되는 제한적인 사용 권한보다 가치가 더 클 것이다.[161]

④ **내용연수**(useful life)

무형자산은 대개의 경우 내용연수에 제한이 있고, 특정 무형자산의 내용연수는 법적 보호의 기간과 성격에 따라 영향을 받는다. 또한 특정 무형자산의 내용연수는 특정 산업에서 기술변화 속도와 잠재적으로 기능이 향상된 신제품 개발에 의해 영향을 받을 수 있다. 또한 특정 무형자산의 내용연수는 연장될 수도 있다.[162] 따라서 비교가능성 분석을 실시함에 있어, 해당 무형자산의 내용연수를 고려하는 것이 중요하다. 다른 조건이 같다면 일반적으로, 긴 기간 동안 시장의 우위(market advantages)를 제공할 것으로 예상되는 무형자산은 짧은 시간 동안 그러한 우위를 제공하는 다른 무형자산에 비해 더 가치가 있을 것이다.[163]

---

160 2017년 개정된 OECD 이전가격지침 6.119문단

161 2017년 개정된 OECD 이전가격지침 6.120문단

162 2017년 개정된 OECD 이전가격지침 6.121문단

163 2017년 개정된 OECD 이전가격지침 6.122문단

⑤ **개발단계**(Stage of development)

비교가능성 분석을 실시함에 있어, 특정 무형자산의 개발단계를 고려하는 것도 중요하다. 상업적으로 활용 가능한 제품을 지원할 수 있는 검증을 거치기 전에 무형자산이 특수관계 기업 사이에 이전되는 경우가 종종 있다. 이러한 사례는 흔히 제약산업에서 발생하는데, 제약산업에서는 화학물질(chemical compound)에 대한 개발, 연구 및 테스트를 통해 그 화학물질이 특정한 의학적 조건에서 안전하고 효과적인 치료가 가능하다는 것이 입증되기 전에 특허가 취득되고 특수관계 거래를 통해 해당 특허(혹은 특허 사용권리)가 이전되기도 한다.[164]

일반적으로, 다른 점에서 비교 가능성이 있는 두 개의 무형자산 중 상업적 성공가능성(commercial viability)이 확립된 제품과 관련된 무형자산이 상업적 성공가능성이 아직 확립되지 않은 제품과 관련된 무형자산보다 더 가치가 있다. 부분적으로 개발된 무형자산에 대해 비교 가능성 분석을 실시할 때는, 앞으로 추가 개발이 미래에 상당한 정도의 상업적 수익을 창출할 수 있는지를 평가하는 것이 중요하다. 특정 상황에서는, 추가 개발의 위험에 대한 산업자료가 이러한 평가를 하는 데 도움이 될 수 있다. 그러나 각각의 개별적 상황에 대한 구체적인 정황은 항상 고려되어야 한다.[165]

⑥ **개선, 수정, 업데이트 권리**(Rights to enhancements, revisions, and updates)

무형자산의 비교가능성 분석에 있어 중요한 고려사항 중의 하나는, 미래에 무형자산이 개선, 수정, 업데이트되도록 할 수 있는 권리가 있

---

[164] 2017년 개정된 OECD 이전가격지침 6.123문단

[165] 2017년 개정된 OECD 이전가격지침 6.124문단

는지 여부를 따져보는 것이다. 일부 산업에서는 무형자산에 의해 보호받는 제품이 무형자산의 지속적 개발과 개선의 부재로 인해 상대적으로 짧은 시간에 진부화되거나 경쟁력을 상실하기도 한다. 그 결과, 무형자산이 업데이트되고 개선될 수 있도록 할 수 있는지 여부에 따라(having access to updates and enhancements) 단기간 동안 수익을 창출할 것인지, 장기간에 걸쳐 수익을 창출할 것인지가 결정되기도 한다. 그러므로 비교 가능성 분석에 있어 무형자산을 개선, 수정 및 업데이트하는 것에 대한 접근 권한이 있는지 여부를 고려할 필요가 있다.[166]

⑦ 미래 수익의 기대(expectation of future benefits)

앞에서 언급한 무형자산의 비교가능성 분석 시 고려해야 할 사항들은, 해당 무형자산을 통해 거래 당사자들의 미래 기대 수익에 영향을 끼친다. 만약 특정 이유로, 어느 한 무형자산을 사용하는 것이 다른 무형자산을 사용하는 경우와 비교하여 미래 이익에 상당한 차이를 가져오는 경우, 그 비교대상 무형자산은 신뢰성 있는 비교가능성 조정(comparability adjustments)을 하지 않는다면 양자를 비교 가능한 무형자산이라고 보기 어렵다. 특히, 무형자산에 기반한 제품의 실제 수익성과 잠재적 수익성을 고려하는 것이 중요하다. 고수익 제품이나 서비스의 기반이 되는 무형자산을 업계 평균 정도의 수익을 내는 제품의 기반 무형자산과 비교가능성이 있다고 하기는 어렵다.[167]

---

[166] 2017년 개정된 OECD 이전가격지침 6.125문단

[167] 2017년 개정된 OECD 이전가격지침 6.126문단

무형자산 거래의 정상가격 산출방법

국조법 시행령 제13조 제3항과 제4항은 다음과 같이 무형자산 거래의 정상가격 산출 방법에 대해 다음과 같이 규정하고 있다.

> ③ 거주자와 국외특수관계인 간의 무형자산 거래에 대한 정상가격 산출방법은 제14조 제1항에서 정한 기준을 고려하여 다음 각 호의 어느 하나에 해당하는 방법을 우선적으로 적용해야 한다.
> 1. 법 제8조 제1항 제1호에 따른 비교가능 제3자 가격방법
> 2. 법 제8조 제1항 제5호에 따른 이익분할방법
>
> ④ 거주자와 국외특수관계인 간의 무형자산 거래에 대한 정상가격 산출방법으로 법 제8조 제1항 제6호를 적용할 때에는 해당 무형자산의 사용으로 창출할 수 있는 미래의 현금흐름 예상액을 현재가치로 할인하는 방법에 따른다. 이 경우 미래의 현금흐름 예상액, 성장률, 할인율, 무형자산의 내용연수 및 잔존가치, 조세부담 등 제반 요소들이 객관적이고 합리적인 방법으로 수집 또는 산출되어야 하며 거주자는 이를 증명할 수 있는 문서를 보관·비치하여야 한다.

위 내용을 요약하면, 무형자산 거래에 적용할 수 있는 정상가격 산출방법으로서 비교가능 제3자 가격방법과 이익분할방법은 우선적으로 사용 가능하고, 이러한 방법으로 정상가격을 산출할 수 없는 경우에는 객관적이고 합리적인 조건을 유지하면서 미래의 현금흐름 예상액을 현재가치로 할인하는 방법(이하 "현금흐름 할인방법")을 사용할 수 있는 것이다. 이는, 그 밖의 방법을 무형자산 거래에 직접적으로 사용하는 것은 적절하지 않다는 것을 내포한다고 할 수 있다.

또한 납세자가 정상가격 산출방법으로서 현금흐름 할인방법을 선택한 경우에는 미래의 현금흐름 예상액, 성장률, 할인율, 무형자산의 내용연수 및 잔존가치, 조세부담 등 제반 요소들이 객관적이고 합리적인

방법으로 수집 또는 산출되어야 하며, 거주자는 이를 증명할 수 있는 자료를 보관 · 비치해야 한다고 규정을 하였다.[168]

가치 측정이 어려운 무형자산(hard - to - value intangibles : HTVI)

국조법 시행령 제13조 제5항과 제6항은 다음과 같이 가치 측정이 어려운 무형자산에 대해 다음과 같이 규정하고 있다.

> ⑤ 다음 각 호의 요건을 모두 갖춘 가치측정이 어려운 무형자산의 당초 거래가격과 사후에 평가된 가격의 차이가 당초 거래가격의 20퍼센트를 초과하는 등 현저한 차이가 발생한 경우 과세당국은 당초 거래가격이 합리적이지 않은 것으로 추정하고, 해당 무형자산과 관련하여 실제로 발생한 경제적 편익 등 사후에 변경된 거래 상황 및 경제 여건 등을 바탕으로 정상가격을 다시 산출할 수 있다.
> 1. 무형자산을 거래할 당시에 비교가능성이 높은 독립된 사업자 간 거래가 없을 것
> 2. 개발 중인 무형자산으로서 상업적으로 활용되기 위해 많은 기간이 소요되거나 무형자산의 높은 혁신성 등으로 거래 당시에 해당 무형자산으로부터 예상되는 경제적 편익 등에 대한 불확실성이 높을 것
>
> ⑥ 다음 각 호의 어느 하나에 해당하는 경우에는 제5항을 적용하지 않는다.
> 1. 무형자산의 당초 거래가격과 사후에 평가된 가격의 차이가 당초 거래를 할 때에 거래 당사자가 합리적으로 예측할 수 없는 사유에 기인한 것으로서 거래 당사자가 거래 당시 예측을 위하여 고려한 가정이 합리적임을 입증한 경우
> 2. 무형자산의 당초 거래가격과 사후에 평가된 가격의 차이가 당초 거래가격의 20퍼센트를 넘지 않는 경우
> 3. 무형자산거래에 대한 정상가격 산출방법에 대하여 법 제14조 제2항 본

---

168 이와 같은 납세자에 대한 국조법령상의 자료 비치 · 보관하는 의무 부여는 납세자가 신고한 정상가격 산출방법의 적정성에 대한 입증 책임을 납세자에게 합법적으로 전가하는 효과를 가져온다.

문에 따라 체약상대국의 권한 있는 당국과의 상호합의절차에 의한 사전 승인을 받은 경우

가치측정이 어려운 무형자산이란, 거래 당시 신뢰할 수 있는 비교대상(comparables)이 없고, 이전된 무형자산으로부터의 성공 가능성을 가늠할 수 없어 미래 현금이나 소득 흐름의 예측이나 가치 평가를 위한 가정이 매우 불확실한 무형자산을 말한다.[169] 2013년 이후 BEPS 프로젝트가 추진되자, 가치 측정이 어려운 무형자산이 다국적 기업그룹 내의 특수관계 기업들 간에 조세회피 또는 경과세국으로의 과세소득 이전을 위한 수단으로 종종 활용되었다는 주장이 힘을 얻기 시작했다. 당초 OECD는, 미국의 이전가격 과세규정을 벤치마킹하여 가치 측정이 어려운 무형자산은 사전적 정보의 신뢰성을 사후적 정보를 근거로 판단하여 과거의 과세소득에 대한 조정을 할 수 있는 권한을 과세당국에 부여하자는 제안을 하였다. 그러나 이러한 규정이 초래할 부작용을 우려한 여러 EU 회원국들과 다국적 기업들이 여러 가지 이슈를 제기하였고, 결국 이와 같은 우려 사항들을 반영하여 과세당국의 자의적 조정권을 견제할 수 있는 장치도 함께 2017년 이전가격 과세지침에 포함되게 되었다.

가치 측정이 어려운 무형자산에 대한 OECD 이전가격 과세지침의 접근방법을 요약한다면, 과세당국이 사후적 결과(ex post outcomes)를 사전적 가격약정(the ex-ante pricing arrangements)의 적절성에 대한 추정증거(presumptive evidence)[170]로 간주할 수 있도록 하여 정보 비대칭의

---

[169] 2017년 개정된 OECD 이전가격지침 6.189문단

[170] 다른 반박증거(rebuttal evidence)에 의해 거짓임이 입증되거나 의미가 저하되지 않는 한 사실이라고 여겨지는 증거를 말한다. [evidence that is considered to be fact unless

부정적인 영향으로부터 과세당국을 보호함과 동시에, 납세자는 특수관계 거래가 발생했을 때 채택된 가격 결정 방법론을 뒷받침하는 정보의 신뢰성을 입증함으로써 그러한 추정 증거를 반박할 수 있도록 하는 것이다.

사례

A국의 거주자(resident)인 회사 A는 제약 화합물의 특허를 받았다. 회사 A는 제약 화합물에 대한 임상 전단계 시험(pre-clinical tests)을 마치고 임상 시험의 제1단계 및 제2단계를 통해 화합물을 성공적으로 추출하였다. 회사 A는 S국의 거주자인 회사 S에 대한 특허권을 0년 차에 양도했다. 회사 S는 특허권을 양도받은 후 제3단계 임상 시험을 실시하였다. 부분적으로 개발된 약물에 대한 특허의 가격을 결정하기 위해, 당사자들은 일단 특허의 잔존기간 동안 최종적으로 약물을 개발했을 때 얻을 것으로 예상되는 수입 또는 현금 흐름을 추정했다. 회사 S가 회사 A에게 특허권 양수 시 지급한 대가는 700만 달러이고 이 금액은 0년 차에 일괄 지급되었다고 가정한다.

회사 A는 제약 화합물의 판매가 연간 1,000만 달러를 초과하지 않으며 6차년도까지는 상용화가 시작되지 않을 것이라고 가정했다. 현금 흐름의 현재가치 할인율은 동일한 개발단계에 있는 유사한 카테고리로 분류되는 의약품들의 실패 위험을 분석해 놓은 외부 자료를 참조하여 결정되었다. A국의 과세당국은, 회사 A의 0년 차의 특허권 양도에 관한 위에 기술된 사실을 설령 알고 있었다 하더라도, 판매와 관련하여 회사 A가 세운 가정의 합리성을 검증할 수단은 없다.

시나리오 A

4년 차에 A국의 과세당국은 회사 A의 0~2년 차에 대한 세무조사를 했는데, 회사 S의 제3단계 임상 시험이 예상보다 일찍 완료되어 실제로 3년 차에 상업화가 시작되었다는 정보를 획득했다. 3년 차와 4년 차의 매출은, 특허권 양도 이전 시점에서 예측한 6년 차와 7년 차에 달성될 것으로 예상된 매출에 해당한다. 회사 A는, 당초의 특허권 가치 평가 시 의약품 판매가 조기에 이루

proven to be false or outweighed by other rebuttal evidence]

어질 수 있는 확률을 고려했음을 입증하지 못할 뿐만 아니라, 그러한 사태 진전이 예견될 수 없는 것이었음을 입증하지 못한다.

사후적 결과에 의해 제공된 추정 증거를 기초로 과세당국은 특허거래가 이루어질 당시의 가치평가는 조기에 매출이 발생할 가능성을 고려하지 않았다고 판단했다. 즉 과세당국은 조기 판매의 '적절히 위험이 조정된 확률(the appropriately risk-adjusted possibility)'을 포함되도록 납세자인 회사 A의 당초 평가를 수정하였는데, 이는 0년 차에 이전했던 특허권의 그 시점에서의 순 현재가치가 700만 달러가 아닌 1,000만 달러가 되어야 한다는 것이다. 수정된 순 현재가치는 거래 전에 각 당사자가 HTVI와 관련하여 수행한 기능, 사용한 자산과 부담한 위험을 반영하고 있을 뿐만 아니라, 거래 시점에 거래 후 각 당사자가 수행할 기능, 사용할 자산과 부담할 위험을 합리적으로 예상한 것이다. 따라서 해당 과세당국은 HTVI에 관한 접근방식에 대한 OECD 이전가격 과세지침에 따라 0년 차에 300만 달러를 추가로 과세 조정할 권리가 있다.

시나리오 B

과세당국은 사후적 결과에 의해 제공된 추정 증거를 사용하여 특허 거래가 이루어질 당시의 가치평가는 조기에 매출이 발생할 가능성을 고려하지 않았다고 판단했다. 즉 조기 판매에 대한 '적절히 위험이 조정된 확률(the appropriately risk-adjusted possibility)이 포함되도록 납세자의 당초 평가가 수정되었는데, 이는 0년 차에 양도했던 특허권의 그 시점에서 순 현재가치가 700만 달러가 아닌 800만 달러가 되어야 한다는 것이다.

HTVI에 관한 접근방식에 대한 OECD 이전가격 과세지침에 따라, 과세당국은 0년 차에 100만 달러의 추가 이익을 추가로 과세 조절할 권리가 있다고 평가하도록 조정할 권리가 있다고 생각할 수도 있다. 그러나 HTVI인 경우 조정 대상 추가 이익 100만 달러는 거래 시점에 결정된 거래대가 700만 달러의 20%보다 작은 금액이므로 해당 과세당국은 회사 A에 대한 과세조정을 해서는 안 된다.

13

원가분담약정에 대해 정상거래원칙은 어떻게 적용될까?

원가분담약정(Cost Contribution Arrangement : CCA)은 자산, 서비스 또는 권리의 개발, 생산, 확보에 따르는 비용과 위험을 분담하고 결과물인 자산, 서비스 또는 권리에 대한 개별 참여자 지분의 성격과 크기를 결정하기 위한 기업 간의 합의이다. 약정의 참여자는 원가분담에 대한 자기의 지분을 사용권자가 아니라 실질적인 소유자(effective owner)로서 독립적으로 활용할 수 있는데, 그 지분에 대하여 누구에게도 사용료나 여타의 대가를 지급하지 않는다. 반대로 참여자 외의 자가 참여자 지분의 전부 또는 일부를 활용하기 위해서는 그 참여자에게 적정한 대가(예 : 사용료)를 지급하여야 한다.[171]

2006.5. 거주자(내국법인과 국내사업장 포함) 해외특수관계회사 간의 원가분담에 대한 적정 여부를 검증할 수 있는 방안이 OECD 이전가격과세지침을 반영하여 국조법에 규정되었다. OECD 이전가격 과세지침과 달리 국조법에서는 원가분담약정이 적용되는 범위를 무형자산의 개발에 한정하고 있다. 이것은 일종의 과도적 조치로서 우리나라 세법체계

171 OECD 이전가격지침 8.3문단

에 새로이 도입되는 원가분담약정에 대하여 우선 외국에서 다년간 운용 경험이 축적된 무형자산의 경우에 한정하여 우리 세법 체계에 접목, 운용한 후 그 성과를 보아가며 향후 용역 등의 부분에까지 그 적용범위를 넓히고자 했던 것이다.

CCA는 정상거래원칙(arm's length principle)에 부합하는 방식으로 체결되어야 한다. 일반적으로 정상거래원칙에 충실한 CCA는 보통 다음의 요건을 충족해야 한다(2017 TP §8.50).

① 원가분담약정 활동 자체에서 직접 혹은 간접적으로 상호편익을 얻을 것으로 기대되는 기업만이 참여자에 포함된다.
② 약정에는 원가분담약정활동의 결과에 대한 각 참여자 지분의 성격과 한도는 물론, 각자의 기대편익비율이 명시된다.
③ 원가분담약정을 통하여 취득하게 될 무형자산, 유형자산이나 용역의 지분이나 권리에 대하여 원가분담약정에의 기여, 적정 조정 지급 이외의 다른 지급은 없다.
④ 참여자들의 기여가치는 OECD 이전가격 과세지침에 따라 결정되며, 약정으로 인한 기대편익비율에 맞는 기여비율을 보장하기 위하여 필요한 경우 조정지급을 하여야 한다.
⑤ 약정에서 참여자간 기대편익비율의 변화를 반영하기 위하여 일정 기간 이후 조정지급을 하거나 미래적으로 기여비율을 변경하는 규정을 명시할 수 있다.
⑥ 참여자의 진입이나 탈퇴 그리고 원가분담약정의 종료 시에는 필요한 경우 조정(가입대가 또는 탈퇴대가의 가능성 포함한)을 할 수 있다.

국조법령상 정상 원가분담액을 기준으로 한 과세조정 근거

과세당국은 거주자(내국법인 및 외국법인 국내사업장 포함)가 국외특수관계인과 무형자산을 공동으로 개발 또는 확보(공동개발)하기 위하여 사전에 원가 · 비용 · 위험(원가 등)의 분담에 대한 약정을 체결하고 이에 따라 공동 개발하는 경우 거주자의 원가 등의 분담액이 정상원가분담액보다 적거나 많을 때에는 정상원가분담액을 기준으로 거주자의 원가 등의 분담액을 조정하여 거주자의 과세표준과 세액을 결정하거나 경정할 수 있다.[172]

"정상원가분담액"은 거주자가 국외특수관계인이 아닌 자와의 통상적인 원가 · 비용 및 위험부담(이하 "원가 등"이라 함)의 분담에 대한 약정에서 적용하거나 적용할 것으로 판단되는 분담액으로서, 무형자산의 공동개발을 위한 원가 등을 그 무형자산으로부터 기대되는 편익(이하 "기대편익")에 비례하여 배분한 금액을 말한다. 다만, 천재지변이나 그 밖의 불가항력적인 사유로 원가 등이 당초 약정대로 분담되지 못하였다고 인정되는 경우에는 해당 사유를 고려하여 재산정한 금액을 정상원가분담액으로 할 수 있다.[173]

한편, 정상원가분담액 계산 시 '원가 등의 분담 약정 참여자가 소유한 무형자산의 사용대가'와 '분담액 차입 시 발행하는 지급이자'는 제외한다.[174] 또한 정상원가분담액은 그에 대한 약정을 체결하고 원가 등을

172 국조법 제9조 제1항

173 국조법 제9조 제2항. 단서조항은, 코로나19 등 특수한 상황 하에서 이전가격 세제 적용 합리화를 도모하기 위해 2020.12에 OECD가 발간한 「Guidance on the transfer pricing implications of the COVID-19 pandemic」에 포함된 지침을 반영한 것으로서 2022.1.1.이후 결정 · 경정하는 분부터 적용된다.

174 국조법 시행령 제17조 제2항

분담한 경우에만 거주자의 필요경비 또는 손금에 산입(算入)한다.[175] 한편, 여기서 기대편익은 무형자산을 공동개발한 후 실현될 것으로 추정되는 다음 각 호의 어느 하나에 해당하는 편익을 사용하여 산정한다.[176]

1. 원가의 절감
2. 무형자산의 활용으로 인한 다음 각 목의 어느 하나에 해당하는 것의 증가
   가. 매출액
   나. 영업이익
   다. 사용량, 생산량 또는 판매량

국조법은, 거주자가 국외특수관계인과 공동개발한 무형자산에 대하여 적정하게 원가 등을 배분하여 각 참여자의 지분을 결정한 후 공동개발한 무형자산으로부터 기대되는 편익(즉 기대편익)이 개발 후 실현되는 기대편익과 비교하여 20% 이상 증가하거나 감소하는 경우 과세당국은 원래 결정된 각 참여자의 지분을 변동된 기대편익을 기준으로 조정하여 거주자의 과세표준과 세액을 결정하거나 경정할 수 있다고 규정하고 있다.[177] 이 경우 참여자인 거주자의 지분을 조정하는 상황이라면 거주자가 부담한 총원가 등의 분담액을 조정된 거주자의 지분에 따라 다시 계산하여 초과 부담한 원가 등의 분담액은 그 변동이 발생한 사업연도의 과세표준을 계산할 때에 조정하게 된다.[178] 한편, 원가 등의 분담액을 조정한 후 기대편익의 변동이 다시 발생한 경우에는 수정신고

175 국조법 시행령 제17조 제3항

176 국조법 시행령 제17조 제4항

177 국조법 제9조 제3항 및 국조법 시행령 제18조 제1항

178 국조법 시행령 제18조 제2항

나 경정청구가 가능하다.[179] 또한 과세당국은 원가 등의 분담액 조정에 따라 거주자의 과세표준 및 세액을 결정하거나 경정하려는 경우에는 무형자산을 공동개발한 날이 속하는 과세연도에 대한 과세표준 신고기한의 다음 날부터 5년을 초과하여 거주자의 과세표준과 세액을 조정할 수 없다.[180] 이와 같은 규정은 기대편익이 변동되는 경우 그 조정이 최대 5년의 범위 내에서 주기 적으로 이루어질 수 있도록 유도하기 위해서 도입되었다.

국외특수관계인과 원가분담약정을 체결하고 원가 등을 분담함으로써 과세소득 산정 시 필요경비 또는 손금에 산입(算入)한 거주자(내국법인과 국내사업장 포함)는 소득세 또는 법인세 확정신고(연결과세표준 신고 포함) 시 기획재정부령으로 정하는 원가등의 분담액 조정 명세서를 과세당국에 제출해야 한다.[181] 거주자는 제37조(국제거래에 대한 자료 제출기한 연장) 제1항 각 호의 어느 하나에 해당하는 사유로 원가등의 분담액 조정 명세서를 확정신고 시 제출할 수 없는 경우에는 제출기한 15일 전까지 기획재정부령으로 정하는 제출기한 연장 신청서에 따라 제출기한의 연장을 과세당국에 신청할 수 있다.[182]

한편 이러한 신청을 받은 과세당국은 1년의 범위에서 그 제출기한의 연장을 승인할 수 있으며, 연장 신청이 접수된 날부터 7일 이내에 연장 여부를 신청인에게 통지해야 한다. 이 경우 7일 이내에 통지하지 않은 경우에는 연장을 신청한 기한까지 제출기한이 연장된 것으로 본다.

---

179 국조법 시행령 제18조 제3항

180 국조법 시행령 제18조 제4항

181 국조법 시행령 제20조 제1항

182 국조법 시행령 제20조 제2항

14

그룹 내 용역거래에 대해 정상거래원칙은 어떻게 적용될까?

다국적 기업은 행정, 기술, 재무 및 영업 분야를 비롯하여 전체그룹을 위한 관리, 조정 및 통제기능 등의 폭넓은 범위의 용역을 구성 기업들이 이용하도록 조달하는 것이 일반적이다. 이 경우 모기업이나 그룹서비스센터 또는 그룹 내 다른 기업이 이런 용역을 제공하고 그 비용을 일차적으로 부담한 후, 추후에 동 비용을 그룹 내 기업들에게 보전받는다. 이와 같이 보전받는 금액 역시 특수관계인 간 거래의 대가이므로 이 과정에서 다국적기업그룹 내 특정 기업의 이윤이 다른 기업에게 자의적으로 이전될 소지가 있다. 이와 같은 자의적인 과세소득 이전 행위가 발생하지 않도록 하기 위해서는 다국적기업그룹 내 용역거래에 대해서도 정상가격이 적용되어야 할 필요가 있다. 그룹 내 용역거래를 몇 가지 예시해보면 다음과 같다.

① **채권팩토링활동**(debt-factoring)

다국적 기업이 경제적인 이유로(예를 들어 환율 및 대손위험을 줄이고, 관리부담을 줄이기 위해) 채권팩토링 활동을 중앙집중적으로 수행하는 예가 있을 수 있다. 이 경우 이를 담당하는 채권관리센터는 그룹 내부용역을 제공하는 것이며, 이에 대해서는 독립기업대가가 있어야 한다. 정상가격산출방법으로는 비교가능 제3자 가격방법(CUP)이 적합할 수 있다.[183]

② **임가공**(contract manufacturing)

내부용역의 또 다른 사례로는 생산이나 조립활동을 들 수 있다. 이러한 활동은 일반적으로 임가공(contract manufacturing)이라 불리는 것을 포함하여, 다양한 형태로 나타난다. 임가공의 경우, 생산기업은 거래상대방으로부터 생산제품의 수량, 품질에 대한 구체적 지침을 받아 이에 따라 생산활동을 수행한다. 어떤 경우에는 원재료나 부품을 거래상대방이 생산기업에게 제공하기도 한다. 또한 생산기업은 품질요건을 충족하는 한 생산품 전량의 구매를 보장받는다. 이 경우, 생산기업은 적은 위험을 부담하며 거래상대방에게 용역을 제공하는 것으로 간주되므로, 원가가산방법 또는 총원가 대비 영업이익률을 '거래순이익률지표'로 하는 거래순이익률방법이 적절한 이전가격방법이 될 수 있다.

③ **계약연구**(contract research)

연구활동도 마찬가지로 내부용역의 사례가 될 수 있다. 계약연구(contract research)로 부르는 연구활동의 조건은 용역의뢰 당사자와의 세부계약에서 정해진다. 이러한 활동은 고급기술인력을 참여시킬 수 있으며, 연구 성격과 그룹 성공에 미치는 중요성에 따라 상당히 다르게 나타난다. 실제약정은 발주자가 제시한 구체적 과업을 수행하는 것에서부터 연구기업이 넓은 범위의 작업재량을 갖는 약정까지 다양한 형식을 취한다. 후자의 경우, 사업가치가 있는 분야를 가려내고 연구실

---

[183] OECD 이전가격지침 7.39문단

패의 위험을 평가하는 추가기능이 그룹 전체성과에 결정적 요인이 된다. 그러므로 적절한 이전가격방법을 고려하기 전에 상세한 기능분석을 수행하고 연구의 정확한 성격과 회사가 활동을 어떻게 수행하는지 이해하는 것이 중요하다. 연구를 의뢰하는 당사자에게 현실적으로 가능한 대안을 고려하는 것도 적절한 이전가격방법을 선택하는 데 또한 유용할 수 있다.[184]

④ 권리허여 관리

내부용역의 또 다른 사례는 권리허여(licenses)의 관리이다. 이 경우, 권리허여의 관리 및 집행은 그 권리의 사용과는 구분되어야 한다. 권리허여의 침해 가능성을 감시하고 그 권리허여권(licenses rights)을 집행하는 데 책임이 있는 그룹용역센터에서 권리허여의 보호를 담당한다.[185]

일반적으로 그룹 내 용역수행(Intra-Group Service)에 대하여 용역제공자의 발생경비를 일정 기준에 따라 배분하고 이를 기초로 수수료를 산정 청구하는 방식인 간접청구방식이 사용되는 경우에는 일반적으로 대가와 제공된 용역 간의 관계가 분명하지 않고 발생한 편익을 정확히 측정하기 어려운 실무적인 문제가 있다. 이러한 이유로 경영자문수수료와 같은 그룹 내 용역수행대가에 대하여 용역이 실제로 제공되었다는 것과 동 용역이 업무와 관련이 있다는 것을 제대로 입증할 수 없는 경우에는 그 비용을 세무상으로 공제받기가 어려울 수 있다.

이와 관련하여 대법원은 내국법인이 국외특수관계인에게 지급한 경영지원 용역 대가에 대하여 거래당사자의 업무내용에 대한 이해를 바탕

184 OECD 이전가격 과세지침 7.41문단

185 OECD 이전가격 과세지침 7.42문단

으로, (ⅰ) 해당 용역이 내국법인의 사업활동을 위한 것으로 내국법인의 소득발생과 합리적인 관련이 있고, (ⅱ) 국외특수관계인이 구성기업들에게 용역을 제공하면서 발생한 비용도 각 회사들의 매출액 등 합리적인 기준에 따라 배분하였다고 보인다면 손금에 해당한다는 판결을 내린 바 있다(대법원 2005두4283, 2005.9.15.; 대법원 2001두3167, 2002.9.27.).

대법원 판결에도 불구하고 납세자가 경영자문수수료와 관련하여 용역의 실재성 및 업무 관련성 등을 입증하기는 쉽지 않다. 따라서 경영자문수수료는 현재에도 여전히 납세자와 과세당국 간 다툼이 많은 이슈 중의 하나이다.

그룹 내 용역거래에 대한 국조법령상 취급

재화거래와는 달리 용역거래는 일반적으로 추적이 용이하지 않은 특성이 있어서, 거주자가 국외특수관계인에게 소득을 부당히 이전할 목적으로 불필요한 용역대가를 지급할 소지가 크다. 이런 이유로 국외특수관계자에게 지급되는 용역대가에 대해서는 대다수의 국가에서 납세자와 과세당국 간 분쟁이 자주 발생하였다. 이런 배경하에서 OECD는 1995년 제정된 이전가격 과세지침을 통해 '다국적 기업 그룹 내의 용역'에 대한 정상거래 원칙에 입각한 과세지침을 제시한 바 있다. 우리나라의 경우도 오래 전부터 이에 대한 분쟁이 지속되었기 때문에, 2006년 국조법령 정비 시 그룹 내 용역에 대한 OECD 이전가격 과세지침을 벤치마킹하여 이에 대한 과세기준, 특히 손금으로 인정받을 수 있는 용역의 범위와 문서화 요건을 규정하였다. 또한 원가를 기준으로 정상가격산출방법을 결정할 경우의 합리적 비용산출 방법도 국조법령에 함께 규정하였다. 관련 규정은 다음과 같다.

1) 그룹 내 용역거래에 대한 정상가격 산출방법

시장에서 독립기업 간에 유사한 용역이 제공되거나 용역을 제공하는 특수관계 기업이 유사한 상황에서 독립기업에게 유사한 용역을 제공하는 경우에는 CUP 방법이 사용될 수 있으나(예를 들어 회계, 감사, 법률 또는 컴퓨터 용역 등), 비교 가능 제3자 간에 직접 비교할 수 있는 동일 또는 유사 거래가 없는 경우로서 관련 용역의 성격, 사용자산 및 부담위험의 측면에서 비교 가능한 독립기업 간 거래가 있는 경우에는 원가가산방법(Cost Plus Method) 또는 총원가에 기반한 거래순이익률방법(Transactional Net Margin Method)이 사용될 수 있다.

국조법 시행령 제12조 제1항은 다음과 같이 그룹 내 용역거래에 대한 정상가격 산출방법을 규정하고 있다.

> ① 거주자와 국외특수관계인 간의 용역거래(경영관리, 금융자문, 지급보증, 전산지원 및 기술지원, 그 밖에 사업상 필요하다고 인정되는 용역의 거래를 말한다. 이하 이 조에서 같다)의 정상가격 산출방법으로 법 제8조 제1항 제3호에 따른 원가가산방법 또는 이 영 제8조 제1항 제3호에 따른 거래순이익률방법을 적용할 때에는 다음 각 호의 기준에 따라 산정한다.
> 1. 발생한 원가에는 그 용역 제공을 위하여 직접 또는 간접으로 발생한 비용 모두를 포함시킬 것
> 2. 용역 제공자가 그 용역을 수행하기 위하여 제3자에게 그 용역의 일부 또는 전부를 대행할 것을 의뢰하고 제3자에게 대금을 한꺼번에 지급한 후 이에 대한 비용을 용역을 제공받는 자에게 재청구하는 경우에는 용역 제공자는 자신이 그 용역과 관련하여 직접 수행한 활동으로부터 발생한 원가에 대해서만 통상의 이윤을 더할 것. 다만, 용역의 내용과 거래 상황 및 관행에 비추어 합리적이라고 인정되는 경우는 제외한다.

용역거래의 정상가격 산출을 위해 거래순이익률방법을 사용하는 경우에는 성격상 거래순이익률 지표로서 '총원가(즉 매출원가 및 영업비용)에

대한 거래순이익률'을 사용하는 것이 적정하다. 이런 맥락에서 국조법 시행령 제12조 제1항 제1호에서 "발생한 원가에는 그 용역 제공을 위하여 직접 또는 간접으로 발생한 비용 모두를 포함시킬 것"이라는 기준을 제시하고 있는 것이다.

특수관계 기업이 용역제공과 관련하여 단지 대리인이나 중개인으로 역할을 하는 때는 원가가산방법 사용 시 용역수행 자체가 아닌 대리기능의 수행에 관련된 이익률을 기준으로 보상이 이루어져야 한다. 대리기능 자체의 원가가 아닌 용역의 원가에 대하여도 이익률을 가산하여 독립기업가격을 결정하는 것은 부적절할 수 있다. 또한 대리기능수행과 관련하여 용역원가에 대해 가산하는 이익률은 용역자체의 수행에 관련한 이익률보다는 낮아야 한다. 예를 들어 그룹 내 기업들을 위하여 광고 공간을 임차함에 따라 특수관계 기업들에게 비용이 발생할 수 있는데, 이러한 비용은 독립기업 간 거래에서라면 그 기업들에게 직접 발생하였을 것이다. 이런 경우 발생한 임차료는 이익률의 가산 없이 그룹 내의 용역을 제공받는 기업들로부터 보상을 받고, 단지 대리기능에 따른 중개인의 지위에서 발생한 원가에 대해서만 이익률을 가산하는 것이 적절하다.[186]

2) 그룹 내 용역거래의 실재성에 대한 판단

그룹 내 용역거래의 실재성에 대해 국조법 시행령 제12조 제7항은 다음과 같이 규정하고 있다.

---

[186] OECD 이전가격 과세지침 7.34문단

⑦ 거주자와 국외특수관계인 간의 용역거래가 다음 각 호의 요건 중 어느 하나라도 갖추지 않은 경우에는 그 용역거래의 비용을 필요경비 또는 손금에 산입하지 않는다.

1. 용역 제공자가 사전에 약정을 체결하고 그 약정에 따라 용역을 실제로 제공할 것
2. 용역을 제공받는 자가 제공받는 용역으로 추가적인 수익이 발생하거나 비용이 절감되기를 기대할 수 있을 것
3. 용역을 제공받는 자가 제공받는 용역과 같은 용역을 다른 특수관계인이 자체적으로 수행하고 있거나 특수관계가 없는 제3자가 다른 특수관계인을 위하여 제공하고 있지 않을 것. 다만, 사업 및 조직구조의 개편, 구조조정 및 경영의사 결정의 오류를 줄이는 등의 합리적인 사유로 일시적으로 중복된 용역을 제공받는 경우는 제외한다.

위 규정과 관련된 OECD 이전가격 과세지침의 내용은 다음과 같다.

① 편익기준 판단(benefits test)

그룹 내 용역 제공이 존재하였는지 문제는 그러한 활동이 그룹 내의 다른 각 기업에게 그 사업상의 지위를 제고시키는 경제적 또는 사업적 가치를 제공했는지에 따라 결정되며, 유사 상황의 독립기업이 '그러한 활동에 대해 대가를 지급할 것인지' 또는 '자신을 위하여 자체적으로 그러한 활동을 수행할 것인지'라는 질문에 대해 긍정적 답변이 예상되면 그 활동은 독립기업원칙에 따라서 그룹 내부용역거래가 있었다고 볼 수 있다.[187] 이는 명백한 실제의 사실관계와 상황에 따라 좌우되며, 단지 대가를 지급하고 그 계정과목을 '경영자문료(management fee)'와 같이 단순 설명하는 것만으로는 그룹 내부용역거래가 있었다고 인정할 수 없다.[188]

---

187 OECD 이전가격 과세지침 7.6문단

② **주주활동**(shareholder's activities)

관계 기업이 그룹 내 하나 이상의 기업 또는 그룹 전체와 관련된 활동이 수행되는 경우 복잡한 분석이 필요하다. 극단적인 경우, 일부 구성원들은 그 활동을 필요로 하지 않음에도 불구하고(따라서 독립기업이었다면 대가를 지급하지 않을 것임) 이들 기업들에 대하여 내부용역이 수행될 수 있다. 그룹의 한 기업이(보통 모회사나 지역지주회사) 다른 구성원들에 대한 소유권 행사 차원에서(즉 주주로서의 행위) 수행하는 활동이 이러한 활동에 해당된다. 이러한 유형의 활동은 내부용역으로 보지 않으며, 용역을 제공받은 기업에 대가를 청구하는 것은 정당화되지 않는다. 그 대신, 이러한 유형의 활동에 대한 비용은 주주수준에서 부담되고 배분되어야 한다.[189]

다음은 주주활동과 관련된 비용의 사례들이다.

㉠ 모회사 주주들의 주주총회, 모회사의 주권발행, 모회사의 주식상장, 감독위원회(supervisory board)의 비용과 같은 모회사 자신의 법적구조와 관련된 비용

㉡ 재무보고서의 연결과 같은 모회사의 보고의무(재무보고 및 감사)와 관련된 비용, 모회사를 위해 수행되는 자회사 회계감사와 관련된 비용, 다국적 기업의 연결재무제표 작성을 위한 비용

㉢ 경영참가를 위한 매수자금조달과 관련한 비용, 모회사의 주주, 금융분석가, 펀드 및 기타 이해관계자와의 의사소통 전략과 같은 모회사의 투자자관리와 관련된 비용

㉣ 모회사의 납세협력 관련비용

188 OECD 이전가격 과세지침 7.18문단

189 OECD 이전가격 과세지침 7.9문단

ⓜ 다국적 기업그룹의 기업지배구조에 수반되는 비용

그러나 예를 들면, 모회사가 그룹 내 다른 회사를 위하여 그 회사가 새로운 회사를 매수하는 데 사용할 자금을 조달하는 경우에는 일반적으로 모회사가 용역을 제공하는 것으로 보아야 한다. 이러한 활동이 주주활동의 정의에 해당하는지는 비교 가능한 사실관계에서 독립기업이라면 그러한 활동에 대하여 비용을 지급하거나 자신이 직접 수행하려 할 것인지에 따라 결정되어야 한다. 위에서 설명한 활동이 그룹의 다른 구성원에 대한 지분관계 이외의 이유로 한 기업에 의해 수행되는 경우 그 기업은 주주활동을 수행하는 것이 아니라 모기업이나 지주회사에 용역을 제공한 것으로 보아야 한다.[190]

③ **중복활동**(duplicative activities)

한 기업이 자체적으로 수행하거나 제3자가 제공하는 용역과 같은 용역을 다른 특수관계 기업이 제공하는 경우 일반적으로 그룹 내부 간 용역거래가 있다고 할 수 없다. 이 경우 다른 특수관계 기업이 한 기업에게 실질적으로 제공한 이익이 없기 때문에 대가를 지급할 이유가 없다. 다만, 다음의 경우는 예외이다.[191]

㉠ 기업그룹이 중앙집권적 관리를 위해 조직을 재편하는 과정에서 일시적으로 동일한 용역이 중복되는 경우
㉡ 어떤 문제에 관하여 2차적으로 법률적 의견을 구함으로써 사업결정의 오류를 줄이기 위해 같은 용역이 반복되는 경우
㉢ 일부 규제분야에서 통제기능을 지역적으로 수행하면서도 다른 한

190 OECD 이전가격 과세지침 7.10문단

191 OECD 이전가격 과세지침 7.11문단

편으로 모회사가 통합하여 수행하도록 하는 경우

④ **부수편익**(Incidental benefits)

주주나 조정센터가 수행하는 용역이 일부 기업과 관련되지만 부수적으로 다른 기업에게도 혜택을 주는 경우가 있다. 조직개편, 매수 또는 부서폐지 등이 그 좋은 예가 된다. 이런 활동은 그룹 내 관련 기업, 즉 매수를 시행하거나 부서를 폐지하게 될 기업들에 대해서는 용역이 제공되지만 그룹 내 다른 기업에게도 효율 증대, 규모의 경제 또는 기타 상승효과를 통해 경제적 혜택을 줄 수 있다. 이러한 부수적 이익은 이들 기업의 입장에서는 용역을 제공받는 것이 아니므로 그룹 내 용역의 제공이 있었다고 볼 수 없다.[192]

⑤ **수동적 관련성**(passive association)

특수관계 기업이 단지 그룹 구성원이라는 사실 때문에 혜택을 받는 경우 그룹 내 용역을 제공받은 것이 아니다. 예를 들어, 특수관계 기업이 그룹의 높은 신용등급을 같이 향유하는 경우 그룹 내 용역의 제공은 없는 것이지만, 높은 신용등급이 그룹 내 다른 기업의 보증 때문이거나 그 기업이 전 세계적인 마케팅이나 광고전략에서 생겨난 그룹명성으로 인하여 혜택을 보는 경우에는 일반적으로 그룹 내 용역이 있었던 것이 본다.[193]

---

[192] OECD 이전가격 과세지침 7.11문단

[193] OECD 이전가격 과세지침 7.13문단

저부가가치용역(low value-adding intra-group services) 거래에 대한 정상가격 산출방법

저부가가치용역이란 다국적 기업그룹 내 적용하는 용역 중 보조적인 성격으로서 그룹의 핵심사업의 일부가 아니며, 용역제공과정에서 특별하고 가치 있는 무형자산을 사용하거나 창출하지 않고, 용역제공자가 특별한 위험을 부담하지 않는 용역을 가리킨다. 구체적으로 열거하면 회계, 채권추심, 인사, IT, 법률자문, 세무 compliance 업무 등이 있다. 용역의 대가를 간단히 계산하는 방식이란, (i) 저부가가치 용역관련 대상 원가를 결정하고, (ii) 적절한 배분기준을 이용해 그룹계열사에 배분한 뒤, (iii) 원가에 일정 이윤(5%)을 mark-up해서 해당 용역을 제공한 기업에게 용역대가를 지불하는 방식을 가리킨다. 5% mark-up에 대해서는 별도의 벤치마킹 분석은 면제한다. 한편, 해당 용역대가가 일정 기준(threshold)을 초과하는 경우 이러한 간편 청구방식을 사용하지 않고 혜택분석(Benefit Test)을 포함한 기능분석을 통해 정상가격을 결정할 수 있다.[194]

이와 같은 저부가가치용역에 대한 간편 부과방식 채택의 제안은 일종의 safe harbour 규칙을 제안한 것이라 할 수 있는데, 이는 그동안 저부가가치 용역에 대해 국제적으로 지나치게 규제가 심해 다국적 기업에게 과도한 납세협력비용이 소요되고 있다는 점을 OECD 이전가격 전문가들이 인정했기 때문인 것으로 판단된다.

우리나라도 2020년 2월 국조법 시행령에 저부가가치용역에 대한 간소화된 정상가격 계산방식을 도입했는데 그 내용은 OECD가 제안한 방식과 매우 유사하다. 즉 국조법 시행령 제12조 제2항에 따르면, 거주자

---

[194] OECD 이전가격 과세지침 7.44~7.65문단

(내국법인과 외국법인 국내사업장 포함)가 다음 각 호의 요건을 모두 충족하는 저부가가치 용역거래에 대해 해당 용역의 원가에 5%를 가산한 금액을 용역거래의 가격으로 적용한 경우에는 그 금액을 정상가격으로 본다.

1. 거래대상 용역은 다음 각 목의 어느 하나에 해당하지 않는 용역으로서 거주자와 국외특수관계인의 핵심사업활동과 직접 관련되지 않는 지원적 성격의 용역일 것
   가. 연구개발
   나. 천연자원의 탐사 · 채취 및 가공
   다. 원재료 구입, 제조, 판매, 마케팅 및 홍보
   라. 금융, 보험 및 재보험
2. 용역이 제공되는 과정에서 다음 각 목의 어느 하나에 해당하는 사실이 없을 것
   가. 독특하고 가치 있는 무형자산의 사용 또는 창출
   나. 용역 제공자가 중대한 위험을 부담 또는 관리 · 통제
3. 용역 제공자 및 용역을 제공받는 자는 특수관계가 없는 제3자와 유사한 용역거래를 하지 않을 것

이 경우 해당 용역의 원가는 다음의 기준에 따라 산정한다.[195]

1. 발생한 원가에는 그 용역 제공을 위하여 직접 또는 간접으로 발생한 비용 모두를 포함시킬 것
2. 용역 제공자가 그 용역을 수행하기 위하여 제3자에게 그 용역의 일부 또는 전부를 대행하여 수행할 것을 의뢰하고 대금을 한꺼번에 지급한 후 이에 대한 비용을 용역을 제공받는 자에게 재청구하는 경우 용역 제공자는 자신이 그 용역과 관련하여 직접 수행한 활동으로부터 발생한 원가에 대해서만 통상의 이윤을 더할 것(다만, 용역의 내용과 거래 상황 및 관행에 비추어 합리적이라고 인정되는 경우는 제외한다).

---

[195] 국조법 시행령 제12조 제1항

한편, 해당 사업연도의 저부가가치 용역의 원가에 5%를 가산한 금액의 합계가 국조법 시행규칙 제4조에서 규정하는 다음 각 금액 중 작은 금액을 초과하는 경우에는 저부가가치 용역에 대한 특례를 적용하지 않는다.

1. 거주자의 매출액의 5%
2. 거주자의 영업비용의 15%

지급보증수수료에 대한 이전가격 과세

1) 지급보증수수료에 대한 국세청의 이전가격 과세 경위

다국적 회사의 모기업이 국외에 설립하는 자회사는 일반적으로 현지에서 신용도가 낮기 때문에 현지에서 은행 등 금융기관으로부터 자금을 차입하는 경우 다국적 회사의 모기업이 지급보증[196]을 서는 것이 일반적이다. 흔히 지급보증은 신용도가 높은 모회사가 보증인이 되고 신용도가 낮은 자회사가 피보증인이 되며, 보증인이 피보증인의 현지 차입에 대해 지급보증을 서게 되고, 이에 대해 피보증인은 보증인에게 지급보증의 대가인 지급보증수수료를 지급하게 된다.

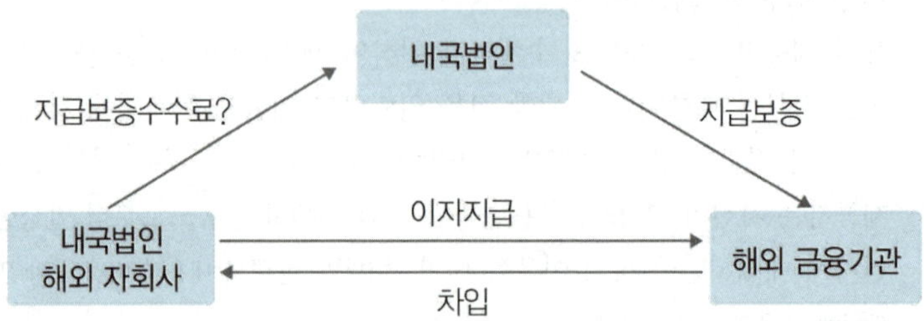

196 지급보증이란 채권자 · 채무자가 아닌 제3자가 채무자의 불이행에 대하여 대신 변제할 것을 약속하는 행위를 말한다.

지급보증과 관련하여 재정경제부는 2003.12.18. 예규(재국조 115)를 생산했는데 그 내용은 다음과 같다. 즉 내국법인이 국외특수관계인의 금융차입과 관련하여 지급보증을 하는 것은 국조법 제2조 제1항 제1호에서 규정하는 국제거래에 해당하는 것으로 동법 제4조(현행 제7조) 규정에 의한 정상가격 과세조정대상에 해당한다는 것이다.

그 후 국세청은 지급보증을 서고 있는 내국법인이 해외자회사로부터 적정수준의 지급보증수수료를 수취할 것을 유도해 왔다. 한편으로, 국세청은 지급보증수수료 과세의 정당성에 대해 외부 연구용역을 의뢰하고, 신용정보회사 등과 함께 자체적인 지급보증수수료 모형에 대한 개발을 진행하였다. 마침내 2011년 말 자체적인 모형을 완성한 국세청은 2006년에서 2012년 과세분까지 국세청의 자체적인 모형에서 산출되는 요율을 정상 지급보증수수료 요율이라고 보아, 회사가 실제로 해외자회사로부터 수령한 요율과의 차이에 대해 당시 국조법 제4조에 의거하여 과세추징을 하였다.

일반적으로 금융기관이 특정 고객에 대한 대출이자율을 결정하는 경우 기준금리에 차입자의 신용등급에 따라 적용되는 신용위험프리미엄을 반영한 가산금리를 합산하여 이자율을 결정한다. 이와 같은 점에 착안하여 국세청은 재무자료를 기초로 모회사와 자회사의 신용등급을 결정하고 각 신용등급에 따라 결정될 가산금리 차이를 정상지급보증수수료로 취급하는 모형을 개발하였다.

이 모형에 대해 좀 더 구체적으로 살펴보면 첫째, 신용등급의 기초가 되는 예상 부도율(PD 값, Probability of Default)을 산출하기 위해 모기업의 자료를 중심으로 전체 재무자료를 사용한 재무비율 143개와 요약 재무비율 63개 중 자료 간의 통계적 유의성을 우선적으로 검증하여, 유의성이 검증된 재무비율을 선정하였다. 둘째, 모형의 평가항목으로 선정된 재무비율에 통계적 가중치를 부여하여 모형 점수를 산출하였고, 여기에 금융감독원 MIDAS 시스템의 표준신용등급별 예상부도율을 기초로 등급계량화(Calibration)를 수행하여 모형점수에 대응하는 신용등급을 부여하였다. 셋째, 직전 2개 연도 재무자료를 이용하여 산출된 예상부도율에 부도발생손실율(Loss Given Default, LGD)을 곱한 예상손실값과 예상외손실값을 더하여 국내모회사 및 해외자회사의 신용등급별 가산금리를 산출한 후 동 가산금리의 차이를 정상 지급보증수수료율로 보고, 동 요율에 모회사의 자회사에 대한 지급보증금액을 곱하여 정상 지급보증수수료로 결정하였다.

2012년 초부터 현재까지 국세청은 해외에 자회사를 두고 있는 내국법인들을 대상으로 2006~2012년 사업연도 중에 내국법인이 수령하였던 지급보증수수료가 위 국세청 모형을 기초로 산출한 금액에 미달하는 경우 그 차이에 대해 법인세를 부과하여 왔다. 그런데 국세청이 모형을 근거로 산출한 지급보증수수료율이 현지의 금융시장의 사정 등을 고려하여 그동안 수수해온 지급보증수수료율과 상당한 괴리를 보임으로써 많은 납세자들은 이러한 과세조치를 수용하기 어렵다는 입장을 취했고 조세심판원의 심판청구나 행정소송을 통해 불복을 진행하였다.

2) 납세자들의 불복 및 조세쟁송 경위

2012년 이후 과세당국의 법인세 부과에 대하여 상당수의 납세자들은 조세심판원등에 불복을 하였다. 대부분의 사건들이 조세심판원에서 기각으로 결정되었거나 재조사 결정이 되었으나 과세당국의 재조사 결과 당초 처분과 크게 다르지 않은 처분이 다시 내려졌다. 그 결과 납세자들은 동 사건들을 다시 법원에 제소하였는데 납세자들의 불복 논리는 대체로 다음과 같다.

① 중복조사

납세자들은 과세당국이 과거 세무조사를 통해 2006~2008년 사업연도의 지급보증수수료율에 대해 문제를 삼지 않고 조사를 종료한 상황에서 2012년에 다시 과거 해외자회사에 대한 자료를 요청하는 등의 세무조사를 통해 재차 지급보증수수료 문제를 삼아 과세를 하였다고 주장했다.

② 소급과세

납세자들은 과세당국이 국조법이나 동법 시행령에 구체적인 위임규정도 없이 과거 세무조사 사업연도 당시에 존재하지도 아니하였던 국세청 모형을 2011년 말에나 완성한 후 보증수수료 산정방식의 검토 및 적용을 위한 충분한 계도기간 없이 2006년도 사업연도에 대해 과세하고 있으므로 법적 안정성을 침해하고 있으며 이는 국세기본법 제18조에서 규정한 소급과세금지원칙을 위배한 것이라고 주장하였다.

③ 근거과세

납세자들은 지급보증수수료의 정상가격산출방법에 대한 근거규정이 2006년에서 2012년 과세연도에 존재하지 않았고, 구체적인 규정도 국조법에 2013년 2월 이후에 명문화되었으므로, 과세당국의 지급보증수수료 과세에 대한 법률적인 근거가 없다고 주장하였다.

④ 이전가격과세 자료 공개 원칙

납세자들은 국세청의 모형에 의한 지급보증수수료에 대한 산출근거가 비공개되어 위법하다고 주장하였다. 이전가격과세를 위해서 사용되는 과세 자료는 과세당국은 물론이려니와 납세자에게도 확보 · 이용 가능성이 높아야 한다는 국조법 시행령 제14조 제1항 제2호의 규정 및 이전가격과세정보 공개에 대한 OECD 이전가격과세지침[197] 및 실무적인 관행에도 위배된다는 것이다.

위에서 제시한 쟁점 외에도 납세자들은 과세당국이 공개한 모형의 개요와 관련하여 지급보증수수료의 산출방법이 i) 피보증인의 편익만을 고려하였을 뿐 보증인의 원가를 고려하지 못하고 있다는 점, ii) 국세청 모형이 OECD 이전가격과세지침에서 설명하는 암묵적 보증요소에 대해 고려를 못하고 있다는 점,[198] iii) 자회사에 대한 지급보증으로 인한 효과는 궁극적으로 모회사에 미칠 수 있다는 점, iv) 국세청 모형에서 산출된 지급보증수수료율이 현지금융상황 및 국제적인 관행을 반영하고 있지 못하다는 점, v) 과세당국의 일방적인 지급보증수수

197 "과세당국은 다른 납세자에 대한 세무조사로부터 얻은 정보 또는 납세자에게 공개되지 않은 정보를 가진 다른 원천으로부터 정보를 얻을 수 있다. 그러나 자국법상 비밀보호엄수 규정에 따라 과세당국이 그러한 정보들을 납세자에게 공개하지 아니하는 까닭에 납세자가 자신의 입장을 방어하거나 법원에 의한 효과적인 사법적 통제에 의해 보호받을 적절한 기회를 얻지 못한다면 그러한 정보를 토대로 정상가격산출방법을 적용하는 것은 공정하지 못하다."(OECD 이전가격과세지침 문단 3.36)

198 어느 기업이 특수관계회사로부터 받는 혜택이, 특수관계회사가 수행하는 특정한 활동에 기인하는 것이 아니고 단지 그 기업이 보다 큰 그룹의 구성원이라는 사실에 기인하는 경우에는 그 기업은 특수관계회사로부터 내부용역을 제공받는 것으로 취급해서는 안 된다. 예를 들면 특수관계회사가 단지 그 특수관계라는 사실만으로 인하여 높은 신용등급을 얻은 경우에는 정상대가를 지불할 만한 내부용역의 제공이 없었던 것으로 되지만(소위 "Implicit Guarantee" 또는 "Passive Association", 암묵적 보증), 높은 신용등급이 그룹 내 다른 기업의 명시적인 보증 때문인 경우(소위 "Explicit Guarantee", 명시적 보증)에는 일반적으로 내부용역이 제공된 것으로 볼 수 있다(OECD 이전가격과세지침 문단 7.13).

료율 과세는 향후 현지국에서의 손금산입문제 등 이중과세문제를 야기할 수 있고, 외환거래문제도 발생시킬 수 있다는 점 등 다양한 문제를 제기하였다.

2015년 10월부터 서울행정법원을 필두로 지급보증관련 이전가격 사건들의 제1심 판결이 선고되기 시작했다. 결과적으로 상당수의 사건들이 1심에서 원고(납세자) 승소로 판결되었고, 피고인 과세당국은 해당 사건들을 다시 고등법원에 항소하였다. 그 후 당초의 처분유지가 어렵다고 판단한 과세당국은 무디스 모형에 의한 정상 지급보증 수수료 산출방법을 예비적 처분사유로 새롭게 제시하였다. 그러자 일부 판결에서 법원은 무디스 모형에 의한 정상가격 산출방법은 국조법이 정한 기타 합리적인 방법에 해당한다고 보아 국가 일부 승소 판결을 내리기 시작했다.[199] 2016년 하반기부터 과세관청은 무디스 모형의 일부를 수정한 모형을 기초로 법원에 조정을 신청하였고 불복에 참여한 상당수 기업들은 해당 사건들을 조정으로 타결하였다.[200] 그러나 일부 기업들은 소송 진행하였는데, 이들 중에는 대법원의 인용판결을 받은 사건도 있다(대법원 2017두73983, 2018.3.29.).

3) 지급보증수수료 산출방법과 관련된 국제기준과 국조법령상 규정

① OECD 이전가격 과세지침

기존 OECD 이전가격 과세지침은 지급보증 용역거래를 그룹 내부 용역거래의 하나라는 점은 언급하면서도 지급보증 용역거래의 정상가

---

199 이는 무디스 모형의 하한값, 즉 1/4 분위 값을 적용한 결과를 정당세액으로 인정하는 판결이다.

200 지급보증 수수료율은 0.5% 내지 1% 수준에서 타결되는 것으로 알려져 있다.

격 산출방법이나 분석과 관련하여 구체적으로 규정을 제시하지는 않았다. 그러나 2020년 2월 OECD는 금융거래에 대한 이전가격 지침서[201]를 발표하면서 지급보증 용역거래를 포함한 금융거래에 대한 세부적인 분석 및 적용 방안을 제시하였다. 이 지침서는 지급보증 용역거래에 대한 정상가격 산출방법으로 (i) 비교가능 제3자 가격방법(Comparable uncontrolled price method), (ii) 수익접근방법(Yield approach), (iii) 비용접근방법(Cost approach), (iv) 예상손실가치접근방법(Valuation of expected loss approach) 및 (v) 자본지원방법(Capital support method)의 5가지 방법을 제시하였다.[202]

OECD 지침서는 비교가능 제3자 가격방법의 경우 일반적인 정상가격 산출방법의 적용과 마찬가지로 유사한 독립기업 간 거래를 바탕으로 정상가격을 산출하는 방법인데, 실무적으로 높은 비교가능성을 갖는 지급보증 용역거래를 찾기 어려운 한계를 인정하고 있다. 수익접근법은 지급보증 용역거래로 인하여 피보증법인이 얻는 편익을 바탕으로 정상 가격을 산출하고 있다는 점에서 후술할 국조법 규정상 편익접근방법과 유사하다. 또한 비용접근방법, 예상손실가치접근방법 및 자본지원방법은 세부적인 적용방법에 있어서는 차이가 있지만 보증법인이 지급보증을 통해서 부담하는 위험 및 그에 대한 비용을 기초로 정상지급보증료를 산출한다는 점에서 후술할 국조법령상 위험접근방법과 유사하다.

201 OECD (2020), *Transfer Pricing Guidance on Financial Transactions : Inclusive Framework on BEPS Actions 4, 8–10*, OECD, Paris, www.oecd.org/tax/beps/transfer-pricing-guidance-on-financial-transactions-inclusive-framework-on-beps-actions-4-8-10.htm.

202 OECD, *ibid.*, pp 29–34.

② 국조법령상 관련 규정

앞에서 기술한 바와 같이 지급보증수수료에 대한 국세청의 일제 세무조사에 대해 납세자들의 반발과 불복이 이어졌고 특히 정상 지급보증수수료 산출을 위한 근거규정이 국조법령에 마련되지도 않은 상태에서 무리한 과세가 진행된다는 불만이 강하게 제기되었다. 이에 대해 기획재정부는 지급보증수수료의 정상가격 산출방법과 관련한 정상가격 산출방법을 국조법령에 명문화하기로 결정하였고, 해당 법령을 2013년 2월 15일 국조법 시행령에 신설하였다.

정상 지급보증수수료 산출방법에 대해서는 국조법 시행령 제12조 제4항에서 다음과 같이 규정하고 있다.

> ④ 거주자와 국외특수관계인 간의 용역거래 중 지급보증 용역거래의 정상가격 산출방법으로 법 제8조 제1항 제6호를 적용할 때에는 다음 각 호의 어느 하나에 해당하는 방법에 따른다.
> 1. 보증인의 예상 위험과 비용을 기초로 하여 정상가격을 산출하는 방법
> 2. 피보증인의 기대편익을 기초로 하여 정상가격을 산출하는 방법
> 3. 보증인의 예상 위험 및 비용과 피보증인의 기대편익을 기초로 하여 정상가격을 산출하는 방법

㉠ **비용접근방법**(국조법 시행령 §12 ④ 1호)

비용접근방법은 지급보증에 따른 보증인의 예상위험에 보증인이 보증으로 인하여 실제로 부담한 비용을 더한 금액으로 지급보증수수료를 산출하는 방법을 말한다.[203] 보증인의 예상위험은 피보증인의 신용등

[203] 부도발생손실측정방법은 신용보증기관의 보증수수료 산정방법을 원용한 것인데, 신용보증기관의 보증수수료는 '기본수수료+가산보증료'로 결정되며 가산보증료는 피보증인의 신용도에 따라 다르다.

급에 따른 예상 부도율(Probability of Default, PD)과 부도 발생 시 채권자가 피보증인으로부터 채권을 회수할 수 있는 비율["보증금액 예상 회수율(Rate of Recovery, R)"]을 기초로 하여 산출하게 된다. 한편, 보증금액예상회수율을 바탕으로 부도발생손실(Loss Given Default, LGD)을 도출할 수 있다. 즉 부도발생손실이란 피보증인이 부도가 발생한 경우 대출자가 피보증인로부터 회수할 수 있는 금액을 제외한 손실을 의미하는데 이는 다음과 같이 산식으로 표현할 수 있다.

$$LGD = 1 - R$$

비용접근방법에 의한 지급보증수수료의 공정시장가치는 일반적으로 다음과 같이 산정될 수 있다.

$$\text{지급보증수수료의 공정시장가치} = PD \times LGD \times A$$

- PD : 피보증인의 신용등급에 따른 예상 부도율
- LGD : 피보증인 부도 발생 시, 피보증인이 상환하지 못하는 금액의 비율
- A : 차입실행금액

예상 부도율(PD)은 보통 실제 대출 및 회사채 부도 데이터로부터 측정되며, S&P, Moody's, Fitch 등 공신력 있는 신용평가사의 자료를 이용한다. 이들 신용평가사들은 다양한 통계적 기법과 실제 부도 데이터 및 다양한 변수(피보증인의 신용등급, 기업군의 지원가능성 등)를 고려하여 예상부도율을 측정하고 있다. 부도발생손실(LGD)은 앞서 살펴본 대로 (1−R)로 측정되므로, 공개적으로 이용 가능한 보증금액 예상회수율(R) 자료를 근거로 도출될 수 있다. 보증금액 예상회수율(R)은 피보증인의 재무상태와 유형자산의 규모, 산업의 특성, 담보제공여부, 시기, 만기 등 다양한 변수에 따라 달라질 수 있다.

㉡ 기대편익접근방법(국조법 시행령 §12 ④ 2호)

기대편익접근방법은 지급보증이 없는 경우의 피보증인의 자금조달비용에서 지급보증이 있는 경우의 피보증인의 자금조달비용을 뺀 금액으로 지급보증수수료를 산정하는 방법이다. 피보증인의 자금조달비용은 보증인과 피보증인의 신용등급을 기초로 하여 보증인의 지급보증 유무에 따라 산출한 차입 이자율 또는 회사채 이자율 등을 고려하여 산출하게 된다. 이 경우 신용등급은 과거의 재무정보 외에 합리적으로 예측 가능한 미래의 재무정보 및 국가, 지역, 업종, 기술수준, 시장지위, 보증인과 피보증인이 속한 기업군의 신용위험 등 비재무적 정보를 고려하여 산정한다.

㉢ 편익 및 비용접근방법(국조법 시행령 §12 ④ 3호)

편익 및 비용접근방법은 비용접근방법 및 기대편익접근방법에 따라 가격을 각각 산정한 경우로서 기대편익접근방법에 따라 산정된 가격이 비용접근방법에 따라 산정된 가격보다 큰 경우(비용접근방법에 따른 가격 < 기대편익접근방법에 따른 가격)에 적용하되, 각각의 방법에 따라 산출한 가격의 범위에서 보증인의 예상 위험 및 비용과 피보증인의 기대편익 및 지급보증 계약 조건 등을 감안하여 합리적으로 조정하는 방법이다.

이러한 편익 및 비용접근방법은 용역 제공에 대한 거래가격은 경제학적으로 용역을 제공하는 자의 원가와 용역을 제공받은 자의 효익의 사이에서 결정된다는 원리에 기반을 두고 있다.

한편 국조법 시행령 제12조 제5항은 다음과 같이 정상가격으로 간주하는 수수료 금액에 대해 규정을 하고 있다.

⑤ 제4항을 적용할 때 거주자가 다음 각 호의 어느 하나에 해당하는 금액을 지급보증 용역거래의 가격으로 적용한 경우에는 그 금액을 정상가격으로 본다.

1. 지급보증계약 체결 당시 해당 금융회사가 산정한 지급보증 유무에 따른 이자율 차이를 근거로 하여 산출한 수수료의 금액(해당 금융회사가 작성한 이자율 차이 산정 내역서에 의해 확인되는 것에 한정한다)
2. 제4항 각 호의 방법으로서 국세청장이 정하는 바에 따라 산출한 수수료의 금액

위와 같은 간주 규정들은 납세자가 지급보증수수료 산정에 있어 상기의 2가지 방법 중 한 가지의 방법으로 산출된 요율을 근거로 지급보증수수료를 결정하는 경우 그 가격이 정상가격인지 여부에 대하여 납세자가 일반적인 정상가격 산출방법 적용 시 요구되는 추가적인 자료 구비 또는 제출하는 등의 납세협력의무를 면제하겠다는 의미를 내포하고 있다.[204]

204 이 규정은 성격상 일종의 safe harbor로 취급된다. 따라서 동 규정은 과세당국의 과세재량을 제한하는 효과를 가지나 납세자의 의무이행 방법에 대한 선택의 자유를 제한하지는 못한다.

15

정상가격 산출방법의 신고 및 관련 증명자료의 보관 · 제출과 관련하여 납세자가 유념해야 할 사항은 무엇일까?

보상조정(Compensating Adjustment)

국조법 제6조(정상가격에 의한 신고 및 경정청구)에 따르면 거주자(내국법인과 국내사업장 포함)는 국외특수관계인과의 국제거래에서 그 거래가격이 정상가격보다 낮거나 높은 경우에는 정상가격을 기준으로 조정한 과세표준 및 세액을 다음 각 호의 어느 하나에 해당하는 기한까지 기획재정부령으로 정하는 거래가격 조정신고서를 첨부하여 납세지 관할 세무서장에게 신고하거나 경정청구를 할 수 있다.

1. 「소득세법」 제70조 · 제70조의 2 · 제71조 · 제73조 · 제74조 또는 「법인세법」 제60조 제1항 · 제76조의 17 제1항에 따른 신고기한[205]
2. 「국세기본법」 제45조에 따른 수정신고기한
3. 「국세기본법」 제45조의 2 제1항에 따른 경정청구기한
4. 「국세기본법」 제45조의 3 제1항에 따른 기한 후 신고기한

205 즉 소득세나 법인세 확정신고기한 또는 연결과세표준 확정신고기한을 말한다.

이론적으로 살펴보면, 특수관계인과 거래하고 있는 납세의무자로 하여금 실제 거래된 가격이 아니라 하더라도 그 특수관계 거래에 대해 정상가격이라고 판단되는 가격을 세무목적상 이전가격으로 보고하도록 허용하는 것을 OECD 이전가격 과세지침은 보상조정(compensating adjustment)이라고 칭하고 있다. OECD 이전가격 과세지침은, 특수관계기업이 특수관계 거래가격을 정할 때는 비교 가능한 독립거래에 대한 정보를 얻기 어렵다는 점을 고려할 때 보상조정으로 세무신고 시 정상거래원칙에 부합하는 과세소득을 신고할 수 있으므로 "정확한 세무신고를 장려하기 위해서 납세자에게 회계장부나 기록상의 실제가격과 정상거래가격과의 차이를 의미하는 보상조정을 허용해야 한다"는 입장을 표명하고 있다.[206]

보상조정을 허용하는 대표적인 국가인 미국의 경우 보상조정의 신고기한은 일반적인 법인세 확정신고기한 전까지이다. 우리의 경우 보상조정이 국기법에서 정한 수정신고기한 또는 경정청구기한까지 가능하도록 그 기한을 넓게 허용했고 2022년 1월 1일부터는 기한 후 신고기한까지 허용한 바, 그만큼 납세자의 편의는 증진되는 것이라고 하겠다. 뿐만 아니라, 2020년 말 국조법 전면개정시 동 조항을 '과세당국의 정상가격에 의한 과세조정 권한'을 규정한 제7조보다 앞서 규정함으로써 우리나라 이전가격세제의 패러다임을 긍정적인 방향으로 변화시킨 것으로 평가된다.[207]

---

206 OECD 이전가격 과세지침 4.38문단

207 전통적인 세제의 관점에서 보면 '과세당국에 의한 과세소득 조정 권한'을 부여한 조항은 이전가격세제의 가장 핵심적인 규정이라고 할 수 있다. 그러나 2020년 말 국조법 전면개정 시 이전가격세제가 규정된 제1절 제1관의 첫 조항에 소득조정 권한 규정보다도 우선하여 보상조정 규정을 둔 것은 '정상거래원칙에 입각한 납세자의 자발적인 세무신고가 이전가격세제의 출발점'이라는 것을 강조하는 의미가 담겨있다고 할 수 있으며, 입법권자들의 이러한 인식의 변화는 우리나라 이전가격세제의 큰 진전을 가져온 것이라고 평가된다.

그러면 이제 보상조정이 이루어지는 경우와 그 조정방법을 다음의 예를 들어 설명해보기로 하자.

사례 보상조정이 발생하는 경우와 이에 대한 조정방법

A 카메라제조법인 —제품판매→ **B 카메라판매법인**

B의 영업이익	목표이익		3%	차이	보상조정
	실제이익	2019	5%	(+)2%	B는 A에게 반환
		2020	1%	(−)2%	A는 B에게 지급

A는 국내에 본사를 둔 카메라 제조업체이고 Mexico에 동 카메라의 판매법인 B의 주식을 60% 소유하고 있다. A는 수출목적으로 국외특수관계법인에게 판매하는 카메라에 대하여 정상가격산출방법 중 이익분할방법을 사용하고 있다. 이와 같은 이전가격정책을 수립함에 있어 모회사인 A는 B의 목표이익(target profit)을 설정했으며, 이 목표이익은 정상가격원칙에 부응한다고 보고 있다. 따라서 B의 영업성과가 동 목표이익을 미달하거나 초과하는 경우에는 그에 따라 A가 B에게 추가로 일정금액을 지급하거나 지급받기로 하였다. 뿐만 아니라 A와 B 사이의 이와 같은 조정 결과가 독립된 제3자 간의 정상적인 상황에서의 이익분할방법과 부합되는지 확인하기 위하여 매년 말 시장자료(market data)를 입수, 그 성과를 비교하고 있으며, 이에 의거하여 설정된 목표이익의 타당성을 매년 평가 · 조정하고 있다.

이와 같이 실제 실현된 이익과 목표이익 사이에 차이가 발생하는 경우 A가 B에게 일정금액을 지급하거나 B로부터 일정금액을 지급받는 것이 바로 보상조정이며, 국조법 제6조는 이러한 보상조정을 허용하고 있는 것이다.

그런데 국세기본법 제45조에 따르면 납세자의 세부담증액신고의 경우에는 관할세무서장이 세액결정 또는 경정통지를 하기 전까지 수정신고를 할 수 있도록 되어 있다. 또한 국세기본법 제45조의 2에 따르면 납세자의 세부담감액청구의 경우에는 납세자는 법정신고기간 종료 후 5년 이내(소송판결 확정, 조세조약에 의한 상호합의, 과세당국에 의한 결정 · 경정 등의 경우에는 그 사유가 발생한 것을 안 날부터 3개월 이내)에 경정청구를 할 수 있도록 되어 있다. 즉 납세의무자가 국외특수관계인과 거래한 분에 대하여 당초의 매출가격을 증가시킴으로써 과세소득을 증가시키고자 하는 경우에는 수정신고의 기간제약을 사실상 받지 아니하고, 반대로 납세의무자가 국외특수관계인과 거래한 분에 대하여 당초의 매출가격을 감소시킴으로써 과세소득을 감소시키고자 하는 때에는 통상의 경우에는 당초의 법정신고기간 종료 후 5년 이내에(앞에서 열거한 예외적인 경우에는 그 사유가 발생한 것을 안 날부터 3개월 이내에) 관할세무서장에게 경정청구를 할 수 있다. 그러면 납세자의 경정청구를 접수한 관할세무서장은 어떻게 해야 할 것인가?

이에 대하여는 국세기본법 제45조의 2 제3항에서 규정하고 있는 바, 해당 세무서장은 그 청구를 받은 날부터 2개월 이내에 ① 과세표준 및 세액을 결정 또는 경정하거나 ② 결정 또는 경정하여야 할 이유가 없다는 뜻을 그 청구를 한 자에게 통지하여야 한다. 다만, 청구를 한 자가 2개월 이내에 아무런 통지를 받지 못한 경우에는 통지를 받기 전이라도 그 2개월이 되는 날의 다음 날부터 이의신청, 심사청구, 심판청구 또는 「감사원법」에 따른 심사청구를 할 수 있다.

보상조정에 관하여 OECD 이전가격과세지침은 조정의 타당성을 인정하고 있다. 그러나 실제로 상당수의 국가들은 세무신고는 실제거래를 반영해야만 한다는 이유로 보상조정을 제도적으로 수용하고 있지 않고 있다. 그리하여 OECD 이전가격과세지침은 만약 보상조정이 특수관계 기업 중 어느 하나가 소재하는 국가에서만 허용된다면 세무당국에 의한 1차 조정이 이루어지지 않는 한 대응조정이 불가능하므로 이중과세가 발생할 수 있다고 보고 이를 해결하기 위한 방안으로서 상호합의제도의 활용을 제안하고 있다.[208]

우리나라의 경우 보상조정에 따른 대응조정에 대하여는 국조법 제13조(소득처분 및 세무조정)에서 규정하고 있다. 즉 감액 조정된 내국법인의 소득금액 중 국외특수관계인에게 반환되지 않은 금액은 내국법인의 익금에 산입하지 않거나 개인 거주자의 소득금액으로 보지 않도록 규정하고 있다. 한편, 보상조정 결과 거주자(내국법인 또는 외국법인 국내사업장 포함)의 소득금액이 증액되는 것으로 수정신고를 한 경우에는 국조법 시행령 제22조(익금에 산입되는 금액의 반환 여부 확인)에서 규정하는 이전소득금액 반환절차에 따라 반환이자를 가산하여 반환하도록 하고 있다. 이와 같은 절차를 준수하는 경우에는 국조법 시행령 제23조(반환이 확인되지 아니한 금액에 대한 처분 및 조정 등) 제1항에 의거하여 위 거주자의 국외특수관계인에게 소득처분(즉 2차 처분)은 하지 않는다. 요컨대 우리나라의 경우에는, 납세의무자가 국외특수관계인과 행한 거래에 대해 사후에 보상조정을 하는 경우에도 이중과세가 발생하지 않도록 국내법적 정비를 해놓은 상태이므로 보상조정으로 인한 국제적 이중과세가 발생할 가능성은 희박하다고 할 수 있다.

---

[208] OECD 이전가격 과세지침 4.39문단

가산세 적용의 특례

국조법 제17조 제1항에 따르면 과세당국이 국조법상의 이전가격세제를 적용함에 있어서 ① 납세의무자가 신고한 거래가격과 정상가격과의 차이에 대하여 납세의무자의 과실이 없다고 상호합의절차의 결과에 따라 확인되는 경우(제1호), ② 납세의무자가 일방적 사전승인을 받은 경우로서 신고한 거래가격과 정상가격의 차이에 대하여 납세의무자의 과실이 없다고 국세청장이 판정하는 경우(제2호), ③ 납세의무자가 소득세나 법인세를 신고할 때 적용한 정상가격산출방법에 관한 증명자료를 보관 · 비치하거나 개별기업보고서를 기한 내에 제출하고, 합리적 판단에 따라 그 정상가격산출방법을 선택하여 적용한 것으로 인정되는 경우(제3호)에는 국기법 제47조의 3에 따른 과소신고 가산세를 부과할 수 없도록 규정하고 있다.

OECD 이전가격과세지침은 "OECD의 대부분의 회원국들이 납세자의 의무태만(negligence)이나 의도적 조세회피(wilful intent)가 있는 경우 벌과금을 부과하나 무과실(no-fault)에 따른 과소신고에 대하여는 이와 같은 벌과금을 부과하지 않는다[209]"고 기술하면서 특수관계인과의 거래에서 거래조건을 정상가격원칙에 부합하도록 하기 위해 성실하고 합리적인 노력을 한 납세자에게 상당한 정도의 벌칙을 부과하는 것은 공정하지 못하다는 견해를 피력하고 있다. 국조법 제17조 제1항의 규정 중 제1호는 이러한 OECD 권고사항이 우리 세법에 반영된 것이라고 할 수 있다. 국조법 시행령 제39조 제1항은 다음의 세 요건을 갖추면 납세의무자는 과실이 없는 것으로 간주된다.

---

[209] 이를 소위 무과실 · 무벌칙의 원칙(no fault, no penalty rule)이라고 한다. OECD 이전가격 과세지침 4.23문단

첫째, 납세의무자가 과세표준 및 세액의 확정신고 시 작성된 서류를 통하여 국조법 및 동법 시행령상의 정상가격산출방법 중 가장 합리적인 방법과 그 선택한 과정을 제시할 것
둘째, 납세의무자가 이렇게 선택된 방법을 실제로 적용할 것
셋째, 납세의무자가 이와 같은 정상가격산출방법과 관련하여 필요한 자료를 보관·비치할 것

또한 국조법 시행령 제39조 제4항은 정상가격 사전승인을 받은 납세의무자가 보상조정을 하여 세액을 수정신고를 하는 경우에도 납세자가 정상가격산출방법의 적용 및 관련 자료의 보관을 성실히 이행한다면 과소신고 가산세 적용이 배제될 수 있음을 규정하고 있다. 뿐만 아니라, 법인세 신고 시점에는 확인할 수 없었던 정상가격산출방법과 관련한 중요한 자료가 신고기한 후 확인된 경우 그 사실을 알게 된 때부터 60일 이내에 법인세 과세표준 및 세액을 수정신고하는 경우에도 과소신고 가산세를 부과하지 않는다.[210]

국조법 제17조 제1항 제3호에 따라 과소신고 가산세 면제를 받기 위해서는 우선 납세의무자가 다음의 자료를 보관·비치하고, 과세관청이 요구하는 경우에는 요구받은 날부터 30일 이내에 제출하여야 한다.[211]

① 사업에 관한 개략적 설명자료(자산 및 용역의 가격에 영향을 미치는 요소에 관한 분석자료를 포함함)
② 이전가격(移轉價格)에 영향을 미칠 수 있는 국외특수관계인 및 관련자와의 구조 등을 설명하는 자료

---

210 국조법 시행령 제39조 제5항
211 국조법 시행령 제39조 제2항

③ 신고할 때 적용한 정상가격산출방법을 선택하게 된 경위를 확인할 수 있는 다음 각 목의 자료

가. 신고할 때 적용한 정상가격산출방법을 선택한 근거가 되는 경제적 분석 및 예측 자료

나. 정상가격을 산출하기 위하여 사용된 비교대상 수치 및 수치의 비교평가과정에서 조정된 내용에 대한 설명자료

다. 대안으로 적용될 수 있었던 정상가격산출방법 및 그 대안을 선택하지 아니한 이유에 대한 설명자료

라. 과세기간 종료 후 소득세 또는 법인세 신고 시까지 정상가격을 산출하기 위하여 추가된 관련자료 등

한편 위와 같이 자료를 보관 · 비치, 제출한 납세의무자가 선택 · 적용한 정상가격 산출방법이 합리적인지 여부는 다음의 요건을 고려하여 판정한다.[212]

① 과세기간 종료 시점을 기준으로 수집된 비교대상 수치들이 대표성 있는 자료여야 하며, 반드시 포함되어야 할 특정 비교대상 수치가 누락되어 납세자에게 유리한 결과가 도출되지 아니하였을 것

② 수집된 자료를 체계적으로 분석하여 정상가격산출방법을 선택 · 적용하였을 것

③ 이전 과세연도 사전승인 시 합의되었거나 과세당국이 세무조사과정에서 선택한 정상가격산출방법이 있음에도 불구하고 다른 정상가격산출방법을 선택 · 적용한 경우에는 다른 방법을 선택 · 적용한 타당한 이유가 있을 것

[212] 국조법 시행령 제39조 제3항

정상가격 과세조정에 대한 입증 책임

정상가격 과세조정에 대한 입증 책임 문제는 이전가격 소송의 주요 쟁점 중 하나이다. 정상가격 과세조정은 정상가격 여부에 대해 과세당국에서 그 정당성을 확인한 후에야 이루어질 수 있으므로, 최선의 노력으로 확보한 자료에 기초하여 정상가격을 합리적으로 결정하였는지 여부에 대해 우선적으로 과세당국이 입증할 필요가 있다. 이러한 입증을 통하여 과세당국이 합리적으로 산정한 정상가격이라는 것이 인정된다면, 납세자의 거래가격이 경제적 합리성이 결여된 것으로 볼 수 없다는 점에 관한 증명의 필요는 납세의무자에게 돌아가게 된다.[213]

예컨대 과세관청이 정상가격과세에 대한 산정 근거(예를 들면 정상이자율)를 납세자에게 명확히 제시하지 못하는 경우에는 입증 책임이 납세자에게 돌아간다고 보기 어려우므로, 과세처분 자체가 위법하다.[214] 한편 대법원 2014.9.4. 선고 2012두1754에서는 거래순이익률방법의 비교대상 업체 선정이 다투어졌다. 대법원 2012두1754 판결에서 과세관청은 유기화학물 수입판매업체에 거래순이익률방법을 적용하면서 유기화학품을 비롯한 기초 화학제품이나 기초 화합물을 국내로 수입하여 판매하는 기업들을 비교대상 업체로 선정하였다. 대법원은 "취급제품 및 거래 단계에서 중요한 차이가 있지 않은 이상 과세관청의 과세가 합리적으로 인정되므로 거래가격의 정상가격이라는 점에 대한 입증책임은 납세자에게 돌아간다"라고 판시하였다.

---

[213] 대법원 99두3423, 2001.10.23.

[214] 대법원 2011두6127, 2012.12.26

16

이전가격세제에서의 소득처분(2차 처분)은 어떻게 이루어질까?

소득처분(2차 처분)의 개념

법인세법 제67조에 따르면 법인세의 과세표준을 신고하는 경우 또는 법인세의 과세표준을 결정 또는 경정할 때 익금에 산입하는 금액은(즉 과세소득의 증가분은) 그 귀속자 등에게 상여(賞與)·배당·기타사외유출(其他社外流出)·사내유보(社內留保) 등으로 처분된다고 규정되어 있다. 그리고 법인세법 시행령 제106조는 법인세법에서 규정한 처분방식(즉 상여·배당·기타사외유출 및 사내유보 등)에 대해 상세히 규정하고 있다.

그러면 이와 같이 개인 납세자의 세부담에 영향을 미치면서도 소득세법에는 존재하지 아니하고 법인세법과 국조법에만(이 경우에도 내국법인만 적용대상이 됨) 존재하는 소득처분의 개념이 무엇인지를 우선 살펴보도록 하자.

법인세법상 각 사업연도 소득은 기업회계기준에 의해 산출한 재무제표상의 당기순이익을 기초로 익금산입 및 손금불산입 항목을 가산하고 손금산입 및 익금불산입 항목을 차감하여 구하게 된다. 그런데 당해 법인의 소득을 증감시키는 이와 같은 세무조정 결과가 세무상 잉여금의 증감을 초래하는지 아니면 회사 밖으로 유출되어(즉 사외유출) 세무상 잉여금의 증감을 가져오지 않는 것인지를 구분하는 것, 그리고 이에 덧붙여 세무조정액이 사외로 유출된 경우에 그것이 출자자 · 임원 · 사용인 및 기타의 자 중 누구에게 귀속되는가를 분명히 결정해주는 것을 "소득처분"이라고 한다. 소득처분은 당해 법인의 각 사업연도의 소득계산과 소득귀속에 따른 조세부과의 적정화를 도모하는 데 그 의의가 있다고 하겠다.

국조법 제13조에 따르면 "제6조, 제7조, 제9조, 제12조 및 제15조에 따라 내국법인의 익금(益金)에 산입(算入)되는 금액이 대통령령으로 정하는 바에 따라 국외특수관계인으로부터 내국법인에 반환된 것임이 확인되지 아니하는 경우에는 그 금액은 법인세법 제67조에도 불구하고 대통령령으로 정하는 바에 따라 국외특수관계인에 대한 배당으로 처분하거나 출자로 조정한다"라고 규정하고 있는데, 이는 법인세법에서 정하고 있는 바와는 다른 소득처분 및 세무조정 규정이다. 이와 같이 국조법이 법인세법과는 다른 소득처분 및 세무조정 규정을 둔 이유는 이전가격세제의 적용으로 인해 유발될 수 있는 국제적 이중과세의 가능성을 최소화하려 했기 때문이다.

OECD 이전가격과세지침은 '2차 조정(secondary adjustment)'을 '2차 거래에 대하여 조세를 부과하게 됨에 따라 발생하게 되는 조정(an adjustment that arises from imposing tax on a secondary transaction)'이라고 정의하고 있다.[215]

2차 거래라 함은 이윤(profits)의 실제 배분을 1차 조정 결과와 일관성 있도록 하기 위해 1차 조정 후에 국내법에 따라 발생했다고 취급하는

215 OECD 이전가격 과세지침, 30쪽.

일종의 간주거래(constructive transaction)를 의미한다고 정의하고 있으며, 2차 거래는 보통 간주배당(constructive dividends), 간주출자(constructive equity contributions) 또는 간주대여(constructive loans) 등의 형태로 구분된다고 설명하고 있다. 이와 같이 OECD 이전가격과세지침에서 규정하는 2차 조정은 법인세법상의 소득처분과 대응되는 개념으로서 우리나라의 이전가격과세 결과 발생하는 국제적 이중과세 발생가능성을 최소화하기 위해서는 해당 소득처분 규정을 국제적인 규범과 일치하도록 조정할 필요가 있었다.[216]

2차 조정은 그로 인해 발생하는 추가적 세금에 대하여 상대 국가에서 대응조정 혹은 다른 형태로 조세부담 경감을 해주지 않는 한 이중과세를 유발하게 된다. 예를 들어 2차 조정이 간주배당의 형태를 취한 경우 부과된 원천징수세액은 상대국 세법에서는 납부세액으로 취급되지 아니한 결과 세부담이 경감되지 못할 수 있다. 이와 같은 이유 때문에 OECD 이전가격과세지침은 과세당국이 2차 조정이 필요하다고 판단하는 경우에도 그 2차 조정을 함에 있어 이중과세의 가능성이 최소화되도록 하는 것이 바람직하다고 권고하고 있다.[217]

국조법에서는 이와 같은 OECD 과세지침의 권고를 수용하여 제13조 및 같은 법 시행령 제22조 내지 제25조에서 국제적으로 통용되는 방식으로 소득처분 및 세무조정을 할 수 있도록 별도의 규정을 두게 되었다.

---

216 미국은 OECD 이전가격과세원칙에서 언급되는 방식(즉 배당 · 출자 · 대여 등)으로 2차 조정을 하고 있다.

217 OECD 이전가격 과세지침 4.72 문단

익금에 산입되는 금액의 반환

어느 내국법인에 대해 정상가격을 기준으로 과세표준과 세액을 결정 또는 경정하는 과정에서 익금에 산입되는 금액(즉 과세소득의 증가분)만큼을 국외특수관계인이 당해 내국법인에게 반환을 하는 경우에는 동 금액은 내국법인에게 그대로 유보되는 효과가 나타나고 따라서 별도의 소득처분은 필요하지 않다. 따라서 국조법은 이와 같이 익금에 산입되는 금액이 국외특수관계인으로부터 반환되었음을 납세자인 내국법인이 입증하는 경우에는 별도의 2차 조정이 필요 없도록 하였다. 이러한 2차 조정 배제방식은 OECD 이전가격과세지침의 권고사항을 적극 수용한 결과이다. 즉 OECD 이전가격과세지침을 보면 2차 조정에 의한 이중과세방지의 최소화를 각국에 권고하면서, 그 일례로서 1차 조정을 받는 납세자의 관련 회계계정이 1차 조정에 부합하도록 거래를 행한 특수관계 기업으로부터 초과이익을 반환받을 수 있도록 하는 방안을 제시하고 있는데(TP §4.72), 그러한 예를 우리 국조법이 수용 · 도입한 것이다.

이러한 반환방법의 구체적 절차에 대하여는 국조법 시행령 제22조 내지 제25조에 규정되어 있는 바, 그 내용을 정리해 보면 다음과 같다.

① 과세당국 또는 내국법인은 국조법 제13조에 따라 소득처분 및 세무조정을 하는 경우에는 익금에 산입한 금액의 반환 여부를 확인하기 전까지는 임시유보로 처분하게 된다.[218] 과세당국은 임시유보로 처분하는 경우 「소득세법 시행령」 제192조(소득처분에 따른 소득금액변동통지서의 통지) 제1항 및 제4항을 준용하여 통지해야 한다. 이 경우 국조법 시행규칙 제16조에서 규정하는 임시유보 처분 통지서(별지 제8호 서식)에 따라 통지하여야 한다.[219]
② 과세당국이 국조법 제7조에 따라 정상가격에 의한 결정 및 경정을 한 경우에는 납세자가 임시유보 처분 통지서를 받은 날(임시유보 처분 통지서를 받은

날부터 90일이 되는 날까지 국조법 제45조에 따른 상호합의절차가 개시된 경우에는 국조법 제47조 제2항에 따른 결과를 통보받은 날을 말한다)부터 90일 이내 그리고 국조법 제6조, 제9조, 제12조, 제15조에 따라 과세표준 및 세액을 신고한 경우에는 신고한 날부터 90일 이내에 국외특수관계인이 내국법인에게 이전소득금액에 다음 계산식에 따라 산출한 반환이자를 가산하여 반환한 후, 이를 확인하는 이전소득금액 반환 확인서에 국외특수관계인이 내국법인에 실제로 반환한 금액의 송금 명세서를 첨부하여 과세당국에 제출하여야 한다.[220]

반환이자 = 반환하려는 금액 × 거래일이 속하는 사업연도종료일의 다음 날부터 이전소득금액반환일까지의 기간 × 국제금융시장의 실세이자율을 고려하여 기획재정부령으로 정하는 이자율/365(윤년의 경우에는 366)

여기서 국제금융시장의 실세이자율을 고려하여 기획재정부령으로 정하는 이자율은 반환이자 계산 대상 기간이 속하는 각 사업연도의 직전 사업연도 종료일을 기준으로 하는 다음 표의 구분에 따른 통화별 지표금리를 말한다. 다만, 다음 표에 없는 통화의 경우에는 미합중국통화(USD)의 지표금리(Secured Overnight Financing Rate : SOVR)로 한다.[221]

통 화	지표금리
1. 한국(KRW)	KOFR(The Korea Overnight Financing Repo Rate)
2. 미합중국(USD)	SOFR(Secured Overnight Financing Rate)
3. 유럽연합(EUR)	ESTR(Euro Short-Term Rate)
4. 영국(GBP)	SONIA(Sterling Overnight Index Average)
5. 스위스(CHF)	SARON(Swiss Average Rate Overnight)
6. 일본(JPY)	TONA(Tokyo Overnight Average Rate)

③ 내국법인이 익금에 산입되는 금액 중 일부를 국외특수관계인으로부터 반환받는 경우에는 익금에 산입되는 금액의 발생순서에 따라 먼저 발생된 금액(해당 금액에 대한 반환이자를 포함한다)부터 반환된 것으로 본다.

218 국조법 시행령 제24조 제1항

이전소득금액의 반환은 익금에 산입된 금액과 함께 그 금액에 대해 발생한다고 보는 간주이자가 포함되므로 이에 주의할 필요가 있다. 이전소득금액의 반환에 익금에 산입된 금액에 더하여 간주이자를 포함시키는 이유는 익금에 산입된 금액은 사실상 거래일에 현금으로 수취되었어야 함에도 불구하고 이전소득금액반환일까지 수취되지 않고 있었으므로 국외특수관계인은 그만큼 경제적 이득을 향유하고 있다고 볼 수 있기 때문이다.

이전가격세제에 따른 소득처분 방식

국조법 시행령 제22조에 따라 내국법인의 익금에 산입된 금액(즉 1차 조정에 의하여 과세소득이 증가되는 금액)의 반환이 확인되지 않는 경우(반환되지 않은 경우 포함) 해당 금액에 대하여 국조법 시행령 제23조에서 다음과 같이 처분하거나 조정하도록 규정하고 있다.

① 출자의 증가

국조법 시행령 제23조 제1항 제1호에 따르면, 국제거래의 상대방인 국외특수관계인이 내국법인이 출자한 법인에 해당하는 경우에는 그 국외특수관계인에 대한 '출자의 증가'로 처분한다. 이는, 반환되지 아니

219 국조법 시행령 제24조 제2항. 그러나 ① 과세당국이 국조법 제7조, 제9조, 제12조 및 제15조에 따라 과세표준 및 세액을 결정하거나 경정한 날부터 4개월 이내에 부과제척기간이 만료되는 경우, ② 해당 내국법인이 이전소득금액 처분 요청서를 과세당국에 제출하는 경우, ③ 해당 내국법인이 폐업한 경우(사실상 폐업한 경우를 포함한다)에는 임시유보로 처분하지 않고 국조법 시행령 제23조 제1항 각 호에 따라 곧바로 처분하거나 조정한다(국조령 §25 ①). 또한 임시유보 처분을 한 후에 ① 납세자가 이전소득금액 처분 요청서를 제출하는 경우나, ② 해당 내국법인이 폐업한 경우에는 제23조 제1항 각 호에 따라 다시 처분하거나 조정한다(국조령 §25 ②).

220 국조법 시행령 제22조 제1항과 제2항 및 국조법 시행규칙 제14조 제1항

221 국조법 시행규칙 제14조 제3항

한 금액만큼 내국법인의 해외 자회사에 대한 출자금액이 증가했다고 보는 것으로서 나중에 내국법인(즉 모회사)이 해외 자회사 주식을 양도하거나 청산하게 되면 해당 금액만큼 같이 회수되는 것으로 보아야 한다.

② 배당

국조법 시행령 제23조 제1항 제2호 및 제3호에 따르면, 국제거래의 상대방인 국외특수관계인이 내국법인의 주주에 해당하는 경우 또는 자회사나 주주이외의 자에 해당하는 경우에는 그 국외특수관계인에 대한 배당으로 처분한다. 국제거래의 상대방인 국외특수관계인이 해외자회사 이외의 특수관계인인 경우 내국법인의 익금에 산입하는 금액(즉 1차 조정에 의하여 과세소득이 증가되는 금액) 중 내국법인에게 반환되지 아니하는 금액을 당해 외국주주 또는 특수관계인에게 귀속되는 배당으로 취급하도록 하고 있다. 즉 반환되지 아니한 금액만큼 내국법인이 외국주주에게 배당했다고 보게 된다.

이와 같이 과세당국이 배당처분 또는 출자증가로 조정을 하는 경우 그 사실을 이전소득금액 반환확인서의 제출기한이 만료일부터 15일 이내에 「소득세법 시행령」 제192조(소득처분에 따른 소득금액변동통지서의 통지) 제1항 및 제4항을 준용하여 이전소득금액통지서에 의하여 통지하여야 한다. 이 경우 배당은 그 통지서를 받은 날에 지급한 것으로 본다.[222]

---

[222] 국조법 시행령 제23조 제3항

17

이전가격세제와 관련하여 납세자는 어떤 문서를 과세당국에 제출하여야 하며 제출하지 않는 경우 어떤 불이익이 있는가?

2017년 개정 발간된 OECD 이전가격 과세지침 중 제5장 문서화(Documentation) 부분의 서문은 다음과 같이 기술되어 있다

"이 지침 제5장이 처음 발표된 1995년에는 과세당국 및 납세자 모두 이전가격 문서화에 대한 경험이 부족하였다. 처음 발표된 제5장에서는, 납세자와 과세당국 모두 과도한 문서화의 준수 부담을 방지하기 위한 더 큰 수준의 협력에 대한 기대뿐만 아니라 합리적인 문서화 보고체계에 초점을 맞추었고 이와 동시에 정상거래원칙을 적용하기에 충분한 수준의 정보를 요구하는 것에 초점을 맞추었다. (…중략…)

그 후, 여러 국가들은 이전가격 문서화 규정을 채택해 왔는데, 국제적인 그룹 간 거래 빈도가 늘고 복잡해짐에 따라 과세당국의 이전가격 문제에 대한 정밀한 검토가 빈번해지면서 그러한 문서화 요구사항이 급증하게 되어 납세자의 규정 준수 비용이 증가되었다. 하지만 이러한 상황에서도 과세당국은 이전가격 문서화가 과세집행 및 위험 평가에 필요한 수준의 정보를 제공하지 못한다고 판단하였다."

이와 같은 맥락에서 OECD 회원국 및 G20의 과세당국들은 다국적 기업으로 하여금 모회사 소재지국은 물론 국가별로 수행한 사업 내용을 공개하게 함으로써 세무행정상 투명성을 제고할 수 있도록 기존의 OECD 이전가격 과세지침 제5장 문서화(Documentation) 부분을 전면 개정하였다. 요컨대 다국적 기업의 국제적 소득분배, 경제활동, 납세현황 등을 관련 과세당국이 파악할 수 있도록 문서화 관련 이전가격 지침을 개정하였는데, 이에 따르면 이전가격 문서화에 관한 3가지 목적은 다음과 같다.

① 납세자가 특수관계 기업과의 거래에서 가격과 조건을 설정할 때, 그리고 법인세 신고 시 해당 거래로부터 창출되는 소득을 보고할 때 이전가격 규정을 적절히 고려할 수 있게 할 것
② 과세당국의 이전가격위험 평가에 필요한 정보를 제공할 것
③ 과세당국이 해당 관할에 위치한 기업들에 대한 철저한 이전가격 조사 수행 시 사용할 수 있는 유용한 정보를 제공할 것. 다만 세무조사 진행 시 추가적인 정보가 담긴 문서화의 보충이 필요할 수 있다.[223]

국제거래에 대한 자료제출의무

국조법 제16조 제1항에서는, 매출액 및 국외특수관계인과의 국제거래 규모 등 대통령령으로 정하는 요건을 갖춘 납세의무자[224]에 대하여

---

223 OECD 이전가격 과세지침 5.5문단.

224 통합기업보고서와 개별기업보고서의 경우에는 다음의 요건을 갖춘 기업이 해당된다.
i) 해당 과세연도 매출액이 1천억 원을 초과할 것
ii) 국외특수관계인과의 해당 과세연도의 재화거래, 용역거래, 대차거래 규모("거래규모")의 합계액이 연간 500억 원을 초과할 것. 이 경우 거래규모의 합계액을 계산할 때 외국법인의 국내사업장의 경우에는 그 외국법인의 본점 및 그 외국법인의 국외에 있는 지점과의 거래규모를 포함한다.

국제거래정보통합보고서 즉, 통합기업보고서(Master File), 개별기업보고서(Local File)와 국가별보고서(Country-by-Country Report)를 사업연도 종료일이 속하는 달의 말일부터 12개월 이내에 납세지 관할 세무서장에게 제출해야 하는 의무를 부여하였다. 또한 국조법 시행령 제33조에서는 통합기업보고서, 개별기업보고서, 국가별보고서에 포함해야 하는 내용에 대해서 다음과 같이 규정하고 있다. 이와 같은 내용은 OECD 이전가격 과세지침 제5장의 내용을 충실하게 반영한 것이다.

① 통합기업보고서

납세의무자 및 납세의무자와 기획재정부령으로 정하는 특수관계에 있는 법인 전체에 대한 다음 각 목의 사항을 포함한다.

가. 조직구조　　　　나. 사업내용
다. 무형자산 내역　　라. 자금조달 활동
마. 재무현황

② 개별기업보고서

납세의무자의 다음 각 목의 사항을 포함한 보고서. 다만, 국조법 제14조에 따라 정상가격 산출방법의 사전승인을 받은 경우에는 사전승인이 적용되는 대상기간 동안의 해당 국제거래에 대한 내용을 개별기업보고서에서 제외할 수 있다.

한편 국가별보고서는 최종 모회사가 국내에 소재하는 경우로서 직전 과세연도 연결재무제표의 매출액이 1조원을 초과하는 기업이 해당된다.

가. 조직구조
나. 사업내용
다. 국외특수관계인과의 거래내역
라. 다목의 거래에 관한 가격산출정보
마. 재무현황

③ 국가별보고서

납세의무자 및 납세의무자와 기획재정부령으로 정하는 특수관계에 있는 법인[225] 등에 대한 다음 각 목의 사항을 포함하는 보고서

가. 국가별 수익 내역
나. 국가별 세전(稅前)이익 및 손실
다. 국가별 납부세액
라. 국가별 자본금
마. 국가별 주요 사업활동재무현황

국제거래정보통합보고서(즉 통합기업보고서, 개별기업보고서 및 국가별보고서)는 내국법인 및 외국법인의 국내사업장의 사업연도 종료일이 속하는 달의 말일부터 12개월 이내에 납세지 관할세무서장에게 제출해야 한다.[226] 작성방법은 개별기업보고서와 통합기업보고서[227]의 경우에는

---

225 그 납세의무자가 포함되는 다국적기업그룹을 구성하는 다음 각 호의 법인 등(이하 "관계회사")을 말한다(국조칙 §21).
1. 다국적기업그룹의 연결재무제표에 포함되는 법인
2. 다국적기업그룹 내 지배법인에 종속되지만 규모나 중요성을 이유로 제1호에 따른 연결재무제표에서 제외된 법인
3. 제1호 또는 제2호에 따른 법인의 고정사업장으로서 별도의 재무제표를 작성하는 경우 해당 고정사업장

226 국조법 제16조 제1항

227 다만, 통합기업보고서는 영문으로 작성하여 제출할 수 있다. 이 경우 제출한 날부터 1개월

한글로 작성 · 제출하되 국세기본법에서 규정하는 정보통신망을 통해 제출해야 한다.[228] 한편 국가별보고서는 한글 및 영문으로 작성 · 제출하되, 국세기본법에서 규정하는 정보통신망을 활용하여 제출하여야 한다.[229]

국제거래명세서 등의 자료제출의무

국조법 제16조 제2항에 따르면 국외특수관계인과 국제거래를 하는 납세의무자로서 같은 조 제1항에 따른 통합기업보고서와 개별기업보고서를 제출해야 하는 의무를 부담하지 않는 자는 ① 국제거래명세서, ② 국외특수관계인의 요약손익계산서, ③ 정상가격 산출방법 신고서들을 소득세법상의 과세기간 또는 법인세법상 사업연도 종료일이 속하는 달의 말일부터 6개월 이내에 납세지 관할 세무서장에게 제출하여야 한다.

한편, 상대적으로 소액의 국제거래를 행하는 납세의무자의 편의 제고를 위해 일정 요건을 갖춘 자들에 대해서는 요약손익계산서 또는 정상가격 산출방법 신고서의 제출의무를 면제하고 있다.[230]

우선 요약손익계산서의 경우 다음의 어느 하나에 해당하면 제출의무를 면제한다.

- 해당 사업연도에 국외특수관계인과의 재화거래 금액의 합계가 10억 원 이하이고 용역거래 금액의 합계가 2억 원 이하일 것
- 해외현지법인 명세서 및 해외현지법인 재무상황표를 제출할 것

이내에 한글로 작성한 통합기업보고서를 추가로 제출하여야 한다(국조령 §34 ④).

228 국조법 시행령 제34조 제3항

229 국조법 시행령 제35조 제4항

230 국조법 제16조 제2항 단서 및 국조법 시행령 제36조

한편 정상가격산출방법신고서의 경우 다음의 어느 하나에 해당하면 제출의무를 면제한다. 그러나 정상가격 산출방법 신고서 제출의무 면제가 정상가격 적용의무까지 면제하는 것은 아니라는 점에 유의할 필요가 있다.[231]

- 해당 사업연도의 국제거래 중 전체 재화거래 금액의 합계가 50억 원 이하이고 용역거래 금액의 합계가 10억 원 이하일 것
- 해당 사업연도의 국제거래 중 국외특수관계인별 재화거래 금액의 합계가 10억 원 이하이고 용역거래 금액의 합계가 2억 원 이하일 것

과세당국에 의한 자료제출 요구

국조법 제16조 제4항에 따르면 과세당국은 국조법에서 정하는 '정상가격에 의한 결정 및 경정', '정상가격산출방법' 및 '정상원가분담액 등에 의한 결정 및 경정'에 따라 과세조정을 하기 위하여 필요한 거래가격 산정방법 등의 관련 자료를 제출할 것을 납세의무자에게 요구할 수 있다. 그리고 국조법 시행령 제38조 및 국조법 시행규칙 제28조는 과세당국이 납세의무자에게 요청할 수 있는 자료의 범위를 다음과 같이 규정하고 있다.

1. 법인의 조직도 및 사무 분장표
2. 해당 거래와 관련된 자의 사업활동 내용
3. 특수관계가 있는 자와의 상호출자 현황
4. 자산의 양도 · 매입 등에 관한 각종 관련 계약서
5. 제품의 가격표
6. 제조원가계산서

---

231 재정경제부, 2006년 간추린 개정세법, 2007, p.415.

7. 특수관계가 있는 자와 특수관계가 없는 자를 구별한 품목별 거래 명세표
8. 용역의 제공이나 그 밖의 거래의 경우에는 제4호부터 제7호까지에서 규정한 자료에 준하는 서류
9. 국제거래 가격 결정자료
10. 특수관계가 있는 자 간의 가격 결정에 관한 내부 지침
11. 해당 거래와 관련된 회계처리 기준 및 방법

(이하 생략)

과세당국으로부터 자료제출을 요구받은 자는 요구받은 날부터 60일 이내에 당해 자료를 제출하여야 한다. 그러나 요구받은 자가 정당한 사유로 요구받은 자료를 동 기간 내에 제출하지 못하는 경우에는 1차에 한하여 연장신청을 할 수 있고, 연장신청을 받은 과세당국은 사유가 정당하다고 판단되면 60일을 추가로 연장할 수 있다.[232]

과세당국으로부터 국조법 제16조 제4항에 의해서 자료제출을 요구받은 납세의무자가 다음의 대통령령이 정하는 정당한 사유 없이 자료를 기한 내에 제출하지 아니하고 있다가 불복신청 또는 상호합의절차에 동 자료를 제출하는 경우 과세당국 및 관련 기관은 당해 자료를 과세자료로 이용하지 아니할 수 있다.[233]

국가별 보고서에 대한 국가 간 정보교환

BEPS Action 13 보고서 및 이를 반영하여 2017년 개정된 OECD 이전가격 과세지침에 따르면, 다국적 기업의 최종모회사가 국가별 보고서를 관할 과세당국에 제출해야 하고, 해당 과세당국은 조세조약상

---

[232] 국조법 제16조 제5항

[233] 국조법 제16조 제6항

규정된 정보교환방식을 통해 국가별 보고서상의 정보를 다른 국가의 과세당국과 공유하게 된다(Primary Rule). 그러나 ① 최종모회사가 소재한 국가의 법령에 따라 과세당국에 자료를 제출할 의무가 없거나, ② 최종모회사의 소재지국이 관련 자회사가 소재하는 국가와 국가별보고서 정보교환 관련 협정을 체결하지 않는 경우 또는 ③ 자료를 교환하는 상대국가가 약속한(commitment) 정보교환 의무를 지키지 않는 3가지 중 어느 하나에 해당하는 경우에는 현지국 자회사가 현지과세당국에 직접 제출하는 방식을 권고하고 있으며(Secondary rule), 추가적으로 최종모회사로 하여금 필요한 경우 해당 자회사 대신 자료를 제출할 자회사를 지정할 수 있게 하였다.

위와 같이 변경된 국제적 규칙을 수용하여, 우리나라 국조법령은 직전 과세연도 연결재무제표의 매출액이 1조 원을 초과하는 다국적기업그룹의 최종모회사가 우리나라에 소재하는 경우 그 최종모회사가 (직전 과세연도 연결재무제표의 매출액이 7억5천만 유로를 초과하는 다국적기업그룹의 최종모회사가 외국에 소재하나 해당 국가의 법령상 국가별보고서 제출의무가 없거나 우리나라와 조세조약이 체결되지 않는 등의 이유로 국가별보고서에 대한 정보교환이 이루어지지 않는 경우 우리나라에 소재하는 관계회사가) 국가별보고서를 관할 세무서에 제출하도록 규정하고 있다.

2016년 1월 일본, 영국 등 31개 국가[234]는 국가별 보고서 교환을 위한 다자간 협정(Multilateral Competent Authority Agreement, "MCAA") 서명식을 개최하였다. 이는 대다수의 OECD 국가들이 국가별 보고서의 교환 방식을 기존에 구축된 다자간 자동정보교환 시스템에 포함시켜 교환

234 서명국 중 OECD 회원국은 25개국(오스트리아, 벨기에, 체코, 덴마크, 핀란드, 프랑스, 에스토니아, 독일, 그리스, 아일랜드, 이태리, 룩셈부르크, 폴란드, 네덜란드, 포르투갈, 슬로바키아, 슬로베니아, 스페인, 스웨덴, 영국, 호주, 칠레, 일본, 멕시코, 스위스)이고 비회원국은 6개국(코스타리카, 리히텐슈타인, 말레이시아, 나이지리아, 노르웨이, 남아공)이다.

을 하겠다는 의지의 표현으로 해석된다. 또한 2017년 5월 12일 중국 베이징에서 개최된 조세행정포럼(Forum on Tax Administration)에서 캐나다, 아이슬란드, 인디아, 이스라엘, 뉴질랜드, 중국 등 6개국이 국가별 보고서 자동교환을 위한 과세당국 간 다자협정에 서명하였다. 뿐만 아니라 본서 제12장에서 소개할 '포괄적 이행체계(inclusive framework)' 발족회의가 2016년 6월 30일 일본 교토에서 개최되었는 바, 이 회의에 참석한 국가 중 우리나라, 아르헨티나, 우루과이, 퀴라소, 조지아의 5개국이 서명하여 참여하였다.[235]

한편 2017년 6월 22일 우리나라는 미국과 국가별 보고서 교환을 위한 당국 간 협정에 서명하였다. 미국은 「국가별보고서 교환을 위한 다자간 협정」이 아닌 양자 간 협정 체결을 통한 국가별보고서 교환을 추진하고 있기 때문이다. 동 협정은 서명 다음날부터 발효되도록 되어 있다. 동 협정에 따라 정부는 2018년부터 미국과 국가별 보고서를 매년 교환하고 있다.

자료제출 불이행에 대한 제재

1) 과태료 부과

국조법 제87조(국제거래에 대한 자료 제출의무 불이행에 대한 과태료) 제1항은 다음 각 호의 어느 하나에 해당하는 자가 대통령령으로 정하는 부득이한 사유 없이 자료를 기한까지 제출하지 아니하거나 거짓의 자료를 제출하는 경우에는 1억 원 이하의 과태료를 부과한다고 규정하고 있다.

235 이로서 2016.6. 말 현재까지 총 44개국이 다자협정을 체결하였고 2017.12. 말 현재는 68개국이 동 협정에 서명하였다. 현재까지 OECD국가 중 미체결국은 2개국(미국, 터키)이다.

1. 국조법 제16조 제1항에 따른 국제거래정보통합보고서 또는 같은 조 제2항 제1호에 따른 국제거래명세서를 제출할 의무가 있는 자
2. 제16조 제4항에 따라 자료 제출을 요구받은 자

또한 제87조 제2항은 "과세당국은 제1항에 따라 과태료를 부과 받은 자에게 30일의 이행기간을 정하여 자료를 제출하거나 거짓 자료를 시정할 것을 요구할 수 있으며, 그 기간 내에 자료 제출이나 시정 요구를 이행하지 아니하는 경우에는 지연기간에 따라 2억 원 이하의 과태료를 추가로 부과할 수 있다"고 규정되어 있다. 여기서 과태료 부과가 될 수 없는 부득이한 사유는 다음과 같다.[236]

1. 화재 · 재난 및 도난 등의 사유로 자료를 제출할 수 없는 경우
2. 사업이 중대한 위기에 처하여 자료를 제출하기 매우 곤란한 경우
3. 관련 장부 · 서류가 권한 있는 기관에 압수되거나 영치(領置)된 경우
4. 국외특수관계인의 과세연도종료일이 도래하지 아니한 경우
5. 자료의 수집 · 작성에 상당한 기간이 걸려 기한까지 자료를 제출할 수 없는 경우
6. 제1호부터 제5호까지에 준하는 사유가 있어 기한까지 자료를 제출할 수 없다고 판단되는 경우

또한 국조법 시행령 제100조 제2항 및 제3항에 따른 과태료를 부과할 때 자료를 제출하는 자가 경미한 착오로 자료의 일부를 제출하지 아니하거나 일부 항목에 오류를 발생시킨 경우에는 과세당국은 보정자료를 받고 과태료를 부과하지 아니할 수 있다.[237]

---

236 국조법 시행령 제100조 제1항 및 제37조 제1항

237 국조법 시행령 제100조 제6항

2) 징수유예의 배제

우리나라에 진출한 외국계 기업에 대하여 우리 과세당국이 세무조사를 하는 경우 이들 기업은 세무조사에 대응하여 본국 정부에 상호합의 신청을 할 수 있다. 그 결과 우리나라 기획재정부 또는 국세청과 상대국의 권한 있는 당국 간에 상호합의절차가 개시되면 국조법 제49조 제2항 및 제3항에 의거 우리 과세당국은 고지유예 · 징수유예 또는 체납처분유예를 해당 기업에 대해 허용할 수 있다. 그런데 이러한 유예의 혜택을 받고 있는 기업이 만일 과세당국의 자료제출 요구에 성실히 이행하지 않을 때는 이와 같은 혜택이 배제된다.

이는 국조법 시행령 제91조 제2항에 규정되어 있는 사항인데, 이에 따르면 납세의무자인 고지유예 · 징수유예 또는 체납처분유예 신청인이 국조법 제16조에 따른 자료제출의무를 이행하지 아니한 경우에는 이와 같은 유예를 허용해서는 안 될 뿐 아니라, 만일 이와 같은 유예가 이미 허용된 때에는 이를 즉시 취소하고 유예에 관계되는 세액 및 체납액을 한꺼번에 징수하도록 규정되어 있으므로 관련 납세의무자는 이 점에 유의해야 한다.

3) 가산세 적용상의 특례 배제

앞 절에서 언급했듯이 납세의무자가 소득세나 법인세를 신고할 때 적용한 정상가격산출방법에 관한 증명자료를 보관 · 비치하거나 개별기업보고서를 기한 내에 제출하고, 합리적 판단에 따라 그 정상가격산출방법을 선택하여 적용한 것으로 인정되는 경우 국조법 제17조 제1항 제3호에 따라 납세자는 과소신고 가산세를 면제받을 수 있다. 그런데 만일 납세의무자가 이러한 요건을 충족시키지 않는다면 (즉 정상가격

산출방법에 관한 증명자료를 보관 · 비치하지 않거나 개별기업보고서를 기한 내에 제출하지 않는다면) 과소신고 가산세 적용상의 특례가 배제된다(즉 과소신고 가산세가 적용된다).

4) 추정과세 적용

국조법 제16조 제7항에 규정에 따르면, 통합기업보고서 및 개별기업보고서를 제출하여야 하는 납세의무자와 아래에서 열거하는 자료의 제출을 요구받은 자가 정당한 사유 없이 자료를 기한까지 제출하지 아니하는 경우에는 과세당국은 유사한 사업을 영위하는 사업자로부터 입수하는 자료 등 과세당국이 확보할 수 있는 자료에 근거하여 국조법 제8조에서 규정하는 정상가격 산출방법에 따라 합리적으로 정상가격을 추정하여 정상가격에 의한 과세조정 및 정상원가분담액등에 대한 과세조정을 할 수 있도록 하였다.

다만, 이전가격 추정과세를 적용할 수 없는 정당한 사유는 국조법 시행령 제37조 제1항에 규정되어 있는데 그 내용은 과태료 부과가 될 수 없는 정당한 사유와 동일하다.[238]

---

[238] 국조법 시행령 제37조.

18

'정상가격산출방법 사전승인 제도'는 납세자가 어떻게 활용할 수 있을까?

정상가격산출방법 사전승인 제도의 의의

거주자는 일정 기간의 과세연도에 정상가격 산출방법을 적용하려는 경우에는 대통령령으로 정하는 바에 따라 정상가격 산출방법을 적용하려는 일정 기간의 과세연도 중 최초의 과세연도 개시일의 전날까지 국세청장에게 승인신청을 할 수 있다.[239] 이와 같은 방법이 승인된 경우에는 국세청장과 신청인은 승인된 방법을 준수하도록 규정하고 있다.[240] 국세청장이 제정한 국제조세사무처리규정[241] 제76조(사전승인의 효과)는 "국세청장(상호합의담당관)은 신청인이 신청대상연도 중에 사전승인의 내용에 적합한 신고를 한 경우, 해당 신고는 독립기업 간의 정상가격에 의한 것으로 본다."라고 규정하고 있다. 이는, 납세의무자가 사전승인 받은 거래에 대해서는 사전승인 대상 기간 중에 사실상 세무조사가 면제가 되는 효과가 있음을 의미한다. 이런 맥락에서 국세청은 APA 연차보고서[242]에서 'APA가 납세자에게 제공하는 혜택'에 대하여

239 국조법 제14조 제1항

240 국조법 제15조 제1항

241 국제조세사무처리규정 [국세청훈령 제2396호, 2020.10.26.]

"첫째, 납세자는 국외특수관계자와의 국제거래에 대하여 향후 과세당국이 이전가격세제를 적용할 경우 발생하는 세무상의 불확실성을 제거할 수 있습니다. 승인조건을 충족하여 소득을 신고 · 납부할 경우 납세자는 이전가격 관련 세무조사의 위험 없이 경영에 전념할 수 있게 됩니다"라고 기술하고 있다. 이처럼 이전가격 조사가 유발하는 세무상 불확실성을 배제할 수 있는 장치로서 APA는 우리나라뿐 아니라 세계 각국에서 활발히 활용되고 있다.

이와 같은 정상가격산출방법의 사전승인제도는 미국 · 영국 · 호주 등이 이미 도입하고 있는 사전가격합의제도(advance pricing agreement 또는 advance pricing arrangement)를 우리나라의 현실에 맞게 일부 변용하여 1996년에 도입되었다. 우리 제도와 서구 제도의 가장 큰 차이는 우리의 경우 행정법 및 세법체계가 대륙법계 영향을 받았기 때문에 행정관청과 민원인이 합의를 통해 납부세액을 확정한다는 것이 기존의 법체계와 자연스럽게 부합하지 않는다는 점이다. 따라서 납세자의 신청을 기초로 한 과세관청의 승인의 형식으로 사전가격합의제를 제도화하여 국조법에 도입하게 되었다(이하 '정상가격산출방법의 사전승인제도'라는 용어와 '사전가격합의제'라는 용어는 문맥에 따라 혼용한다).[243]

앞에서도 언급했듯이 BEPS에 대한 대응책으로 최근에는 OECD이전가격 과세지침도 개정되고 전 세계적으로 세계 각국의 이전가격과세가 강화되고 있으므로 다국적 기업들의 과세위험은 날이 갈수록 증대하고 있다. 이에 따라 다국적 기업들은 이전가격 관련 과세 위험을 사

242 국세청, "2019 APA 연차보고서", 2020.10., 8면.

243 APA는 비록 1995년도에 제정되었지만 우리나라에 새로이 도입되는 제도이기 때문에 납세자와 세무공무원이 동 제도의 취지와 절차를 올바로 이해하고 APA를 효율적으로 활용할 수 있도록 하기 위하여 그 발효시점은 1997.1.1.이 되도록 하였다.

전에 제거하여 조세 측면에서 확실성을 가지고 사업을 영위하기를 희망하고 있다. 2017년 9월 개최된 OECD 국세청장 회의에서도 이러한 기업의 희구하는 조세 확실성(tax certainty)이 주요 의제로 논의된 바 있다. 「정상가격 산출방법 사전승인제도」는 이전가격 분야에 있어 조세 확실성을 확보하기 위한 수단으로서 그 중요성이 더욱 높아지고 있고 향후 다국적 기업의 동 제도 활용이 더욱 증대될 전망이다.

정상가격산출방법 사전승인 제도의 주요 이슈

1) 사전가격 합의 내용

사전가격합의에서 가장 중요한 문제는 일정 기간에 걸쳐 납세자의 이전가격을 미리 규정함에 있어서 동 합의가 어느 정도 구체화될 수 있는가 하는 점이다. 단지 정상가격산출방법만 규정할 것인지, 아니면 더 많은 사항들을 규정할 수 있는 것인지 하는 것이 그 예가 될 수 있다. 일반적으로 말하면 사전가격합의의 내용은 다음과 같은 것을 포함한다.

① 회계처리방식(accounting method)
② 장부기장 요령(record keeping requirements)
③ 소득의 원천 및 비용배분
④ 본점경비의 지점 배부 또는 지점의 귀속소득 배분 등

사전가격합의의 범위를 결정할 때 납세자와 과세당국은 예측의 신뢰도에 상당한 주의를 기울일 필요가 있는데, 이전가격 사전합의제도가 내포하는 예측의 신뢰도는 예측의 성격과 그 예측이 근거로 삼는 주요 가정에 의존하기 때문이다.

2) 일방적 사전가격합의(unilateral APA)와 쌍방적 사전가격합의(bilateral APA)

신청인 · 거래 상대방 그리고 관련 국가의 과세당국들이 개입하여 협상하고 합의를 도출한다고 하였다. 이와 같은 사전가격합의는 쌍방적 사전가격합의(bilateral APA)를 의미하며, 이와는 달리 거래상대방 국가의 과세당국과는 협의하지 않고 어느 한 국가의 신청인과 과세당국 간에 정상가격산출방법에 대하여 사전에 합의할 수도 있는데, 이를 일방적 사전가격합의(unilateral APA)라 한다.

일방적 사전가격합의는 상대 국가에 소재하는 특수관계 기업의 납세의무에 영향을 미칠 수 있고, 결과적으로는 이중과세가 발생할 가능성이 상존한다. 그 구체적인 예로서 A국가의 납세자와 국세청이 일방적으로 사전가격합의를 한 후 실제거래가격보다 높은 가격으로 가격조정을 하는 경우가 발생한다면 상대방 국가에서는 이에 대한 대응조정을 허용하지 않으려 할 것이고 결국 동 거래의 경우 이중과세의 문제가 발생한다. 이와 같은 문제점 때문에 OECD 이전가격 과세지침은 일방적 합의보다는 관련 과세당국들 간의 쌍방 또는 다자간 사전합의를 권고하고 있다.

우리나라의 경우 국조법 시행령 제28조 제2항에 "국세청장은 신청인이 사전승인 신청 시에 상호합의절차의 개시신청을 한 경우에는 체약상대국의 권한 있는 당국에 상호합의절차 개시를 요청하고 요청사실을 신청인에게 통지하여야 한다"고 하여 신청인이 희망하는 경우 국세청장으로 하여금 쌍방적 사전가격합의를 우선적으로 시도하도록 하는 의무를 부여하고 있다. 또한 국조법 제14조 제2항 단서 및 국조법 시행령 제29조에 의해 ① 납세자가 정상가격산출방법의 사전승인 신청 시 상호합의절차를 거치지 않고 정상가격 산출방법을 사전승인해 줄 것을 신청하는 경우나 ② 상호합의절차가 중단되는 경우라도 상호합의 절차를 거치지 아니하고 정상가격사전승인을 얻고자 하는 경우에는 당해 통지를 받은 날로부터 15일 이내에 국세청장에게 그 의사를 서면으로 제출하도록 함으로써 일방적 사전가격합의제도도 허용하고 있다.

3) 정상가격 사전합의 제도의 조세조약상 근거

조세조약을 체결한 국가의 한 과세당국이 사전가격합의제도에 참여하는 경우 그 이전가격 사전합의는 비록 명문화되어 있지는 않지만 OECD 모델조세조약 제25조(상호합의) 제3항에 조세조약상 근거를 두고 있다고 해석되어야 한다. 왜냐하면 제25조 제3항에서는 각국의 권한 있는 당국(competent authorities)은 모델조세조약의 적용이나 해석상의 의문 또는 어려움에 대해 상호합의하여 문제를 해결하도록 노력해야 한다고 규정하고 있으며, 또한 이들 권한 있는 당국들은 모델협약에서 제시되지 않는 사례에 대해서도 이중과세 배제를 위해 상호협의(consult)할 수 있다고 규정하고 있기 때문이다. 다시 말해 쌍방적인 사전가격합의는 이중과세 배제를 중요한 하나의 목적으로 하고 있으므로 제25조 제3항의 규정에 해당하여 결국 동 조항이 쌍방적 사전가격합의의 조세조약상 근거가 된다.

4) 납세자의 비밀보장

사전가격합의제도를 위해 생산된 정보는 때로는 아주 민감하고 비밀스러운 사업정보와 거래기밀에 해당될 수도 있다. 따라서 동 제도 운영과정에서 납세자에 의해 제공되거나 창출된 기업정보는 동 정보들이 마치 소득세 · 법인세 확정신고 또는 세무조사과정에서 제공된 것과 동일한 정도의 정보로서 취급되어야 하고, 이를 규율하는 법논리에 따라 비밀보장 또는 사적생활에 대한 보호를 받아야 한다.

이와 관련된 우리 국조법령상의 규정을 살펴보면 시행령 제26조 제5항에서 “국세청장은 제1항 또는 제2항에 따라 제출된 자료를 사전승인의 심사 및 사후관리 및 체약상대국의 권한 있는 당국과의 정보교환 외의 용도로는 사용할 수 없다”고 하여 납세자가 사전가격 승인을 위하여 제출한 자료가 사용될 수 있는 범위를 엄격히 제한하고 있다. 또한 국조법 시행령 제27조 제3항에서는 사전가격승인심사에 검토의견을 제출한 전문가는 사전승인신청과 관련된 납세자의 정보를 신청인 및 그 대리인과 국세청장을 제외하고는 타인에게 제공하거나 공개해서는 아니 된다고 규정하고 있다.

뿐만 아니라 신청인이 사전승인을 철회하거나 국세청장이 신청된 사안이 부적절하다고 판단하여 사전승인을 하지 아니하는 경우에는 제출된 모든 자료를 신청인에게 반환하도록 국조법 시행령 제28조 제1항에 정하고 있다. 이는 혹시 우발적으로 발생할지 모르는 신청인 정보의 부당한 유출 또는 남용을 원천적으로 방지하기 위해 제공된 정보가 사전가격 승인 목적상 더 이상 필요하지 않은 상태에 이른 경우에는 제출된 자료를 신청인에게 모두 반환하도록 한 것이다.

5) 보상조정

국조법 시행령 제39조 제4항을 살펴보면 쌍방 또는 일방 정상가격 산출방법의 사전승인을 받은 거주자가 동법 시행령 제31조 규정에 의하여 법인세 과세표준 및 세액을 수정신고하는 경우에는 과소신고 가산세를 부과하지 아니한다고 규정하고 있다.

이 규정의 의미와 효과를 설명하기 위해, 사전가격승인 신청을 한 납세자와 과세당국 사이에 미래의 경제 여건에 대하여 합리적인 예측을 하고 동 예측에 기초하여 정상가격산출방법에 대하여 승인이 이루어졌다고 가정하자. 그런데 해당 납세자가 동 방법에 따라 소득세 또는 법인세를 확정신고기간 중에 이미 신고 · 납부한 후 경제현실 및 영업성과를 재검토해보니 당초에 승인받은 정상가격산출방법에 따라 산출된 정상가격과 큰 차이가 나는 상황이 발생할 수도 있다(예를 들어 환율이나 이자율이 당초 예측치를 크게 벗어나는 경우 등). 이런 경우 납세자는 보상조정을 하기 위해 법인세 과세표준과 세액을 수정신고 할 수 있는 바(이는 세부담이 당초보다 증가되는 경우를 말함), 이때 납세자는 국조법 시행령 제39조 제4항에 의하여 과소신고 가산세의 납부를 면제받을 수 있다.

사전가격 승인절차

거주자(사전가격합의 신청인)는 국제거래의 전부 또는 일부에 대하여 기획재정부령으로 정하는 정상가격 산출방법의 사전승인 신청서에 관련 서류를 첨부하여 정상가격 산출방법 신청 대상기간의 최초 과세연도 개시일의 전날까지 국세청장에 제출하여야 한다. 여기서 한 가지 유념해야 할 사항은 사전가격승인을 행하는 주체는 법인세 · 소득세의 일반적인 부과권한이 있는 자인 세무서장이나 지방국세청장이 아니라 국세청장이라는 점이다.

거주자 또는 국외특수관계인이 체약상대국의 권한 있는 당국에 정상가격산출방법의 사전승인을 신청한 경우로서 우리나라와 상호합의절차를 개시할 필요가 있을 때에는 그 거주자는 국세청장에게 국조법 제14조에 따라 지체 없이 정상가격산출방법의 사전승인을 신청하여야 한다.[244]

정상가격산출방법의 사전승인신청 대상 기간은 납세자가 정상가격 산출방법의 사전승인을 받으려는 기간으로 한다.[245] 사전승인대상 기간은 통상 5년을 대상으로 신청하고 있으며, 사전승인대상기간 전의 과세연도에 소급적용(rollback)을 신청하는 경우 쌍방 사전승인의 경우 승인신청대상기간 직전의 7년 이내에서, 일방 사전승인의 경우 승인신청 대상기간의 직전 5년 이내에서 소급하여 적용하도록 승인을 할 수 있다.[246]

국제조세 집행기준 6-0-1【정상가격 산출방법 사전승인 절차】

① 상호합의에 따른 정상가격 산출방법 사전승인 절차는 다음과 같다.

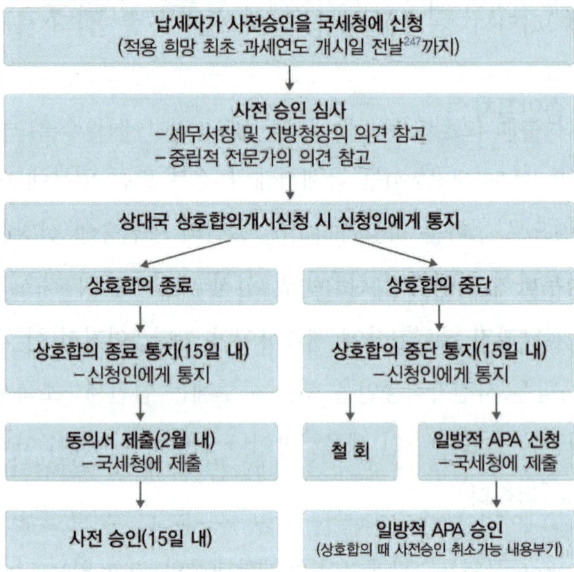

---

244 국조법 시행령 제26조 제6항

245 국조법 시행령 제26조 제3항

246 2020년 말까지는 소급적용기간이, 상호합의에 의한 사전승인인 경우에는 5년 이내, 일방적 사전승인의 경우에는 3년 이내이었으나 국조법 개정으로 소급적용 허용기간이 연장될 수 있게 되었다. 개정 규정은 2021.1. 1. 이후 최초로 상호합의 신청분부터 적용된다.

247 이 부분은 필자가 적정히 수정하였다.

② 국세청장은 납세자가 사전승인 신청 시 상호합의절차를 요구하지 않은 경우 및 위 ①에서와 같이 상호합의절차가 중단된 경우에는 일방적 사전승인을 할 수 있다.

국세청장과 사전가격승인을 받은 납세자는 다음 각 호의 1에 해당하는 사유가 발생하지 않는 한 사전승인내용을 준수해야 한다.[248]

① 국조령 제26조 제1항 · 제2항 또는 제32조에 따른 자료의 중요한 부분이 제출되지 아니하거나 거짓으로 작성된 경우
② 거주자가 사전승인 내용 또는 그 조건을 준수하지 아니한 경우
③ 사전승인된 정상가격산출방법의 전제가 되는 조건이나 가정의 중요한 부분이 실현되지 아니한 경우
④ 관련 법령 또는 조세조약이 변경되어 사전승인 내용이 적절하지 아니하게 된 경우

또한 거주자는 정상가격 산출방법이 승인된 경우 매년 소득세 또는 법인세 신고(연결납세 신고 포함) 기한까지 그 승인된 방법에 따른 과세표준 및 세액을 납세지 관할 세무서장에게 신고하여야 하며, 필요한 경우 대통령령으로 정하는 바에 따라 수정신고 또는 경정청구를 하여야 한다.

한편 거주자는 정상가격산출방법이 사전승인된 경우에는 다음 사항을 포함한 연례보고서(국세정보통신망을 활용한 제출을 포함)를 소득세법 상 과세기간 또는 법인세법 상 사업연도 종료일이 속하는 달의 말일부터 12개월 이내에 국세청장에게 제출하여야 한다.[249]

---

[248] 국조법 제15조 제1항 및 동법 시행령 제30조 제1항

[249] 국조법 제15조 제3항 및 동법 시행령 제32조 제1항

① 사전승인된 정상가격 산출방법의 전제가 되는 근거 또는 가정의 실현 여부
② 사전승인된 정상가격 산출방법을 적용하여 산출된 정상가격 및 그 산출 과정
③ 국제거래 거래가격과 정상가격이 다른 경우에는 그 차이에 대한 처리 내용
④ 그 밖에 사전승인 시에 연례보고서에 포함하도록 정한 사항

19

이전가격세제와 관세과세가격 평가제도의 조화는 왜 필요하고, 이를 위해 어떤 장치가 우리나라 세법에 마련되어 있을까?

납세자들은 관세 목적상 가치 평가와 국세 목적상 가치 평가에서 서로 상반되는 유인을 가질 수 있다. 일반적으로 물품을 수입하는 납세자는 관세 목적상 관세가 낮아지도록 거래가격을 낮게 책정하는 데 관심이 있다(부가가치세나 개별소비세 등에 있어서도 마찬가지임). 그러나 국세 목적으로는 동일한 물품에 대해 가격을 가급적 높이 책정하려고 할 수 있다. 왜냐하면 수입국에서 더 많은 비용이 공제될 수 있기 때문이다.

그런데 문제는 외국의 모회사 또는 계열회사로부터 물품을 수입하는 기업들의 경우 국세목적상 적용되는 이전가격세제와 관세목적상 적용되는 관세평가제도상의 규정이 서로 달라 이로부터 예상하지 못한 불이익을 받는 사례가 종종 발생한다.

예를 들면 미국 모회사로부터 기계부품(S)을 단위당 $150에 수입하여 그 가격으로 수입신고를 마친 우리나라 소재 A회사는 그 후 국세청으로부터 이전가격조사를 받아 한국에서의 과세소득이 신고 시보다 증가하게 되었다. 이러한 과세소득 증가 사유는 특수관계인인 모회사로부터 수입한 S의 가격이 정상가격 $100보다 크다는 것인데, 결과적으로 과세당국은 S부품 단위당 $50이 미국 모회사로 이전되었다고 보고 A회사의 과세소득을 그만큼 증가시켜 추징을 한 것이다. A회사는 나름대로 당초 수입가격의 정당성을 입증하였으나 과세당국을 설득하지 못해 본 세금은 물론 이에 따른 가산세까지 부담하게 되었다. 그 후 A회사는 만일 국세청의 주장이 맞는 것이라면 이는 관세청에서 S부품 단위당 $50씩 관세 과세가격을 높게 보고 관세를 징수한 것이 되므로 이 부분만큼은 관세 환급을 받을 것으로 예상해서 관세청에 환급 청구를 하였다. 그러나 예상과는 달리 관세청은 A회사의 환급청구를 거부하면서 그 근거로서 국조법에 의한 정상가격은 관세의 부과를 목적으로 하는 관세평가 규정에 의한 과세가격과 목적 및 산출방법이 상이하므로 관세의 부과는 영향을 받지 아니한다고 한 기획재정부 예규를 제시하였다(관협 407040-310, 2001.12.29.). 국세와 관세에 적용되는 기준이 각각 달라 납세자는 이중으로 발생하는 불이익을 감수해야만 하는 상황이 된 것이다.

그 후 A회사는 미국회사로부터 기계부품(T)을 단위당 $100에 수입하여 그 가격으로 수입신고를 마쳤다. 그런데 이번에는 미국의 국세청(IRS)이 모회사에 대해 세무조사를 하면서 모회사가 A회사에 수출한 T의 가격이 정상가격에 비해 지나치게 작다고 주장하면서 T의 수출가격을 단위당 $200로 조정한 금액으로 과세를 하였다. 결과적으로 미국 모회사와 A회사는 법인세차원의 이중과세가 발생하게 되었고 이를 해결하기 위해 A회사는 국조법에 의거 국세청에 대응조정을 신청하여 국세청은 이를 수용해주었다. 이는 법인세 차원에서는 A회사의 과세소득을 그만큼 감소시켜 환급을 해준 것을 의미하고 한 · 미 양국의 국세당국이 T의 국내 수입가격을 $200로 수정하여 인정한 것과 같다. 이에 따라 A회사는 과세소득 감소분을 미국 모회사에게 송금하였다. 그러나 그 뒤로 별도의 관세에 관한 수정신고는 하지 않았다. 그 후 관세심사를 받게 된 A회사는 대응조정과 관련하여 미국 모회사에게 송금을 했다는 이유로 관세를 추가로 추징받고 이에 따른 가산세까지 부담하게 되었다. 지난번 S부품의 사례를 경험한 A회사는 국세부과와 관세부과는 상이하지 않느냐면서 관세청에 항변을 했으나 역시 무위에 그치고 말았다. 관세청이 상기 예규 후반부에 기재된 다음과 같은 단서를 제시했기 때문이다. "대응조정으로 추가 지급되는 부분에 대해서는 관세의 과세가격이 관세법 제30조에 의해 결정된 경우 사후에 추가로 수입대가가 실제로 지급되었다면 이는 제30조 제1항의 본문의 '구매자가 실제로 지급하였거나 지급하여야 할 가격'에 포함되는 것이다(관협 47040-310, 2001.12.29.)."

위에 제시한 사례는 이전가격세제와 관세평가 규정이 달라 납세자가 불이익을 당하는 대표적인 사례인데 일견 불합리해 보이는 이와 같은 현상은 왜 발생하는 것일까? 그것은 이전가격세제와 관세평가 규정의 목적, 접근방법이 달라 그 결과 나타난 구체적인 법률규정 내용도 서로 상이하기 때문이다. 우선 양 제도의 목적상의 차이점을 살펴보면 관세평가(customs valuation)제도는 물품의 수입시점에서의 정확한 관세가격의 산정이 주목적인 반면, 이전가격세제는 관계회사 간의 부당한 소득이전을 방지하고 합리적으로 과세소득이 배분되도록 하는 것이 주목적이라고 할 수 있다. 이에 따라 과세당국들의 접근방식도 서로 상반되는 측면이 있다. 즉 국세청의 경우 물품의 수입가격이 지나치게 높게 책정되어서 국내에 귀속되는 과세소득과 세액이 지나치게 낮게 된 것이 아니냐는 입장에서 접근하는 반면, 관세청의 경우는 수입가격이 인위적으로 낮게 신고되어 관세액이 지나치게 적지 않은가 하는 관점에서 접근하고 있다. 이와 같은 관점의 차이는 국제적인 과세기준 및 이를 법적으로 구체화한 개별국가의 법령상의 차이로 나타나는데 결국 앞서 언급한 문제는 우리나라에서만 생겨나는 문제가 아니고 현재 대부분의 국가에서 겪고 있는 보편적인 문제라고 할 수 있다.

관세법상 관세평가방법과 국조법상 정상가격산출방법의 비교

우리나라는 1981년 GATT의 신평가협약에 가입하고 1984년 관세법을 개정하여 GATT의 신평가협약(이하 "협약") 내용을 도입하였다. 이하에서는 관세법에 반영된 신평가협약상 특수관계하에서의 관세평가방법에 대해 살펴본다.

협약 제1조 제1항(관세법 §30 ③)에 의하면 구매자와 판매자 간의 특수관계는 제1방법인 '거래가격의 적용'을 배제하는 요건이 될 수 있다. 그러나 협약 제1조 제2항에 의해 구매자와 판매자 사이에 특수관계가 있다는 사실만으로 과세당국이 거래가격을 과세가격으로 채택하는 것을 거부할 수는 없으며, 이러한 경우에는 그 특수관계가 가격에 영향을 미쳤는지 여부를 판별해야 한다.

제1방법으로 과세가격을 결정할 수 없는 경우에는 협약 제2조 및 제3조(관세법 §31 및 §32)에 의하여 과세가격으로 인정된 바 있는 동종·동질 물품(제2방법) 및 유사물품(제3방법)의 거래가격으로 과세가격을 결정하게 된다.

협약 제5조(관세법 §33)에서 규정하는 제4방법(역산방법)은 국내 판매가격에서 특정비용 요소를 공제하여 과세가격을 결정하는 방식이다. 국내 판매가격이란 당해 물품, 동종동질 물품 또는 유사물품이 수입된 것과 동일한 상태로 당해 물품의 수입신고일 또는 수입신고일과 거의 동시에 특수관계 없는 자에게 가장 많은 수량으로 국내 판매되는 단위가격을 기초로 하여 산출된 가격을 말한다. 당해 수입물품 · 동종동질물품 또는 유사물품의 국내판매 단위가격이 결정되면 이 가격으로부터 수수료 또는 이윤 및 일반경비, 통상의 운임 · 보험료 기타 관련비용, 조세 기타 공과금을 공제하여 과세가격을 결정한다.

제1방법 내지 제4방법으로 과세가격을 결정할 수 없는 경우에는 협약 제6조(관세법 §34)에 따라 수입물품의 제조원가, 수출국생산자의 이윤 및 일반경비와 수입항까지의 운송비용(CIF 채택 시) 등 과세가격을 구성하는 각종 구성요소의 비용 또는 가격을 합산하여 산정한 가격을 기초로 하여 과세가격을 결정한다(제5방법). 여기서 통상적인 이윤 및 일반경비라 함은 수입국에 수출하기 위하여 수출국 내의 생산자가 제조한 당해 물품과 동종 또는 동류의 물품 판매 시 통상적으로 반영되는 이윤 및 일반경비에 해당하는 금액을 말하며, 이윤 및 일반경비의 금액은 분리되어 비교되지 않고 전체로서 취급된다.

협약 제7조 제1항(관세법 §35)에 의하면 제1방법 내지 제5방법으로 과세가격을 결정할 수 없는 경우에는 관세평가에 관한 기본원칙에 부합하는 합리적인 기준에 의하여 수입국 내에서 입수 가능한 자료를 기초로 과세가격을 결정할 수 있다(제6방법).

관세법에 따르면 제1방법에서 제6방법까지 순차적으로 적용된다.

국조법상의 비교가능 제3자 가격방법은 관세평가방법 중 제2방법(또는 제3방법)과 매우 유사하다. 다만, 양자 간의 중요한 차이점은 관세평가방법의 경우 동종 · 동질 물품 또는 유사물품을 비교 검사함에 있어 그 비교의 시간적 기준이 동시 또는 거의 동시여야 한다는 제약이 있다는 것이다.

국조법상의 재판매가격방법은 거래자산의 유사성보다는 수행기능의 유사성에 비교의 중점을 두는 경우가 많은데, 이는 관세평가의 제4방법인 역산방법에 해당한다. 다만, 당해 물품, 동종·동질 물품 또는 유사물품의 국내 판매가격에서 특정 공제항목을 차감한다는 점에서 다소 차이가 있다.

국조법상 원가가산방법은 관세법상 제5방법과 유사하다고 할 수 있으나 국조법상의 원가가산방법은 제조업자의 수출물품가격이 정상가격인지를 검증하는 방법이라고 할 수 있는 반면, 관세법상의 제5방법은 수입업자의 구매물품이 정상가격인지를 파악하는 방법이라는 점에서 차이가 있다고 할 수 있다.

WTO와 OECD의 평가기준상 조화 노력

앞서 제시된 것과 같이 납세자로서 일견 납득할 수 없는 국세와 관세상의 거래가격 평가문제의 근본적 해결을 위해서는 관세평가기준과 이전가격세제의 국제기준 또는 지침을 제정하는 국제기구들이 적극적으로 나서서 양자 간의 차이 해소를 위해 노력할 필요가 있다.

사실 관세평가기준을 제정하는 WTO와 이전가격과세지침을 제정하는 OECD는 지난 2006년과 2007년 합동회의를 개최하여 이 문제의 해결하고자 노력한 바 있다. 양 국제기구의 전문가들이 2년간의 회의를 통해 해결책을 모색했으나 이들은 두 과세기준의 차이가 얼마나 일치하는 것이 힘든가를 확인만 했을 뿐 이렇다 할 진전사항을 가져오지 못했다.

이들 국제기구는 2007년 이후 계속하여 유사한 성격의 회의를 개최하는 것보다는 각 기구의 실무자들로 구성된 포커스 그룹을 구성, 이들로 하여금 양 과세기준의 과세기술상 그리고 실무상의 차이를 좁혀갈 수 있는 방안을 찾아보도록 미션을 부여했다. 이에 따라 포커스 그룹은 2007년 10월에 회의를 개최하여 OECD 이전가격과세지침상의 정상가격을 관세 과세가격으로의 수용가능성들에 대해 토의한 후 다음과 같은 권고안을 제시하고 있다. 즉 첫째, 현행 WTO 관세평가협정의 범위 안에 이전가격 목적상 채택된 방법(또는 문서)이 관세목적상 정상가격을 구하는 경우에도 허용될 수 있도록 지침을 마련할 필요가 있으며, 둘째, 이전가격의 사후적 조정에 대해서는 관세평가의 관점에서 별도의 기준을 마련할 필요가 있다는 것이다. 그러나 이러한 포커스 그룹은 그 대표성에 한계를 가지고 있기 때문에 국제적인 평가기준 제정까지는 이르지 못한 상태이고, 현재 이들 국제기구에서는 한편으로 새로운 모멘텀의 형성을 모색하면서도 다른 한편으로 그간의 논의를 토대로 각국이 자발적으로 조화방안을 찾아 나갈 것을 기대하고 있는 상태이다.

조화방안 마련을 위한 우리나라 과세당국들 간의 노력

1) 수입거래에 대한 국세 · 관세의 과세가격 상호조정 근거 마련

우선 국세와 관세의 과세가격을 상호 연계 · 조정함으로써 수입업체에 대한 불합리한 조세부담을 경감시키기 위해 국세의 정상가격과 관세의 과세가격 간 조정을 위한 경정청구제도가 도입되어 2012년부터 시행되었다.

국조법에는 현행 제19조(관세의 경정처분에 따른 국세의 경정청구)에 해당하는 규정이 신설되었는데, 국외특수관계인으로부터 물품을 수입하는 거래와 관련하여 납세의무자가 과세당국에 법인세 또는 소득세의 과세표준신고서를 제출한 후 관세법 제38조의3 제4항에 따른 세관장의 경정

처분으로 인하여 관세의 과세가격과 신고한 법인세 또는 소득세의 과세표준 및 세액의 산정기준이 된 거래가격 간에 차이가 발생한 경우에는 그 경정처분이 있음을 안 날(처분의 통지를 받은 때에는 그 받은 날)부터 3개월 내에 ① 청구인의 성명과 주소 또는 거소, ② 경정 전의 법인세 또는 소득세의 과세표준 및 세액, ③ 경정 후의 법인세 또는 소득세의 과세표준 및 세액, ④ 경정청구를 하는 이유 등을 적은 경정청구서에 관련 증빙자료를 첨부하여 제출(국세정보통신망을 활용한 제출을 포함)하여야 한다.[250]

마찬가지로 관세법에는 제38조의 4(수입물품의 과세가격 조정에 따른 경정)가 신설되었는데, 관할지방국세청장 또는 세무서장이 해당 수입물품의 거래가격을 조정하여 과세표준 및 세액을 결정 · 경정 처분함에 따라 그 거래가격과 이 법에 따라 신고납부 · 경정한 세액의 산정기준이 된 과세가격 간 차이가 발생한 경우에는 납세의무자는 그 결정 · 경정 처분이 있음을 안 날(처분의 통지를 받은 경우에는 그 받은 날)부터 3개월 또는 최초로 납세신고를 한 날부터 5년 내에 관련 사항을 적은 경정청구서를 세관장에게 제출함으로써 세액의 경정을 청구할 수 있다.

경정청구를 받은 국세당국은 해당 거래와 관련한 법인세 또는 소득세의 과세표준 및 세액의 산정기준이 된 해당 수입물품의 거래가격 산출방법과 계산근거 등이 국조법의 정상가격산출방법에 적합하다고 인정되는 경우에는 세액을 경정할 수 있다.[251]

한편, 과세당국은 그 경정청구를 받은 날부터 2개월 내에 과세표준 및 세액을 경정하거나 경정하여야 할 이유가 없다는 뜻을 그 청구를

---

[250] 제19조 제1항 및 같은법 시행령 제41조

[251] 국조법 제19조 제2항

한 자에게 통지하여야 한다.[252]

납세의무자는 과세당국으로부터 경정거부 통지를 받은 날(2개월 내에 통지를 받지 못한 경우에는 2개월이 경과한 날)부터 30일 내에 기획재정부장관에게 국세의 정상가격과 관세의 과세가격 간 조정을 신청할 수 있다. 이 경우 기획재정부장관은 과세당국 또는 세관장에게 거래가격에 대한 과세의 조정을 권고할 수 있고, 그 조정권고에 대한 과세당국 또는 세관장의 이행계획(불이행 시 그 이유를 포함)을 받아 납세의무자에게 그 조정의 신청을 받은 날부터 90일 내에 통지하여야 한다.[253]

한편, 기획재정부장관은 과세조정 신청을 받은 해당 거래가 다음의 어느 하나에 해당하는 경우에는 심의하지 아니할 수 있다. 이 경우 납세의무자에게 그 내용을 통지하여야 한다.[254]

1. 해당 거래에 대하여 국세기본법 제55조 및 「관세법」 제119조에 따른 이의신청, 심사청구 또는 심판청구, 「감사원법」 제43조에 따른 심사의 청구가 제기되어 있거나 「행정소송법」에 따른 소송이 계속(係屬) 중인 경우
2. 해당 거래가 국조법 제14조에 따른 정상가격 산출방법의 사전승인 및 「관세법」 제37조에 따른 과세가격 결정방법의 사전심사에 따른 것인 경우
3. 해당 거래에 대하여 국조법 제42조 및 조세조약에 따른 상호합의절차가 진행 중이거나 종료된 경우
4. 해당 거래에 대한 국세의 정상가격 및 관세의 과세가격 간 산출방법의 차이 등으로 인하여 조정 권고하기 곤란하다고 판단되는 경우

252 국조법 제19조 제3항

253 국조법 제20조 제1항

254 국조법 시행령 제43조 제2항 및 제3항

기획재정부장관은 제1항에 따른 과세조정 신청 내용의 사실관계나 과세가격 산정근거 등이 명확하지 않다고 인정되는 경우에는 상당한 기간을 정하여 납세의무자 · 국세청장 또는 관세청장에게 이를 보정할 것을 요구할 수 있다. 이 경우 보정기간은 조정기간에 산입하지 아니하고 국세청장 또는 관세청장에게 보정을 요구한 경우에는 납세의무자에게 그 사실을 통보해야 한다.[255]

그런데 위와 같이 복잡한 제도를 도입하여 수년간 운영해보았으나 수입거래에 대한 국세 · 관세의 과세가격 상호조정에 있어 가시적 성과가 나타나지 않자 정부는 2014년 말 법령개정을 통해 양자 간의 사전조정이 원활히 이루어질 수 있도록 제도를 보완하였다.

2) 국세의 정상가격산출방법과 관세의 과세가격 결정방법의 사전 조정

국세의 정상가격산출방법과 관세의 과세가격 결정방법의 사전 조정을 위해 국조법 2014년 말부터 2015년 초 국조법령 국조법 제18조와 같은 법 시행령 제40조 및 관세법 제37조의 2와 관세법 시행령 제31조의 2를 개정하였다. 이하에서는 국조법을 중심으로 국세 · 관세 간 과세가격 결정 사전 조정제도 개정내용에 대해 살펴보기로 한다.

국세의 정상가격산출방법에 대하여 일방적 사전승인(Unilateral APA)을 신청하는 거주자는 관세가격 사전심사(ACVA)를 국세청장에게 동시에 신청할 수 있다. 국세청장은 제1항에 따른 신청을 받은 경우에는 관세청장에게 관세가격 사전심사 신청서류를 첨부하여 신청을 받은 사실을 통보하고, 관세청장과 정상가격 산출방법, 과세가격 결정방법 및

255 국조법 시행령 제43조 제4항~제6항

사전조정 가격의 범위에 대하여 대통령령으로 정하는 바에 따라 협의하여야 한다. 국세청장은 이와 같은 협의가 이루어진 경우에는 사전조정을 하여야 한다. 국세청장은 제1항에 따른 신청의 처리결과를 사전조정을 신청한 자와 기획재정부장관에게 통보하여야 한다.[256]

2017년 12월 국조법과 관세법 개정 이전까지 사전조정의 대상은 국세의 정상가격산출방법과 관세의 과세가격 결정방법이 유사한 경우에 한정되었다. 다시 말해, 국세의 정상가격산출방법이 비교가능 제3자가격방법, 재판매가격방법, 또는 원가가산방법인 경우로서 관세의 과세가격 결정방법이 제2방법 내지 제5방법에 따른 경우를 말한다고 법령에 사전조정의 신청대상 범위를 제한하였다. 그러나 2017년 12월 국조법과 관세법 개정 시 이와 같은 방법상의 제한을 삭제함으로써 정상가격 산출방법과 관세의 과세가격 결정방법이 다른 경우도 신청을 허용하였다.

3) 사후 보상조정 시 수입물품의 관세 과세가격 조정 허용

앞 절에서도 언급했듯이 거주자(내국법인 포함)가 해외특수관계자와 사전에 목표 이익률을 설정하고 기말의 실현 이익률이 목표에 초과 또는 미달하는 경우 이들 사이의 거래 금액을 사후에 조정하는 경우가 많고 실제로 우리나라 국조법 제6조에서는 이러한 보상조정(Compensating Adjustment)을 제도적으로 허용하고 있다.

그러나 우리나라의 관세행정에서는 오랫동안 이와 같은 보상조정을 관세 과세가격 조정 목적상 허용하지 않았다. 왜냐하면 수입신고에 의해 관세채권이 확정되는 신고납부방식의 관세법 취지상 수입통관 후에

256 국조법 제18조 제1항~제4항

는 당사자 사이의 가격변경 합의가 있더라도 확정된 관세채권에는 영향을 미칠 수 없다는 이유로 원칙적으로 통관 후의 거래가격 변경은 허용되지 않았기 때문이다. 다만, 예외적으로 거래당사자 간 거래가격을 불가피한 사유로 수입신고하는 때까지 확정할 수 없어 임시로 수입신고 시점에 잠정가격을 신고하고 그 사유가 해소되면 거래가격을 확정하기 위해 사전에 체결된 가격결정 공식(Formula)에 관한 약정[257]에 따라 수입통관 후에 과세가격을 변경하는 것만을 예외적으로 허용해주었다. 그런데 최근 관세행정에 관한 국제기구 및 주요 선진국들이 이에 대해 전향적인 입장을 취하자, 우리 정부도 2017년 초에 관세법 시행령과 시행규칙을 개정하여 2017년 7월 1일부터 일정요건을 충족하는 경우에는 보상조정의 결과에 따라 관세 과세가격을 조정할 수 있도록 제도를 개선하였다.

즉 관세법 시행령 제16조 제1항에 제2의 3호를 신설하여 '동법 시행령 제23조 제1항 각 호의 어느 하나에 해당하는 특수관계가 있는 구매자와 판매자 사이의 거래 중 관세법 제30조 제1항 본문에 따른 수입물품의 거래가격이 수입신고 수리 이후에 「국제조세조정에 관한 법률」 제8조에 따른 정상가격으로 조정될 것으로 예상되는 거래로서 기획재정부령으로 정하는 요건을 갖춘 경우'에는 잠정가격 신고를 허용하도록 한 것이다. 또한 관세법 시행규칙 제3조(잠정가격신고 대상물품 등) 제2항을 개정하여 '기획재정부령으로 정하는 요건'을 상세히 규정하였다. 이 규정의 내용을 요약하여 정리하면, APA 또는 ACVA[258] 승인을 받은 자

---

257 이를 가격조정약관(Price Review Clause : PRC)이라 부른다. 가격조정약관에 대해 "WTO 관세평가협정"이나 우리나라 관세법에 명시적으로 규정해 놓은 것은 없지만 미국 관세청의 기준을 원용하여 만든 「수입물품 과세가격 결정에 관한 고시」 제49조 제3항 각목에 의거 "잠정가격 신고의 형태"로 규정하고 있다.

258 ACVA는 Advance Customs Valuation Arrangement(특수관계 과세가격 사전심사)의

로서 국세당국에 제출했거나 국세당국으로부터 수령한 문서들의 대부분을 관세당국에 제출하면서 별도의 잠정가격 신고를 한 납세의무자에 대해서는 잠정가격신고를 허용한다는 것이다.

이와 같은 제도 개선에도 불구하고 이 제도는 납세자들에 의해 그리 많이 활용되고 있지 않다. 왜냐하면, 일반적으로 국세당국과 관세당국의 합의가 쉽지 않아 정상 수입가격을 확정하는 때까지 너무 많은 시간이 소요될 뿐만 아니라 양 당국 간의 원만한 의사합치가 제도에 의해 반드시 보장되지 않기 때문이다. 또한 이 제도의 혜택을 받기 위해서는 지나치게 많은 정보를 양 과세당국에 제공해야 한다는 것도 납세자들에게는 부담으로 작용한다.

약자이다. 관세심사목적으로 관세법에서 도입된 정상가격 사전심사 제도를 말한다.

궁 금 증 을 풀 어 주 는

이전가격과 디지털세 가이드북

Chapter
2

디지털세

제2장 디지털세

1. 디지털 기술의 발전이 조세제도와 세무행정에 어떤 영향을 주었을까?

2. 최근 OECD를 중심으로 디지털세에 관한 국제조세기준을 마련하는 이유와 배경은 무엇일까?

3. 지금까지 OECD Inclusive Framework(IF)가 합의하고 논의 중인 디지털세 Pillar 1의 주요 내용은 무엇일까?

4. 지금까지 OECD Inclusive Framework(IF)가 합의하고 논의 중인 디지털세 Pillar 2(글로벌최저한세)의 주요 내용은 무엇일까?

5. 최근 일부 국가들이 일방적 디지털세를 도입한 배경과 그 내용은 무엇일까?

6. 우리나라가 국제조세조정에관한법률(국조법)에 채택한 글로벌최저한세의 주요 내용과 체계는 어떠할까?

7. 국조법에 규정된 글로벌최저한세의 실효세율은 어떻게 계산할까?

8. 국조법에 규정된 글로벌최저한세 목적상 추가세액은 어떻게 산정될까?

9. 국조법에 규정된 글로벌최저한세의 주요 특례로는 어떤 것들이 있을까?

10. 글로벌최저한세의 신고 · 납부는 어떻게 해야 할까?

1

디지털 기술의 발달이 조세제도와 세무행정에 어떤 영향을 주었을까?

디지털 기술의 발달은 여러 종류의 경제적 비용을 대폭 낮추는 효과가 있는데 특히 탐색 비용(search cost), 복제 비용(replication cost), 운송 비용(transportation cost), 추적 비용(tracking cost), 확인 비용(verification cost)에 큰 변화를 가져온다.[1]

탐색 비용이란 소비자들이 구매하려는 상품 정보를 검색하는 데 드는 비용을 말하는데, 인터넷과 같은 디지털 기술의 발달은 원하는 정보를 검색하고 비교하는 데 드는 비용을 현저히 감소시킨다. 탐색 비용의 변화는 제품의 다양성(product variety)에도 영향을 준다. 온라인 판매의 경우 소수의 대형 물류창고에서 소비자에게 바로 배송되는 시스템을 사용하기 때문에 상품을 진열 · 보관하는 데 있어 물리적 공간에 따른 제약이 거의 없다. 따라서 보다 다양한 상품의 판매가 가능해진다. 이는 결국 틈새 제품(niche product)들의 판매량이 증가하고 다양한 제품이 생산될 수 있는 기반이 된다.

1 Avi Goldfarb and Catherine Tucker, Digital Economics, NBER Working Paper No. 23684, August 2017, pp8~15./ 김빛마로, "디지털 경제의 특징과 시사점 : 경쟁 및 조세정책을 중심으로", 『재정포럼』, 조세재정연구원, 2018.7, 9-13면 재인용.

탐색 비용의 감소는 '매칭(matching)'에도 영향을 준다. 특정 제품을 구매하고자 하는 사람과 판매하고자 하는 사람은 탐색 비용의 감소로 인해 보다 쉽게 매칭되어 거래가 이루어질 수 있다. 예를 들어, 특정 재화를 판매하고자 하는 개인 A가 디지털 플랫폼에 물품을 등록하면 물리적 위치에 구애받지 않고 누구나 물품을 구매할 수 있게 된다. 또한 탐색 비용의 감소는 에어비앤비 등과 같이 매칭 체결을 통해 수익을 창출하는 새로운 비즈니스 모델의 등장을 가능하게 하고 있다.

디지털 기술의 또 다른 특징은 많은 디지털 상품의 복제 비용을 0(zero)로 만든다는 것이다. 법적으로 또는 기술적으로 복제를 방지하는 장치가 없다면 디지털 상품은 추가적인 비용 없이 얼마든지 재생산이 가능하다. 따라서 기업들은 디지털 상품을 통해 이윤을 얻기 위해 다양한 전략을 사용한다. 복제 비용의 급격한 축소와 이에 따른 기업의 행태 변화는 지적재산권의 중요성을 증대시키며, 개인정보 등 자료 보안 문제에도 큰 영향을 준다.

디지털화된 정보를 전송하는 비용은 복제 비용과 마찬가지로 0(zero)에 가깝다. 또한 전통적인 재화를 온라인에서 구매하고 배송을 받는 방식이 보편화되면서 디지털 재화가 아닌 제품들에 대한 운송 비용 역시 크게 감소하였다. 디지털 경제의 이러한 특징으로 인해 물리적 거리의 중요성은 점차 축소되고 있다.

디지털 기술의 발달은 개인의 활동을 추적(tracking)하고 기록하는 비용, 즉 추적 비용을 감소시킨다. 디지털 활동은 자동적으로 기록되며 일부러 삭제하지 않는 한 보존된다는 특징이 있기 때문에 기업들 입장에서 소비자의 활동을 추적하는 것이 용이하고 이를 이용하여 개인맞춤형 마케팅 및 가격차별 등이 가능해진다. 디지털 플랫폼을 운영하는 기업들은 가격에 보다 민감한 일반 사용자에게 매우 낮거나 0의 가격을 제시하고, 광고주로부터는 높은 광고료를 수취함으로써 수익을 얻는 것이 가능해진다. 한편 소비자의 활동을 추적할 수 있다는 가능성은 디지털 경제하에서 개인정보 보호의 문제를 야기하기도 한다.

디지털 기술의 발달은 거래 참여자의 신원, 신뢰성, 명성(reputation) 등에 대한 확인 비용을 감소시키고 이로 인해 브랜드 체인이 아닌 독립적 판매업체 및 소매점들에 대한 수요가 증가하고 있다. 브랜드에 의존하지 않고도 자신이 판매하는 재화나 용역의 질에 대한 정보를 소비자에게 전달하는 것이 가능해졌기 때문이다. 더 나아가 디지털 경제하에서는 거래당사자 사이에 존재하는 정보의 비대칭성 문제를 수많은 사용자를 참여시키는 방식을 통해 완화할 수 있다. 가장 대표적인 예는 평점 및 후기 시스템이다. 평점 시스템은 거래의 주체에 대한 신뢰성뿐 아니라 제품의 질에 대한 정보를 제공해주는 역할을 수행함으로써 해당 제품의 판매량에도 영향을 준다.

디지털 기술의 발달이 조세제도와 세무행정에 미친 영향

1) 긍정적 영향

과세당국은 기존 세무신고 · 납부 데이터를 활용하여 고부가가치 정보를 추출하고 세원을 실시간으로 포착하기 위해 노력하고 있는데, 이를 위해서는 납세자로부터 수집하는 정보의 디지털화가 선결조건이다. 디지털 기술의 발달은 이러한 세무정보의 디지털화를 용이하게 하였고 이를 기초로 세무행정의 비약적 발전을 가져왔다.

과세당국은 기존에 수집한 납세자 자료를 디지털화하고 취합하여 개별 납세자의 종합 정보가 담긴 파일(single taxpayer file)을 생성하고 이를 기초로 데이터베이스를 구축할 수 있다. 과세당국뿐만 아니라 관련 납세 정보를 보유하고 있는 공공기관들이 공통의 디지털 플랫폼을 활용하여 자료를 서로 공유함으로써 행정의 효율성이 제고되고 또한 납세자가 자료를 중복하여 제출할 필요가 없도록 할 뿐만 아니라 납세자 또는 이용자의 편의도 증진할 수 있다.

더 나아가 전자서식 작성과 제출을 통해 과세거래의 실시간 정보 확보가 가능해짐에 따라 앞으로는 거래 시점에 즉시 전자세금계산서를 발행하도록 함으로써 거래 시점에 바로 과세가 이루어지는 방식으로 발전할 수 있을 것으로 전망된다. 또한 개별 납세자의 종합정보가 수집되기 때문에 별도의 납세신고 없이 이미 확보된 자료를 바탕으로 자동적으로 세부담을 확정하는 것도 가능해질 전망이다.[2]

또한 납세 정보의 국제 표준 서식이 공유되고 이에 맞춘 디지털 서식 작성이 보급되면서 이를 기반으로 해외 과세당국 간 정보 공유 추세가 강화되고 납세자의 역외 세원을 파악하는 것이 과거보다 훨씬 용이해질 전망이다. 공통의 정보보고양식(common reporting standard)에 의거하여 작성된 납세 자료가 국가 간 자동정보교환협정(automatic exchange of information)을 통해 공유됨에 따라 특수관계자 내역 및 거래 내역, 해외 자산 현황, 전자금융거래(electronic funds transfer) 내역 등에 대한 자료 등이 국내 개별 납세자의 종합파일에 축적될 수 있다. 실제로 OECD는 세무자료의 디지털 제출양식을 규정한 표준세무조사 자료(The standard audit file for tax : SAF-T)를 제정한 바 있으며, 유럽 회원국을 중심으로 2000년대 후반부터 도입 사례가 증가하고 있다.

---

[2] 전병목 · 김빛마로 · 안종석 · 정재현, "4차 산업혁명과 조세정책", 한국조세재정연구원, 2020.12., 153~154면.

2) 부정적 영향

가) 소득세(법인세) 분야

급속히 발전하는 정보통신 기술은 사업소득 발생지국(또는 시장 소재지국)에서 과세할 수 있도록 하는 고정사업장(permanent establishment)을 두지 않고도 충분히 사업을 할 수 있도록 만들어 준다. 즉 과거에는 고정사업장을 두어야만 외국에서 사업을 할 수 있었고 그에 따라 해당 고정사업장에 귀속되는 사업소득에 대해서는 고정사업장 소재지국에서 과세권을 행사할 수 있었지만, 디지털화된 경제구조하에서는 극단적인 경우에는 전 세계에서 발생하는 소득에 대해서 특정 기업의 거주지국에서만 과세권을 행사할 수 있는 상황이 된 것이다. 이러한 상황은 해당 상품의 소비자들이 소재하는 국가 입장에서 보면 재정적으로 큰 위협이 된다고 할 수 있다.

사실 소비자들이 외국 기업의 상품을 구매함에 따라 실현되는 해당 기업의 이익(사업소득)에 대해서는 판매가 이루어지는 시점에 소비자들의 소재지국에서 과세권을 가지고 있다고 할 수 있다. 그러나 이러한 과세권을 일반적으로 인정하게 되면 국제적인 이중과세가 너무 자주 발생하고 기업의 세부담 또는 납세협력 비용이 과다하게 발생하여 국제 거래가 위축될 수도 있기 때문에 현행 국제적 기준에 의하면 해당 국가에 고정사업장이 있는 경우에만 해당 고정사업장 소재지국에서 사업소득을 과세할 수 있도록 하고 있다. 그러나 위에서 언급한 바와 같이 디지털화된 경제구조하에서는 상당수의 다국적 기업이 전 세계 소득에 대해서 특정 기업의 거주지국에서만 과세권을 행사할 수 있고 판매행위 등을 통해 소득이 실현된 원천지국에서는 과세할 수 없다면 이는 과세원칙상 매우 불합리하다고 생각할 수 있고 따라서 기존의 조세

조약에 반영된 국제적인 과세권 배분원칙을 재조정하지 않으면 안 된다는 주장이 제기될 수 있다.[3]

특히 디지털 플랫폼을 활용하는 비즈니스(예 : 구글 검색포털, 페이스북 등)를 운영하는 기업의 경우에는 동 플랫폼 사용자는 주로 국내 소재 개인들이지만 플랫폼 사업자는 양면(兩面)시장의 특성에 따라 플랫폼 사용대가는 무료로 책정하고 수입은 주로 광고료 수입에 의존하고 있는 경우가 많다. 만일 광고주가 국내기업이 아니고 외국기업이라면 외국기업이 국내에 고정사업장을 두지 않은 디지털 플랫폼 사업자에게 지급하는 대가를 국내원천소득이라고 볼 수 있는 과세상 근거는 조세조약상은 물론 국내세법에서도 찾아볼 수 없다. 한편 플랫폼 사업자의 수입의 원천은 국내 소재 개인들이 플랫폼에 남긴 각종 개인 정보라는 점을 감안하면 이들 개인들의 거주지국(즉 데이터 소재지국)에서는 이에 대해 과세권을 행사할 수 있다는 주장도 제기될 수 있다.

나) 부가가치세 분야

디지털 플랫폼 경제(또는 디지털 경제)에서는 대체로 공급자가 소비자 소재 국가에 물리적 실재를 두지 않고도 전 세계 소비자에게 원격으로 전자적 용역이나 무형자산을 공급할 수 있다. 이러한 용역과 무형자산의 원격공급은 결과적으로 해외 공급자로 하여금 부가가치세(이하 "VAT")를 부담하지 않도록 하거나 부당하게 낮은 VAT를 부담하도록 하여 국내 공급자에게 잠재적 경쟁압력을 가하기 때문에 VAT 제도에

---

[3] OECD (2015), *Addressing the Tax Challenges of the Digital Economy, Action 1 – 2015 Final Report*, OECD/G20, Base Erosion and Profit Shifting Project, OECD Publishing, Paris. pp102–104.
http://dx.doi.org/10.1787/9789264241046-en

중립성 문제를 야기한다.

우리나라의 경우 2015년 7월 이전에는, 전자적 용역에 대한 부가가치세는 국내 개발자가 공급하거나 해외 개발자가 국내 오픈마켓을 통해 공급하는 경우에 한정하여 부가가치세가 과세되었다. 따라서 해외 개발자가 해외 오픈마켓을 통하거나 직접 국내 소비자에게 공급하는 경우에는 부가가치세 과세가 이루어지고 있지 않아 과세형평성을 해치고 있었다.[4] 따라서 해외 개발자가 직접 또는 해외 오픈마켓을 통해 전자적 용역을 공급하는 것에 대해 부가가치세를 과세함으로써 국내 개발자와 해외 개발자 간의 과세형평을 제고해야 한다는 주장이 설득력을 얻게 되었다. 이런 배경에서 우리나라에서는 2015년 7월 1일부터 국내사업장이 없는 외국법인이 국내에 전자적 용역을 제공하는 경우 부가가치세를 외국법인에게 과세하는 제도가 도입되었다.

우리나라에 도입된 VAT 제도에 따르면 외국 사업자가 국내에 전자적 용역을 제공하는 경우에는 국내에 사업장이 없는 외국법인에게 소위 '간편사업장 신고제도'에 따라 외국법인이 국세청 웹사이트를 통해서 간략한 정보를 제공하여 등록을 하도록 할 뿐, 세금계산서 발행의무도 부과하지 않은 채 제도를 운용하다 보니 동 제도는 사실상 납세의무자인 외국 사업자의 자발적인 참여에 의존하는 제도가 되었다. 따라서 이러한 제도 시행에도 불구하고 현실적으로는 상당수의 외국 사업자가 간편사업자등록과 부가가치세 신고 · 납부를 하고 있지 않는 것으로 추정된다. 이러한 상황은 국내 사업자가 해외사업자에 비해 부가가치세 측면에서 여전히 역차별을 받고 있으며 결과적으로 부가가치세법상 중요한 원칙인 중립성 원칙이 상당한 정도로 훼손되고 있음을 의미한다.

---

[4] 기획재정위원회, 부가가치세법 일부개정법률안, 2014. 11, 10면.

다) 조세행정상의 문제점

디지털 플랫폼을 통한 비즈니스 모델의 광범위한 사용으로 인해 한편으로는 B2C 또는 B2B 비즈니스도 증대하였지만 한편으로는 개인사업자가 개인 소비자에게 직접 재화나 용역을 공급하는 소위 '공유 및 임시 선호 경제(The sharing and gig economy)' 유형의 거래도 폭발적으로 증가시키고 있다. B2C 또는 B2B 비즈니스의 경우와 마찬가지로 '공유 및 임시 선호 경제(이하 "공유경제")'의 경우에도 해당 거래가 국제적으로 발생하는 때에는 이에 대한 적정한 과세가 이루어지기 어렵고 해당 거래에 대한 자료를 확보하는 것도 과세당국 입장에서 쉽지 않다.

공유경제의 특성상 디지털 플랫폼을 통한 판매자 중 상당수가 자신들의 비즈니스 활동이 세법상 명확하게 과세대상으로 규정되어 있지 않기 때문에 오프라인에서 발생하는 개인 간의 단기 임대 또는 취미 판매의 경우처럼 비과세 또는 면세 대상 거래로 생각하고 있는 경우가 많다. 다시 말해 디지털 플랫폼을 통해 공유경제활동에 참여한 개인공급자들은 사업의 규모가 영세하거나 간헐적으로 소득이 발생하여 납세의무가 발생한 사실을 인지하지 못한다. 따라서 이러한 세금을 자진신고·납부한 경험이 없는 경우가 많다. 설령 해당 거래가 과세대상 거래인 것을 이들 판매자가 알고 있는 경우에도, 이러한 거래 정보가 세무 당국에 잘 포착되지 않을 것이라는 믿음이 있는 때에는 해당 판매자들은 세무신고를 회피할 가능성이 크다. 따라서 과세당국이 이러한 거래에서 발생하는 소득을 포착할 수 있는 시스템을 마련해 놓지 않는다면 개인공급자들은 소득을 정직하게 신고할 유인이 적어 세무신고를 회피하게 되며, 이러한 상황에서는 과세당국도 개인공급자의 탈세 사실을 포착하기가 쉽지 않다.

2

최근 OECD를 중심으로 디지털세에 관한 국제조세기준을 마련하는 이유와 그 배경은 무엇일까?

BEPS Action Plan 1 최종보고서

2013년부터 OECD와 G20를 중심으로 추진된 BEPS[5] 프로젝트에서는 15개의 BEPS Action Plan에 대한 보고서를 2015년 10월경에 발간함으로써 그 첫 단계의 업무를 마감하였다.[6] BEPS 프로젝트를 추진한 OECD와 G20는 그 첫 번째의 의미 있는 성과로서 2015년에 15개의 Action Plan들에 대한 보고서를 발간했는데, Action Plan 1의 제목이 "디지털 경제하에서의 각종 조세문제 해결"이었음을 감안하면 BEPS 프로젝트 추진 초기에는 디지털 기업들의 조세 이슈가 BEPS 프로젝트 참가국들의 가장 큰 관심사였을 것으로 짐작된다. 그러나 Action Plan 1 보고서는, 경제의 디지털화로 말미암아 데이터의 생성

---

5 Base Erosion and Profit Shifting(세원 잠식과 과세소득 이전)의 약자이다.

6 다음 단계의 BEPS 프로젝트 업무로서, 2016년 OECD와 G20는 전 세계의 대다수 국가가 참여하는 BEPS Inclusive Framework("BEPS IF")라는 협의체를 만들어 이 기구를 중심으로 주로 BEPS 보고서에 포함된 권고사항에 대한 모니터링 작업을 계속하고 있다. 또한 2018년부터 BEPS IF는 BEPS프로젝트의 연장선에서 디지털세 과세기준 마련 작업을 진행하고 있다.

과 공급, 연결점(nexus) 및 소득구분과 관련하여 기존의 국제조세 기준을 그대로 적용하는 경우 국가 간 과세권 배분의 왜곡을 가져올 수 있다는 문제점을 제기하면서도 부가가치세 이외의 소득(법인)세와 관련된 구체적인 권고안은 제시하지 않았다. 그 이유는, 다른 BEPS Action 보고서에 포함되어 있는 권고안들이 위에서 언급한 디지털 경제환경에서 조세 문제도 상당부분 해결할 수 있을 것으로 전망되기 때문이라고 Action 1 보고서는 설명하고 있다.

이와 같은 의외의 결과가 나오게 된 이유는, Action 1의 보고서에서 제기된 이슈들과 그 해결방안으로 논의가 되었던 대안들이 단지 '국제적 조세회피 및 이중비과세(double non-taxation) 문제'만을 다룬 것이 아니라 '고정사업장의 개념 확대'를 포함한 국제적 과세권 배분 문제와 관련된 기존의 국세조세 기본원칙을 개정하는 문제를 함께 다루고 있었는데, 당시에는 이와 같은 국제적 과세권 재편 문제에 대하여 BEPS 프로젝트를 주도한 주요 국가들 — 특히 유럽의 주요 국가들과 미국 — 사이의 이견 조정을 하기 어려웠기 때문이다.

그런데 2015년 11월에 발표된 BEPS Action 1의 보고서는, '국가들은 자국의 조세조약 또는 국내법에 BEPS에 대한 추가적인 방어조치(safe guards)를 선택적으로 도입할 수 있다(다만, 국내법적 조치는 기존의 조약상의 의무를 존중해야 함)'는 내용을 포함하고 있는데,[7] 이는 BEPS Action 1 보고서가, 각국의 일방적 조치를 BEPS 퇴치라는 명분하에 공공연하게 허용하고 있는 것이므로 주목할 필요가 있다. BEPS Action 1 보고서에 이러한 내용이 명시적으로 포함된 것은, 미국을 비롯한 일부 국가

[7] OECD(2015), *Addressing the Tax Challenges of the Digital Economy, Action 1 – 2015 Final Report*, OECD/G20 Base Erosion and Profit Shifting Project, OECD Publishing, Paris. p137. (*http://dx.doi.org/10.1787/9789264241046-en*).

들의 반대로 디지털 경제 관련 국제조세 권고안 마련에 대해서는 비록 합의를 도달하지 못하였지만 그렇다고 각국이 일방적 조치를 취하는 행위마저 금지하는 것은 현실적으로 어렵다고 OECD와 G20는 판단했던 것으로 보인다.

BEPS 최종보고서 발간 후 디지털세 협상 경위

이처럼 BEPS 프로젝트 추진과정에서 글로벌 디지털 기업들에 대한 국제적 과세기준의 변경이 어렵게 되자, 이에 실망한 국가들이 일방적인(unilateral) 과세조치를 발표하기 시작했다. 예를 들면 2015~2016년 기간 중에 영국[8]과 호주[9]는 우회수익세(Diverted Profit Tax)를 도입하였고 인도는 균등부담금(Equalization Levy)[10] 제도를 도입했다. 앞에서도 언급했듯이, 2015년 발표된 BEPS Action 1 최종보고서는 각국의 일방적 조치를 BEPS 방지라는 명분하에 공공연히 허용하였으므로 이와 같은 일방적 조치는 국제사회의 큰 견제 없이 도입이 되었다고 할 수 있다.

BEPS 프로젝트 추진 과정에서의 디지털세 도입 실패에 반발한 개별

---

8 영국은 2015 재정법(Finance Act 2015) PART3에 우회수익세(Diverted Profits Tax)를 규정하고 2015년 4월부터 영국에서 국외 조세회피지로 이익을 이전하는 다국적기업을 대상으로 우회수익세(Diverted Profits Tax)를 적용하고 있다. 2015년 4월 1일이 포함된 과세연도부터 우회수익세가 적용되는 소득은 일반 법인세율인 19%의 세율보다 높은 25%의 세율을 적용하여 과세하고 있다.

9 호주 정부는 2016.11.29. 우회수익세(Diverted Profit Tax) 도입안을 확정하여 발표한 후 2017.7.1.부터 적용하기 시작했다. 다국적기업이 특정 이익이전 행위를 통해 해외로 이익을 이전한 경우 현행 법인세율인 30%보다 높은 40% 세율로 과세한다. 호주의 우회수익세는 ① 다국적 기업의 전 세계 연간 수입이 10억 호주달러를 초과하고 ② 호주 내에서 연간 수입이 2,500만 호주달러 이상인 다국적 기업에 부과된다.

10 인도는 2016년 4월부터 외국법인이 제공하는 온라인 광고 서비스 등에 대해 서비스 대가 중 B2B 거래에 한하여 6%를 균등세로(equalisation levy) 과세하고 있는데 서비스 제공을 받는 자가 원천징수하여 납부하도록 하고 있다.

국가 차원의 일방적 대응에 추가하여 2017년부터는 유럽의 주요 국가들이 디지털세 도입을 위해 조직적으로 문제를 제기하기 시작하였다. 즉 2017년 3월에 개최된 G20 재무장관 회의에서 당시 의장국인 독일의 주도하에 OECD로 하여금 2018년 4월까지 '디지털 경제에서의 조세문제에 관한 중간보고서'를 제출하도록 결정을 내렸다. 또한 2017년 9월 프랑스, 독일, 이태리, 스페인 등은 EU에 균등세(equalisation tax)를 도입하자는 내용의 공동성명을 발표하고, 이에 대한 논의를 시작하였다. 영국도 EU 탈퇴를 이미 선언하였으나 디지털세 문제에 대해서는 EU와 공통된 인식을 가지고 있었다. 이러한 유럽 국가들의 움직임을 거시적으로 살펴보면, 디지털 비즈니스를 주로 영위하는 기업들의 거주지국인 미국에 대하여, 이들 기업들의 소득발생지국(즉 원천지국)이라고 할 수 있는 유럽의 주요국가(영국, 프랑스, 독일, 스페인, 이태리 등)들이 자신들의 과세권 확보를 위한 근본적인 문제제기를 한 것으로 해석된다. 미국의 디지털 기업들이 창출하는 막대한 규모의 수익을 감안하면,[11] 이와 같은 수익에 대해 과세권을 행사하려는 유럽 국가들의 행동은 한편으로 수긍이 간다. 이와 같은 맥락에서 EU는 2018년 3월 21일 디지털 기업에 대한 EU 차원의 법인세 부과를 위한 '근본적 과세방안'과 '임시적 과세방안'에 관한 제안서를 발표하였다.[12] 이 제안서에서 EU는 대규모 디지털 기업이 다른 업종의 기업보다 낮은 세부담을 하도록

---

11 2016년 기준으로 우버의 시장가치는 625억 달러, 에어비앤비의 시장가치는 300억 달러에 이르고 있는데, 미국 자동차 회사 포드(Ford)의 시장가치가 478억 달러라는 점을 고려할 때 그 규모의 크기를 가늠할 수 있다. 디지털 음악, 비디오 게임, 전자도서 등 디지털 콘텐츠 시장 역시 해마다 성장하고 있다. 세계 디지털 콘텐츠 시장규모는 2011년 6,310억 달러에서 2015년 1조 3,080억 달러로 두 배 이상 확대되었으며, 2020년에는 2조 2,010억 달러를 기록할 것으로 전망된다(정보통신산업진흥원, 「2016년 국내 디지털 콘텐츠 시장조사」).

12 European Commission, *Proposal for a COUNCIL DIRECTIVE on the common system of a digital services tax on revenues resulting from the provision of certain digital services*, Brussels, 21.3.2018 COM(2018) p148 final.

하는 현행 조세제도의 문제점을 지적하며, 공평과세(fair tax)를 위한 새로운 과세방안을 제안하였다.

동 제안서는, 디지털 경제환경하에서 EU가 제시하는 근본적 과세방안으로서 '소득발생지국에 고정사업장이 없는 경우에도 특정 요건을 만족하는 경우에는 디지털 사업장(또는 가상 고정사업장)이 존재하는 것으로 간주하여 소득발생지국에서 조세를 부과할 수 있도록 하는 내용'의 제안을 포함하고 있다. 여기서 특정요건이란, 특정 EU 회원국에서의 ① 연 매출액이 700만 유로를 초과하거나, ② 디지털 플랫폼 이용자가 연 10만 명 이상이거나, ③ 디지털 기업이 체결하는 디지털용역관련 계약이 연 3천 건을 초과한 경우를 말한다. 한편 이와 같은 디지털 사업장 관련 지침은, 그 주요 내용이 향후 OECD에서 논의될 예정이고 국제적 합의에 의한 소득과세 방식 결정이 2020년으로 예정되어 있어 당시에는 EU차원의 규범으로 채택하기는 어려운 상황이므로 그전까지는 우선 한시적으로 "디지털 서비스세(digital services tax : 이하 'DST')"를 채택하여 적용할 것을 주장하였다. 여기서 DST는 특정 기업이 제공하는 디지털 서비스, 특히 온라인 광고, 사용자 데이터 판매, P2P 플랫폼 서비스 등과 같이 디지털 플랫폼을 통해 창출된 매출액의 3%를 법인소득세로서 과세하는 세제이다. 위 EU 지침에 따르면 '과세대상 기업'과 '과세대상 서비스'를 아래와 같이 제안하였다.

- 과세대상 서비스 : ① 사용자(user)의 데이터를 활용하여 수익을 창출하는 서비스와 ② 사용자 간 재화와 용역을 거래할 수 있도록 하는 플랫폼 서비스(P2P 플랫폼)
- 과세대상 기업 : 전 세계 매출액이 연 7억 5천만 유로를 초과하고 동시에 EU내 매출액이 연 5천만 유로를 초과하는 기업

한편, EU는 DST가 EU 또는 WTO의 무차별조항(non-discrimination clause)을 위배하지 않고, 이중과세 역시 해결될 수 있다는 입장을 취하고 있다. 즉 DST는 EU 회원국과 비회원국에 동시에 적용되는 세제로서, EU 지침과 WTO 협약의 무차별조항을 위배하지 않으며 디지털 서비스세에 대해 소득공제(또는 비용 손금인정)을 허용하게 되면 이중과세를 경감할 수도 있다는 입장을 취하고 있다.

그 후 EU 제안서는, EU 위원회(European Commission)에서의 채택을 위해 제출되었으나, 2018년 12월 EU 경제재정이사회(ECOFIN)에서 DST 도입을 위한 EU차원의 합의 도출에는 실패하였다.[13] 당초 EU집행위 안(2018년 3월)보다 다소 완화된 '프랑스-독일 공동 중재 안(온라인 광고에만 과세하고 2021년으로 시행시기를 늦춘다는 제안) 등이 추후 협상과정에서 제시되었으나, 아일랜드, 스웨덴, 덴마크 등의 국가들이 자국 내 미국 디지털 기업의 철수에 따른 세수감소, 미국과의 통상마찰 등을 우려하여 DST 도입에 적극 반대했기 때문이다.

이처럼 비록 EU 차원의 제도 도입은 실패했으나 그 동안 EU 차원의 DST 추진을 주도했던 프랑스, 스페인, 이태리 등은 자국 세법을 개정하여, 각국이 DST를 일방적으로 도입할 것을 천명하였다. 예를 들면, 프랑스는 2019년 7월 초에 DST 도입안을 국회에서 통과시켜 2019년 1월 1일부터 소급하여 적용한다고 발표하였다. 영국도 이에 동조하여 2020년에 DST 도입을 천명하였다. 더구나 이와 같은 유럽 각국의 움직임에 자극받은 다른 지역의 일부 국가(예를 들어, 튀르키예 · 캐

---

13 기획재정부, "최근 EU 등의 다국적 IT기업에 대한 법인세 과세(일명 : 구글세) 관련 설명자료" 보도참고자료(2019.2.14.).
http : //www.moef.go.kr/nw/nes/detailNesDtaView.do?searchBbsId1=MOSFBBS_000000000028&searchNttId1=MOSF_000000000026895&menuNo=4010100(접속일자 : 2023.1.4.)

나다 · 멕시코 · 말레이시아 · 대만 등)들도 DST 또는 이와 유사한 세제를 도입하거나 도입할 예정임을 천명하였다.

그런데 이와 같이 전 세계 여러 국가들이 도입하려고 했던 디지털 기업에 대한 일방적 과세의 내용은 EU의 DST 내용과 유사했고, 결과적으로 세계 각국의 과세대상은 대부분 미국의 디지털 기업이 될 것이었기 때문에 미국 입장에서 보면 디지털세 전장(戰場)이 전 세계적으로 확산되는 상황이 되었다고 할 수 있다. 다시 말해, 미국은 OECD에서의 협상을 통해 '디지털 경제하의 조세문제'에 대한 타협안을 2020년까지 도출하지 않는다면 미국의 주요 디지털 기업들이 전 세계 각국의 산발적인 DST 또는 우회수익세와 같은 일방적 과세에 노출될 것이라는 우려에 직면하게 되었다.

이러한 상황에서 OECD 사무국은, 그동안 해결하지 못한 과제인 '디지털 경제하의 조세문제'에 관련하여 유럽과 미국이 타협하도록 하는 중재자 역할을 수행하지 않으면 안 되게 되었다. 이와 같은 상황에서 OECD Inclusive Framework(이하 'IF')는 2018년 3월에 "Tax Challenges Arising from Digitalisation - Interim Report 2018"이라는 제목의 중간보고서를 발표하였다. OECD IF는 이 보고서를 토대로 2018년 하반기부터 '디지털 경제 작업반'이라는 Task Force를 구성하고 이 분야의 논의를 본격적으로 시작하였다. 또한 OECD IF는 2020년에 'BEPS Action 1 관련 추가 보고서'를 발간할 때 디지털세라는 새로운 과세기준에 대한 국제적 합의를 2020년까지 도출한다는 목표를 설정하고, 이 목표 달성을 위해 주도적으로 국제 협상에 나서기 시작하였다.

OECD Inclusive Framework(IF)의 디지털세 합의 경위

위에서 설명한 바와 같이 OECD IF는 2018년 하반기부터 디지털세 논의를 본격적으로 시작하면서 디지털 경제의 조세문제에 대한 장기적 해결방안 마련을 위해 OECD IF 회원국들에게 대안을 제시할 것을 요청하였다. 이에 따라 영국이 '사용자 참여 기준안(User Participation Proposal)[14]'을 제안하였고 인도를 중심으로 한 개도국들은 소위 '중요한 경제적 실재성 기준안(Significant Economic Presence Proposal)[15]'을 제안하

---

14 이 기준안에 따르면, 전통적 과세권배분 기준은 기업의 가치창출 과정에서 공급자 역할에 초점을 두었으나, 디지털 경제 시대에는 데이터 · 사용자 생성 콘텐츠가 새로운 가치창출의 동인(動因)으로 작용하므로, 이러한 요소들을 이익배분 기준에 반영되어야 한다는 것이다. 다시 말해, 소위 디지털 기업에 있어서는 사용자의 활동과 참여는 기업의 브랜드 구축에도 큰 영향을 미칠 뿐 아니라, 가치 있는 데이터의 생성 및 사용자 수의 증가를 가져오고 이는 결국 해당 기업의 시장지배력 확보에 크게 기여한다는 것이다. 그런데 이러한 현상은 특정 디지털 기업에 주로 나타나는 것이므로 국제적 과세기준의 전면적 개정 대신, 특정 디지털 기업(소셜 미디어 플랫폼, 검색 엔진, 중개형 플랫폼)만을 대상으로 하여 새로운 과세 기준을 적용해야 한다고 주장한다. 이 기준안의 주창자들은 이익배분의 결과를 가치창출 결과와 보다 더 일치시키기 위해서는 먼저 현행 이익배분 기준을 개정하여 능동적 · 참여적 사용자 기반의 가치창출 활동을 반영할 필요가 있다고 주장한다. 따라서 이 기준안을 채택하게 되면, 물리적 사업장의 존재 여부와 관계없이 특정 사업모델을 대상으로 능동적 · 참여적 사용자 기반이 위치한 국가에 일정수준의 이익이 추가로 배분될 수 있도록 기존의 OECD 이전가격 과세지침상 이익배분 기준을 수정해야 한다.

15 이 기준안은 BEPS Action 1 보고서에서도 소개된 '중요한 경제적 실재(Significant Economic Presence)'라는 개념에 기초한 것으로서, 전통적 과세기준에서 강조하는 물리적 사업장 대신 매출액과 사용자(소비자)의 수 등에 기초한 새로운 사업장 개념을 도입하고 이를 기초로 하여 국가 간 소득배분은 공식에 의한 소득귀속 방식을 적용하여 결정하자는 제안이다. 여기서 '중요한 경제적 실재'의 존재여부를 판단하기 위해서는 '매출액'이라고 하는 기본 요소와 함께 다음의 보조 요소들 중 하나 이상을 갖추어야 한다고 제안한다.
(i) 해당 국가에 사용자 기반 및 관련된 투입 데이터의 존재
(ii) 해당 국가로부터 얻은 많은 분량의 디지털 콘텐츠
(iii) 해당 국가의 통화로 대가를 청구하거나 지급
(iv) 해당 국가의 언어로 된 웹사이트의 운영
(v) 해당 국가 내에서 최종 재화의 인도 또는 서비스의 공급 수행
(vi) 해당 국가 내에서 지속적인 마케팅 또는 판매촉진 활동 수행
여기서 과세표준(tax base)은 개별 국가에서 발생한 매출액(또는 총수익)에 다국적 기업집단의 전 세계 이익률(global profit rate)을 적용함으로써 결정될 수 있다. 과세표준은 이와 같이 해당 국가에서 발생한 매출액을 기준으로 배분될 수도 있으나 자산 또는 종업원

였다. 이러한 상황에서 미국은 자국의 대규모 디지털 기업만 일방적으로 과세되는 상황을 피하고자, 어느 기업이 '마케팅 무형자산(Marketing Intangible)[16]'이 있다고 판정되는 경우 동 무형자산을 소유하는 기업의 소재지 국가에서 이에 대해 추가적인 과세권을 인정하는 대안을 제시하였다. 이외에도 프랑스와 독일은 기존의 BEPS 프로젝트의 연장선에서 '글로벌최저한세 도입안(Global Minimum Tax Proposal)'을 OECD IF에 제출하였다.

이에 따라 OECD 사무국은, 관련 대안들의 내용들이 포함된 문서를 2019년 1월에 '정책 발표자료(Policy Note)'의 형태로, 그리고 그 해 2월에는 그 내용을 자세하게 설명한 '공개 협의 문서(Public Consultation

---

수에 따라 달리 배분될 수도 있다. 더욱이 사용자(users)가 가치창출 과정에 큰 기여를 한다는 점을 고려하여 이익 배분 요소의 하나로서 사용자가 고려될 수도 있다.

16 이 기준안은, 시장에서 형성되는 소비자의 우호적 태도를 마케팅 무형자산으로 보고 소비가 발생하는 국가(즉 시장소재지국)에 이익을 추가로 배분하자는 제안이다. 앞에서 언급한 '사용자 참여 기준안'과 중요한 차이 중의 하나는, 새로 마련되는 과세기준을 특정 디지털 기업만을 대상으로 하여 적용(ring-fencing)할 것이 아니라 모든 소비재 산업에 대해 적용해야 한다는 것이다. 왜냐하면, 디지털 경제화는 경제 전반에 영향을 주고 그 결과 일반 소비재를 판매하는 전통적 사업모델을 활용하는 기업들의 경우에도 원격으로 또는 최소한의 물리적 사업장만을 두고 소비자들과 접촉 내지 상호작용하는 기회가 커지므로 디지털 기업과 여타 기업 사이에 서로 다른 과세기준을 적용하는 것은 적절하지 않기 때문이라는 것이다.
이 기준안에서 제시하는 무형자산(intangibles)의 개념은 OECD 이전가격 과세지침에서 규정하는 것과 동일한데, 다음과 같은 이론적 구조를 가지고 있다. 즉 마케팅 무형자산이 시장에서 창출된다는 점에서 마케팅 무형자산과 시장 소재지국 사이에는 '본질적인 기능상 연계(intrinsic functional link)' 또는 '자연적 관련성(natural connection)'이 존재한다는 것이다. 어느 다국적기업이 특정시장에 물리적 사업장을 두고 있지 않으면서 원격으로 또는 (이전가격 목적상) 제한적 위험만을 부담하는 판매업자(Limited Risk Distributor)에 해당하는 현지법인을 두고, 해당 시장을 대상으로 판매 및 마케팅 활동을 수행하면서 수익을 실현하는 경우 사실상 마케팅 무형자산이 창출되었으나 현행 과세기준은 이를 제대로 인식 또는 반영하고 있지 못하므로 현행 이전가격 과세기준 및 조세조약의 개정을 통해 마케팅 무형자산과 이와 관련된 위험이 시장소재지국(최종 소비가 이루어지는 국가)에 배분되도록 하여 결과적으로 통상적인 이익에 대한 배분은 현행 과세기준에 따라 결정되도록 하되 마케팅 무형자산과 관련된 잔여이익의 전부 또는 일부는 시장소재지국에 배분하도록 하자는 것이다.

Document)'형태로 발표하였다. 그 후 OECD IF는 2019년 3월에 파리에서 대규모의 공청회를 개최하였다. 이 공청회에서 제시된 의견 및 기타 서면으로 수령한 다량의 건의서를 토대로 2019년 5월 말에는 '작업계획(Program of Work)'을 만들어 그 내용에 대해 G20는 물론 당시 OECD IF 참여국인 129개 국가의 승인을 받았다. 이 작업계획서는 그 동안 제시된 디지털세 대안들을, '국가 간 과세권배분 기준을 개정하여 해결하자는 입장(이하 "Pillar 1")'과 '포괄적인 세원잠식 방지규정을 마련하자는 입장("Pillar 2")'으로 구분하여 정리한 것이다. 그 결과 Pillar 1에는, '사용자 참여 기준안', '마케팅 무형자산 기준안', '중요한 경제적 실재성 기준안'이 포함되었고, Pillar 2에는 '글로벌최저한세 도입안'이 포함되게 되었다.

여기서 '작업계획(Program of Work)'이란 '디지털 경제하의 조세문제'에 대한 국제적 합의안을 도출하기 위해 향후에 추가적으로 논의해야 할 사항을 큰 틀에서 정리한 것으로서, 합의도출을 보다 효율적으로 유도하기 위해 만든 작업계획서라고 할 수 있다. 이 작업계획서는 디지털 경제하의 조세문제에 대한 장기적 해결 방안을 2020년까지 마련하자는 일정을 제안하였고, 이와 같은 일정에 대해 G20와 OECD IF 참여국들이 큰 틀에서 합의를 한 것이다.

2019년 10월 9일 OECD 사무국은 Pillar 1에 포함된 세 가지 대안들의 공통사항을 반영하는 '통합 접근법(unified approach)[17]'을 제안하였고

[17] OECD 사무국이 제시한 통합접근법은 소비자를 직접 대면하는 사업(consumer-facing businesses)에 중점을 둔 방안으로서 디지털 플랫폼을 주된 비즈니스 모델로 활용하는 기업 뿐 아니라 전통적인(brick and mortar) 비즈니스를 운영하는 기업의 경우에도 소비자를 대면하는 사업인 경우에는 모두 적용되는 과세기준이라고 할 수 있는데 특히 다음과 같은 특징을 가지고 있다.

i) 새로운 과세 연결점(nexus) 기준의 제시 : 물리적 실체의 존재 여부에 근거하지 않고 주로 국내 판매에 기반한 새로운 과세연결점에 기초한 국제적 과세 기준을 제정하고

이에 대한 민간의 의견을 수렴하기 시작하였다. 또한 2020년 1월에 개최된 OECD IF 국가들이 참여하는 회의에서는 2020년 말까지 디지털세 최종합의를 도출한다는 목표하에 디지털세 장기대책에 관한 그간의 논의를 정리하고 동 대책안의 기본 골격과 향후 계획 등을 합의하였다.

그러나 2020년 2월에 발발한 코로나 팬데믹으로 인해 관련 OECD IF 참여국들 간의 대면협상이 어려워졌다. 더구나, 2020년 11월의 미국 대통령선거에서 당시 현직 대통령인 트럼프 대통령이 선거에서 불리한 영향을 받을 것을 두려워한 미국 정부의 소극적인 태도로 인해 협상은 당초 일정대로 추진되지 못했다. 결국 2020년 10월에 개최된 OECD IF 회의에서 '디지털세 장기대책'에 대한 최종안 합의 시점을 당초 2020년 말에서 2021년 중반으로 공식 연장하면서 그때까지 실무적으로 논의해온 Pillar 1과 Pillar 2에 대한 blueprint를 세간에 발표하였다.[18]

한편 2020년 말 미국 대통령 선거에서 승리한 바이든 행정부는 2021년 초부터 장기적 디지털세 협상에 소극적이었던 미국의 기존 태도를 바꾸어 전향적으로 OECD IF의 디지털세 협상에 나섰다. 이에

이를 위해 조세조약에 기존의 고정사업장과는 별도의 조항을 마련할 것을 전제로 하고 있다.

ii) 수정 잔여이익분할방법의 도입 : 정상가격원칙에 부합하는 공식에 근거하여 각 시장(관할권)에 배부될 소득을 사전에 결정하기 위한 "3단계 구조 메커니즘(Three Tier Mechanism)"와 관련한 수정 잔여이익분할방법을 제시하였다. 여기서 '3단계 구조 메커니즘(Three Tier Mechanism)'이란 시장 관할 국가(market jurisdiction)에 할당할 소득을 계산하기 위한 3단계 구조를 가리키는 것으로 '금액 A', '금액 B', '금액 C'로 구성되어 있다.

iii) 강화된 분쟁 해결책 제시 : 새로운 과세기준 적용과 관련하여 발생하는 개별 사건에 대한 분쟁에 대한 구속력 있는 중재제도를 도입하는 내용의 강화된 분쟁 해결책을 제시하였다.

[18] 이들 blueprint는 Pillar 1 · 2의 구성요소를 구체화하고 구성요소별 의견수렴 상황 및 현재까지 미결된 정치적 · 기술적 쟁점에 관한 이견 상황과 향후 논의 방향을 담고 있다.

따라 2021년 7월 OECD IF는 '디지털세에 관한 중간합의문'을 발표하였고 그 후 미해결 쟁점들을 회원국들 사이에 계속 협상한 후 2021년 10월 8일 디지털세에 관한 최종합의문을 공식 발표하기에 이르렀다.

3

지금까지 OECD Inclusive Framework(IF)가 합의하고 논의 중인 디지털세 Pillar 1의 주요 내용은 무엇일까?

디지털세 Pillar 1의 내용은 크게 Amount A에 관한 사항과 Amount B에 관한 사항으로 나누어 볼 수 있다. Amount A란, 다국적기업의 매출액이 일정규모 이상이고 세전이익률이 통상이익률을 초과하는 경우 글로벌 초과이익의 일정부분에 대해서 시장소재지국에서 과세할 수 있도록 허용한 금액을 말한다. 한편 Amount B란, 다국적기업그룹의 계열회사 또는 고정사업장이 기본적인 마케팅 및 유통활동(baseline marketing and distribution activities)만을 수행하는 경우 이러한 회사나 고정사업장에 적용할 수 있는 정상이익률(arm's length margin)을 의미한다. OECD IF 참여국들은 2021년~2022년 중에는 Amount A에 관련 이슈를 우선적으로 논의하였고, 2023년에는 Amount B에 대한 논의도 활발히 진행하고 있다.

Amount A

1) 2021년 10월 OECD IF의 합의사항

연결재무제표상의 매출액 200억 유로[19](약 27조원) 이상이고 통상이익률(10%)을 초과하는 이익을 실현한 다국적기업에 대해서는 다음과 같은 계산식에 따라 산정한 과세소득을 시장소재지국에 배분한다. 다만, 채굴업이나 규제된 금융업과 같은 일부 업종에 대해서는 Amount A 적용을 제외한다.

① 특정 다국적기업의 매출액 × (해당 기업의 조정 후 세전이익률 − 10%) = 해당 기업의 초과이익

② 해당 기업의 초과이익 × 25% = 전체 시장소재지국에 배분될 과세소득(시장기여분)

③ 전체 시장소재지국에 배분될 과세소득×배분지표(개별 시장소재지국의 매출비율) = 개별 시장소재지국에 배분될 과세소득

특정 다국적기업의 사업소득에 대하여 시장 소재지국에서의 과세권을 인정하는 기준으로 작용하는 과세연계점(Nexus)은 해당 관할권 내 매출액이 '100만 유로 이상'인 경우에 적용된다. 즉 어느 다국적기업의 특정 국가에서의 매출액이 100만 유로 이상일 경우 해당 국가는 동 소득에 대해 과세권을 행사할 수 있는 것이다. 다만, 일부 개도국의 주장을 수용하여 연간 GDP가 400억 유로 이하인 국가의 경우, 과세연계점은 '25만 유로 이상'으로 낮아진다. 이는 BEPS Inclusive Framework(이하 "IF")의 다수 참여국인 개도국들의 주장이 반영된 결과이다.

Amount A의 배분을 예시하고 있는 아래 사례를 살펴보면, 해당 다국적기업의 연결재무제표상 그룹 매출이 1,000억 유로이고 원가가 700억 유로라면, 초과이익은 통상이익 100억 유로(=1,000억 유로×10%)를 초과하는 금액인 200억 유로(=1,000억-700억-100억)가 된다. 이 중

19 실제 집행경험 등을 고려하여 시행 7년 후 100억 유로로 축소한다.

25%에 해당하는 금액인 50억 유로가 '시장소재국에 배분해야 할 초과이익', 즉 Amount A가 된다.

이제 이 금액 중 얼마만큼을 소득이 발생한 A국, B국, C국에서 과세소득으로 인식할 수 있을 것인지 살펴보자. 각국에서의 매출로 발생한 소득에 대해 각국이 과세권을 가지고 있는지 확인하기 위해서는 우선적으로 각국의 매출액이 과세연계점(Nexus)에 해당하는 '100만 유로 이상'에 해당되는지 따져보아야 한다. 위 사례에서 A국의 매출액은 100만 유로, B국의 매출액은 400만 유로이며 C국의 매출액은 80만 유로이다. A국과 B국은 해당 매출액이 각각 100만 유로 이상이므로 Amount A에 대해 과세권을 가지게 되나, C국에서의 매출액은 80만 유로에 불과하므로 Amount A에 대한 과세권은 가지지 못한다. 그리고 과세권을 보유한 A국과 B국 간의 소득배분 비율은 각각의 매출액에 비례하도록 하고 있으므로 A국에 배분되는 Amount A는 10억 유로[=50억×(1백만 유로/5백만 유로)]가 되며, B국에 배분되는 Amount A는 40억 유로[=50억×(4백만 유로/5백만 유로)]가 된다.

▪Amount A의 배분 예시

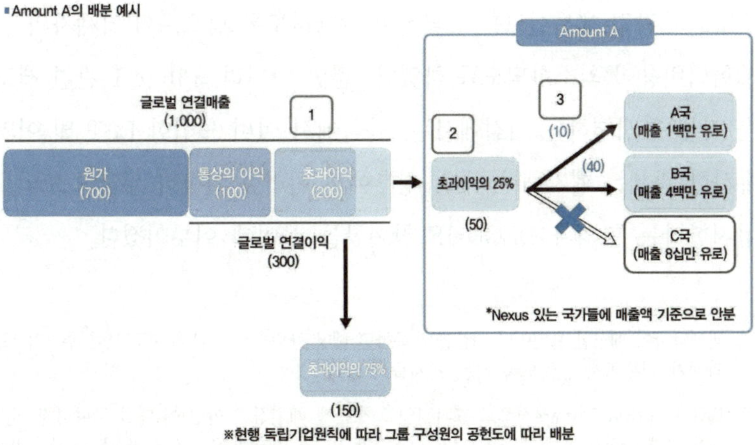

다국적기업이 시장소재지국에 배분한 초과이익에 대해 해당 국가에서 이미 과세가 되고 있다면 safe harbour 규칙[20]을 통해 해당국에 배분되는 Amount A에 대한 과세액 규모는 그만큼 줄어든다. 그 구체적인 방법은 OECD IF 참여국들 사이에 협의가 진행 중이다. 또한, 다국적기업그룹 중 Amount A 이외의 잔여이익이 귀속되는 어느 한 기업이 Amount A에 대한 세금까지 포괄적으로 부담한다면 해당 기업에 대해 소득면제방식 혹은 세액공제방식을 통해 국제적 이중과세 조정이 이루어질 수 있도록 하였다.

한편, Amount A와 관련하여 국제적으로 분쟁이 생긴다면 모든 이슈는 의무적 · 강제적인 분쟁해결 절차에 의해 조정되도록 하였고, 디지털세를 도입 · 운영하는 모든 국가는 해당 조정 결과에 기속되도록 OECD IF 참여국들 간에 합의가 이루어졌다. 다만, 분쟁대응 역량이 낮은 개도국[21]에 대해서는, 의무적 · 강제적 분쟁해결 절차 적용을 선택할 수 있도록 특례를 부여하였으며 이 특례의 적정성에 대해서는 주기적으로 재심사하기로 하였다.

세무신고절차에 관해서는, 다국적기업 내 어느 하나의 법인이 Pillar 1 관련 세무신고를 일괄하여 수행하도록 함으로써 납세자의 납세협력비용이 최소화되도록 하였다. 뿐만 아니라, Pillar 1 관련 제도를 각국에 시행하는 시점에서는, 각국에서 이미 도입한 DST 및 이와 유사한 과세는 폐지해야 하고, 향후에도 이러한 일방적 세금의 도입을 방지한다는 합의가 OECD IF 참여국들 사이에 이루어졌다.

---

20 과세당국이 제시한 요건이나 기준을 충족하면 해당 규범을 준수한 것으로 보아 추가적으로 과세가 이루어지지 않도록 하는 조치를 말한다.

21 BEPS Action 14(국제적으로 효과적인 조세분쟁 해결장치 마련)에 대한 모니터링 절차 적용 유예 판정을 받은 개도국으로서 상호합의 건수가 없거나 매우 적은 국가들을 가리킨다.

2) 2021년 10월 이후 논의 사항

OECD IF 참여국들은 2021년 10월 Pillar 1 제도의 골격에 대하여 정치적 합의를 도출한 후 지금까지 실무작업반 회의를 통해 세부사항에 대한 논의를 진행해 왔다. 특히 2022년 2월부터 Pillar 1의 Amount A 모델규정[22] 초안을 몇 개로 나누어 순차적으로 공개하면서 서면공청회(Public Consultation)를 통해 그에 대한 의견을 수렴해왔다.[23]

OECD IF는 2022년 7월 1일 'Pillar 1의 Amount A에 관한 진행상황 보고서(Progress Report on Amount A of Pillar One)'를 발표하였는데, 이 보고서는 그 동안 OECD IF 참여국들 간에 논의한 Amount A 과세기준에 대한 합의 내용을 모델규정 형태로 작성한 초안이다.[24] OECD IF는 이 진행상황보고서에서 Pillar 1에 대한 당초의 작업일정을 1년 늦추어 2024년 중에 Pillar 1에 관한 다자 간 협정을 발효시킬 예정이라고 하면서 작업 일정이 지연되는 주요 이유에 대하여 다음과 같이 밝혔다.

즉 Amount A에 관한 규칙은 과거에 없는 과세기준을 새로 창설하는 것이므로 OECD IF 참가국들이 충분히 검토하고 민간 의견도 수렴해야 할 필요가 있는데 이를 위해서는 일정이 추가로 소요될 뿐만 아니라, 기존의 조세조약 중 일부를 개정하기 위해서는 BEPS 다자간 협정을 개정하는 작업이 불가피하다. 그런데 이를 위해서는 OECD IF의 참여국들이 개정되는 다자간 협약에 대해 서명과 비준동의를 하는 절차를 밟아야 하는데 이와 같은 작업을 차질 없이 수행하려면 당초 계획

---

22 Pillar 1을 도입하는 모든 회원국에 동일한 내용의 법령이 일관되게 시행되도록 하기 위한 입법 지침이다.

23 2022년 2월 4일 과세연계점과 매출귀속(Nexus and Revenue Sourcing), 같은 달 18일 과세표준 결정(Tax Base Determinations), 같은 해 4월 4일 적용대상(Scope)에 관한 각 모델규정 초안이 각각 공개되었다.

24 이 초안의 내용은 민간의 의견을 수렴하여 추후 완성될 예정이다.

보다 최소 1년 정도의 시간이 더 필요하다는 것이다.

OECD IF는 2022년 10월에는 'Pillar 1의 행정 및 조세확실성(Tax Certainty)에 관한 진행상황보고서(Progress Report on the Administration and Tax Certainty Aspects of Pillar One)'를 발표했는데, 이 보고서는 그간의 OECD IF 회원국들이 Amount A에 대한 세무행정 사항 및 분쟁해결절차에 대해 협의해 온 내용을 OECD 사무국이 정리한 것이다. 해당 내용은 추후 민간의 의견을 수렴하여 Pillar 1 모델규정 또는 다자간협정에 반영시킬 예정이다.

또한 OECD 사무국은 2022년 12월 20일에 '디지털서비스세 및 관련된 다른 유사조치에 대한 다자간 협정 규정 초안(Pillar One - Amount A : Draft Multilateral Convention Provisions on Digital Services Taxes and other Relevant Similar Measures)'을 민간의견 수렴용으로 발표하였다. 이 초안은 민간의 의견과 함께 추후 OECD IF에 의해 검토되고 필요 시 수정될 것으로 보인다.

2023년 7월 OECD IF는 Amount A에 관한 규정을 포함하는 다자간 협정(Multilateral Convention)을 2023년 하반기 중에 완료하여 연말에 서명식을 개최함으로써 각국의 서명을 유도하고 2025년 중에는 다자간협정이 발효되도록 하기로 합의하였다. 아래에서는 위에서 언급한 보고서들에 포함된 주요 update 사항들을 정리하였다.

가) 적용대상(Scope)

모델규정 초안에서는, Pillar 1 과세제도의 적용대상을 가려내는 매출액 요건과 수익성 요건은 모두 '다국적기업그룹(이하 "그룹")'을 기준으로 판단한다. 하지만, 납세의무 및 관련된 협력의무를 부담하는 주체는 그 적용대상 그룹에 속한 개별 법인 또는 단체(Entity)가 되도록 하였다. 이는 Pillar 1 과세제도가 '그룹' 차원의 글로벌 초과이익을 과세하려는 취지이기는 하지만, 그 납세의무자는 여전히 독립된 법인격을 갖는 법인 또는 단체로 유지된다는 의미를 내포하고 있는 것이다.

모델규정 초안에 따르면 다국적기업 그룹의 해당 사업연도 총 매출액이 200억 유로를 초과하고, 해당 사업연도가 12개월 미만이거나 12개월을 초과하는 경우에는 1개 사업연도가 12개월임을 전제로 이에 비례하여 조정하도록 하고 있다.

모델규정 초안은 수익성기준(Profitability Test)에 대해 규정하고 있는데, 이에 따르면 그룹의 해당 사업연도 세전 이익률이 10%를 초과하는 경우에 한하여 Amount A가 산정될 수 있도록 규정하고 있다. 그런데 글로벌 매출액기준과 달리, 수익성기준에는 세부적인 기준으로 이전 사업연도 기준(Prior Period Test)과 평균 기준(Average Test)이 추가되어 있다. 이전 사업연도 기준이란 그룹의 해당 사업연도 직전 4개년 사업연도 중 2개년도 이상의 사업연도의 세전 이익률이 10%를 초과해야 한다는 것을 의미하고, 평균 기준이란 그룹의 해당 사업연도 및 직전 4개년 사업연도의 평균 세전 이익률이 10%를 초과해야 한다는 것을 의미한다.

Pillar 1 모델규정 초안에 따르면, 채굴업과 규제된 금융업은 Pillar 1의 적용대상에서 제외되는데, 우선 채굴업의 경우에는 채굴활동, 채굴품 또는 주된 가공을 거친 가공품[25]의 채굴국 내 판매활동 등과 관련한 매출액과 이익이 제외 대상에 포함된다. 한편 규제금융업의 경우에는, 일정요건을 충족하는 예금과, 증권 중개, 자산운용업과 보험업 등

25 예를 들어, 원유를 가공한 LNG, LPG, 디젤 등을 들 수 있다.

과 관련한 매출액과 이익이 제외 대상에 포함된다. 채굴업과 금융서비스의 경우 어느 단체 소득의 75% 이상이 해당 업종에서 발생하면 전체를 Amount A 적용대상에서 제외한다.

Pillar 1 모델규정 초안은, 그룹의 최종 모회사가 적격 기업회계기준에 따른 연결재무제표를 작성하지 않은 경우, 해당 모회사는 이 법에 따라 작성하였어야 하는 연결재무제표를 '수용가능한 기업회계기준(Acceptable Financial Accounting Standards)'에 따라 작성해야 한다고 규정하고 있다.

나) 과세연계점(Nexus)

적용대상(Scope)에 관한 조항이 Pillar 1 Amount A 세금의 납세의무자를 확정하는 역할을 하고 있다면, 과세연계점(Nexus)에 관한 조항은 Pillar 1 Amount A 세금에 대한 과세권을 갖는 국가를 확정하는 역할을 한다. 즉 OECD/G20의 Pillar 1과 Pillar 2 관한 최종합의문에서 공표된 것과 같이 Amount A의 총량(Quantum)은 적용대상이 되는 다국적기업(In-Scope MNE)의 통상이익률(10%)을 넘는 초과이익 중에서 시장기여분(25%)이 되는데, 오직 과세연계점이 인정되는 국가만이 이러한 Amount A를 배분받을 수 있다. 과세연계점이 인정되는 국가 간 Amount A의 안분 비율은 각 국가에 귀속되는 매출액의 비율에 따라 이루어진다.

과세연계점(Nexus)은 시장소재지국의 Pillar 1 과세권을 인정하는 기준이 된다는 점에서, 전통적인 국제조세 체제에서 사업소득에 대한 원천지국의 과세권을 인정하는 기준인 고정사업장(Permanent Establishment : PE)과 유사한 측면이 있다. 다만, Pillar 1 과세제도는 전통적인 국제조세 체제를 그대로 둔 채로 새로운 과세권을 창설하려는 것이므로 Pillar 1의 과세연계점 개념은 Pillar 1 세금을 판정하는 국면에서만 사용되어야 하고, 기존 국제조세 체제에서의 고정사업장 개념과는 관련이 없다. 즉 모델규정 초안에서 규정하는 과세연계점은 그 과세연계점이 존재하는 국가가 Pillar 1에 따른 과세권이 존재하는 여부를 판정하는 기준일 뿐 다른 의미를 갖지는 않는다.

다) 매출 원천 규칙(Revenue Sourcing Rule)

Pillar 1 모델규정 초안에 따르면, 원칙적으로 매출을 발생시키는 개별 거래마다 매출 원천지 판정이 이루어져야 한다. 이때 '거래'란 수입을 발생시키는 개별 항목을 의미한다. 하나의 계약에 포함되더라도 여러 재화 또는 용역이 각각 다른 가격에 공급되는 경우에는 복수의 거래가 있다고 보아야 한다. 다만, 개별 거래마다 판정하는 것이 불가능한 경우에는 일정한 배분 기준(Allocation Key)이 적용된다. 이때 배분 기준이란 거시경제 지표(Macro-economic Proxy) 등에 기반한 것으로서 매출금액을 그 발생국에 배분시키는 기준을 의미한다.

모델규정 초안에 따르면, 기본적으로는 매출이 발생한(arise) 국가가 그 매출의 원천지(Source)가 된다. 또한, 대상그룹의 매출은 상품 · 서비스 등 유형별로 각각의 매출 귀속 기준 및 이에 부합하는 '구체적 신뢰가능한 지표'에 따라 최종 소비된 시장소재지국에 귀속된다. 다만, 규정된 신뢰가능한 지표사용이 어려운 경우 대상그룹이 자체 개발한 '대안적 신뢰가능한 지표(proxy)'도 허용된다.[26] 그러나 서로 다른 요소가 결합된 거래에서 발생한 매출이 하나 이상의 매출 구분에 해당하는 경

26 이 경우 최종 소비지 식별이라는 취지에 부합해야 하고, 조세확실성 패널의 인정을 받을 필요가 있다

우, 해당 매출의 원천지는 지배적인 성격(Predominant Character)의 매출 구분에 따라 결정된다. 부수적인 거래에서 발생한 매출의 원천지는 주된 거래(Main Transaction)에서 발생한 매출을 기준으로 결정할 수 있다. 한편, 합리적인 노력을 다해도 위에서 언급한 신뢰가능한 지표들을 모두 사용할 수 없는 경우에는, 예외적으로 간접지표인 배분기준(예 : GDP, 최종소비지출)을 사용하는 것도 허용된다. 아울러, Pillar 1 제도 시행 첫 3년인 초기 전환기에는 간접지표인 배분기준을 사용하는 것이 가능하다. 이에 대한 세부내용을 정리하면 다음과 같다.

① 재화

모델규정 초안은 완제품과 중간재를 구분하여 각각의 매출 원천 기준을 정하고 있으나, 재화에 대해서는 기본적으로 완제품의 최종 소비지 규칙(Finished Goods & End Market Rule)을 채택하고 있다. 구체적으로는, ⓐ 완제품(Finished Goods)의 경우 원칙적으로 최종 고객에게 완제품을 인도한 장소의 소재지국을, ⓑ 완제품 중 디지털 재화의 경우 최종 고객이 소비자라면 소비자의 소재지를, 최종고객이 사업자라면 재화의 사용지를 매출의 원천지로 한다. 그리고 ⓒ 중간재(Components) 판매 거래의 매출 원천지는 최종 고객에게 중간재가 통합된 완제품을 인도한 장소의 소재지로 한다.

② 용역

용역 제공 거래의 매출 원천지에 대해서는 용역의 유형별로 나누어 각 기준을 정하고 있다. ⓐ 특정 장소에서 공급되는 용역(Location-Specific Services)은 해당 용역의 수행지를, ⓑ 광고 용역은 온라인 광고의 경우 시청자의 소재지를, 그 밖의 광고의 경우 광고게재 또는 수신

장소를, ⓒ 온라인 중개 용역은 유형재화 및 디지털재화/용역의 중개의 경우 해당 매출의 1/2씩을 각 구매자 소재지와 판매자 소재지에, ⓓ 오프라인 용역 중개의 경우 해당 매출의 1/2씩을 각 구매자 소재지와 오프라인 용역의 수행지에, ⓔ 운송 용역은 여객 운송의 경우 목적지에, 화물 운송의 경우 출발지 또는 목적지에, ⓕ 고객 보상 프로그램은 활성 회원수 비율로 안분하여 각 국가에, ⓖ 자금 대여는 채무자가 소비자인 경우 소비자 소재지에, 채무자가 사업자인 경우 용역의 사용지에, ⓗ B2C 용역은 앞서 열거된 규정들이 적용되지 않는 경우 소비자의 소재지에, ⓘ B2B 용역은 앞서 열거된 규정들이 적용되지 않는 경우 용역의 사용지에 각각 그 매출이 귀속된다.

③ 무형자산 및 이용자 정보

무형자산에 대한 허여, 판매 또는 양도 거래에 대해서는 무형자산이 용역 수행에 활용되는 경우에는 해당 용역의 사용지를, 그 밖의 모든 경우에는 최종 고객의 무형자산 사용지를 매출 원천지로 한다. 그리고 이용자 정보(User Data)에 대한 허여, 판매, 또는 기타 양도 거래에 대해서는 해당 정보와 관련된 이용자의 소재지를 매출 원천지로 한다.

④ 부동산, 정부 보조금, 고객 외 매출

부동산에서 발생하는 매출의 원천지는 부동산의 소재지로 한다. 정부 보조금에서 발생하는 매출의 원천지는 해당 보조금을 제공하거나 또는 관련 자금을 지원하는 정부가 속한 국가로 한다. 고객 외 매출(Non-customer Revenues)은 발생한 매출이 귀속되는 국가들에게 그 매출액에 비례하여 배분 또는 귀속시키는 것으로 한다.

라) 과세소득의 산정

모델규정 초안에 따르면, 대상그룹의 조정 세전이익은 대상그룹의 연결재무제표에 기록된 회계상 순이익 · 손실에 일정한 세무조정 및 결손금 공제를 거쳐 산정한다. 세무조정 방식은, 세금비용과 '제외된 배당(Excluded Dividends)', '제외된 지분손익(Excluded Equity Gain or Loss)', 정책적으로 불인정되는 비용 및 '제외단체(Excluded Entities)의 재무회계 손익'은 포함시키지 않는다.

한편 결손금은 Pillar1 제도 시행 전 3년분 결손금을 포함하는데 이월된 결손금은 시간 순으로 조정 소득에서 공제되며 총 10년간 이월공제가 허용된다.

마) 과세소득의 배분

대상그룹의 조정 후 세전이익에서 통상이익(즉 매출액의 10%)을 초과하는 소위 초과이익의 25%에 대해서는, 매출귀속기준에 따라 산정된 국가별 귀속 매출비중에 비례하여 과세소득의 배분이 이루어진다. 이를 산식으로 표현하면 다음과 같다.

> 특정국에 배분되는 과세소득
> = [대상그룹의 조정 후 세전이익 − (총매출 x 10%)] x 25%
> x (특정국 귀속 매출/총매출)

바) 이중과세 제거(Elimination of Double Taxation)

모델규정 제7조~제11조는 대상그룹의 Pillar 1 과세권을 시장소재지국에 재배분함에 따라 다른 국가에서 이미 전통적 과세방식으로 과세한 것과 이중과세가 발생하는 상황에서 이를 조정하는 절차에 대해 규정하고 있다. 이러한 이중과세 제거를 위한 첫 번째 절차는 이중과세 제거 책임을 부담할 관할국(jurisdiction)을 식별하는 것이다. 이 단계에서 핵심 요소는 '제거대상 이익(Elimination Profit)'인데, 이는 Pillar 2 규칙에서 글로벌최저한세 대상 이익(GloBE Income)을 구하는 작업과 유사하다.

이중과세 제거를 위한 두 번째 단계는, 제거대상 이익(Elimination Profit)이 그룹 전체의 최소 95%에 해당하거나 제거대상 이익(Elimination Profit)이 5천만 유로 이상인 국가들로 구성되는 소위 '특정 관할국들(Specific Jurisdictions)'을 결정하는 것이다. 이중과세를 제거해야 하는 의무를 배분하는 메커니즘은, 대상그룹에 있는 기업들 중 초과이익을 얻는 기업들이 소재하는 관할국들이 의무를 적정히 부담하도록 하는 것을 목표로 하여 설계되었다. 특정 관할국들 중 어느 국가가 얼마만큼의 이중과세 경감(relief)을 부담하도록 할 것인가를 결정하기 위한 배분방식은 기본적으로 폭포식 접근방법(waterfall approach)을 사용하는데 그 내용은 다음과 같다.

특정 관할국들은 수익성(profitability)에 따라 4개의 계층으로 그룹화된다. 수익성은 그룹의 전체 수익성 대비 관할국의 '감가상각 및 급여 수익률(Return on Depreciation and Payroll : RODP)'을 참조하여 측정된다. RODP는 관할국의 제거대상 이익(Elimination Profit)을 적격 감가상각비 및 급여비용으로 나누어 계산한다.

특정 관할국들 중 Tier 1에 속하는 국가들은 해당 국가의 RODP가 그룹 전체 RODP의 1500% 이상인 국가들로서 가장 수익성이 높은 계층의 국가들이다. Tier 1 관할국들은 과세 이익의 감소를 통해 이중과세를 제거해야 하는 최초 단계의 국가들이다. Tier 1에서 RODP가 가장 높은 관할국은, Tier 1에서 RODP가 두 번째로 높은 국가와 같아질 때까지 과세 소득을 줄여야 한다. 첫 번째 관할국이 두 번째 관할국과 동일한 RODP에 도달하게 되면 해당 관할국들은 세 번째 관할국의 수준에 도달할 때까지 RODP를 공동으로 줄여 나가야 한다. 이와 같은 과정은 그룹의 모든 Amount A가 소진될 때까지 계속된다.

한편 이중과세가 Tier 1 이익만으로 완전히 제거되지 않는 경우, Tier 2 관할국(즉 RODP>150%인 국가들)은 다국적기업그룹의 Amount A가 모두 배분되거나 Tier 2 이익이 모두 소진될 때까지, 해당 계층 내에 있는 국가들의 이익이 해당 다국적기업그룹 전체이익에서 차지하는 비율에 비례하여 이중과세를 경감해야 한다. 마찬가지로 이중과세가 Tier 1 및 Tier 2의 이익만으로 완전히 제거되지 않는 경우, Tier 3A(RODP>40%인 국가들) 및 Tier 3B(RODP>10%인 국가들)에게 순차적으로 그리고 동일한 방식으로 적용된다. 그러나 초과이익의 배분이 없는 관할국은 Amount A에서 발생하는 이중과세를 경감해야 하는 의무는 부담하지 않는다. 한편 이중과세 제거를 위한 세부 쟁점에 대한 논의는 현재 OECD IF에서 진행 중이다.

사) 마케팅 · 유통이익 세이프하버(Marketing and Distribution Profits Safe Harbour : MDSH)

마케팅 · 유통이익 세이프하버(MDSH)는 과세소득 계산 시 "이중 계산(double counting)"문제를 해결하기 위해 개발된 개념이다. 예를 들어, 만일 시장소재지국이 다국적기업의 초과이익에 대해 한번은 전통적인 기존 과세방식에 따라 (주로 이전가격 과세방식으로) 과세하고, 다시 Amount A 과세방식으로 해당 이익에 대해 과세한다면 이것은 하나의 소득에 대해 이중으로 과세소득을 산출하는 것이다. 이러한 상황이 발생되는 것을 막기 위해, 만일 시장소재지국이 다국적기업의 초과소득에 대해 이미 과세를 하였다면 그만큼은 Amount A 계산 시 국별 과세소득 배분을 면제하거나 감소되도록 하는 장치를 마련할 필요가 있다.

그 적용방식은, ❶대상그룹의 특정국 내 초과이익 중 일정한 비율에 해당하는 이익과 ❷특정국에 배분될 Pillar1 과세소득(Amount A)를 비교하여, ❶>❷인 경우에는 특정국에 대한 Pillar1 과세소득 배분을 면제하고, ❶<❷ 인 경우에는 특정국에 "❷-❶"에 해당하는 금액만을 Pillar1 과세소득으로 배분하는 것이다. 다만, MDSH상 초과이익 산정방식, 초과이익 중 일정한 비율에 따른 이익, 적용국가 그리고 이중과세 제거와의 상호 관계 등은 현재도 OECD IF에서 논의 중이다. 그런데 Pillar 1의 Amount A에 관한 진행보고서는 현재 OECD IF 논의 중인 과세소득 배분에 관한 공식을 앞에서 언급한 '제거대상 이익(Elimination Profit)'이라는 개념을 사용하여 다음과 같이 소개하고 있다.

$$Q = (P - R \times 10\%) \times 25\% \times L / R$$

Q : 특정 과세연도에 시장소재지국에 배분되어야 할 다국적기업그룹의 이익
P : 특정 과세연도의 다국적기업그룹의 시장소재지국 세전 조정이익
R : 특정 과세연도의 다국적기업그룹의 시장소재지국의 매출액
10% : 수익률 기준(threshold)
25% : 재분배 비율
L : 매출원천 규칙(Revenue Sourcing Rule)을 적용하여 산출한 특정 과세연도의 다국적기업그룹의 시장소재지국 매출액으로서, 과세연계점(Nexus) 조건을 충족하는 금액

다만, 위 Q 금액은 최소기준으로 설정하는 일정 금액 이상일 경우에만 적용한다. 그런데 위 Q 금액은 최종적으로 다음과 같은 공식을 통해 산출하는 '마케팅 · 유통이익 세이프하버(MDSH)'금액을 차감하여 구한다.

$$M = MIN\ [(EP - PEP) \times Y\%\ ,\ Q]$$

M : 마케팅 · 유통이익 세이프하버(MDSH)

EP : 특정 과세연도의 다국적기업그룹의 시장소재지국에서의 제거대상 이익 (Elimination Profit)[27]

PEP : EP의 일정부분으로서 시장소재지국에서의 RODP에 일정비율을 곱한 금액과 40% 중 큰 금액을 말한다.

Y : 상쇄비율(offset percentage)을 말하며 MDSH의 조정 메커니즘에 따라 상계가 가능한 시장소재지국의 잔여이익(residual profits)의 일부이다.

아) 세무행정(Administration)

① 세무신고

다국적기업그룹들은 원칙적으로 각국의 법인세 제도에 따라 Pillar 1 계산에 따른 신고 · 납부와 이중과세 제거를 위한 조치를 취하되, 효율적 집행을 위해서는 Pillar 1에 관한 국제적으로 다음과 같은 일관된 세무행정체계를 수립한다. 우선 Pillar 1 과세기준에 따라 발생하는 세액에 대해서는 각국의 선택에 따라 국내법상 신고절차 또는 별도의 간소화 절차를 기초로 하여 Pillar 1 관련 세무신고를 해야 한다. 여기서 간소화 절차란, 다국적기업그룹의 어느 한 기업이 표준화된 세무신고서를 제출하게 되면 각 시장소재국에서 Pillar 1 신고를 개별적으로 한 것으로 갈음할 수 있도록 하고, 세액납부도 적정시점에서 이루어지도록 마련된 간소화된 표준 절차를 말한다. 이 경우 세무신고를 하는 기업은 대표과세당국(대부분의 경우 최종모기업의 과세당국)에 공통된 서류(즉 표준화된 세무신고서 및 공통 문서패키지)를 사업연도 종료 후 12개월 내에 신

27 즉 해당 시장 소재지국에서 중복하여 과세된 이익으로서 해당 금액만큼 제거되어야 한다는 의미를 내포하고 있다.

고해야 한다.

신고를 받은 대표과세당국은 15개월 내에 관련 국가들과 정보를 공유해야 하고 해당 기업은 18개월 내에 관련 세액을 납부해야 한다. 한편, 관련 국가는 국제적 이중과세를 자국의 세법에 따라 제거해 주어야 한다.

Pillar 1 대상그룹 내에 납세의무가 있거나 이중과세조정이 필요한 구성기업들 모두가 해당 관할국의 과세당국에 대해 신고 의무를 부담한다.

② **납부의무**

신고한 세금의 납부의무자 결정 방법에 대해서는 OECD IF 참여국들 사이에 현재 2가지 방식이 논의 중이다. 첫 번째 방식은, '단독 납세의무자 방식'인데, 이에 따르면 대상그룹 내에 지정된 하나의 구성기업(Designated Entity)이 각 해당국들에 대해 신고 및 납부의무를 부담한다. 두 번째 방식은 '다수 납세의무자 방식'인데, 이는 대상그룹 내 다수의 구성기업이 각국에 각각 신고의무와 납세의무를 부담하되, 그룹 내 하나의 대리기업(Agent)이 단독으로 세무신고와 납부를 대리하는 방식이다.

한편 각국의 선택에 따라 세법상 납부기한 또는 간소화 절차상 납부기한(즉 사업연도 종료 후 18개월) 내에 Pillar 1 관련 세금을 납부해야 한다. 또한 납세의무를 부담하는 기업이 세액을 미납할 경우, 최종모기업이 2차납세의무를 부담한다.

③ 이중과세의 제거

원칙적으로 '이중과세제거 부담국'이 자국의 법인세법에 따라 자율적으로 이중과세의 제거의무를 이행해야 한다. 여기서 '이중과세제거 부담국'이란 해당 그룹이 시장소재지국에 납부한 Pillar 1 관련 세액에 대해 이중과세 제거의무를 부담하는 국가로서, 해당 그룹의 국가별 이익률이나 잔여이익이 높은 국가를 말한다. 다만, 이중과세제거 기간이 과도하게 지연되지 않도록 하기 위해 각국에 공통 적용되는 기한이 설정되었는데, 이에 따르면 해당 국가는 사업연도가 종료하고 18개월이 경과한 후 일정기간 내에 이중과세를 제거해 주어야 한다. 한편 해당 기업은 이중과세제거 조치를 한 후 일정기간 내에 이중과세제거 부담국의 과세당국에 Amount A 납부증빙을 제출해야 한다.

자) 조세확실성(Tax Certainty)

앞에서도 이미 기술하였듯이, 전 세계적으로 Pillar 1 세제가 도입되면 해당 기업과 Pillar 1 세제 적용 국가 사이 또는 최종모기업 소재지국과 시장소재지국 사이에 조세분쟁이 발생할 가능성이 있으므로, 이를 사전에 예방하거나 사후에 해결하도록 함으로써 조세확실성을 제고할 필요가 있다. OECD IF 참가국들은, 2021년 10월 Pillar 1 최종 합의시 Pillar 1의 Amount A 관련 분쟁은 의무 · 강제적인 절차를 통해 조정되고, Amount A에 대한 과세를 채택 · 운영하는 모든 국가는 해당 결과에 구속된다는 원칙에 합의하였다. 그 뒤로 이러한 원칙을 구현하기 위한 세부절차 수립에 대한 논의가 지속되었는 바, 다음과 같은 논의가 현재 진행되고 있다.

분쟁의 유형을 크게 '① Pillar1 Amount A 관련 쟁점'과 '② 기타 관련 쟁점'으로 나누어 각각 해당 쟁점을 해결하기 위한 절차에 대해 협의를 하고 있다.

① Pillar 1 Amount A **관련 쟁점 절차**

우선 'Pillar 1 Amount A 관련 쟁점'은 쟁점의 성격에 따라 다음의 3가지 절차로 구분한다.

㉮ 「적용대상 확실성」 절차

「적용대상 확실성」 절차란, '대표과세당국'이나 '리뷰 패널'이 특정 기업의 Amount A 적용대상 여부를 판단하는 절차를 말한다. 여기서 '대표과세당국'이란, Pillar 1 대상그룹의 최종모기업 소재지 과세당국을 말한다. 또한 '리뷰패널'이란, 대표과세당국의 세무공무원 1명과 그 밖의 당사국 세무공무원 등 6명으로 구성된 패널을 말한다.

이 경우 적용대상 요건 미충족 여부 등 간단한 사례에 관해서는 대표과세당국이 검토하고, 소위 적용제외 매출업(채굴업 및 규제금융업 등) 관련 쟁점 등에 대해서는 리뷰패널이 검토한다.

㉯ 「사전확실성」 절차

「사전확실성」 절차란, 기업의 매출귀속 기준과 적용제외 매출 적용방법에 대해 리뷰패널이 재무제표 등과 같은 관련 정보를 바탕으로 미리 사안을 검토하는 절차를 말한다. 여기서 매출귀속 기준이란, 과세권 배분을 위한 국가별 매출귀속을 판정하는 기준으로서 매출되는 제품유형에 따라 그 적용방법이 다르게 결정된다. 한편 적용제외 매출이란 채굴업이나 규제금융업 등 적용제외 업종과 관련된 매출액을 의미한다.

㉰ 「포괄적 확실성」 절차

「포괄적 확실성」 절차란, Amount A의 계산이나 배분 등과 같은 관련 쟁점 전반에 대해 검토를 하는 절차를 말한다. 대표과세당국이 요청한 때와 같은 특정 경우[28]에는 리뷰패널이, 그 밖의 경우에는 대표과세당국이 검토를 한다.

위에서 정리한 바와 같이 '대표과세당국' 또는 '리뷰패널'이 Amount A 분쟁을 검토하며, 관련 국가는 그 결과에 구속된다. 한편, 동 절차를 통해서도 합의가 되지 않는 경우에는 결정패널이 최종적으로 판단을 한다. 구체적인 결정패널 구성방식에 대해서는 아직 OECD IF 참가국들 간에 협의 중이다.

② 기타 쟁점 관련 절차

기타 쟁점 관련 절차란, 상호합의(MAP) 절차에서 해결되지 못한 쟁점(예 : 이전가격 조정)으로서, Amount A 결과에 간접적으로 영향을 주는 경우에는 Pillar 1 조세확실성 체계 내에서 진행되는 분쟁해결절차를 말한다. OECD 모델조세조약상의 중재(arbitration) 절차와 마찬가지로, 상호합의가 개시된 날로부터 2년 내에 양국의 권한있는 당국들이 쟁점에 대해 합의를 이루지 못한 경우에는 상호합의 신청 기업들은 분쟁해결 패널에 의한 결정을 신청할 수 있다. 분쟁해결 패널은 양국의 세무공무원 2명과 양국이 지명한 전문가 2명 그리고 이들 전문가 패널이 지정한 또 다른 전문가인 의장 1명, 총 5인으로 구성된다. 분쟁 패널은 의장이 지명된 후 180일 내에 쟁점에 대한 결정을 해야 한다.

---

28 기업의 포괄적 확실성 요청이 최초인 경우, 예전 확실성 검토가 기업의 미협조 혹은 신청 철회로 종료된 경우 등이 이에 해당한다.

한편 분쟁대응 역량이 낮은 개도국에 대하여는 이 절차를 선택적으로 적용할 수 있도록 특례를 허용하고 있다. 한편, 선택적용 가능 대상 여부는 주기적으로 재심사한다. 여기서 개도국 특례란, 상호합의 등과 같은 국제적 분쟁대응 경험이 적은 국가들을 배려하기 위해 채택된 것인데, ① BEPS Action 14(상호합의)의 동료평가에서 유예(deferral) 조치를 받음과 동시에 ② 상호합의에 의한 분쟁 건수가 없거나 적은 국가에 한정하여 허용된다.

Amount B

Amount B란, 기본적인 마케팅 및 유통활동(baseline marketing and distribution activities)을 수행하는 다국적기업그룹의 계열회사 또는 고정사업장의 정상이익률을 의미한다. OECD IF 참여국들은, 업종별, 국가별, 지역별로 합의된 고정된 수익률(fixed return)을 해당 자회사나 고정사업장의 정상이익률로 보아 적용하기로 Pillar 1 협상 참여국들 사이에 합의를 하였다. Amount B 개념을 도입하는 취지는, 우선 과세당국의 이전가격 분석업무를 단순화(simplify)함과 동시에, 납세자의 납세의무 이행비용(compliance costs)을 경감하고 조세 확실성(tax certainty)을 제고하여 과세당국과 납세자의 분쟁을 최소화하려는 것이다.

Amount B 개념은 Amount A 대상기업뿐만 아니라, 모든 기업(all business sectors)에 대해 적용하되, 재화의 소유권을 갖는 재판매업체(buy/sell distributors)에 한정하여 적용한다. 그러나 기존에 정상가격산출방법 승인(Advance Pricing Agreement : APA)을 받은 내용과 상호합의절차(Mutual Agreement Procedure : MAP)에 따라 과세당국 간 합의한 내용은 Amount B와 관계없이 그대로 효력이 유지된다. OECD IF는 2023

년 7월 17일 디지털세 Amount B에 대한 초안을 대외 공개하면서 그 내용에 대해서는 2023년 9월 1일 서면 공청회를 진행한다고 밝혔는데 주요 내용을 요약하면 다음과 같다.

우선 Amount B의 적용대상은 (i) 상품 도매업을 영위하며, (ii) 사업관련 위험(신용위험등)을 제한적으로 부담하는, (iii) 국내 수입 재판매업자(즉, 다른 국가에 소재하는 한 개 이상의 특수관계기업으로부터 상품을 매입하여 국내에서 제3자에게 판매하는 기업으로서 위탁판매업자와 판매대리인을 포함)에 한정한다. 한편 해당 기업이 R&D · 제조 등 다른 기능을 함께 수행하는 경우에는 기능별로 구분하여 회계처리하고 그 중 상품도매기능에 대해서만 Amount B 과세를 적용할 수 있다. 한편, (i) 독특하고 가치 있는 무형자산을 보유하는 경우, (ii) 원재료 유통 및 서비스업을 영위하는 경우, (iii) 소매 매출이 전체매출의 20% 초과하는 경우, 또는 (iv) 매출대비 영업비용이 3% 미만인 경우는 Amount B 과세대상에서 제외한다.

Amount B 의 정상영업이익률은 기업이 유통하는 상품의 분류(산업군)와 기업의 영업형태(매출대비 자산 · 비용의 비율)에 따라 만들어진 표준가격 산정표(Pricing Matrix)를 통해서 식별한다. 또한 국가별 차이조정과 확증테스트(기업의 기여도에 비해 이익이 과대 · 과소 배분되는 것을 방지하기 위한 검증절차)를 적용함으로써 정상이익률 조정을 수행한다.

OECD IF는 2023년 말까지 잔여쟁점에 대해 추가적인 작업을 한 후 최종 논의 결과를 2024년 1월 OECD Transfer Pricing Guidelines(이전가격 지침)에 반영할 계획이다. Amount B의 최종적인 시행시기는 추후 이전가격지침을 반영하는 각국의 입법 시기 등을 고려하여 결정할 예정이다.

4

지금까지 OECD Inclusive Framework(IF)가 합의하고 논의 중인 디지털세 Pillar 2 (글로벌최저한세)의 주요 내용은 무엇일까?

2021년 10월에 최종 합의한 Pillar 2의 핵심 내용을 정리하면, 국제적인 세원잠식 및 과세소득 이전(BEPS)을 통한 조세회피를 차단하기 위해 글로벌최저한세율을 15%로 설정하고, 특정 다국적기업그룹이 이에 미달하는 경우에는 (i) 소득산입규칙(Income Inclusive Rule)[29], (ii) 비용공제 부인규칙(Under Taxed Payment Rule)[30] 및 (iii) 원천지국 과세규칙(Subject to Tax Rule)[31]을 통해 15%(원천지국 과세규칙의 경우에는 9%)까지는 과세를 해야 하는 원칙을 OECD IF 회원국이 준수해야 한다는 것이다.

OECD IF 참여국들이 Pillar 2에 관하여 최종 합의한 글로벌최저한세는, 회원국들이 반드시 도입해야 할 의무가 있는 '최소기준(Minimum Standard)'에는 해당하지 않지만, 그 성격은 '공통접근(Common Approach)

29 자회사 미달세액 발생 시 이를 모기업이 모기업 관할국에 납부하는 규칙이다.

30 소득산입규칙 미적용 시 다국적기업 그룹 내 다른 기업들이 미달세액을 자국에 납부하는 규칙이다.

31 원천지국에서 거주지국으로 지급하는 금액이 거주지국에서 9% 미만으로 과세되는 경우 원천지국에서 미달세액에 대해 과세할 수 있는 규칙이다.

방식'이 적용되는 것이라고 말할 수 있다. 즉 OECD IF 참여국들은 합의한 Pillar 2의 내용을 국내 세법상 반드시 도입해야 하는 것은 아니나, 일단 도입을 하는 경우에는 OECD IF 회의를 통해 합의한 내용과 방식을 준수해야 하는 것이다. 만약 해당국이 OECD IF에서 합의된 방식과 다른 방식으로 입법을 한다면 해당 국가는 글로벌최저한세[32]를 도입하지 않은 것으로 간주되어 다른 국가가 대신 Pillar 2에 부합하는 글로벌최저한세를 법제화하여 해당 소득에 대해 과세권을 행사할 수도 있는 것이다. OECD IF가 이와 같은 방식의 공통접근 방식의 원칙을 채택한 이유는, 새로 도입되는 글로벌최저한세에 대해서는 전 세계적으로 동일한 내용의 규칙이 일관되게(consistent) 도입되고 시행되도록 함으로써 국가 간 과세원칙의 차이를 통한 조세회피 가능성을 방지하고, 최저한세 제도의 국제적 운용의 실효성을 확보하려고 했기 때문이다.

OECD IF는 2021년 12월 20일에 Pillar 2에 관한 모델규정(이하 'Pillar 2 모델규정')을 발표하였는데, 그 내용은 위에서 언급한 3개의 규칙 중 (i) 소득산입규칙과 (ii) 비용공제 부인규칙을 각국이 국내 세법 체계 내에 손쉽게 법제화할 수 있도록 표준문안을 제시한 것이다. 그 후 2022년 상반기에 'Pillar 2 모델규정'의 각 조항에 관한 세부 설명내용이 포함된 주석서(Commentary)와 사례집도 발간되었다. 한편 원천지국 과세규칙(Subject to Tax Rule)에 대한 모델규정은 2023년 7월에 다자간 협약의 형태로 공개되었으며 이 다자간협약은 2023년 10월 2일 이후 서명이 가능할 전망이다. 아래에서는 2021년 10월에 OECD IF 참가국들이 합의한 Pillar 2의 주요 내용과, 2022년 12월에 OECD IF가 발간한 Pillar 2 모델규정의 주요 내용 및 2023년 7월에 공개한 원천지국 과세규칙이 포함된 다자간협약의 주요 내용을 정리하였다.

32 'Global Anti-Base Erosion'의 약자를 사용하여 GloBE 규칙이라고 칭하기도 한다.

글로벌최저한세 모델규정의 주요내용

1) 적용범위(Scope)

글로벌최저한세 적용 대상인 다국적기업그룹의 범위는 '직전 4개 회계연도 중 2개 이상의 연결매출액 7.5억 유로(약 1조원)'인 다국적기업그룹이다. 여기서 '다국적기업그룹(Multinational Enterprise Group)'이란, 최종모기업의 관할국이 아닌 다른 관할국에 소재하는 기업 또는 고정사업장을 두고 있는 기업그룹을 말한다. 또한, GloBE 규칙에서 핵심적인 개념인 '구성기업(Constituent Entity)'이란 다국적기업그룹의 최종모기업의 연결재무제표에 포함되는 법인 및 별도의 회계계정이 있는 파트너십 · 신탁 등을 말하며 이에는 고정사업장이 포함된다. 한편 정부기관, 국제기구, 비영리기구, 연금펀드, 최종모기업의 지위에 있는 투자펀드 · 부동산투자기구에 대해서는 글로벌최저한세 적용이 원칙적으로 배제된다. 이와 같이 글로벌최저한세 적용이 배제되는 단체를 '제외기업(Excluded Entity)'이라고 부른다.

2) 소득산입규칙

소득산입규칙(Income Inclusion Rule, 'IIR')이란, 해외의 고정사업장 또는 자회사의 소득이 글로벌최저한세율(15%) 미만으로 과세되는 경우, 모기업의 거주지국에서 해당 소득을 모기업의 소득에 가산하여 과세하는 규칙을 말한다. 즉 이 규칙에 따르면 모기업은 저율과세 구성기업의 추가세액 중 소득산입비율[33]에 해당하는 금액을 모기업 관할국에 납부해야 하는 의무를 부담한다. 예를 들어, 〈그림 II-1〉에서 A국에 최종모기업(A)을 두고 있는 다국적기업그룹이 B국에 기업 B를 두고 있는데

[33] 구성단체의 GloBE 이익 중 제3자 귀속분을 제외한 비율을 의미한다.

기업 A는 기업 B 지분의 60%를 보유하고 있다고 가정한다. 만일 기업 B의 이익이 100만 달러이고 실효세율이 10%라면, 기업 B의 추가세액은 5만 달러[=(15%−10%)×100만 달러]가 된다. 여기서 기업 A의 기업 B에 대한 소득산입비율은 60%[=(100−40)÷100]이므로 기업 A는 3만 달러[=5만 달러×60%]만큼의 세금을 A국 과세당국에 납부해야 한다.

| 그림 II−1 | 소득산입규칙(1)[34]

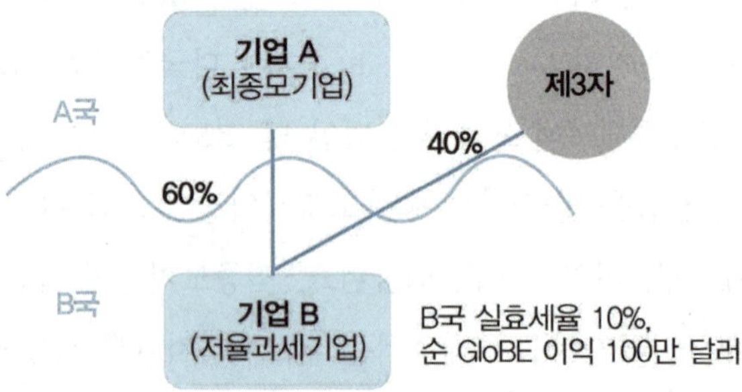

소득산입규칙은 하향식 접근방법을 채택하고 있다. 예를 들면, 최종모기업 소재 관할국이 소득산입규칙을 도입하지 않은 상황에서 만일 차상위 모기업 소재지국이 소득산입규칙을 도입했다면 차상위 모기업 소재지국에서 소득산입규칙을 적용하여 과세권을 행사할 수 있다. 예를 들면, 〈그림 II−2〉에서 기업 C의 추가세액이 10만 달러라고 가정하는 경우 A국 · B국 모두 소득산입규칙을 도입했다면, 기업 A가 10만 달러만큼을 A국 과세당국에 납부해야 한다. 그러나 만일 A국은 소득산입규칙을 도입하지 않았으나 B국은 도입했다면, 기업 B가 10만 달러를 B국 과세당국에 납부해야 하는 의무가 발생한다.

34 기획재정부, "디지털세 Pillar 2 모델규정 공개 – 글로벌최저한세 도입을 위한 입법 지침 합의", 보도참고자료(2021.12.20.), 7면.

| 그림 II-2 | 소득산입규칙(2)[35]

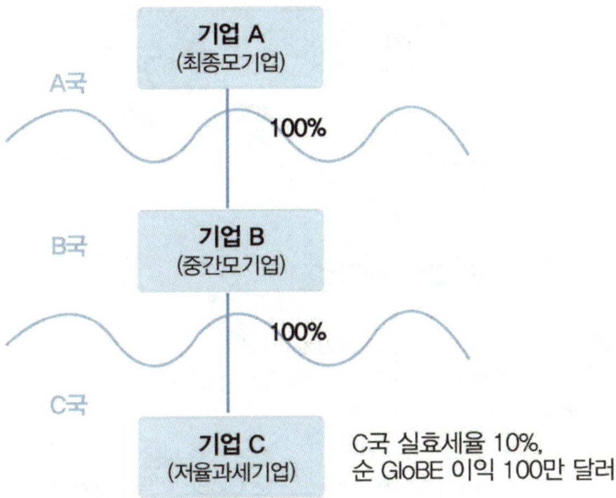

또한 다국적기업그룹에 속하지 않는 제3자가 20%를 초과하는 지분을 보유한 중간 모기업[해당 기업을 '부분소유 모기업(Partially-Owned Parent Entity)'라고 칭함]인 경우, 그 부분소유 모기업의 관할국이 과세권을 가지고 추가세액에 대한 과세권을 가진다. 예를 들어, 아래 〈그림 II-3〉에서 기업 C의 추가세액을 10만 달러로 가정하고, A국과 B국이 모두 소득산입규칙을 도입하였으며 기업 B는 제3자가 지분 40%를 소유하고 있는 부분소유 모기업이라고 가정하면, 기업 A는 소득산입규칙을 적용할 수 없고 기업 B가 소득산입규칙을 적용하여 10만 달러의 추가세액을 B국의 과세당국에 납부해야 하는 것이다.

---

35 기획재정부, 전게 보도참고자료, 7면.

| 그림 II-3 | 소득산입규칙(3)[36]

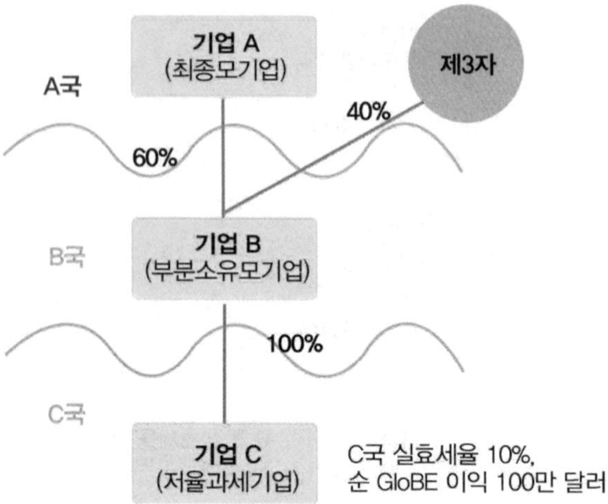

3) 비용공제부인규칙

비용공제부인규칙[Undertaxed Payments Rule(UTPR)]이란 소득산입규칙이 적용되지 않는 저세율국 소재 구성기업에 비용을 지급하고 이를 세무상 공제받는 다른 국가 소재 구성기업은 해당 저세율국 소재 구성기업의 실효세율이 글로벌최저한세율(15%)에 도달하는 만큼의 세금을 부담해야 한다는 규칙이다. OECD IF 참여국들 간의 Pillar 2에 관한 최종합의에 따르면, 글로벌최저한세 적용을 위해서 소득산입규칙을 우선 적용하도록 규정하고 있으므로 비용공제부인 규칙은 소득산입 규칙의 보완적 규정(backstop)이라고 말할 수 있다. 즉 저세율국 소재 구성회사를 직·간접 지배하는 최종 모기업의 실효세율이 15% 미만의 저율로 과세되거나 모기업 관할국이 소득산입규칙을 도입하지 않는 경우에 한해 비용공제부인규칙이 적용되는 것이다. 각국은 '관할국에 배분된

---

36 기획재정부, 전게 보도참고자료, 8면.

UTPR 추가세액'만큼 관할국 내 구성기업들의 세부담이 증가할 수 있도록 비용공제를 부인하며, 추가세액은 다음 산식에 의해 배분한다.

배분비율

$$= 50\% \times \frac{\text{해당 관할국 종업원 수}}{\text{모든 관할국 종업원 수}} + 50\% \times \frac{\text{해당 관할국 유형자산}}{\text{모든 관할국 유형자산}}$$

여기서 '모든 관할국'은 비용공제부인규칙을 도입한 모든 관할국을 가리킨다.

4) 원천지국 과세규칙

원천지국 과세규칙(Subject to Tax Rule : 'STTR')이란, 소득을 저세율국으로 이전함으로써 발생하는 원천지국의 세원잠식을 방지하기 위한 보완적 규칙으로서, 저세율국 소재 국외 관계사에 대한 지급금(즉 이자, 사용료, 용역대가 등을 지급하는 회사의 세무상 비용으로 처리되는 항목)에 대해 최저한세율로 설정한 세율(즉 9%)[37]보다 낮은 명목세율이 적용되는 경우 해당 관계사가 소재하는 저세율국과 체결한 조세조약에 따라 최저한세율까지 추가세액 과세권을 인정하도록 하는 것이다. 이 경우 저세율국 여부 판정은 실효세율이 아닌 명목세율로 판단할 수 있도록 함으로써 제도 운용의 단순화를 도모하였다.

---

[37] 2021년 7월의 중간합의 시에는 7.5~9% 범위 내에서 결정하기로 합의하였고, 2021년 10월에 최종적으로 9%로 합의하였다.

| 그림 II-4 | 원천지국과세규칙[38]

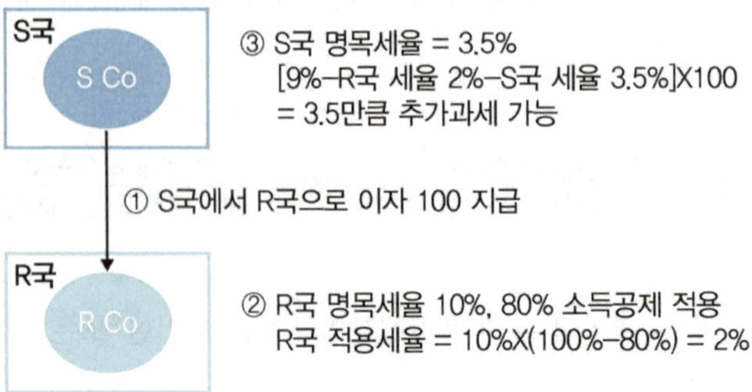

〈그림 II-4〉의 사례에서 S국의 Sco가 R국의 Rco에 대해 이자 100을 지급하는 경우, 해당 이자에 대한 R국과 S국 간의 조세조약상의 제한세율이 3.5%이고 동 이자에 대해 R국에서는 10%의 명목세율을 적용하지만 동시에 해당 지급금에 대해 80%의 소득공제가 허용되기 때문에 실제 적용세율은 2%[=10%×(100%-80%)]이다. 이 경우 S국에 추가로 과세할 수 있는 세금은 3.5[= (9%-R국 세율 2%-S국 세율 3.5%)×100]가 된다.

5) 과세대상 소득 산출 방법

글로벌최저한세 관련 과세대상 소득은 각 구성기업의 회계상 순손익(Net Income or Loss)에 다음과 같은 조정을 거쳐 결정한다. 즉 회계상 순손익은 세후 순손익인데 과세대상 이익은 세전손익으로 계산해야 하므로 '조세비용'은 가산항목이 된다. 다국적기업그룹 내 '배당소득[39]'은

[38] 조문균 기획재정부 신국제조세규범팀장, "글로벌최저한세(디지털세 Pillar 2) 논의 경과 및 주요내용(발표자료)", 2021년 11월 월례 국제조세포럼[OECD 한국센터 조세본부 · 한국국제조세협회 공동주최], 23면.

[39] 그러나 지분율 10% 미만의 지분(즉 포트폴리오 지분)에 대한 배당 소득(1년 미만 보유

그룹 차원에서 보면 일종의 내부 거래에서 발생한 소득이므로 재무회계 순손익에서 차감해야 한다. 한편, 뇌물과 5만 유로(약 7천만 원) 이상의 벌금과 과태료는 재무회계 순손익을 구하는 과정에서는 차감되었을 것이나, 대다수의 국가에서 과세목적상 이러한 금액은 과세목적상 공제를 허용하지 않으므로 회계상 순손익에 가산한다. 그리고 (i) 지분의 공정가치 변화에 따른 이익 · 손실, (ii) 지분법 이익 · 손실, (iii) 지분 처분에 따른 이익 · 손실, (iv) 기타포괄손익에 포함된 유형자산 재평가 이익 · 손실, (v) 이전 기간의 오류 및 회계정책 변경 등은 그 성격에 따라 적정하게 차감하거나 가산해야 한다.

6) 특수관계 기업 사이의 손익배분 방법

'Pillar 2 모델규정'은, 글로벌최저한세 목적상 '주된 기업(Main Entity)'과 '고정사업장' 사이의 손익배분 방법에 대해서도 규정하고 있는데, 이에 따르면 고정사업장이 구성기업인 경우의 재무회계상의 손익은 고정사업장이 별도로 작성한 재무제표상의 손익을 의미한다. 만일 고정사업장 단위에서 별도로 작성한 재무제표가 없는 경우의 재무회계상의 손익은, 최종모기업의 연결재무제표를 작성할 때 사용된 기업회계 기준에 따라 만일 고정사업장이 별개의 독립기업이었다면 작성했었을 재무제표상의 손익을 의미한다. 따라서 주된 기업의 글로벌최저한세 손익 계산 시 다른 나라에 소재한 고정사업장의 손익은 원칙적으로 고려하지 않는다. 그러나 고정사업장의 손실은 해당 손실이 주된 기업의 국내 과세소득 계산에서 비용으로 처리되는 만큼, 고정사업장이 아닌 주된 기업의 비용으로 처리된다는 점을 유념할 필요가 있다.

시에 한함), 공정가치 변화 이익 · 손실 및 지분 처분 이익 · 손실은 차감하지 않고 글로벌최저한세소득 · 결손에 포함시킨다.

같은 맥락에서, 고정사업장에서 후속적으로 발생하는 글로벌최저한세 소득은 과거에 주된 기업의 글로벌최저한세소득을 계산할 목적으로 비용으로 처리되었던 글로벌최저한세 결손금액이 모두 상쇄될 때까지 주된 기업의 글로벌최저한세소득으로 취급된다.

7) 국제해운 소득에 대한 특례

국제해운 소득이 있는 다국적기업그룹의 경우, 각 구성기업의 국제해운 소득과 적격 보조적 이익은 글로벌최저한세소득 · 결손 계산 시 제외한다. 여기서 적격 보조적 이익이란, 승객 · 화물 운송과 일차적으로 연계되어 수행되는 일정한 보조적 활동에서 발생하는 순이익을 의미하며, 국제해운 소득의 50%를 한도로 하여 인정된다.

8) 조정대상조세의 계산(Computation of Adjusted Covered Taxes)

가) 조정대상조세

각 구성단체의 재무회계 순손익에 반영된 당기 법인세비용 중 대상조세(즉 이익 · 유보이익 · 자본에 대한 세금, 소득세 대신 부과되는 세금 등)에 일정한 조정을 거쳐 글로벌최저한세 적용대상 조세를 산출한다. 그 주요 조정항목과 조정방법은 아래와 같다.

첫째, 재무회계와 세무회계의 일시적 차이를 반영하기 위한 '총 이연법인세 조정 금액'을 글로벌최저한세 대상조세에 포함한다.

둘째, 글로벌최저한세 적용 대상 손익 계산 시 제외되는 이익과 관련된 당기 법인세비용은 대상조세에서 차감한다.

셋째, 이미 환급 · 공제는 되었으나 당기 법인세비용의 감소로 처리되지 않은 세금은 대상조세에서 차감한다.

넷째, 적격 환급가능 세액공제 금액(또는 4년 내 현금으로 환급이 가능한 금액)은 한편으로 글로벌최저한세소득의 증가로 취급하면서 다른 한편으로는 대상조세의 증가로 처리하며 그 외의 세액공제는 대상조세의 감소로 처리한다.

다섯째, 당기 법인세비용으로 계상되었으나 3년 내에 납부되지 않을 것으로 예상되는 세액은 대상조세에서 차감한다.

나) 대상조세의 배분

어느 한 구성단체의 재무제표에 계상된 대상조세를 글로벌최저한세소득 · 결손에 대응되도록 하기 위해 다른 구성기업으로 배분할 필요가 있는데 그 구체적인 내용은 다음과 같다.

① 고정사업장의 글로벌최저한세소득 · 결손에 대응하는 조세가 주된 기업의 대상조세에 포함되어 있다면 해당 세액은 그 고정사업장의 대상조세로 취급한다.

② 구성기업이 도관체인 경우 그 도관체의 주주에게 배분된 글로벌최저한세소득 · 결손관련 대상조세가 있다면 이를 그 주주의 대상조세로 취급한다.

③ 특정외국법인의 배당가능 유보이익 중 조세피난과세제도[40]에 따라 주주에게 과세되는 세액이 있다면 그 세액을 구성기업(즉 특정외국법인)의 대상조세로 처리한다. 다만 이 경우 이자 · 사용료 등 수동소득에 대한 대상조세는 '수동소득 × (최저한세율 – 실효세율)'의 금액까지만 특정외국법인(즉 controlled foreign company, "CFC")에

---

40 「국제조세조정에 관한 법률」 제27조의 '특정외국법인의 유보소득 배당간주'제도(Controlled Foreign Company Tax Regime)를 의미한다.

배분된다.

④ 구성기업이 주주에게 지급하는 배당에 대한 조세가 있다면 이를 배당을 지급하는 구성기업의 대상조세로 처리한다.[41]

9) 실효세율 및 추가세액의 계산(Computation of Effective Tax Rate and Top-up Tax)

실효세율(effective tax rate)는 구성단체가 소재하는 해당 관할국의 '글로벌최저한세소득'을 분모로 하고 관할국 내 각 구성기업들의 '조정대상조세'를 합산한 값을 분자로 하여 관할국별로 실효세율을 계산한다.

이를 산식으로 표현하면 다음과 같다.

$$\text{특정 관할국의 실효세율} = \frac{\Sigma(\text{각 구성기업의 조정된 대상조세})}{\Sigma(\text{각 구성기업의 글로벌최저한세소득}) - \Sigma(\text{각 구성기업의 글로벌최저한세결손})}$$

여기서 한 가지 유념할 점은, 최종모기업의 지분율이 30% 이하인 구성기업들에 대해서는 이들을 별도의 다국적기업그룹[즉 소수지분 구성기업(Minority-Owned Constituent Entity)]으로 보아 실효세율을 별도로 계산해야 한다는 점이다.

추가세액(Top-up Tax)은, 실효세율이 최저한세율에 미달하는 부분에 대하여 소득산입규칙이나 비용공제부인규칙(소득산입보완규칙)을 적용하여 계산한다. 이를 산식으로 표현하면 다음과 같다.

---

41 구성기업과 최종모회사간의 지급되는 배당은 글로벌최저한세소득 · 결손에서는 제외되나 이에 대한 세금은 대상조세에 포함된다.

국가별 추가세액(Top-up Tax)
= (최저한세율 – 국가별 실효세율) × (글로벌최저한세소득 - 실질기반소득 제외) + (가산되는 당기추가세액[42]) - (국내 최저한세[43])

여기서 '실질기반 소득제외(Substance-Based Income Exclusion)'란, '급여' 및 '유형자산 장부가액'의 일정 비율(5%)[44]을 추가세액 계산 시 글로벌최저한세 순소득에서 공제하는 것을 말한다. 한편 'Pillar 2 모델규정'은 추가세액을 계산함에 있어 '최소적용제외(De minimis Exclusion)' 규정을 적용하고 있다. 즉 어느 다국적기업그룹이 진출한 국가에서 최근 3년간 평균 매출액이 1천만 유로 미만이고 평균 글로벌최저한세 순소득이 1백만 유로 미만이라면 해당 국가에서의 추가세액은 없는 것으로(즉 0으로) 간주한다.

10) 조세행정(Administration)

글로벌최저한세 정보 신고(GloBE Information Return)는 개별 구성기업이 해당 관할국에 신고하는 것이 원칙이나, 해당 구성기업이 지정한 현지기업이 대신하여 신고하는 것도 가능하다. 한편 '최종모기업 또는 지정 구성기업의 관할국'과 '구성기업의 관할국' 사이에 권한 있는 당국 간의 협정이 있는 경우에는 최종모기업 또는 지정 구성기업의 관할국이 대신하여 위 신고를 하였다면 위 구성기업이 정보신고를 할 의무는 없다.

---

42 이전 회계연도의 실효세율이 재계산되면서 추가세액이 새롭게 발생할 경우(예 : 세율 변동에 따른 이연법인세비용 변동으로 실효세율이 최저한세율 미만으로 하락)에는 해당 금액을 당기 추가세액에 가산한다.

43 해당 구성단체 관할국에서 국내적으로 최저한세를 운영함으로써 기업들의 실효세율이 15% 이상이 되도록 하는 경우에는 국내 최저한세액을 차감한다.

44 제도시행 후 10년 동안은 5%보다 높은 비율을 적용하는 것을 말한다. 후술하는 경과규정 참조.

위 정보신고에는 (i) 다국적기업그룹 구조 및 각 구성기업의 관할국 관련 정보와, (ii) 실효세율 · 추가세액 계산에 필요한 정보, 그리고 (iii) 관할국 별 추가세액 등의 정보가 포함된다. 그리고 정보신고는 표준양식에 따라 회계연도 종료 후 15개월 이내에 이루어져야 한다.

또한 세이프하버(Safe Harbour) 조치로서, 향후 글로벌최저한세 이행체계(GloBE Implementation Framework)에 의해 일정조건을 만족시키는 구성기업들에 대해서는 해당 관할국 추가세액이 0이 되는 것으로 간주된다. 한편 각국은 향후 상호간에 체결할 '합의된 행정지침(Agreed Administrative Guidance)'에 따라 글로벌최저한세 규칙을 적용해야 한다.

11) 경과규정(Transition Rules)

경과연도[45]의 실효세율은 '구성기업의 재무제표에 반영되어 있는 이연법인세 자산 · 부채'를 고려하여 계산한다. '실질기반 소득제외 공제율'은 원칙적으로 5%이나 글로벌최저한세 시행 이후, '급여'의 경우에는 처음에는 10%에서 그리고 '유형자산'의 경우에는 처음에는 8%로 시작하여 10년 동안 체감하여 10년 후에는 급여와 유형자산 모두 5%가 되도록 공제율을 체감시킨다.

한편 해외진출 초기단계 다국적기업그룹에 대해서는 5년간 비용공제부인규칙 적용이 제외될 수 있다. 이 조건을 충족시키려면 해당 다국적기업그룹은 6개 이하 관할국에 소재하고 유형자산이 가장 많은 관할국을 제외한 나머지 5개 관할국의 유형자산 순장부가치의 합이 5천만

45 2024.1.1. 이후 시작하는 첫 회계연도 또는 다국적기업그룹이 Pillar 2 대상이 되는 첫 회계연도를 말한다.

유로[46] 이하여야 한다. 또한 세무신고 기한도 원칙적으로는 과세연도 종료 후 15개월이지만 경과연도 기간 중에는 18개월로 완화된다.

원천지국 과세규칙 관련 다자간 협정에 포함된 주요 지침

원천지국 과세규칙(STTR)은, 다국적기업그룹 내 기업들 간의 국제 거래에서 소득 수취인이 거주지국에서 9% 미만의 명목 법인세율을 적용받는 경우 원천지국에서 추가 과세를 부과할 수 있도록 허용하는 모델 조세조약상 규정이다.

STTR은 그 자체로 납세의무를 부과하는 것은 아니지만, 조세조약의 다른 조항에 따라 세금을 부과할 수 없는 경우 관할국(원천지국)이 세금을 부과할 수 있도록 허용한다. 양자 간 조세조약이 적용되지 않는 경우, 원천지국은 자국법에 따라 소득세(법인세)를 부과할 수 있으므로 STTR이 적용될 여지는 없다. 같은 이유로, 원천지국이 이미 다른 조약의 조항에 따라 해당 범주에 대해 STTR 세율인 9%보다 높은 세금을 부과할 수 있는 경우(예 : 이자 또는 사용료) STTR은 적용되지 않는다.

STTR은 이자, 사용료(royalty), 제품이나 서비스의 배포권(distribution rights)에 대한 지급, 보험료(재보험료 포함), 보증 또는 융자 수수료 지불, 산업용, 상업용 또는 과학용 장비의 임대료, 용역대금과 같은 '대상소득(Covered Income)'에 대해서만 적용된다.

STTR은 일반적으로 (글로벌최저한세 규칙에 따라 사용되는 실효 세율이 아닌) 명목 세율에 의존한다. 이는 일반적으로 해당 소득 유형에 적용되는 법정 세율을 의미한다. 그러나 명목 세율은 법정 세율이 '특혜 조정'의 적용을 받는 경우 낮아진다. 여기서 특혜 조정이란

46 약 670억 원 상당의 규모이다.

- 납부할 세액이 영구적으로 감소하는 경우,
- 소득에 대한 면제 또는 제외, 대응되는 납부액 없이 소득을 기준으로 계산된 공제 또는 소득 금액을 기준으로 계산된 세액 공제(외국 납부세액 공제는 제외)에 의해 제공되는 경우,
- 대상 소득과 직접 연결되거나 지리적으로 이동 가능한 활동에서 발생하는 소득에 대해 조세 특혜를 제공하는 제도(BEPS 액션 5 최종 보고서의 최종 요건을 충족하는 제도)에 따라 발생하는 경우를 말한다.

STTR은 대상 소득(이자 및 로열티 제외)의 금액이 해당 소득을 얻기 위해 발생한 비용에 8.5%의 마크업을 더한 금액을 초과하는 경우에만 적용된다. 특정 상황에서는 이 규칙을 적용하기 위한 관련 비용을 계산할 때 특수관계인에 대한 일부 지급이 세무상 부인될 수 있다.

STTR은 회계연도에 지급된 대상 소득의 총합이 100만 유로(GDP가 400억 유로 미만인 관할권의 경우 25만 유로)를 초과하는 경우에만 적용된다.

STTR에 따라 부과되는 세금은 해당 세금이 발생한 회계연도 종료 후에 부과된다. 한편, 관련 조세조약은 STTR 적용 전에 적용되던 지위를 유지할 수 있도록 규정되어야 한다. 수취인의 관할국은 STTR에 따라 납부할 세금을 이유로 적용 대상 소득을 면제하거나 STTR에 따라 납부할 세금에 대해 세액 공제를 제공할 의무가 없다.

다자간 협약은 각국의 STTR의 이행을 용이하게 할 것이다. 해당 다자간 협약은 해당 협약이 적용되는 모든 조세조약과 관련하여 조약을 개정하고 STTR을 포함할 것이다. 그렇지 않다면 각국은 양자 간 협상을 통해 개별적으로 관련 조세조약에 STTR을 이행할 수도 있다.

5

최근 일부 국가들이 일방적 디지털세를 도입한 배경과 그 내용은 무엇일까?

앞에서도 언급한 바와 같이 EU의 여러 국가들과 인도와 같은 개도국들은 2013~2015년 기간 중에 BEPS 프로젝트를 추진하면서 디지털 경제환경에 걸맞는 새로운 과세제도의 채택에 상당히 큰 기대를 걸고 이러한 방안의 도출을 위해 노력을 경주하였다. 그러나 디지털 경제에서의 과세문제를 다룬 BSPS Action 1 보고서는 직접세 문제에 관해서는 특별한 권고사항이 제시되어 있지 않고 단지 2020년에 추가적으로 보고서를 발표한다는 언급만 포함하고 있을 뿐이었다.

이처럼 OECD를 통한 국제적 과세기준의 변경이 어렵게 되자, 이에 실망한 일부 국가들이 일방적인(unilateral) 조치를 발표하기 시작했는데 예를 들면 2015~2016년 기간 중에 발표된 영국과 호주의 우회수익세(Diverted Profit Tax) 도입과 인도의 균등부담금(Equalization Levy) 도입이 이에 해당하는 대표적인 사례라고 할 수 있다. 그런데 2015년 11월에 발표된 BEPS Action 1의 보고서는, '국가들은 자국의 조세조약 또는 국내법에 BEPS에 대한 추가적인 방어조치(safeguards)를 선택적으로 도입할 수 있다(다만, 국내법적 조치는 기존의 조약상의 의무를 존중해야 함)'는 내용을 포함하고 있는데, 이러한 내용이 위와 같은 각국의 일방적 디지털세 도입을 정당화하는 데 활용된 것으로 보인다.

큰 틀에서 보면 일방적 디지털세는, 상당수의 유럽 국가들과 그 외 지역에 있는 여러 개도국들이 자국의 소비자들로 인해 막대한 소득을 창출하고 있는 미국의 디지털 기업들의 소득에 대해 기존의 국제적 과세기준으로는 제대로 과세할 수 없다는 이유로 자국의 법률 개정을 통해 일방적으로 부과하고 있는 세금이라고 말할 수 있다. 앞에서도 설명하였듯이[47] 2018년 초부터 야심차게 추진했던 EU 차원의 디지털서비스세(DST) 도입 추진은 미국과의 디지털세 협상을 위한 지렛대로 유용하게 사용되었다. 비록 일부 EU 회원국들의 반대로 EU 차원의 DST 도입은 무위로 그쳤고 단지 DST 추진의 주도적 입장이었던 프랑스, 스페인, 이태리 등 다수의 EU회원국들과 영국이 DST를 독자적으로 도입 · 시행하는 결과를 초래하기는 했으나, EU의 DST 도입 추진은 유럽 뿐 아니라 인도 등 아시아, 아프리카 및 남아메리카의 여러 개도국들을 자극하여 이들이 일방적으로 DST 또는 이와 유사한 세금의 도입을 추진하게 하는 도화선이 되었다. 이러한 움직임은, 미국으로 하여금 기존의 부정적이던 OECD 주도의 디지털세 협상에 대해 비록 소극적이나마 협상 테이블에 나올 수 있도록 하는 데 결정적인 역할을 한 것으로 평가된다.

아래에서는 현재까지 일방적으로 디지털세를 도입한 주요 국가들의 제도를 살펴본다.

---

47 "2. 최근 OECD를 중심으로 디지털세에 관한 국제조세기준을 마련하는 이유와 그 배경은 무엇일까?"에 대한 설명부분 참조하기 바람.

유럽 각국의 디지털 서비스세(Digital Service Tax) 도입 현황

유럽 각국이 도입하는 디지털 서비스세는 2018년 EC가 제안했던 DST 과세모델과 크게 다르지 않다. 즉 DST는 주로 디지털 플랫폼을 사용하여 자국에서 판매하여 실현한 외국법인의 매출액의 일정 부분을 원천징수 방식으로 과세하는 일종의 법인세 또는 소득세라는 것이 EU 국가들의 일반적인 입장이다.

1) 프랑스

2019년에 하원과 상원을 통과하여 확정된 디지털세법의 정식명칭은 "2019년 7월 24일 LOI No. 2019-759 대기업 법인세 유지 및 디지털서비스세 부과 법률(1)[48]"이다.[49]

프랑스 의회는 2019년 5월 13일 DST 도입안을 발의하였고 7월 11일 프랑스 상원에서 최종 의결되었다. 2019년 7월 24일 마크롱 대통령이 동 법안에 서명함에 따라 DST 법안은 발효되었으며 2019년 1월 1일로 소급하여 적용되고 있다.

프랑스의 DST에 따르면, 전 세계적으로 7억 5천만 유로(약 1조 원) 이상의 매출을 창출하면서 프랑스 국내 매출이 2천 5백만 유로(약 333억 원) 이상인 디지털 업체의 매출액에 3%의 DST 세율을 부과하도록 하고 있다.

---

48 프랑스어로는 "LOI n° 2019-759 du 24 juillet 2019 portant création d'une taxe sur les services numériques et modification de la trajectoire de baisse de l'impôt sur les sociétés (1)"이다. 한편 프랑스재무장관(Bruno Le Maire)과 프랑스 국회의원들은 이 제도를 자주 GAFA tax로 칭하기도 했다. (United States Trade Representative, *Report on France's Digital Service Tax Prepared in the Investigation under Section 301 of the Trade Act of 1974*, December 2, 2019, p2.

49 https : //bit.ly/2OS9VIH(접속일자 : 2023.1.4.)

DST 과세 대상인 서비스는 프랑스 내 사용자를 대상으로 하는 디지털 플랫폼 서비스와 온라인 광고 서비스이며 이와 관련된 인적(user) 데이터 판매를 포함한다.[50] 한편, 법인소득세와의 이중과세를 완화시켜 주기 위해 DST로 납부한 세액은 법인소득세 계산 시 손금산입해주도록 하였다.

한편 프랑스 의회는 법안 심사 과정에서, 프랑스 회사가 프랑스 외 지역에서 디지털 인터페이스를 통해 판매한 제품이나 서비스에 대해서는 DST를 부과하지 않기로 했고, 온라인 항공예약 시스템은 항공사의 경쟁에 기여하고 소비자 이익을 보호한다는 이유로 DST 과세대상에서 제외되었다.

2) 영국[51]

2020년 4월부터 적용하고 있는 영국의 DST 제도에 따르면, 전 세계 매출액 연간 5억 파운드 및 영국 내 매출액 2,500만 파운드를 넘는 대기업을 대상으로 소셜미디어(social media) 플랫폼,[52] 검색엔진(search engine)[53] 및 온라인 상거래플랫폼(online marketplace)[54]을 이용하여 거래

50 프랑스 세법전 제299조 제2항 제1호에서 과세대상을 열거하고 있다. 과세대상은 디지털 인터페이스를 사용한 중개서비스(디지털컨텐츠 제공, 통신서비스 및 금융거래 및 지불서비스)와 사용자 데이터를 기반으로 한 광고서비스로 구분할 수 있다. 중개 서비스의 경우 인터페이스 사용자가 인터페이스에 액세스하여 사용하기 위해 지불한 모든 금액을 매출액의 계산을 위한 기초자료로 수집해야 하며, 사용자 데이터를 기반으로 한 광고 서비스의 경우 광고 메시지의 실제 게시 등에 있어서 광고주 또는 대리인이 지불하는 모든 금액이 과세표준을 구성한다.

51 KPMG, *Taxation of the digitalized economy – Developments Summary*, Updated : February 7, 2023, pp51–52.

52 사용자 기반을 확충하고 이들이 해당 플랫폼을 이용하면서 콘텐츠를 생산할 수 있도록 하는 서비스를 말한다.

53 사용자 데이터를 바탕으로 검색 플랫폼 기능을 확충하고 이를 활용하여 행하는 광고서비스를 말한다.

된 영국 내 매출액에 대해 2%의 DST가 부과된다.

영국에서 DST는 법인세 산출 목적상 세액공제 대상은 아니지만 사업과 관련된 비용으로는 공제 가능하다.

3) 이태리(Italy)[55]

2020년 예산 법안에 따르면, i) 디지털 인터페이스 광고, ii) 사용자가 상품 및 서비스를 구매 또는 판매 할 수 있는 다자간 디지털 인터페이스, iii) 디지털 인터페이스를 사용하여 생성된 사용자 데이터 전송에서 파생된 총 수익에 대해 3%를 적용하는 DST가 도입되었다. DST는 전년도에 전 세계적으로 최소 7.5억 유로의 총 수익과 이탈리아 국내에서 최소 5천 5백만 유로 상당의 디지털 서비스를 공급하는 이태리의 거주기업 및 비거주 기업에게 적용된다. DST는 2020년 1월 1일부터 소급하여 효력이 발생되었다.

4) 스페인(Spain)[56]

스페인 정부는 온라인 사용자를 대상으로 하는 온라인 광고 서비스, 온라인 중개 서비스 및 데이터 전송 서비스와 같이 스페인에서 제공되는 특정 디지털 서비스 제공으로 인한 총 수익에 대해 3%의 DST를 부과하는 제도를 도입하였다. DST는 전 세계 순 매출액이 7억 5천만 유로를 초과하고 스페인에서 과세 대상 디지털 서비스를 통해 3백만 유로를 초과하는 매출을 기록한 회사에 적용된다. 스페인은 수차례의

---

54 광범위한 사용자 네트워크를 기반으로 상품에 대한 평가 및 거래 메커니즘을 구축함으로써 다수의 상거래가 이루어지는 플랫폼을 말한다.

55 KPMG(2023), *ibid*, pp32–33.

56 KPMG(2023), *ibid*, pp47–49.

세부 지침 발표 후 2022년 7월 1일부터 DST를 시행하였다.

5) 오스트리아(Austria)[57]

오스트리아 DST는 2020년 1월부터 디지털서비스 업체가 오스트리아에서 제공한 광고 서비스 매출액에 5%를 적용하여 과세된다. 오스트리아 DST는 i) 전 세계 매출 7억 5천만 유로 이상이고 ii) 오스트리아에서의 온라인 광고 서비스 규모가 매출액 기준으로 유로 2천5백만 유로 이상인 기업에게 적용된다. 또한 과세되는 디지털 광고 서비스는 i) 오스트리아 IP 주소를 가진 장치에서 수신되고, ii) 광고서비스가 오스트리아 사용자를 대상으로 수행되는 경우 오스트리아에서 공급된 것으로 간주된다.

인도의 디지털세 관련 제도

인도는 BEPS 최종보고서가 2015년 10월 발간된 지 얼마 되지 않은 2016년 4월부터는 외국법인이 제공하는 온라인 광고 서비스 등에 대해서도 해당 서비스 대가의 6%를 부담금으로 부과하는 균등부담금(equalisation levy) 제도를 도입했는데 이 제도가 EU에서 추진한 DST의 선례가 되었다고 할 수 있다. 후술하지만 인도는 2020년부터는 균등부담금 과세제도 적용대상을 대폭 확대하여 외국의 디지털 기업에 대한 인도의 과세권을 더욱 확대하였다.

인도는 한편으로 OECD IF의 논의에 적극적으로 참여하며 개도국의 입장을 대변하는 역할을 자처한다. 예를 들면, OECD IF의 디지털세 논의 초기인 2018년경 G-24그룹 개도국이 OECD 사무국에 디지털세 대

---

[57] KPMG(2023), *ibid,* pp17.

안으로 제출한 "중요한 경제적 실재 기준안(Significant Economic Presence Proposal)"도 사실 인도가 주도하여 만든 '안'이라고 할 수 있다. 뿐만 아니라, 인도는 UN 모델조세조약의 디지털세 조항인 제12B조 초안을 만드는 작업도 주도적으로 추진하였다.

1) 균등부담금(Equalization Levy) 부과 제도[58]

2020년 4월 1일부터 인도는 균등부담금(equalization levy)의 적용대상을 확대하여 인도 거주자나 인도 IP address에 전자상거래업자가 소유한(또는 platform을 통해 제공한) 재화를 온라인 판매를 통해 공급하거나 온라인을 통한 전자적 용역을 공급하는 경우(B2B & B2C 모두 포함)에는 해당 매출액의 2%에 해당하는 균등부담금을 과세하는 법안을 통과시켰다.

이 부담금은 전자적 용역을 제공하는 해당 외국업체가 매 분기마다 인도 과세당국에 신고 · 납부해야 한다. 단, 연간 수입금액이 2천만 Rupee(약 3억5천만 원 상당) 미만인 경우에는 신고의무를 면제받을 수 있다. 한편, 인도의 내국법인이나 인도 소재 (외국법인의) 고정사업장은 이와 같은 부담금 적용이 면제된다.

한편, 2020년 10월 1일부터 전자상거래 플랫폼 운영자는 디지털 방식으로 또는 전자적 시설이나 플랫폼을 통해 상품의 총 판매액 또는 서비스 판매액에 대해 1%의 세금을 원천 징수해야 한다. 여기에서 상품 구매자 또는 서비스 수령인이 전자상거래 플랫폼 운영자에게 지불한 금액도 총 판매액으로 간주된다. 다만 전자 상거래 플랫폼을 통한 총 판매량 또는 서비스 금액이 5천만 INR(약 9백만 원)을 초과하지 않는

58 KPMG(2023), *op. cit.*, pp29-31.

경우 개별 전자상거래 참가자에게 지불한 금액에 대해서는 원천징수를 할 필요가 없다. 그 후 2021년 개정된 재정법은 2% 균등부담금 적용에 관하여 운영상 문제점으로 지적되었던 아래 부분들을 명확하게 규정하였다.

① 조세조약상 로열티 또는 기술용역 대가와 균등부담금은 어느 한 거래에서 2020년 4월 1일부터 상호 배타적으로 적용된다. 즉 로열티나 기술용역 대가가 부과되는 경우에는 균등부담금은 적용되지 않는다.

② 균등부담금이 적용되는 대가에는 인도 거주자 또는 비거주자의 인도 고정사업장이 소유하거나 제공하는 경우를 제외하고, 재화의 소유권 또는 서비스를 제공하는 사람과 관계없이 기초가 되는 재화 또는 용역의 가치가 포함된다.

③ '상품의 온라인 판매' 및 '서비스의 온라인 제공'은 다음 각 호의 하나 이상의 온라인 활동(범위 내 거래)을 포함한다 :

- 판매 제안의 수락
- 발주서의 발주 또는 인수
- 대가의 지급
- 상품이나 서비스의 판매(전체 판매이건 부분 판매이건 관계없음)

균등부담금은 소득세와는 구별되는 일종의 거래세로서 조세조약상 이중과세 조정 대상 조세가 아니기 때문에 이중과세 문제가 야기될 뿐 아니라, 외국법인만을 대상으로 하여 운용된다는 이유로 WTO의 무차별 원칙에 위배된다는 비판이 있다. 한편 같은 종류의 용역을 인도의 내국법인 또는 외국법인의 고정사업장을 통해 제공하는 경우에는 균등부담금이 아닌 고정사업장에 대한 인도의 법인소득세가 과세될 것이므로 균등부담금은 조세조약상 법인소득세로 취급해야 한다는 주장도 있다.

2) **"중요한 경제적 실재성**(significant economic presence)**"개념**[59]

위에서 소개한 균등부담금과는 별도로 인도는 2019년 재정법(Finance Act)에서 '중요한 경제적 실재성(significant economic presence : SEP)'개념을 기존 고정사업장 규정에 적용함으로써 외국 디지털 사업자에 대한 과세를 강화하는 방안을 추진하였다. 이 규정은 모든 종류의 재화와 용역의 제공에 적용되는데, 2019년 4월 1일부터 발효되었다. 여기서 '중요한 경제적 실재성'이 인도에 있는 것으로 취급되기 위해선 매출액 기준과 사용자수 기준을 모두 만족하여야 하는데, 이런 기준에 따라 만일 '중요한 경제적 실재성'이 인도에 존재하는 것으로 판정이 되는 경우에는 해당 외국법인은 인도 과세당국에 법인소득세를 신고 · 납부해야 한다. 그런데 이 제도는 내국세법에 의해 도입된 제도이므로 동 제도가 실효성 있게 적용되기 위해서는, 외국의 디지털 플랫폼 사업을 영위하는 법인에 대한 고정사업장 판정과 관련하여 조세조약의 규정을 인도의 개정세법에 맞추어 개정한 이후부터 적용이 가능하다고 말할 수 있다. 그런데 이와 같은 방식으로 '중요한 경제적 실제성' 개념이 조세조약에 규정되어 인도에서 외국의 디지털 플랫폼 기업의 소득에 대해 과세할 수 있는 근거가 확보된다면, 앞에서 소개한 인도의 균등부담금 제도는 폐지되어야 할 것으로 보인다. 왜냐하면 그렇게 하지 않는 경우 인도에서 사실상 같은 세원을 가지고 있는 소득에 대하여 중복적인 과세가 이루어지기 때문이다.

---

[59] KPMG(2023), *op. cit.*, pp28-29.

2021년에 중앙직접세위원회(CBDT)는 인도에서 SEP를 구성하기 위한 기준을 다음과 같이 확정했다.

(a) 인도에서 데이터 또는 소프트웨어 다운로드 제공을 포함하여 비거주자가 인도에서 수행하는 모든 재화, 서비스 또는 재산에 관한 거래(해당 연도 중 해당 거래 또는 거래에서 발생하는 총 지급액이 2,000만 INR을 초과하는 경우) 또는

(b) 체계적이고 지속적인 사업활동의 권유 또는 30만 명의 사용자와의 상호작용에 관여함

이와 같은 거래나 활동은, 비거주자가 인도에 거주지 또는 사업장을 두고 있는 여부에 관계없이, 또한 인도에서 서비스를 제공했는지 여부에 관계없이, 뿐만 아니라 인도에서 그러한 거래/활동에 대한 합의를 했는지 여부에 관계없이 인도에서 SEP를 구성한다.

기타 국가들의 디지털세 도입 현황

1) 인도네시아[60]

인도네시아 정부는 2020년에 전자상거래로서 수행되는 활동에 대한 과세 취급 규정을 발간하였다. 이에 따르면 해외판매자와 전자상거래 플랫폼 제공 업체는 이러한 거래와 관련된 세금을 지불하고 보고할 책임이 있는 인도네시아 대표(representative)를 지명해야 한다. 또한 전자상거래를 통한 거래 활동에는 다음과 같은 세금이 부과된다.

우선, 인도네시아에 '중요한 경제적 실재성(Significant Economic Presence)'을 가지고 있는 외국의 전자상거래 회사는 인도네시아에 고정사업장

---

60 KPMG(2023), *iop. cit.*, p25.

(PE)이 있는 것으로 간주되므로 법인소득세를 납부해야 한다. '중요한 경제적 실재'의 세부 판정기준은 재무부 장관이 향후 발표할 예정이나 그 기준에는 연결 총 수익(consolidated gross revenue)이 포함될 전망이다. 또한 인도네시아의 판매액과 인도네시아에 있는 적극적 소비자의 규모 등이 판정기준으로 고려될 것이다.

만일 조세조약의 특정 조항에 따라 상기 PE 개념을 적용할 수 없다면, 외국법인이 인도네시아 구매자나 사용자에게 판매할 때 전자거래세(Electronic Transaction Tax)가 부과된다. 이 세금에 대한 세부적인 시행규정은 아직 발표되지 않은 상태로서 해당 과세는 아직 발효되지 않은 상태이다.

2) 브라질[61]

브라질은 2023년 3월 현재까지 DST 또는 이와 유사한 일방적 과세조치를 도입하지는 않았다. 다만, 2020년 8월부터 2021년 3월 사이에 하원과 상원에 제안된 5개의 법안의 내용은 모두 아래와 같은 디지털 서비스 제공업체의 매출에 대한 세금을 부과하도록 되어 있는데 그 성격은 DST에 가깝다. 그들 대부분은 COFINS[62] 및 이와 유사한 세금을 포함한다.

① 디지털 플랫폼 광고
② 전자 플랫폼에서 판매되는 상품 또는 서비스에 대한 판매 수수료

61 https : //www.vatcalc.com/brazil/brazil-taxes-on-digital-services/(접속일자 : 2023.3.1.)

62 COFINS는 브라질의 사회보장세로서 매출액의 3~7.6%이 부과된다. 세금이 각 거래의 최종 가치에 한 번만 적용되도록 하기 위해 매입세액공제를 허용한다. 특정 거래는 COFINS에서 면제될 수도 있다.

③ 데이터 및 소프트웨어 판매

④ 도박

⑤ 앱

⑥ 스트리밍 서비스

참고로 브라질은 국내에 고정사업장이 없는 외국법인이 제공하는 디지털서비스에 대한 부가가치세 과세제도를 2017년에 도입 · 운영해오고 있다.[63]

3) 이스라엘(Israel)[64]

Circular No. 4/2016에 따르면 Israel Tax Authority(ITA)는 외국공급업체가 지닌 아래의 요소(factors)를 기초로 이스라엘에 '중요한 디지털 실재(a significant digital presence)'가 있는지 여부를 판단한다. 중요한 디지털 실재가 이스라엘에 존재한다면 이는 해당 외국 공급업체 이스라엘에 고정사업장(PE)을 보유하고 있음을 의미한다.

① 이스라엘 고객과 상당히 많은 온라인 서비스 계약을 가지고 있는지 여부

② 온라인 서비스를 이스라엘 고객이 많이 사용하는지 여부

③ 웹사이트가 이스라엘 고객의 사용에 맞추어 조정되었는지 여부

④ 이스라엘 사용자와 외국공급 업체 간에 해당 웹사이트를 통해 많은 양의 정보를 주고받았는지 여부

⑤ 기타 고려 요소

ITA는 위의 요소 중 하나라도 충족되는지 확인하기 위해 외국 디지

---

63 KPMG(2023), *op. cit.*, p74.

64 (접속일자 : 2023.1.4.)

털 공급업체와 관련 이스라엘 회사로부터 정보를 수집할 수 있는 권한이 부여되어 있다.

한편 Circular No. 4/2016에 따르면, 조세조약 체결국가의 거주자인 외국 회사의 PE에 대한 이익 귀속은 해당 외국회사가 이스라엘에서 수행하는 기능, 사용된 자산 및 부담한 위험에 따라 "기능적으로 분리된 개별기업 접근법을 사용하여 정상적으로(at arm's length) 이루어져야 한다"고 명시하고 있다. 한편 조세조약 미체결국의 거주자인 외국회사가 이스라엘에 존재하는 PE에 대한 이익 귀속은 이스라엘에서 수행하는 활동의 기능, 사용자산 및 위험을 파악하고 이를 기초로 이루어져야 한다.

4) **튀르키예**(Turkey)[65]

튀르키예는 2019년 DST를 제정하여 2020년 3월 1일부터 시행하고 있는 바, DST는 튀르키예에서 제공되는 특정 디지털 서비스(다음 서비스 포함)에서 실현된 총 수익에 대해 7.5%의 세율로 부과된다.

① 디지털 플랫폼을 통해 제공되는 광고 서비스(광고 통제 및 성과 측정 서비스, 사용자 관련 데이터 전송 및 관리 서비스, 광고 제공을 위한 기술 서비스 포함)

② 디지털 플랫폼(컴퓨터 프로그램, 응용 프로그램, 음악, 비디오, 게임, 게임 내 응용 프로그램 등 포함)에 대한 청각적, 시각적 또는 디지털화된 컨텐츠의 판매 및 콘텐츠 청취, 시청, 재생 또는 콘텐츠를 전자 장치에 다운로드하거나 전자 장치를 통해 콘텐츠를 사용할 수 있도록 하는 서비스로서 디지털 플랫폼을 통해 제공되는 것

---

65 KPMG(2023), *op. cit.*, pp50-51.

③ 사용자가 서로 상호 작용할 수 있도록 하는 디지털 플랫폼의 제공 및 운영과 관련된 서비스(사용자 간 상품 또는 서비스 판매 또는 촉진과 관련된 서비스 포함)

④ 디지털 플랫폼상에서 제공되는 디지털 서비스 제공업체의 중개 서비스

튀르키예의 DST는 튀르키예에서 수입이 2천만 TL(튀르키예 리라)를 초과하고 전 세계 수익이 7억 5천만 유로를 초과하는 기업에 대해 적용된다. 튀르키예 대통령은 세율을 1%로 낮추거나 세율(각 서비스 유형에 대해 개별적으로 또는 집합적으로)을 15%까지 인상할 수 있다.

디지털 서비스 세금의 과세 기간은 1년으로서 납세자와 원천징수 의무자는 과세기간 종료 후 다음 달 말 전에 DST 신고서를 관할 세무서에 제출하고 동 기간 내에 해당 세금을 납부해야 한다.

DST는 법인소득세 및 개인소득세와 관련하여 납세자의 과세 소득에서 공제된다. 즉 디지털 서비스 제공업체가 지불한 DST 금액은 소득세 목적상 (법인 및 개인 모두 해당) 비용으로 취급될 수 있다.

기한 내에 세무신고 또는 납부를 하지 않은 경우 관할세무서는 웹사이트에 나열된 통신 기기를 통해 얻은 정보, 도메인 이름, IP 주소, 전자 메일 또는 기타 통신 기기 등을 통해 취득한 정보를 활용하여 DST고지서를 발송해야 한다. 동 고지서는 튀르키예 국세청 웹사이트에도 게시된다. 고지서 통보 후 30일 이내에 세무신고 또는 납부를 하지 않는 경우 튀르키예 재무부는 납세 의무가 이행 될 때까지 서비스 제공업체가 제공한 서비스에 대한 사용자의 접근을 차단하는 조치를 취할 수 있다. 이러한 차단 결정은 디지털 서비스 공급자에게 알림이 제공된 후 24시간 후에 실행된다.

5) 나이지리아(Nigeria)[66]

나이지리아는 2020년 5월 29일 디지털 서비스 및 전자상거래 분야에서 활동하는 외국 기업에 대해 '중요한 경제적 실재(significant economic presence : SEP)'원칙에 기초한 과세기준을 도입한 '2020년의 재정법안(the Finance Bill for 2020)'을 발효시켰다. 나이지리아 재무부는 SEP 개념에 기초한 과세를 2020년 2월 3일부터 소급 적용할 수 있다는 취지의 입법 명령을 발표하였다. 이 명령에 따르면 외국기업은 아래의 네 가지 유형의 디지털 활동에서 NGN 2천5백만($64,601) 이상의 총 매출 또는 소득이 있는 경우 해당 과세연도에 나이지리아에서 SEP를 갖는 것으로 취급된다.

1) 나이지리아인에게 영화, 음악, 게임 및 전자책과 같은 디지털 콘텐츠의 스트리밍 또는 다운로드 서비스를 제공
2) 웹사이트나 앱과 같은 디지털 인터페이스를 통해 나이지리아 사용자의 활동에 대해 수집한 데이터를 전송
3) 디지털 플랫폼을 통해 직·간접적으로 상품 및 서비스 제공
4) 나이지리아 시장의 고객과 공급자를 연결하는 디지털 플랫폼, 웹사이트 또는 앱을 통해 중개 서비스를 제공

또한 외국 기업은, 나이지리아 도메인 이름을 사용하거나 나이지리아에 URL이 등록되어 있거나 나이지리아 시장 진출을 위해 "디지털 페이지 또는 플랫폼을 개작(customization)하여 나이지리아인들과 의도적이고 지속적인 상호 작용을 하는 경우" SEP를 갖는 것으로 취급된다. '디지털 페이지 또는 플랫폼을 개작하는 것(customization)'에는 제품 또는 서비스 가격을 나이지리아 통화로 제시하거나 나이지리아 통화로

66 KPMG(2023), *op. cit.*, pp39-40.

지불 또는 청구 옵션을 제공하는 것이 포함된다.

국제적 과세기준에 따르면 조세조약 규정이 현지국의 세법보다 우선적으로 적용되므로, 나이지리아가 2020년 도입한 SEP 규정은 나이지리아가 체결한 조세조약으로서 현행 OECD 모델 조세조약 고정사업장 규정에 입각한 조세 조약이 적용되는 국가에 대해서는 효력이 발생하지 않는다. 나이지리아는 2022년 말 현재 우리나라와 조세조약이 체결되어 있지 않으므로 나이지리아가 금년 세법 개정으로 도입한 SEP 규정은 나이지리아인에게 디지털 서비스를 제공하는 우리나라 기업에는 적용된다고 할 수 있다.

6) 케냐(Kenya)[67]

2019년 개정된 DST에 따르면, "디지털 마켓플레이스를 통해 발생하는 소득"을 과세 대상 소득으로 하고 있고 디지털 마켓플레이스를 "전자적인 수단을 통해 상품과 서비스의 구매자와 판매자 간의 직접적인 상호작용을 가능하게 하는 플랫폼"으로 정의하였다.

2020년 12월, DST 시행을 위한 지침으로 발표된 규정에 따르면 DST는 총거래가치의 1.5%의 세율이 적용된다. 여기서 총거래가치는 디지털 서비스에 대한 대가로 받은 금액이다. DST는 다음과 같은 서비스에 부과된다.

1) 다운로드 가능한 모바일 애플리케이션, 전자책 및 영화를 포함한 다운로드 가능한 디지털 콘텐츠
2) 스트리밍 텔레비전 쇼, 영화, 음악, 팟캐스트 및 모든 형태의 디지털 콘텐츠를 포함한 over-the-top 서비스

---

[67] KPMG (2022), *op. cit.*, pp43-44.

3) 케냐 사용자에 대해 수집한 데이터의 판매, 라이선스 또는 기타 형태의 상업용 데이터를 디지털 마켓에서 사용자의 활동으로 생성한 경우
4) 디지털 마켓플레이스 제공
5) 뉴스, 잡지 및 저널을 포함한 구독 기반 미디어
6) 웹사이트 호스팅, 온라인 데이터 웨어하우징, 파일 공유 및 클라우드 저장 서비스를 포함한 전자 데이터 관리
7) 온라인 티켓 판매를 포함한 전자 예매 또는 전자 발권 서비스
8) 맞춤형 검색엔진 서비스 제공을 포함한 검색 엔진 및 자동화된 보류 데스크 서비스 제공
9) 사전 녹화된 매체를 통한 온라인 거리 교육 또는 온라인 과정 및 교육을 포함한 e-러닝
10) 디지털 마켓플레이스를 통해 제공되는 기타 서비스

규정에 따르면, DST는 디지털 서비스 제공업체가 지불해야 한다. 게다가, 정부 기관이 제공하는 온라인 서비스는 DST의 적용을 받지 않는다. 또한 DST는 케이블, 라디오, 광섬유, TV 방송, VSAT(Very Small Aperture Terminal), 인터넷, 위성 또는 기타 유사한 통신 방법으로 메시지를 전송하는 사업에서 비거주자가 케냐로부터 얻은 소득에는 적용되지 않는다. 마찬가지로, DST는 케냐에서 원천세가 부과되는 소득에는 적용되지 않는다. 이러한 수입 중 일부는 디지털 마켓플레이스를 통해 벌어들인 관리비와 전문가 수수료를 포함한다. 케냐의 소비자들에게 디지털 마켓플레이스 서비스를 제공하는 외국 기업들은 DST의 적용을 받게 될 것이다.

2021년 7월 1일부터 케냐는 다음과 같은 개정사항을 포함한 재정법

(Finance Act)을 발효시켰다.

- 디지털 마켓플레이스를 포함하여 인터넷 또는 전자 네트워크를 통해 수행되는 사업에서 발생하는 소득에 대해 소득세를 부과한다.
- “디지털 마켓플레이스”는 사용자가 다른 사용자에게 서비스, 상품 또는 기타 재산을 판매하거나 제공할 수 있는 온라인 플랫폼을 의미하는 것으로 정의하고 디지털 서비스의 정의를 확장하여 디지털 마켓플레이스를 통해 만들어진 것 외에 인터넷이나 전자 네트워크를 통해 만들어진 것을 포함한다.
- DST를 비거주자에게만 부과한다.
- 케이블, 라디오, 광섬유, TV 방송, VSAT, 인터넷, 위성 또는 기타 그러한 통신 방법을 통해 메시지를 전송하는 비거주 기업을 DST에서 면제한다.
- 원천 과세 대상 소득에 대해서는 DST를 면제한다.

2022년 4월 12일 하원은 DST 세율을 1.5%에서 3%로 인상하는 제안을 포함하는 2022년 재정법안을 제출했다.

7) 캐나다[68]

2021년 4월 19일 캐나다는 온라인 마켓플레이스, 소셜 미디어, 온라인 광고 및 특정 대기업의 사용자 데이터에 대한 수익 흐름에 대해 2022년 1월 1일부터 새로운 3% DST를 도입하는 연방 예산을 발표했다. 새로운 DST는 일반적으로 다음과 같은 기준을 모두 충족하는 기업에 적용된다.

- 다국적기업 그룹이 소득 원천에 상관없이 전년도에 창출한 7억 5

[68] KPMG (2022), *op. cit.*, pp22-23.

천만 유로 이상의 수익

- 특정 역년에 2천만 캐나다 달러 이상의 캐나다 사용자와 관련된 범위 내 수익

DST는 미지급 캐나다 소득세에 대한 공제 대상이 아니지만 특정 상황에서 과세 소득을 계산할 때 공제될 수 있다. 새로운 DST 제안의 예산안에 주요 내용이 포함되어 있을 뿐 법률 초안은 아직 마련되지 않은 상태이다.

2021년 12월 14일 캐나다 재무장관은 캐나다 사용자의 데이터 및 콘텐츠 기여에 의존하는 특정 디지털 서비스로부터 대기업이 벌어들인 수익에 대해 3% DST를 시행하는 내용의 법안 초안을 국회에 제출했다. DST는 2024년 1월 1일부터 부과되지만, OECD IF 디지털세가 그때까지 시행되지 않았을 경우에만 부과된다. 이 경우 DST는 2022년 1월 1일 기준으로 벌어들인 수익에 대해 2024년부터 과세될 것이다.

2022년 4월 7일에 제시된 2022년 연방예산안에는 디지털 플랫폼 사업자가 자신의 플랫폼을 사용하는 판매자에 대한 관련 정보를 수집하고 세무당국에 보고하도록 하는 제안(OECD 모델 규칙 기준)이 포함되어 있다. 이 법안은 플랫폼 운영자가 보고 가능한 판매자의 거주 관할권을 결정하고 해당 판매자에 대한 특정 정보를 보고하도록 요구한다. 보고 플랫폼 사업자는 플랫폼을 운영하는 소프트웨어를 판매자가 다른 사용자와 연결할 수 있도록 판매자와 직간접적으로 계약을 체결하는 기업 또는 플랫폼을 통해 촉진되는 관련 활동에 대한 보상을 받는 기업으로 간주된다. 이러한 규칙에 따라 캐나다 과세당국은 자동으로 파트너 관할 구역과 이 정보를 교환한다. 이 조치는 2023년 이후에 시작되는 역년에 적용되며, 2024년 역년과 관련하여 2025년 초에 최초로 보고

및 정보교환이 이루어진다.

8) 대만[69]

대만은 2017년부터 자국 내 사업장을 두지 않은 외국법인이 자국에 온라인 게임, 비디오, 오디오 방송, 영화, TV 드라마, 음악 및 온라인 플랫폼 서비스 등과 같은 전자적 용역 또는 온라인 광고를 제공하는 경우 외국법인은 대만 과세당국에 간편사업자등록을 하고 대만의 소비자로부터 부가가치세(VAT)를 거래징수하도록 하는 '외국법인의 전자적 용역에 대한 부가가치세 과세제도'를 도입하면서 해당 부가가치세 과표에 대한 소득세 추계과세 제도 또한 병행하여 도입하였다.

동 소득세 추계 과세제도에 따르면 외국법인이 위에서 언급한 전자적 용역 제공을 통해 대만에서 발생한 소득에 대해 경비관련 증빙서류를 제출하면 실제 소득을 산정하여 과세하나 그렇지 않은 경우에는 30%의 추계소득률을 적용하여 대만의 과세소득을 추계하도록 하고 있다. 또한 이러한 추계소득에 OPCR(Onshore Profit Contribution Ratio)을 곱하여 소득세 과세표준을 산출한다.

9) 베트남[70]

2020년 7월 1일부터 베트남에 고정사업장을 두지 않은 채 전자상거래, 디지털 기반 비즈니스 및 기타 서비스를 수행하는 비거주자 또는 외국 공급자에게 지급되는 대금은 비즈니스 유형에 따라 0.1~10%의 비율로 베트남에서 세금이 부과되기 시작했다.

---

69 KPMG(2023), *op. cit.*, pp49-50.

70 KPMG(2023), *op. cit.*, p57.

또한 베트남에 고정사업장이 없는 외국 공급업체는 2022년 3월 1일부터 온라인 포털을 통해 과세당국에 등록할 수 있게 되었다. 2022년 3월 21일에 세무등록을 위한 온라인 포털이 제공되었다. 외국 공급업체가 세금을 신고하고 납부하지 않을 경우 시중은행, 신용기관 또는 결제서비스 제공업체는 관련 거래에 대한 정보를 과세당국에 제공해야 한다.

2022년 10월 30일 공포된 시행령 91/2022/ND-CP에 따르면, 전자상거래 플랫폼 소유자는 이러한 플랫폼을 통해 사업 활동을 수행하는 가계, 즉 가족사업자 및 개인에 대한 세금 원천징수 의무를 더 이상 갖지 않게 되었다. 대신, 플랫폼 소유자는 상품 판매에 참여하거나 전자상거래 플랫폼에서 서비스를 제공하는 가족사업자와 개인에 대한 관련 정보를 과세당국에 분기별로 보고해야 한다. 전자적으로 제공되는 정보에는 이름, 조세식별번호(tax identification number) 또는 개인식별번호 또는 여권 번호, 운영 주소, 휴대전화 번호, 온라인 주문에 의한 판매 수익 등이다.

미국의 대응

위에서 소개한 일부 국가들이 일방적 디지털세에 대해 미국은 반대 입장을 분명히 하고 있다. 특히 디지털서비스세(DST)와 그와 유사한 세금은, 그 본질상 관세나 다를 바가 없다고 보고 해당 국가에 대해 미국 통상법 301조를 적용하여 보복관세를 부과할 준비를 갖추고 있다. 특히 미국 USTR(무역대표부)은 2019년 12월 2일 발표한 보고서를 통해 프랑스 디지털세가 자국기업에 대한 차별적 조치라는 결론을 내렸다.[71] 이러한 결론과 함께 미국은 프랑스산 치즈, 와인, 럭셔리 상품 등 63개 품목 24억 달러 규모의 프랑스산 수입품에 대해 최대 100%의 관세를 부과할 것으로 전망되었다. 당초 미국정부는 2020년 1월 초까지 의견수렴절차를 마치고, 2020년 1월 중순부터 관세부과가 시행할 예정이었다. 그러나 미국정부와 프랑스 정부는 막판 협상을 통해 프랑스의 DST 부과와 미국의 보복 관세 부과를 2020년 말까지 유예하기로 합의를 하였다.

2020년 들어 프랑스 이외에도 유럽의 여타 국가 그리고 일부 비유럽국가까지 일방적으로 DST 또는 이와 유사한 세금을 일방적으로 도입하는 조치를 취하자 이에 대응하기 위해 미국 USTR은 2020년 7월 22일 오스트리아, 브라질, 체코, EU, 인도, 인도네시아, 이태리, 스페인, 튀르키예, 영국의 디지털 관련 세금들에 대한 조사를 개시한다는 발표를 하였다. 한편 미국 상원 재무위원회 의장인 Chuck Grassley(공화당소속)와 Ron Wyden(민주당소속) 위원은 공동으로 성명을 발표하여 영국의 DST철회를 촉구하였다.[72] 또한 2020년 9월 1일 미국 하원은 미국에 차별적인 DST를 다른 국가들이 부과하는 것에 대해 강력히 반대하는 결의안을 채택하였다.

2021년 6월 2일 USTR는 오스트리아, 인도, 이탈리아, 스페인, 튀르키예, 영국이 채택한 DST에 대한 1년간 진행해온 통상법 301조 적용여부에 관한 조사의 결론을 발표했다. 결론은 이들 국가의 특정 상품

---

71 United States Trade Representative, *Report on France's Digital Service Tax Prepared in the Investigation under Section 301 of the Trade Act of 1974*, December 2, 2019, p76.

72 "Unilaterally imposing a discriminatory tax that unfairly targets U.S. businesses damages efforts to achieve a multilateral solution and unnecessarily complicates the path forward for a U.S.-U.K. trade deal…. In the course of its ongoing investigation under Section 301 of the 1974 Trade Act, the United States Trade Representative should explore all available options to respond appropriately. The U.K should reconsider this punitive action against its ally"

에 추가 관세를 부과하는 것이지만, 미국은 OECD와 G20 과정에서 진행 중인 다자간 국제과세 협상을 마무리할 수 있는 추가 시간을 제공하기 위해 최대 180일간 관세를 유예하였다.

2021년 10월 21일, 미국 재무부는 Pillar 1이 완전히 시행되기 전에 기존의 DST를 다루는 오스트리아, 프랑스, 이탈리아, 스페인, 영국과 공동성명을 발표했다. Pillar 1의 합의에 따라 EU 국가들과 영국은 DST 부채를 보유한 미국 기업들이 제정되면 Pillar 1 규칙에 따라 미래 소득세 채무에 대해 세액공제를 허용하기로 하였다. 그 대가로 USTR은 오스트리아, 프랑스, 이탈리아, 스페인, 영국 제품의 미국 수입에 25%의 보복 관세를 부과하는 계획을 철회한 것이다.

6

우리나라가 국제조세조정에관한법률(국조법)에 채택한 글로벌최저한세의 주요 내용과 체계는 어떠할까?

정부는 OECD IF가 발표한 글로벌최저한세 모델규정을 기초로 국제조세조정에관한법률(이하 "국조법")에 제5장을 신설하여 글로벌최저한세를 우리나라 세법 체계 내에 도입하는 법률 개정안을 2022년 9월 국회에 제출하였다. 그에 따라 국회는 동 정부안을 심의하고 정부가 제안한 대로 법안을 같은 해 12월에 법률로서 채택하였는데 해당 내용은 2024년 1월 1일부터 시행될 예정이다. 정부는 OECD IF차원에서 실무 집행과 관련된 지침이 계속 개발되고 있음을 감안하여 해당 법률에 따른 시행령과 시행규칙은 2023년 6월 말 현재까지 제정하지 않고 있다. 아래에서는 우리가 국조법에 반영한 글로벌최저한세의 내용을 설명한다.

글로벌최저한세의 과세체계

우선 국조법 제5장의 체계를 개관해보면 다음과 같다.

표 II-1 글로벌최저한세의 과세체계

제1절 통칙	제4절 특례
제60조(글로벌최저한세의 목적)	제74조(최소적용제외 특례)
제61조(정의)	제75조(소수지분구성기업에 대한 특례)
제62조(적용대상)	제76조(조직재편에 대한 특례)
제63조(납세의무자)	제77조(공동기업 등에 대한 특례)
제64조(기업의 소재지)	제78조(적격분배과세제도에 대한 특례)
제65조(기업의 납세지)	제79조(투자구성기업에 대한 특례)
제2절 추가세액의 계산	제80조(적용면제)
제66조(글로벌최저한세소득 · 결손의 계산)	제81조(최초적용연도에 대한 특례)
제67조(조정대상조세의 계산)	제82조(해외진출 초기의 다국적기업그룹에 대한 특례)
제68조(신고 후 조정 및 세율변경)	
제69조(실효세율의 계산)	**제5절 신고 및 납부 등**
제70조(구성기업 소재지국의 추가세액 계산)	제83조(글로벌최저한세정보신고서의 제출)
제71조(구성기업의 추가세액 계산)	제84조(추가세액배분액의 신고 및 납부)
제3절 추가세액의 과세	제85조(결정 · 경정 · 통지및 징수)
제72조(소득산입규칙의 적용)	제86조(질문 · 조사)
제73조(소득산입보완규칙의 적용)	

글로벌최저한세의 주요 내용

1) 글로벌최저한세의 목적

제60조 【글로벌최저한세의 목적】

이 장은 다국적기업그룹의 소득이전을 통한 조세회피와 세원잠식에 대응하기 위하여 국제적으로 합의한 글로벌최저한세 규칙(Global anti-Base Erosion Rules)을 적용하는 데 필요한 사항을 규정함으로써 다국적기업그룹이 소득에 대하여 적정한 수준의 조세를 부담하도록 함을 목적으로 한다.

Pillar 2 모델규정에서는 Global Anti-Base Erosion Rules을 줄여서 GloBE Rules이라는 약칭을 사용하고 관련된 소득을 GloBE income으로 지칭하고 있다. 국조법에서는 Global Anti-Base Erosion Rules

를 '글로벌최저한세 규칙'이라고 번역하여 사용하고 있다는 점에 주목할 필요가 있다. 그 연장선에서 국조법 제66조 이하에서는 '글로벌최저한세소득 · 결손'이라는 용어를 사용하고 있는데 이는 Pillar 2 모델규정에서 GloBE Income or Loss에 해당하는 개념이라는 것을 유념할 필요가 있다.

2) 용어의 정의

제61조【정의】

① 이 장에서 사용하는 용어의 뜻은 다음과 같다.

1. "기업"(Entity)이란 다음 각 목의 것을 말한다.
   가. 법인
   나. 별도의 회계계정이 있는 조합 또는 신탁 등 약정(arrangement)
2. "그룹"이란 다음 각 목의 집단 등을 말한다.
   가. 소유 또는 지배를 통하여 서로 연결된 기업들의 집단으로서 대통령령으로 정하는 집단
   나. 가목의 그룹에 속하지 아니하는 기업으로서 해당 기업이 소재하는 국가[재정자치권(fiscal autonomy)을 보유하는 지역을 포함하며, 그 지역은 별개의 국가로 본다. 이하 이 장에서 같다] 외의 국가에 하나 이상의 고정사업장을 가지고 있는 기업
3. "고정사업장"(Permanent Establishment)이란 사업의 전부 또는 일부를 수행하는 고정된 장소로서 다음 각 목의 사업장을 말한다.
   가. 「법인세법」 제94조에 따른 국내사업장
   나. 외국에 소재하는 가목의 사업장과 유사한 사업장 등 대통령령으로 정하는 사업장
4. "다국적기업그룹"이란 최종모기업이 소재하는 국가 외의 국가에 기업 또는 고정사업장을 가지고 있는 그룹을 말한다.
5. "모기업"이란 제62조 제3항에 따른 제외기업이 아닌 최종모기업, 중간모기업 또는 부분소유중간모기업을 말한다.
6. "최종모기업"이란 다음 각 목의 기업을 말한다.

가. 다음의 요건을 모두 갖춘 기업
   1) 해당 기업이 다른 기업에 대한 지배지분을 직접 또는 간접으로 소유할 것
   2) 다른 기업이 해당 기업에 대한 지배지분을 직접 또는 간접으로 소유하지 아니할 것
나. 제2호 나목에 해당하는 기업

7. "중간모기업"이란 같은 다국적기업그룹에 속하는 다른 구성기업의 소유지분을 직접 또는 간접으로 보유하는 구성기업으로서 최종모기업, 고정사업장, 부분소유중간모기업 또는 제79조 제1항에 따른 투자구성기업이 아닌 모기업을 말한다.
8. "부분소유중간모기업"이란 같은 다국적기업그룹에 속하는 다른 구성기업의 소유지분을 직접 또는 간접으로 보유하는 구성기업 중 다국적기업그룹에 속하지 아니하는 자가 그 구성기업의 소유지분 중 100분의 20을 초과하여 보유하는 중간모기업으로서 최종모기업, 고정사업장 또는 제79조 제1항에 따른 투자구성기업이 아닌 중간모기업을 말한다.
9. "구성기업"이란 다국적기업그룹의 최종모기업, 최종모기업에 연결된 기업과 그 기업을 본사(재무제표에 고정사업장의 회계상 순손익을 포함하는 기업을 말한다. 이하 이 장에서 같다)로 하는 고정사업장을 말한다. 이 경우 각각의 고정사업장은 본사와 그 본사의 다른 고정사업장과는 별개의 기업으로 본다.
10. "소유지분"이란 기업의 이익, 자본금 또는 준비금(본사의 고정사업장의 이익, 자본금 또는 준비금을 포함한다)에 대한 권리를 수반하는 주식 또는 출자지분 및 이와 유사한 지분에 대한 권리를 말한다. 이 경우 본사는 고정사업장의 소유지분을 전부 보유하는 것으로 본다.
11. "지배지분"이란 소유지분을 보유한 자가 회계기준 등을 통하여 대통령령으로 정하는 바에 따라 다른 기업을 연결하여야 하는 경우의 해당 소유지분을 말한다. 이 경우 본사는 고정사업장의 지배지분을 보유하는 것으로 본다.
12. "연결재무제표"란 「주식회사 등의 외부감사에 관한 법률」 제2조 제3호에 따른 연결재무제표와 그와 유사한 재무제표를 포함하는 것

으로서 하나의 기업이 다른 기업에 대한 지배지분을 소유하는 경우 그 기업들을 연결하여 작성하는 재무제표 등 대통령령으로 정하는 재무제표를 말한다.

13. "회계상 순손익"이란 최종모기업의 연결재무제표를 작성하기 위하여 산정한 해당 구성기업의 순손익으로서 내부거래의 제거 등을 위한 연결조정(consolidation adjustments)을 반영하기 전의 금액을 말한다.
14. "신고구성기업"이란 제83조에 따라 글로벌최저한세정보신고서를 제출하는 기업(국외에 소재하는 구성기업이 글로벌최저한세정보신고서를 그 기업이 소재하는 국가의 과세당국에 제출하는 경우에는 그 제출하는 구성기업으로 한다)을 말한다.
15. "주주구성기업"이란 같은 다국적기업그룹에 속하는 다른 구성기업의 소유지분을 직접 또는 간접으로 보유하는 구성기업을 말한다.
16. "소수지분구성기업"이란 최종모기업이 같은 다국적기업그룹에 속하는 구성기업에 대하여 직접 또는 간접으로 보유하는 소유지분의 비율이 100분의 30 이하인 경우 그 구성기업을 말한다.
17. "저율과세구성기업"이란 제69조에 따라 계산한 실효세율이 최저한 세율(100분의 15를 말한다. 이하 이 장에서 같다)보다 낮은 국가에 소재하는 다국적기업그룹의 구성기업을 말한다.

② 제1항과 이 장의 다른 규정에서 특별히 정하지 아니한 용어로서 국제회계기준에서 그 뜻을 정하는 용어에 관하여는 국제회계기준에서 정하는 용어의 예에 따른다.

국조법 제61조 제1항 제1호에서 규정된 '기업'은 모델규정의 entity에 해당하는 것인데 entity는 국제조세 분야에서는 일반적으로 '단체' 또는 '실체'로 번역하여 사용하고 있다는 점을 감안하면, 국조법 개정안에서 entity를 '기업'으로 번역한 것은 그 동안의 관행을 벗어난 번역이라고 할 수 있다. 그 결과 국조법 제62조 제3항에서 '제외기업'의 예시로서 '정부기관', '국제기구', '비영리기구'등이 제시되고 있는데, 결과적으로 정부기관이나 국제기구가 일종의 기업으로 불리게 되어 약간의 혼란을 야기되기도 한다. 이러한 혼란은, 당초 모델규정의 entity를 기업으로 번역하다 보니 excluded entity를 제외기업으로 번역한 결과 발생된 것이라고 할 수 있다.

그런데 위와 같은 예외적인 상황을 제외하고는 entity는 대다수의 경우에 기업을 가리키므로 제1항 제1호에서 entity를 '기업'으로 그리고 같은 항 제9호에서 constituent entity를 '구성기업'으로 번역하여 사용하고 있다. 즉 대부분의 경우에는 entity를 '단체'로 번역하여 사용하기 보다는 '기업'으로 번역하여 사용하는 것이 더욱 자연스럽기 때문에 개정안에서는 entity를 '기업'으로 번역 · 사용한 것으로 보인다.

국조법 제61조 제1항 제2호 나목에서 언급된 '국가'의 개념은 재정자치권(fiscal autonomy)을 보유하는 지역을 포함하며, 그 지역은 별개의 국가로 본다고 규정되어 있다. 이는 예를 들면, 홍콩은 중국의 일부이지만 중국 본토와는 별개의 재정자치권을 보유하고 있다고 볼 수 있으므로 글로벌최저한세 적용목적상 홍콩은 중국과 구별되는 별개의 국가로 본다는 의미가 내포되어 있다. 한편 나목의 의미를 예를 들어 설명해보면, 우리나라의 어느 기업이 외국에 자회사는 보유하지 않더라도 외국에 (예를 들어 미국에) 지점을 하나 보유하고 있는 경우라고 하더라도 후술할 제62조(적용대상)의 요건을 충족시킨다면 '그룹'으로 취급될 수 있음을 의미한다. 그러나 2023년 7월 기획재정부가 발표한 세법개정안에 따르면, 기업이 무국적 고정사업장만을 두고 있는 경우에는 그룹의 범위에서 제외할 예정이다.

국조법 제61조 제1항 제6호에서 규정하는 바와 같이 '최종모기업'에는 두 가지 유형이 있다. 첫 번째 유형은 최소 2개의 구성원으로 구성된 기업집단의 최종모기업을 가리키는데 이는 가장 일반적인 유형이다. 한편 두 번째 유형은 하나의 법인과 하나 이상의 고정사업장으로 구성된 기업그룹의 최종모기업을 가리키는데, 이 경우 본사(그룹의 본점)는 기업집단의 최종모기업으로 취급되나 국부펀드는 최종모기업에서 제외된다.

국조법 제61조 제1항 제9호의 '구성기업'은 모델규정상의 'Constituent Entity'를 의미하는데, 글로벌최저한세가 적용되는 기본단위라는 점에서 매우 중요한 개념이다. 이 개념은 다국적기업을 구성하는 모든 기업(최종모기업 포함), 최종모기업에 연결된 기업과 그 기업을 본사로 하는 고정사업장을 포함한다. 여기서 주목할 점은 '본사'라는 용어인데, 법인세법에서는 국내사업장을 지배 · 통제하는 외국기업을 '본점'이라고 칭하고 있으나 글로벌최저한세에서는 '본점'이라는 용어 대신 '본사'라는 용어를 사용하고 있다. 그런데 기획재정부가 2023년 7월에 발표한 세법개정안에 따르면 현행 국조법에 규정된 '본사'라는 용어를 '본점'으로 개정하는 방안을 제시하고 있다.

한편, '각각의 고정사업장은 본사와 그 본사의 다른 고정사업장과는 별개의 기업으로 본다'는 규정은, 글로벌최저한세 적용 목적상 고정사업장 과세취급이 법인세법 적용목적상 외국에 소재하는 지점 또는 국외사업장을 취급하는 방식과 다르다는 점을 내포하고 있으므로 이에 유의할 필요가 있다. 즉 법인세법 적용 목적상 외국법인의 국내사업장은 외국의 본점과 구별되는 별개의 과세단위로 취급되므로 해당 사업장이 독자적으로 내국법인과 유사한 방식으로 법인세를 계산하여 신고 · 납부해야 하지만, 내국법인이 해외 지점을 두고 있는 경우에는 본점(즉 국조법 제61조에서 규정하는 본사)이 해외 지점의 소득과 합산하여 법인세를 신고 · 납부해야 한다. 한편 글로벌최저한세 적용목적상 고정사업장은, 본사가 우리나라에 소재하는 다국적기업의 해외 지점에 해당되는 경우에도 본점과 구별하여 별개의 구성기업으로 취급된다는 점에서 법인세법상의 과세취급과는 다르다는 점에 유념할 필요가 있다.

그러나 2023년 7월 발표한 기획재정부의 세법개정안에서는 고정사업장의 정의를 현행보다 좀 더 명확히 하였는데, 고정사업장은 아래 어느 하나에 해당하도록 규정하고 있다.

① 시행 중인 조세조약에 따라 인정되는 사업장
② 시행 중인 조세조약이 없는 경우는 소재국의 국내법에 따라 순액 기준으로 과세되는 사업장
③ 법인세제가 없는 국가에 소재한 경우, 그 국가가 OECD모델 조세 조약에 의해서라면 과세권을 가진 것으로 취급되었을 사업장
④ 위의 ①~③에 해당하지 않는 경우로서 국가 밖에서 영업을 수행하면서 그 국가 에서 과세하지 않는 사업장

또한 같은 개정안에 따르면, 고정사업장이 보유하는 다른 기업(구성기업을 포함한다)의 소유지분은 그 고정사업장의 본점이 보유하는 것으로 본다.

국조법 제61조 제1항 제13호에서 규정하는 "회계상 순손익"은 어디까지나 구성기업의 순손익으로서 연결재무제표상의 그룹의 당기순손익과는 구별된다. 특히 "회계상 순손익"은 '내부거래의 제거 등을 위한 연결조정(consolidation adjustments)을 반영하기 전의 금액'이라는 점에 유념할 필요가 있다.

3) 적용대상

제62조 【적용대상】

① 이 장은 각 사업연도(다국적기업그룹의 최종모기업이 연결재무제표를 작성하는 대상이 되는 회계기간을 말한다. 이하 이 장에서 같다)의 직전 4개 사업연도 중 2개 이상 사업연도의 다국적기업그룹 최종모기업의 연결재무제표상 매출액(이하 이 장에서 "연결매출액"이라 한다)이 각각 7억5천만 유로 이상인 경우 그에 해당하는 사업연도 다국적기업그룹의 구성기업에 대하여 적용한다. 이 경우 사업연도가 12개월이 아닌 경우에는 12개월로 환산하여 연결매출액을 계산한다.

② 합병, 분할 등 대통령령으로 정하는 사유가 발생한 경우 제1항을 적용하는 방법과 연결매출액 등 이 장을 적용하는 데 필요한 금액을 유로로 환산하기 위한 환율에 관하여는 대통령령으로 정한다.

③ 다음 각 호의 기관 등(이하 이 장에서 "제외기업"이라 한다)에 대해서는 구성기업이 아닌 것으로 보아 이 장을 적용하지 아니한다.

1. 정부기관(Governmental Entity)
2. 국제기구(International Organization)
3. 비영리기구(Non-profit Organization)
4. 연금펀드(Pension Fund)
5. 최종모기업인 투자펀드(Investment Fund)
6. 최종모기업인 부동산투자기구(Real Estate Investment Vehicle)
7. 그 밖에 제1호부터 제6호까지에서 규정한 기관 등이 소유지분가치(기업이 발행하는 모든 종류의 소유지분에 대한 가치의 합계를 말한다)를 직접 또는 간접으로 소유하는 기업으로서 대통령령으로 정하는 기업

④ 제3항에도 불구하고 신고구성기업에 대해서는 해당 신고구성기업의 선택에 따라 제외기업을 구성기업으로 보아 이 장을 적용할 수 있다.

⑤ 제3항에 따른 제외기업의 구체적인 범위와 제4항에 따른 신고구성기업의 선택 등에 필요한 사항은 대통령령으로 정한다.

국조법 제62조 제1항에서 글로벌최저한세 적용대상 판정에 기준이 되는 연결매출액 규모를 7억 5천만 유로 이상으로 규정하였으므로 환

율변동에 따라 원화로 표시되는 기준연결매출액 규모는 매년 변동될 수 있다. 한편 국가별보고서의 제출의무자를 규정하고 있는 국조법 시행령 제35조 제1항에 따르면, 최종모회사가 국내에 소재하는 경우로서 직전 과세연도 연결재무제표의 매출액이 1조원을 초과하는 경우에는 해당 최종모회사가 국가별보고서를 제출할 의무가 있다. 이는 2017년 개정된 OECD 이전가격 과세지침 5.52문단에서 7억 5천만 유로의 기준을 제시하고 있는 점을 감안하되, 우리나라 국조법에 법제화시키는 과정에서는 국세행정의 원활한 운영을 위하여 원화를 기준으로 당시 환율을 감안하여 1조 원으로 확정한 것으로 판단된다. 이러한 선례와는 달리 국조법 제62조 제1항에서는 글로벌최저한세 적용대상 판정에 기준이 되는 연결매출액 규모를 원화로 환산하지 않은 채 Pillar 2 모델규정에서 권고하는 7억 5천만 유로 그대로 법제화했다. 이는, 모델규정에서 EURO화로 표시된 금액기준을 일관성 측면에서 모든 국가에 권고하고 있기 때문에 우리나라 정부도 이러한 점을 존중한 것으로 보인다. 결과적으로 환율변동에 따라 국가별보고서는 제출대상이 되지만 글로벌최저한세는 적용대상에서 제외되는 경우 또는 그 반대 경우도 발생할 수 있다.

2023년 7월 발표된 기획재정부의 세법개정안에서는 유로화 기준금액의 환산방법을 제시하고 있는데 이에 따르면 해당 사업연도 직전 12월 한 달의 평균환율을 사용하여 환산해야 한다.

여기서 유념해야 할 점은, 어느 기업이 글로벌최저한세 적용대상에 해당되는지 판정함에 있어 첫 번째로 고려해야 하는 기준이 개별 구성기업의 매출실적이 아닌 그룹단위의 매출실적이라는 사실이다. 다만, 최근 4년 중 2년 이상의 금액 적용 기준을 적용하여 글로벌최저한세

규정 적용의 변동성을 낮추었다고 할 수 있다. 다국적기업그룹을 형성하는 구성기업들이 최근 만들어져서 과거 재무제표가 없는 경우, 글로벌최저한세는 최초 기업그룹의 3년 차에 처음 적용할 수 있다. 판정을 위한 2개의 직전 회계연도 재무제표가 필요하기 때문이다.

국조법 제62조 제3항에서 규정하는 '제외기업'은 후술할 소득산입규칙과 소득산입보완규칙[73](또는 비용공제부인규칙)을 적용받지 않으며 글로벌최저한세 규정에 따른 행정적 이행의무가 없다. 따라서 글로벌최저한세 정보보고서 제출의무가 면제된다. 한편 제외기업은 구성기업이 될 수 없지만 글로벌최저한세 적용여부의 판단 시에는 제외기업의 매출액도 포함된 연결재무제표상 매출액을 기준으로 판단한다.

현행 국조법 제62조 제4항은 "제3항에도 불구하고 신고구성기업에 대해서는 해당 신고구성기업의 선택에 따라 제외기업을 구성기업으로 보아 이 장을 적용할 수 있다."라고 규정하고 있다. 그러나 2023년 7월 발표된 세법개정안에 따르면 제7호(제1호~제6호의 기관이 소유하는 일정 기준을 충족하는 기업)만이 구성기업으로 선택가능하면 제1호~제6호에서 규정하는 제외기업은 구성기업 선택할 수 없도록 되어 있다.

4) 납세의무자

> **제63조【납세의무자】**
>
> 같은 다국적기업그룹에 속하는 구성기업으로서 국내에 소재하는 구성기업(이하 "국내구성기업"이라 한다)은 제72조에 따라 모기업인 국내구성기업에 대한 추가세액배분액과 제73조에 따라 국내구성기업에 배분되는 추

---

73 앞 절에서는 모델규정에서 기술한대로 '비용공제부인규칙'이라는 용어를 사용하였다. 우리나라 국조법에서는 '비용공제부인규칙'이라는 용어를 사용하지 않고 '소득산입보완규칙'이라는 용어로 바꾸어 사용하고 있다.

가세액배분액을 법인세로서 납부할 의무가 있다.

국조법 제63조는 글로벌최저한세의 납세의무자를 규정하고 있는 매우 중요한 조항이다. 이 조항은, 국내에 소재하는 구성기업인 국내구성기업이 글로벌최저한세의 납세의무자라는 것과 그 세금의 성격은 법인세임을 분명히 규정하고 있다. 이와 같이 글로벌최저한세에 따른 추가세액배분액을 법인세로 성격 규정하고 있으므로 이 세금은 우리나라가 체결한 조세조약(이중과세방지협약) 적용대상 조세에 해당된다고 말할 수 있다.

5) 기업의 소재지

제64조 【기업의 소재지】

① 이 장을 적용할 때 기업이 소재하는 국가(이하 이 장에서 "소재지국"이라 한다)는 다음 각 호의 구분에 따른다.

1. 기업의 소득 등이 해당 기업의 소유자에게 바로 귀속되는 것으로 보는 기업으로서 대통령령으로 정하는 기업(이하 이 장에서 "투과기업"이라 한다)이 아닌 경우 : 다음 각 목의 구분에 따른 국가
   가. 실질적 관리장소 또는 설립 장소나 이와 유사한 기준에 따라 국가에 납세의무(해당 국가 내의 원천으로부터 발생한 소득에 대해서만 그 국가에 납세할 의무가 있는 경우는 제외한다)가 있는 기업인 경우 : 해당 국가
   나. 가목 외의 기업인 경우 : 해당 기업이 법령에 따라 설립 · 등록된 국가
2. 투과기업으로서 다국적기업그룹의 최종모기업이거나 제72조 제4항 제1호에 따른 적격소득산입규칙을 적용하여야 하는 구성기업인 경우 : 해당 기업이 법령에 따라 설립 · 등록된 국가

② 제1항 제2호 외의 투과기업은 소재지국이 없는 것으로 본다.

③ 고정사업장의 소재지국은 조세조약(우리나라가 체약당사자가 아닌 조세조약을 포함한다)의 적용 여부 및 그 내용 등을 고려하여 대통령령으로 정한다.
④ 제1항부터 제3항까지에서 규정한 사항 외에 소재지국이 둘 이상인 경우에 대한 소재지국의 결정 등 기업의 소재지국에 관하여 필요한 사항은 대통령령으로 정한다.

글로벌최저한세 적용 목적상, 기업의 소재지국 판정 문제는 구성기업의 실효세율 계산 그리고 실효세율이 글로벌최저한 세율 미만인 경우 어느 국가에서 과세권을 가지는 것인지를 판정하는 문제와 직결되어 있다.

법인세법 제2조(정의)는 내국법인을 '본점, 주사무소 또는 사업의 실질적 관리장소가 국내에 있는 법인'으로 규정하고 있다. 국조법안 제64조 제1항도, 글로벌최저한세 적용 목적으로 기업의 소재지국을 판정하는 기준으로서 '실질적 관리장소'와 해당 기업이 '법령에 따라 설립·등록된 국가(즉 본점이나 주사무소 소재지)'를 제시하고 있다. 다만, 국조법안 제64조 제1항은 국조법상의 글로벌최저한세를 적용하는 경우 실질적 관리장소가 우선적으로 적용되고 이 기준을 적용할 수 없는 경우에 한하여 해당 기업의 설립지 또는 등록지가 적용된다고 규정함으로써 적용기준에 우선순위가 있다는 점에 유념할 필요가 있다. 한편 같은 조 제2항은 투과기업이 다국적기업그룹의 최종모기업에 해당하거나 적격소득산입규칙을 적용하는 경우 소재지국 판정에 대해 규정하고 있는데, 제1항의 경우와는 달리 투과기업의 경우에는 해당 기업의 설립지 또는 등록지가 해당 기업의 소재지국으로 취급된다.

한편 국조법안 제64조 제2항에 따라 어느 투과기업이 '소재지국이 없는 것으로' 취급된다면, 해당 투과기업은 국조법 제69조 제4항에 따라 '무국적구성기업'별로 별도의 국가를 가정하여 그 국가에 소재하는 구성기업으로 본다.

6) 기업의 납세지

제65조【기업의 납세지】

국내구성기업의 납세지, 납세지의 지정 · 변경 등에 관하여는 「법인세법」 제9조부터 제12조까지의 규정을 준용한다.

법인세법 제9조는 '내국법인의 법인세 납세지는 그 법인의 등기부에 따른 본점이나 주사무소의 소재지(국내에 본점 또는 주사무소가 있지 아니하는 경우에는 사업을 실질적으로 관리하는 장소의 소재지)로 한다'고 규정하고 있다. 한편, 외국법인의 법인세 납세지는 국내사업장의 소재지로 하되, 국내사업장이 2 이상인 경우에는 주된 사업장(사업수입금액이 가장 많은 사업장) 소재지를 납세지로 해야 한다. 이 밖에 법인세법 제10조는 과세당국에 의한 '납세지의 지정'에 관하여, 제11조는 해당 법인의 납세지 변경신고에 관하여 그리고 제12조는 과세관할권자에 대하여 규정하고 있다. 이와 같은 규정들은 글로벌최저한세 목적으로도 준용된다.

7

국조법에 규정된 글로벌최저한세의 실효세율은 어떻게 계산할까?

글로벌최저한세소득 · 결손의 계산

제66조【글로벌최저한세소득 · 결손의 계산】

① 구성기업의 각 사업연도 글로벌최저한세소득 · 결손(제69조에 따라 실효세율을 계산하기 위한 구성기업의 소득 · 결손을 말하며, 그 금액이 양수일 때는 "글로벌최저한세소득", 영 또는 음수일 때는 "글로벌최저한세결손"이라 한다. 이하 이 장에서 같다)은 해당 사업연도의 회계상 순손익에 순조세비용의 가산, 배당소득의 차감, 뇌물 등 정책적 부인(否認)비용의 가산 등 대통령령으로 정하는 조정사항을 반영하여 계산한다.

② 최종모기업의 연결재무제표를 작성하는 데 사용되는 회계기준(이하 이 장에서 "최종모기업회계기준"이라 한다)에 따라 제1항에 따른 구성기업의 회계상 순손익을 산정하기 어려운 경우로서 대통령령으로 정하는 요건을 갖춘 경우에는 최종모기업회계기준이 아닌 대통령령으로 정하는 회계기준을 사용하여 해당 구성기업의 회계상 순손익을 산정할 수 있다.

③ 구성기업의 회계상 순손익에 포함된 국제항행 선박을 통한 여객 또는 화물의 운송 소득 등 대통령령으로 정하는 국제해운소득 · 결손과 국제항행 선박을 통한 여객 또는 화물의 운송과 관련하여 수행하는 활동에서 발생하는 소득 · 결손으로서 대통령령으로 정하는 적격국제해운부수소득 · 결손은 해당 구성기업의 글로벌최저한세소득 · 결손의 계산에서 제외한다.

④ 구성기업인 고정사업장의 회계상 순손익은 고정사업장이 별도로 재무제표를 작성하는지 여부, 고정사업장에 귀속되어야 할 수익 및 비용 등을 고려하여 대통령령으로 정하는 바에 따라 계산한다.
⑤ 제4항에 따라 계산한 고정사업장의 회계상 순손익은 해당 고정사업장 본사의 글로벌최저한세소득 · 결손 계산에는 포함하지 아니한다.
⑥ 구성기업인 투과기업의 회계상 순손익은 대통령령으로 정하는 바에 따라 사업이 수행되는 고정사업장이나 주주구성기업 등 다른 구성기업에 배분하고, 그 배분된 금액은 해당 투과기업의 회계상 순손익에서 차감한다.
⑦ 제1항부터 제6항까지에서 규정한 사항 외에 글로벌최저한세소득 · 결손 및 회계상 순손익의 계산 등에 필요한 사항은 대통령령으로 정한다.

어느 다국적기업 그룹에 글로벌최저한세가 적용되는지 여부를 판정하기 위해서는 해당 그룹에 속해 있는 각 구성기업이 속해 있는 국가별로 실효세율을 구하여 해당 세율이 15% 미만인지 여부를 확인해보아야 한다. 이를 위해서는 글로벌최저한세 적용 목적상 각 구성기업에 귀속시킨 글로벌최저한세소득을 해당 국별로 합산하여 이를 분모로 하고 이 소득에 대응하여 납부한 소득과세액을 국별로 합산하여 이를 분자로 하여 실효세율을 계산해야 한다.

국조법 제66조 제1항은 위 계산에서 분모에 해당하는 금액을 결정하는 원칙을 규정하고 있다. 위 계산은 우선 해당 구성기업의 회계상 순손익에 순조세비용의 가산, 배당소득의 차감, 뇌물 등 정책적 부인(否認)비용의 가산 등 대통령령으로 정하는 조정사항[74]을 반영하여 계산한다. 이와 같이 계산한 금액이 양수일 때에는 이 금액은 '글로벌최저한세소득'이라고 불리고 이 금액은 같은 국가에 소재한 다른 구성기업

74 이러한 조정은 일반적으로 기업회계와 세무회계와의 차이에 따른 조정으로 설명될 수 있다.

의 글로벌최저한세소득과 합산되어 실효세율 계산 목적상 분모를 구성한다. 그런데 위에서 회계상 순손익에서 위에 언급한 조정사항을 반영하여 계산한 금액이 음수일 때에는 이 금액은 '글로벌최저한세결손'이라고 불린다. 이 금액은 같은 국가에 소재한 구성기업의 글로벌최저한세소득과 상계된다.

여기서 회계상 순손익(Financial Accounting Net Income or Loss)은 기업그룹 내 다른 구성기업의 거래를 포함해 기업의 모든 수익과 비용을 고려하고 법인세 비용을 포함하여 구성기업에 대해 산정된 소득 또는 결손을 의미한다. 즉 글로벌최저한세소득 · 결손 계산은 기업그룹 내부거래에 기인하는 수익 또는 비용을 제거하는 연결조정을 수행하기 전 기업집단 구성기업의 세후순이익 · 손실에서 시작된다.[75] 여기서 연결재무제표란 최종모기업이 국제 및 국내 회계기준인 수용가능재무회계기준(Acceptable Accounting Principle)에 따라 작성한 재무제표를 의미한다.[76]

2023년 기획재정부가 발표한 세법개정안에 따르면 "고정사업장의 회계상 순손익은 고정사업장의 결손이 본점의 국내 과세소득 산정에서 손금으로 산입되는 등 대통령령으로 정하는 경우 외에는 해당 고정사업장 본점의 글로벌최저한세소득 · 결손 계산에는 포함하지 아니한다."고 규정하고 있다.

국조법 제66조 제3항의 규정은, Pillar 2 모델규정 3.3.1.조의 규정 내용 — 즉 구성기업의 국제해운업이익(International Shipping Income) 또는 적격부수국제해운업이익(Qualified Ancillary International Shipping

[75] Pillar 2 모델규정 3.1.2에 관한 주석서 3문단.

[76] Pillar 2 모델규정 3.1.2에 관란 주석서 5문단.

Income)을 글로벌최저한세소득 · 결손에서 제외한다는 내용 — 을 우리 국조법에 반영하기 위해 도입된 것이다.

국조법 제66조 제6항은 “구성기업인 투과기업의 회계상 순손익은 대통령령으로 정하는 바에 따라 사업이 수행되는 고정사업장이나 주주 구성기업 등 다른 구성기업에 배분하고, 그 배분된 금액은 해당 투과기업의 회계상 순손익에서 차감한다”고 규정되어 있는 바, 이와 관련하여 대통령령에는 다음과 같은 내용이 포함될 것으로 보인다.

첫째, ‘도관기업의 회계상 순손익은 다국적기업그룹의 구성기업이 아닌 소유주에게 귀속되는 금액만큼 감소해야 한다’는 규정이 포함될 것이다. 이러한 규정으로 인해, 다국적기업그룹의 구성기업이 아닌 기업이 납부한 세금은 실효세율 계산상 제외되는 효과가 나타날 것이다.

둘째, 고정사업장의 회계상 순손익이 도관기업의 회계상 순손실에 포함되는 경우 후자(도관기업)의 사업은 전자(고정사업장)를 통해 수행되기 때문에 고정사업장 금액은 도관기업의 회계상 순손익에서 차감되어야 한다. 이를 통해 실효세율 계산 시 고정사업장의 회계상 순손익이 중복되지 않게 될 것이다.

셋째, 도관기업의 회계상 순손익의 나머지 금액은 다음과 같이 배분한다.[77]

① 도관기업이 조세투과기업(최종모기업은 제외)인 경우, 그 기업의 회계상 순손익은 구성기업 소유주들에게 배분된다.

② 도관기업이 역혼성기업[78]인 경우, 그 기업의 회계상 순손익은 그

77 Pillar 2 모델규정 3.5조에 대한 주석서 208문단.

78 해당 기업의 소재지국에서는 법인으로 보지 않고, 동 기업에 대한 투자자의 소재지국에서는 법인으로 보는 경우의 해당기업을 역혼성기업이라 칭한다. 예를 들면, 미국의 LLC는 미국

자신에게 배분된다.

③ 도관기업이 조세투과기업이고 다국적기업집단의 최종모기업인 경우, 그 최종모기업에 배분된다.

조정대상조세(Adjusted Covered Taxes)의 계산

제67조【조정대상조세의 계산】

① 각 사업연도 구성기업의 조정대상조세는 해당 사업연도 구성기업의 소득 또는 이익에 부과되는 세금 등 대통령령으로 정하는 조세(이하 이 장에서 "대상조세"라 한다) 중 해당 사업연도 구성기업의 회계상 당기법인세 비용으로 계상된 금액에 총이연법인세조정금액과 그 밖에 대통령령으로 정하는 조정사항을 반영하여 계산한다. 이 경우 고정사업장의 소득, 다른 구성기업으로부터 받은 배당소득 등과 관련된 대상조세는 관련된 소득의 배분 등을 고려하여 대통령령으로 정하는 바에 따라 다른 구성기업에 배분한다.

위 국조법 제67조 제1항에서 규정하는 '대상조세(Covered Taxes)'의 세부사항은 시행령에서 규정할 예정인데 다음과 같은 세금이 대상조세의 개념에 해당될 것으로 보인다.[79]

(a) 구성기업의 이익 · 이윤 또는 구성기업이 소유지분을 보유한 다른 구성기업의 이익 · 이윤과 관련하여 구성기업의 회계장부에 기록된 세금

(b) 적격분배세제(Eligible Distribution Tax System)[80]에 따라 부과되는

세법에서는 법인으로 보지 아니하나 한국세법에서는 법인으로 취급하므로 우리나라 입장에서 보면 역혼성기업이라고 할 수 있다.

79 Pillar 2 모델규정 4.2.1조.

80 적격분배세제(Eligible Distribution Tax System)란 (a) 법인이 이익을 주주에게 분배하거나 분배하는 것으로 간주되는 경우, 혹은 특정 비영업비용이 발생하는 경우에만 일반적으로

분배이익, 간주분배이익, 비영업비용에 대한 세금

(c) 일반적으로 적용되는 법인소득세 대신 부과되는 세금

(d) 이익 및 자본의 복합요소에 대한 세금을 포함하여 이익잉여금 및 법인자본에 대해 부과되는 세금

여기서 대상조세는 구성기업의 이익 · 이윤에 부과되는 세금, 기능적으로 그러한 소득세에 해당하는 세금과 이익잉여금 및 법인자본에 대해 부과되는 세금을 포함하여 광범위하게 정의된다. 그러나 소득의 계산을 기반으로 하지 않은 간접세, 급여세 및 재산세, 각국이 일방적으로 부과하는 디지털서비스세(Digital Service Tax) 또는 글로벌최저한세 규정 자체로부터 부과되는 추가세액은 해당 정의에 포함되지 않는다.[81] 글로벌최저한세 규정에 따른 추가세액을 대상조세에 포함시키지 않는 이유는 이를 대상조세에 포함시키는 경우 추가세액이 발생하는 회계연도에 추가세액이 순환적으로 계산되기 때문이다.[82] 그러나 시장소재국에 과세권 배분(Pillar 1)에 의거한 구성기업의 순이익에 부과되는 세금은 이익 · 이윤에 대한 세금으로서 글로벌최저한세 규정 하에서 대상조세로 취급될 것으로 보인다.[83]

대상조세의 정의에서 비적격환급가능세액은 제외될 것이다. 이러한 세금의 환급 시점은 다국적기업그룹의 통제하에 있고 그 성격이 예치

납부할 세금으로 법인에 소득세를 부과하고, (b) 최저한세율 이상의 세율로 과세하며, (c) 2021년 7월 1일 이전에 시행하고 있는 법인소득세 제도를 말한다(모델규정 10.1조 용어정의 참조). 이 제도는 이익이 발생한 시점이 아닌 주주에게 이익을 분배하는 시점에 법인세를 부과하는 제도로서 에스토니아 · 라트비아 · 조지아 등 일부 국가에서 운영하는 세제이다. 2021년 7월 1일 이전에 이미 시행되고 있는 세제에 대해서만 대상조세로 취급된다.

81 Pillar 2 모델규정 4.1.0에 관한 주석서 2문단.

82 Pillar 2 모델규정 4.2.2에 관한 주석서 38문단.

83 Pillar 2 모델규정 4.2.1에 관한 주석서 29문단.

금과 비슷하기 때문에 이를 실효세율에 포함시키는 것은 적절하지 않기 때문이다. 예를 들어, 납세자가 관할국에서 납부할 세액을 선납한다면 동 선납은 마치 예치금처럼 다국적기업그룹이 후속 회계연도 중에서 환급 시기를 스스로 결정할 수 있으므로 일종의 비적격환급가능세액이라고 할 수 있다. 이러한 세금 선납으로 인해 해당 회계연도에 대상조세가 증가하는 것으로 취급하는 것은 적절하지 않으므로 이는 대상조세에서 제외하는 것이 타당하다.[84]

글로벌최저한세의 목적상 실효세율 계산 시 고려해야 할 세액 계산의 시작점은 대상조세와 관련하여 구성기업의 재무회계상 순이익 · 손실에 발생되는 당기법인세비용이다.[85] 국조법 제2장 제3절(특정외국법인 유보소득에 대한 합산과세)에 의해 내국인이 납부한 조세는 대상조세에 포함되어 구성기업인 특정외국법인에 배분된다.

시행령에 규정될 '조정대상조세(Adjusted Covered Taxes)'는 추가세액을 산출하기 위해 필요한 실효세율을 계산함에 있어 실효세율 산식의 분자에 해당하는 항목이다. 즉 조정대상조세 금액을 분모인 글로벌최저한세소득 · 결손 금액으로 나누어 실효세율을 산정하는 것이다.

국조법 제67조 제1항 후단은, "고정사업장의 소득, 다른 구성기업으로부터 받은 배당소득 등과 관련된 대상조세는 관련된 소득의 배분 등을 고려하여 대통령령으로 정하는 바에 따라 다른 구성기업에 배분한다"라고 규정하고 있는 바, 이와 관련하여 시행령에 규정될 세부사항은 다음과 같은 모델규정 4.3.2에 규정을 반영하여 다음과 같은 내용을 포함할 것으로 전망된다.

---

84 Pillar 2 모델규정 4.2.2에 관한 주석서 39문단.

85 Pillar 2 모델규정 4.1.1에 관한 주석서 4문단.

(a) 어느 고정사업장의 글로벌최저한세소득 · 결손에 관련하여 어느 구성기업(즉 본사 또는 다른 구성기업)이 부담의 회계장부에 포함된 대상조세 금액은 해당 고정사업장에 배분한다. 이 경우, 배분대상 세액은 본사에 산입된 고정사업장 소득에 대해 납부한 세액에서 고정사업장 소재지국에서 해당 소득에 대해 부담한 세액을 초과하는 금액이다.[86]

(b) 어느 구성기업 소유주에 배분된 글로벌최저한세소득 · 결손에 관련하여 어느 조세투과기업의 회계장부에 포함된 대상조세 금액은 그 구성기업 소유주에게 그 지분비율에 따라 배분한다.

(c) 특정외국법인의 소유주인 내국기업이 국조법 제2장 제3절(특정외국법인 유보소득에 대한 합산과세)의 적용을 받는 경우, 특정외국법인의 유보소득 합산과세 적용을 받는 내국인의 회계장부에 포함된 대상조세 금액은 그 내국인의 조정대상조세에서 제외되고 특정외국법인에 배분한다.[87]

(d) 혼성기업의 이익에 대한 소유지분에 세금을 부과하는 국가에 어느 혼성기업이 구성기업으로 존재하는 경우에는, 그 혼성기업 이익에 대한 구성기업 소유주의 회계장부에 포함된 대상조세 금액은 그 혼성기업에 배분된다.

(e) 해당 회계연도 중 구성기업으로부터의 분배(배당)에 관하여 구성

---

86 예를 들어, A기업은 20% 세율로 본사 소득과 고정사업장 소득에 대해 거주지국에서 세금을 부담한다고 가정하자. 또한 고정사업장은 그 관할국에서 12% 세율로 세금을 부담한다고 가정하면, 고정사업장은 1년차에 100유로의 소득이 발생하는 경우 12유로의 세금을 부담할 것이다. A기업은 고정사업장 소득 100유로를 모두 합산하며, 본사 관할국에서의 외국납부세액공제 전 부담세액은 20유로이다. 그러나 외국납부세액공제의 적용으로 고정사업장의 실제 세부담은 8유로로 감소된다. 이 사례에서 8유로의 세금이 고정사업장 소득에 대한 실제 세부담이기 때문에 이 금액이 A기업의 조정대상조세에서 제외되고 고정사업장에 배분되어야 한다(Pillar 2 모델규정 4.3.2에 관한 주석서 50문단).

87 특정외국법인에게 배분된 조세는 동 법인의 조정대상조세에 포함하게 된다.

기업의 직접 소유주의 회계장부에 발생된 대상조세 금액은 분배(배당)하는 그 구성기업에 배분한다.

위 (e)의 규정과 관련하여, 많은 경우에 분배(배당)하는 구성기업은 원래 수익을 창출한 구성기업이다. 하지만 어떤 경우에는, 분배(배당)하는 구성원은 원래 수익을 얻었던 구성원의 직접 또는 간접 주주가 될 수도 있다. 이 경우 이상적인 과세취급은, 분배(배당)와 관련하여 구성기업이 부담하는 대상조세는 원래 기초소득을 얻은 구성기업의 세무상 관할국에 배분되어야 한다. 그러나 소유구조 사슬을 통한 분배 추적은 특히 기업이 여러 구성기업들을 통제하는 경우 매우 복잡하고 납세협력 부담도 상당이 클 수도 있다. 따라서 모델규정은 이러한 세금은 납세의무를 촉발한 배당을 분배한 직속 구성기업의 관할국에 배분되어야 한다고 규정하고 있다.

제67조【조정대상조세의 계산】

② 제1항에 따라 대상조세에 조정사항을 반영할 때 각 사업연도 구성기업의 총이연법인세조정금액은 해당 사업연도의 회계상 이연법인세비용에 글로벌최저한세소득·결손의 계산에 포함되지 아니하는 손익에 대한 이연법인세비용을 제외하는 등 대통령령으로 정하는 조정사항을 반영하여 계산한다. 이 경우 회계상 이연법인세비용의 산정에 적용되는 세율이 최저한세율을 초과하는 경우에는 최저한세율을 적용하여 다시 계산한다.

③ 제2항을 적용할 때 구성기업이 총이연법인세조정금액에 반영된 이연법인세부채(유형자산의 감가상각과 관련된 이연법인세부채의 변동 금액 등 대통령령으로 정하는 금액은 제외한다)를 계상한 날부터 5년이 지난 날이 속하는 사업연도의 종료일까지 해당 이연법인세부채와 관련된 법인세를 납부하지 아니하는 경우에는 해당 금액을 그 계상한 날이 속하는 사업연도의 대상조세에서 차감하여 해당 사업연도의 제69조에 따른 실효세율과 제70조 및 제71조에 따른 추가세액을 다시 계산한다.

④ 제1항부터 제3항까지에서 규정한 사항 외에 조정대상조세 및 총이연법인세조정금액의 계산 등에 필요한 사항은 대통령령으로 정한다.

국조법 제67조 제2항부터 제4항까지의 규정은, 기업회계와 글로벌최저한세 규칙을 적용할 때 발생하는 양자 간의 일시적 차이를 합리적으로 처리하는 방법을 규정하고 있다.

수익 · 비용 항목에 대한 회계상 인식시점과 세무상 인식시점의 차이로 인해 발생하는 일시적 차이는 이연법인세 회계를 통하여 조정된다. 즉 회계상 이연법인세비용에 일정한 조정을 거쳐 '총이연법인세조정금액'을 산출한 후, 이 금액을 '조정대상조세' 계산 시 대상조세에 합산한다. 즉 기업회계와 유사하게 이연법인세자산의 증가(감소)는 당해연도의 '조정대상조세'의 감소(증가)로, 이연법인세부채의 증가(감소)는 당해연도의 '조정대상조세'의 증가(감소)로 처리한다. 그런데 국조법 제67조 제2항에서는 글로벌최저한세 적용 목적상 사용되는 '총이연법인세조정금액'은 해당 기업의 '회계상 이연법인세비용[88]에 글로벌최저한세소득 · 결손의 계산에 포함되지 아니하는 손익에 대한 이연법인세비용을 제외하는 등'의 조정을 거쳐 산출되는 것으로 규정하고 있다. 그 상세한 조정내용은 시행령에서 규정할 예정이다. 그런데 여기서 유념할 점은 이연법인세비용 산출 시 적용된 세율이 최저한세율(15%)보다 높다면 이를 최저한세율을 사용하여 재계산(recast)해야 한다는 점이다.

시행령에서 규정할 조정내용에는 다음과 같은 내용을 포함할 것으로 보인다.

88 구성기업의 재무제표에는 이미 해당 구성기업의 관할국의 세법규정과 기업회계 규정과의 차이를 반영한 '이연법인세비용'이 계상되어 있으므로 이 항목을 시작점으로 하여 글로벌최저한세 목적의 조정을 거쳐 '총이연법인세조정금액'을 산출한다.

(a) 글로벌최저한세소득 · 결손 계산 시 제외되는 항목과 관련된 이연법인세비용은 총이연법인세조정금액에서 제외한다.[89]

(b) 미허용발생액(Disallowed Accrual) 및 미청구발생액(Unclaimed Accruals)과 관련된 이연법인세비용은 총이연법인세조정금액에서 제외한다. 해당 금액을 지급 시까지 제외하는 주된 이유는 미허용발생액의 경우 해당 금액이 실제로 납부되었는지 여부가 불확실하며 미청구발생액인 경우에는 납부되는 시기가 불확실하기 때문이다.[90]

(c) 이연법인세자산과 관련된 평가나 인식에 관한 조정은 총이연법인세조정금액에서 제외한다. 이연법인세자산의 생성은 조정대상조세를 감소시키므로, 글로벌최저한세 목적을 위해 국내 세무상 손실과 관련된 이연법인세자산을 해당 손실과 동일한 해에 기록해야 한다. 평가성충당금 및 회계상인식조정은 글로벌최저한세 규정 하에서는 고려되지 않기 때문에, 이러한 조세의 향후 사용 가능성이 예측되는지 여부와 상관없이 이연법인세자산을 국내 세무상 손실과 관련하여 기록한다.[91]

(d) 국내 세율 변화에 따른 재계산으로 인한 이연법인세비용의 변화는 총이연법인세조정금액에서 제외한다. 예를 들어, 적용세율이 10%에서 15%로 증가하여 재무제표상 추가 이연법인세비용이 발생할 경우, 이 금액은 당기 회계연도의 글로벌최저한세이익과 관련되지 않기 때문에 조정대상조세에 가산하지 않는다.[92]

---

[89] Pillar 2 모델규정 4.4.1에 관한 주석서 72문단.

[90] Pillar 2 모델규정 4.4.1에 관한 주석서 75문단.

[91] Pillar 2 모델규정 4.4.1에 관한 주석서 77문단.

[92] Pillar 2 모델규정 4.4.1에 관한 주석서 67문단.

(e) 세액공제의 발생 · 사용과 관련된 이연법인세비용은 총이연법인세조정금액에서 제외한다. 이러한 세액공제에는 다른 관할국에서 부과된 부담세액 혹은 외국납부세액공제와 같이 다른 구성기업이 배분한 이익에 부과되는 부담세액으로 인해 관할국에서 부여받은 세액공제를 포함한다. 이러한 세액공제 금액을 포함시키면 글로벌최저한세 결과를 왜곡시킬 수 있기 때문에 해당 공제와 관련된 이연법인세비용은 총이연법인세조정금액에서 제외한다.[93]

국조법 제67조 제3항은 '구성기업이 총이연법인세조정금액에 반영된 이연법인세부채(유형자산의 감가상각과 관련된 이연법인세부채의 변동 금액 등 대통령령으로 정하는 금액은 제외한다)를 계상한 날부터 5년이 지난 날이 속하는 사업연도의 종료일까지 해당 이연법인세부채와 관련된 법인세를 납부하지 아니하는 경우에는 해당 금액을 그 계상한 날이 속하는 사업연도의 대상조세에서 차감하여 해당 사업연도의 제69조에 따른 실효세율과 제70조 및 제71조에 따른 추가세액을 다시 계산한다'라고 규정하고 있다. 이 규정의 의미를 설명한다면, 제2항과 같은 특례조치가 허용되는 이연법인세부채는 동 부채를 계상한 날로부터 5년 내에 납부를 완료하여 과세이연 효과가 5년 내에 상쇄되는 경우로 한정한다는 것이다. 만일 5년 내에 이연법인세부채가 상쇄되지 않는다면 설령 재무회계와 세무회계의 일시적 차이로 발생한 이연법인세부채라고 하더라도 그 차이가 발생한 회계연도에 '대상조세의 감소'로 재계산(recapture)하고 경우에 따라 추가세액을 납부해야 할 수도 있다.

---

93 Pillar 2 모델규정 4.4.1에 관한 주석서 80문단.

실효세율의 계산

제69조【실효세율의 계산】

① 각 사업연도 다국적기업그룹의 실효세율은 국가별로 계산한다.

② 다국적기업그룹의 국가별 실효세율은 제1호의 금액을 제2호의 금액으로 나누어 계산한다.

1. 해당 국가에 소재한 각 구성기업의 제67조 제1항에 따른 조정대상조세 금액의 합계액
2. 다음 계산식에 따라 계산한 금액(이하 이 장에서 "순글로벌최저한세소득금액"이라 한다)

순글로벌최저한세소득금액 = A − B
A : 해당 국가에 소재하는 각 구성기업 해당 사업연도의 글로벌최저한세소득 금액 합계액
B : 해당 국가에 소재하는 각 구성기업 해당 사업연도의 글로벌최저한세결손 금액 합계액에서 음의 부호를 뗀 금액

③ 제2항에 따라 계산한 순글로벌최저한세소득금액의 계산 결과가 영이거나 음수(陰數)일 때에는 순글로벌최저한세소득금액은 없는 것으로 보아 해당 국가에 대해서는 실효세율을 계산하지 아니한다.

④ 제1항부터 제3항까지의 규정을 적용할 때 제64조 제2항에 따라 소재지국이 없는 것으로 보는 투과기업 등 대통령령으로 정하는 구성기업(이하 이 장에서 "무국적구성기업"이라 한다)은 무국적구성기업별로 별도의 국가를 가정하여 그 국가에 소재하는 구성기업으로 본다.

⑤ 제1항부터 제4항까지의 규정에 따라 실효세율을 계산할 때 해당 국가에 소재하는 소수지분구성기업인 구성기업 또는 제79조 제1항에 따른 투자구성기업의 제66조 제1항에 따른 글로벌최저한세소득 · 결손과 제67조 제1항에 따른 조정대상조세는 해당 국가의 순글로벌최저한세소득금액 및 조정대상조세 금액의 합계를 계산할 때 제외한다.

국조법 제69조 제1항에서 규정하고 있듯이 글로벌최저한세의 실효세율은 '국가별'로 계산한다. 이와 같이 실효세율을 국가별로 구하기 위해서는 제2항에서 규정하고 있듯이 우선 해당 국가에 소재한 각 구성기업들의 조정대상조세 금액의 합계액을 그 구성기업의 순글로벌최저한세소득금액으로 나누어 산출한다. 그리고 '순글로벌최저한세소득금액'은 해당 국가에 소재하는 각 구성기업 '해당 사업연도의 글로벌최저한세소득 금액 합계액'에서 해당 국가에 소재하는 '각 구성기업 해당 사업연도의 글로벌최저한세결손 금액 합계액에서 음의 부호를 뗀 금액'을 차감하여 구한다, 제3항에서는, 순글로벌최저한세소득금액의 계산 결과가 영이거나 음수(陰數)일 때에는 순글로벌최저한세소득금액은 없는 것으로 보아 해당 국가에 대해서는 실효세율을 계산하지 않도록 규정하고 있다. 국조법 제70조 제2항의 규정을 도식화하면 다음과 같이 정리할 수 있다.

> 구성기업 소재지국의 실효세율(Effective Tax Rate)
>
> $$= \frac{\Sigma(\text{각 구성기업의 조정된 대상조세})}{\Sigma(\text{각 구성기업의 글로벌최저한세소득금액}) - \Sigma(\text{각 구성기업의 글로벌최저한세결손금액})}$$

국조법 제64조 제1항 제2호는, 어느 투과기업이 다국적기업그룹의 최종모기업에 해당되거나 적격소득산입규칙을 적용하여야 하는 구성기업에 해당되는 경우에는 '해당 기업이 법령에 따라 설립 · 등록된 국가'를 해당 법인의 소재지국으로 취급하도록 규정하고 있다. 한편 국조법 제64조 제2항에서는, 제2호가 적용되지 않는 투과기업은 '소재지국이 없는 것'으로 보도록 하고 있다. 국조법 제69조 제4항은, 이와 같이 어느 투과기업이 소재지국이 없는 것으로 취급되는 상황에서는 '무국적구성기업별로 별도의 국가를 가정하여 그 국가에 소재하는 구성기업으로 본다'고 규정하고 있다.

2023년 7월 발표한 기획재정부의 세법개정안에 따르면 국조법 제69조 제4항을 현행 제3항에 신설할 것을 제안하고 있다(결과적으로 현행 4항 이후는 조항번호가 변경됨).

> ④ 제2항 제1호에 따른 조정대상조세 금액의 합계액이 영보다 작은 경우 제2항에 따라 계산되는 실효세율을 영으로 본다. 이 때 해당 사업연도의 이후 사업연도의 조정대상조세의 계산 등에 대하여는 대통령령으로 정한다.

해당 시행령에는, 추가세액 비율이 최저한 세율 15%를 초과하는 경우(즉, 조정대상조세가 음수이며, 순글로벌 최저한세소득금액이 양수인 경우) ① 해당사업연도에는 최저한 세율 15%로 세액계산하고, ② 15%를 초과하는 세액은 후속사업연도의 조정대상 조세에서 차감하도록 규정될 예정이다.

국조법 제69조 제5항에 따르면, 어느 다국적기업의 특정 국가에서의 실효세율을 산정하는 경우 그 국가에 소재하는 구성기업들 중에 소위 소수지분구성기업[94]이 존재한다면 이 기업의 글로벌최저한세소득·결손은 해당 국가의 순글로벌최저한세소득금액 합계에서 제외해야 하며, 이 기업의 조정대상조세도 해당 국가의 조정대상조세 금액의 합계에서 제외해야 한다. 이와 같이 소수지분구성기업의 소득금액과 조세금액을 전체소득금액 및 전체조세금액에서 제외하는 이유는, 소수지분구성기업의 경우에는 소수지분하위그룹을 별개의 다국적기업그룹으로 보아 별도의 실효세율을 계산해야 하기 때문이다.[95]

---

[94] 국조법 제61조(정의) 제1항 제16호는, "소수지분구성기업이란 최종모기업이 같은 다국적기업그룹에 속하는 구성기업에 대하여 직접 또는 간접으로 보유하는 소유지분의 비율이 100분의 30 이하인 경우 그 구성기업을 말한다"라고 규정하고 있다.

뿐만 아니라, 국조법 제79조 제1항에서 규정하는 투자구성기업(즉 최종모기업이 아닌 구성기업으로서 투자펀드 · 부동산투자기구인 구성기업 등 대통령령으로 정하는 구성기업)의 경우에도 투자구성기업의 글로벌최저한세소득 · 결손은 해당 국가의 순글로벌최저한세소득금액 합계에서 제외해야 하며, 이 기업의 조정대상조세도 해당 국가의 조정대상조세 금액의 합계에서 제외해야 한다. 이와 같이 투자구성기업의 소득금액과 조세금액을 전체 소득금액 및 전체 조세금액에서 제외하는 이유는, 이 기업에 대해서는 다음 계산식에 따라 실효세율을 달리 계산해야 하기 때문이다.

$$\text{해당 국가에 소재하는 투자구성기업들의 실효세율} = \frac{A}{(B - C)}$$

A : 각 투자구성기업의 조정대상조세 금액의 합계액

B : 각 투자구성기업의 글로벌최저한세소득 배분액의 합계액

C : 각 투자구성기업의 글로벌최저한세결손 배분액의 합계액에서 음의 부호를 뗀 금액

---

95 국조법 제75조 제1항

8

국조법에 규정된 글로벌최저한세 목적상 추가세액은 어떻게 산정될까?

구성기업 소재지국의 추가세액 계산

제70조【구성기업 소재지국의 추가세액 계산】

① 각 사업연도 해당 다국적기업그룹의 구성기업이 소재한 국가의 추가세액은 다음 계산식에 따라 계산한 금액으로 한다.

> 해당 다국적기업그룹의 구성기업이 소재한 국가의 추가세액 = (A × B) + C - D
>
> A : 해당 다국적기업그룹의 구성기업이 소재한 국가의 추가세액비율
>
> B : 해당 다국적기업그룹의 구성기업이 소재한 국가의 초과이익 금액
>
> C : 해당 다국적기업그룹의 구성기업이 소재한 국가의 당기추가세액 가산액
>
> D : 해당 다국적기업그룹의 구성기업이 소재한 국가의 적격소재국추가세액

② 제1항의 계산식에서 "해당 다국적기업그룹의 구성기업이 소재한 국가의 추가세액비율"이란 최저한세율에서 제69조에 따른 실효세율을 차감하여 계산한 비율을 말하며, 그 계산 결과가 음수인 경우 추가세액비율은 영으로 본다.

③ 제1항의 계산식에서 "해당 다국적기업그룹의 구성기업이 소재한 국가의 초과이익 금액"이란 순글로벌최저한세소득금액에서 해당 국가에

소재하는 구성기업(제79조제1항에 따른 투자구성기업은 제외한다)의 대통령령으로 정하는 인건비 관련 제외금액과 유형자산 장부가액 관련 제외금액의 합계액(이하 이 장에서 "실질기반제외소득금액"이라 한다)을 차감한 금액을 말하며, 그 계산 결과가 음수인 경우 초과이익 금액은 영으로 본다.
④ 제1항의 계산식에서 "해당 다국적기업그룹의 구성기업이 소재한 국가의 당기추가세액가산액"이란 이전 사업연도의 제69조에 따른 실효세율을 다시 계산하여 가산하는 금액 등 대통령령으로 정하는 바에 따라 해당 사업연도의 추가세액에 가산하는 금액을 말한다.
⑤ 제1항의 계산식에서 "해당 다국적기업그룹의 구성기업이 소재한 국가의 적격소재국추가세액"이란 추가세액을 영으로 만들기 위하여 소재지국에서 부과하는 세금으로서 대통령령으로 정하는 해당 국가의 적격소재국추가세제도에 따라 납부하였거나 납부할 금액을 말하며, 해당 국가의 적격소재국추가세액을 차감한 결과 해당 국가의 추가세액이 음수인 경우 해당 사업연도 추가세액은 없는 것으로 본다.
⑥ 제1항부터 제5항까지에서 규정한 사항 외에 각 사업연도 해당 다국적기업그룹의 구성기업이 소재한 국가의 추가세액 계산에 필요한 사항은 대통령령으로 정한다.

국조법 제70조에서 규정하는 계산식은 다국적기업의 구성기업들이 소재하는 어느 '특정국가 차원'에서의 추가세액에 관한 것이지, 구성기업 자체의 추가세액 또는 해당 다국적기업 전체의 추가세액에 관한 것이 아니라는 점에 유념할 필요가 있다. 이는 앞에서 실효세율을 국가별로 계산한다는 점과 맥을 같이 한다. 이 세율이 15% 보다 작을 경우, 15%와 이 실효세율과의 차이가 '추가세액비율'에 해당한다.

한편 여기서 '해당 다국적기업그룹의 구성기업이 소재한 국가의 초과이익 금액'은 순글로벌최저한세소득금액에서 해당 국가에 소재하는 구성기업의 '실질기반제외소득금액(Substance-based Income Exclusion)'을 차감한 금액이다. 여기서 '실질기반제외소득금액'이란, 인건비 관련 제외금액과 유형자산 장부가액 관련 제외금액의 합계액으로서 국조법 시행령에서 규정될 예정인데, 그 구체적인 내용은 Pillar 2에 관한 모델 규정 5.3.2조에서 규정하는 바와 같이 급여등 인건비와 유형자산 장부가액의 5%를 합산한 금액으로 규정될 것으로 보인다. 다만, 경과규정으로서 글로벌최저한세가 시행되는 2024년 이후 10년간 인건비와 유형자산 장부가액에 적용할 비율을 다음과 같이 조정하여 적용하고, 2034년부터는 인건비와 장부가액의 5%를 적용할 것으로 보인다.

연 도	'24	'25	'26	'27	'28	'29	'30	'31	'32	'33
급여등 인건비	10%	9.8%	9.6%	9.4%	9.2%	9.0%	8.2%	7.4%	6.6%	5.8%
유형자산 장부가액	8.0%	7.8%	7.6%	7.4%	7.2%	7.0%	6.6%	6.2%	5.8%	5.4%

여기서 급여등 인건비란 직원 보수지출(급여, 임금, 그리고 건강보험이나 연금기여금과 같이 직원에게 직접적이고 개별적인 인적 혜택을 제공하는 기타 지급액을 포함), 급여 및 고용관련 세금, 고용주 사회보장기여금을 말한다. 급여비용 중 적격유형자산에 자본화된 금액은 유형자산 장부가액 관련 실질기반제외소득에서 반영되므로, 이중공제 방지를 위해 급여비용에서 제외해야 한다.[96]

유형자산의 장부가액은 계산을 간편하게 위해 기초잔액과 기말잔액의 평균값으로 한다. 회계연도 개시일이 지난 후 자산을 취득하고, 동 자산을 회계연도 종료일 전에 매각한 경우에는 기초 및 기말 잔액이 없기 때문에 유형자산 장부가액의 가액은 산정되지 않는다. 반면 기중에 자산을 취득하고 기말까지 보유하는 경우, 기초에 보유하던 자산을 기중에 처분하는 경우에는 해당 자산의 가액은 기초 또는 기말 장부가

96 2 모델규정 5.3.3.조에 관한 주석서 34문단-35문단.

액의 50%로 계산된다.[97]

유형자산의 장부가액 산정 시 감액손실은 차감하되, 평가증 금액은 실질기반제외소득금액이 과대 계상될 수 있으므로 인정되지 않는다. 기업인수 관련 자산배분으로 인해 유형자산이 평가증되는 경우와 관계사 간 적격유형자산의 이전 · 매각으로 인해 장부가액이 증감되는 것도 인정하지 않는다.[98]

실질기반제외소득금액의 적용여부에 대해서는 납세자가 선택할 수 있는 사항으로서, 관련 제반 관리비용이나 입증비용이 예상되는 추가세액 감소효과보다 크지 않을 경우 해당 납세자는 잔여이익 산정 시 '실질기반제외소득금액을 차감하지 않는 대안'을 선택할 수 있는 것이다.

그런데 실질기반제외소득금액은 관할국 별로 적용하므로, 동일 회계연도라도 특정 관할국에서는 적용하더라도 다른 관할국에서는 적용하지 않을 수 있다. 또한 특정 관할국에서 당기에 실질기반제외소득금액을 적용하지 않더라도, 차기에는 실질기반 제외소득금액을 적용할 수 있다. 다만, 실질기반제외소득금액을 적용하지 않고 글로벌최저한세 정보보고서를 제출한 이후에는, 실질기반제외소득금액을 차감하여 추가세액을 감소시키는 처리(예 : 경정청구)는 허용되지 않는다.[99]

고정사업장에 글로벌최저한세이익이 배분되는 경우, 실질기반제외소득금액도 고정사업장이 소재하는 관할국에 귀속되는 인건비 및 유형자산 장부가액을 기준으로 산정한다. 마찬가지로, 글로벌최저한세이익이 제외되는 경우, 인건비 및 유형자산 장부가액도 동일한 비율로

---

97 2 모델규정 5.3.5.조.

98 2 모델규정 5.3.5.조에 관한 주석서 52문단.

99 Pillar 2 모델규정 5.3.1조에 관한 주석서 28-29문단.

제외되어야 한다.[100]

도관기업의 경우 모델규정 3.5.1조에 따라 글로벌최저한세소득 또는 결손이 배분된다. 실질기반제외소득금액도 동일한 기준으로 배분된다. 즉 실질기반제외소득금액도 구성기업소유주에게 배분하고, 다음으로 도관기업이 최종모기업인 경우 최종모기업에게 배분하며, 제3자에게 귀속분은 실질기반제외소득금액에서 제외된다.[101]

다음 사례를 통해 방금 설명한 실질기반제외소득금액을 계산하는 방법을 확인해 보자. A기업은 A국에 소재하고 있으며 AB기업그룹의 최종모기업이다. A기업은 B1기업의 소유지분 50%, B2기업의 소유지분 100%를 보유하고 있다. B1기업의 나머지 소유지분은 B2기업이 45%를 그리고 나머지 5%는 이 기업그룹에 속하지 않은 외부기업들이 보유하고 있다. 또한 B1기업은 도관기업으로 B국에서 사업을 수행하고 있다. A기업은, B국에서 도관기업인 B1기업을 통해 사업을 수행한 결과 B국에 고정사업장을 보유하고 있는 것으로 취급된다. 여기에서 A기업, B1기업, B2기업, 고정사업장은 모두 AB기업그룹의 구성기업에 해당한다.

B1기업은 1차 연도에 글로벌최저한세이익이 1,000유로이고, B국에서 일하는 종업원에 대해 200유로의 급여를 지급하고 비용으로 처리했으며, B국에서 400유로의 유형자산(장부가액)을 보유하고 있다고 가정한다. 이 경우 B1의 글로벌최저한세이익은 다음과 같이 계산되고 또한 배분된다.

첫째, B1기업의 글로벌최저한세이익은 모델규정 3.5.3조[102]에 따라

[100] Pillar 2 모델규정 5.3.6조

[101] Pillar 2 모델규정 5.3.7조

기업그룹에 속하지 않는 외부기업에게 배분되는 금액 50유로만큼이 우선 감소된다.

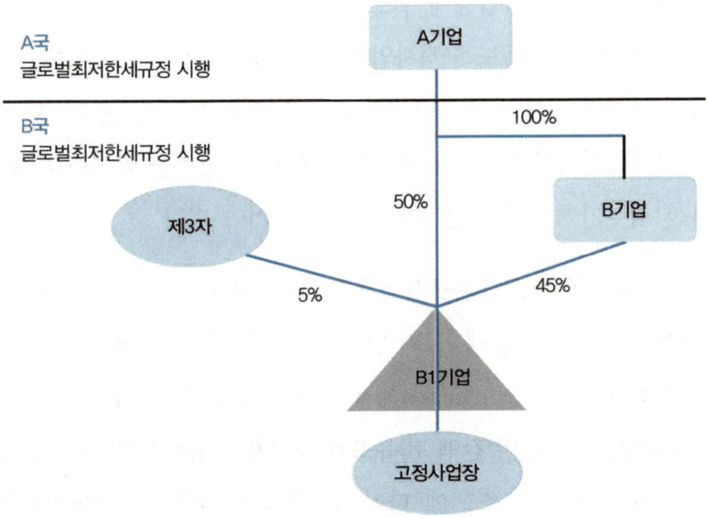

다음으로, B1기업의 나머지 글로벌최저한세이익 중 450유로는 모델규정 3.5.1(b)[103]조에 따라 B2기업에 배분된다. 끝으로, B1기업의 글로벌최저한세이익 중 500유로는 모델규정 3.5.1(a)[104]조에 따라 고정사업장에 배분되고, 배분된 금액만큼 해당 구성기업의 글로벌최저한세이익은 감소된다.

---

102 Pillar 2 모델규정 3.5.1조의 적용에 앞서, 도관기업의 회계상 순손익은 다국적기업그룹에 속하지 않으면서 조세투과구조를 통해 또는 직접적으로 도관기업에 대한 소유지분을 보유하는 소유주에게 배분되는 금액만큼 감소된다.

103 최종모기업이 아닌 조세투과기업인 경우, (a)규정을 적용한 후에 남아있는 회계상 순손익은 소유지분에 따라 구성기업 소유주들에게 배분된다.

104 기업의 사업이 고정사업장을 통해 전부 또는 부분적으로 수행되는 경우, 회계상 순손익은 모델규정 3.4조에 따라 그 고정사업장에 배분된다.

한편 B1기업의 인건비 및 유형자산 장부가액은 다음과 같이 배분된다. B1기업의 인건비등 급여비용 및 유형자산 장부가액의 50%(즉 인건비 100유로와 유형자산 200유로)는 모델규정 5.3.6조에 따라 고정사업장에 배분된다. 즉 고정사업장에 글로벌최저한세이익이 배분되는 경우에는, 실질기반제외소득도 고정사업장에 소재하는 관할국에 귀속되는 인건비등 급여비용 및 유형자산 장부가액을 기준으로 산정한다. 마찬가지로 글로벌최저한세이익이 제외되는 경우, 인건비등 급여비용 및 유형자산 장부가액도 동일한 비율로 제외되어야 한다.

다음으로 Pillar 2 모델규정 5.3.7(a)조[105]에 따르면, B2기업이 B국에 소재하고 있기 때문에 B1기업의 인건비등 급여비용과 유형자산 장부가액의 45%(즉 인건비 90유로와 장부가액 180유로)는 B2기업에 배분된다. 한편 B1기업의 인건비 잔액 10유로와 유형자산 장부가액 잔액 20유로는 모델규정 5.3.7(c)조[106]에 따라 구성기업의 실질기반제외소득금액 계산에 포함되지 않는다.

국조법 제70조 제4항은 "해당 다국적기업그룹의 구성기업이 소재한 국가의 당기추가세액가산액"에 대하여 '이전 사업연도의 실효세율을 다시 계산하여 가산하는 금액 등 대통령령으로 정하는 바에 따라 해당 사업연도의 추가세액에 가산하는 금액'이라고 규정하고 있다. 이전 회계연도의 실효세율 및 추가세액이 실효세율 조정규정에 따라 재계산되어야 하거나 재계산이 허용되는 경우에는 이전 회계연도의 실효세율 및 추가세액은, 관련 실효세율 조정에 필요한 조정대상조세 및 글로벌

---

105 도관기업의 회계상 순손익이 3.5.1(b)조에 따라 구성기업 소유주에게 배분되었다면, 구성기업 소유주가 적격사용인 및 적격유형자산이 소재한 관할국가에 소재하는 경우, 적격급여비용 및 적격유형자산은 구성기업소유주에게 동일비율로 배분된다.

106 도관기업의 다른 모든 인건비 및 유형자산 장부가액은 다국적기업집단의 실질기반제외소득 계산에서 제외된다.

최저한세소득 · 결손에 대한 조정사항을 고려한 후, 앞에서 설명한 '추가세액 산출'을 위한 규정에 따라 재계산된다. 이러한 재계산 결과로 인해 증가하는 추가세액 금액은 '당기추가세액가산액(Additional Current Top-up Tax)'으로 처리한다.[107] 이와 같은 처리방법은 가산되는 추가세액을 이전 회계연도에 납부하는 경우 과거 세무신고 등을 수정해야 하는 번거로움을 최소화하기 위해 도입된 납세편의 조치라고 할 수 있다. 다만, 당기추가세액가산액은 이전가격 조정 등 이전 회계연도의 실효세율 조정이 인정되는 항목만 허용된다. 예를 들어 이자수익을 배당으로 실수로 잘못 분류하여 글로벌최저한세이익이 감소되는 경우, 이러한 단순 오류 등은 당기추가세액가산액으로 처리하지 않고 이전 회계연도의 신고 및 납부를 바로 잡아야 한다.

국조법 제70조 제5항은, "해당 다국적기업그룹의 구성기업이 소재한 국가의 적격소재국추가세액"을 '추가세액을 영으로 만들기 위하여 소재지국에서 부과하는 세금으로서 대통령령으로 정하는 해당 국가의 적격소재국추가세제도에 따라 납부하였거나 납부할 금액'으로 규정하고 있다. 동 금액은 추가세액 계산 시 차감한다.

Pillar 2 모델규정 10.1.7조는 적격소재국추가세액(Qualified Domestic Minimum Top-up Tax)을 다음의 요건을 모두 갖춘 세액으로 규정하고 있는데 이 내용이 시행령에 규정될 것으로 보인다.

> ① 글로벌최저한세 규정과 동일한 방법으로 해당 관할국에 소재한 구성기업들의 잔여이익(국내 잔여이익)을 산정한다.
> ② 어느 회계연도 해당 관할국 및 구성기업들의 잔여이익 관련 국내 납부세액을 최저한세율까지 증가시키는 방식으로 운용한다.

---

107 Pillar 2 모델규정 5.4.1조

③ 관할국은 해당 규정과 관련된 혜택을 부여하지 않으며, 글로벌최저한세 규정(즉 Pillar 2 모델규정) 및 주석서에 따라 산정되는 결과와 일관되는 방식으로 집행 · 운용한다.

구성기업의 추가세액 계산

제71조【구성기업의 추가세액 계산】

각 사업연도 구성기업의 추가세액은 다음 계산식에 따라 계산한다. 이 경우 다음 계산식을 적용하는 데 필요한 사항은 대통령령으로 정한다.

$$\text{구성기업의 추가세액} = A \times \frac{B}{C}$$

A : 제70조에 따른 각 사업연도 해당 다국적기업그룹의 구성기업이 소재한 국가의 추가세액

B : 각 사업연도 해당 구성기업의 글로벌최저한세소득 금액

C : 각 사업연도 해당 국가에 소재하는 각 구성기업의 글로벌최저한세소득 금액 합계

국조법 제70조가 저세율국가들에 대한 관할국별 추가세액 계산식을 규정한 조항이라고 하면, 국조법 제71조는 제70조 산식에 따라 계산한 특정 저세율국가의 추가세액을 그 국가에 소재하는 구성기업들에게 배분하는 계산식을 규정한 조항이라고 말할 수 있다. 여기서 배분원칙은 '해당 국가에 소재하는 각 구성기업의 글로벌최저한세소득 금액 합계액 중에서 해당 구성기업의 글로벌최저한세소득 금액이 차지하는 비율 만큼 추가세액을 배분한다'는 것이다.

추가세액 과세 원칙

1) 소득산입규칙(Income Inclusive Rule)

제72조【소득산입규칙의 적용】

① 제71조에 따라 계산한 저율과세구성기업의 추가세액에 대해서는 추가세액배분액(발생한 추가세액을 제2항 또는 제73조제3항부터 제5항까지의 규정에 따라 모기업 또는 다른 구성기업들에 배분한 후의 그 배분된 추가세액을 말한다. 이하 이 장에서 같다)을 제2항부터 제8항까지의 규정에 따라 계산하여 모기업에 과세하는 소득산입규칙을 우선 적용한다.

② 각 사업연도 저율과세구성기업의 추가세액 중 모기업에 대한 추가세액배분액은 다음 계산식에 따라 계산한다.

> 모기업에 대한 추가세액배분액 = A × B
>
> A : 제71조에 따라 계산한 저율과세구성기업의 추가세액
>
> B : 저율과세구성기업의 글로벌최저한세소득 중 해당 모기업에 귀속되는 비율로서 대통령령으로 정하는 비율

③ 국내구성기업인 최종모기업이 해당 사업연도 중 저율과세구성기업의 소유지분을 직접 또는 간접으로 보유하는 경우 해당 최종모기업은 그 최종모기업에 대한 추가세액배분액을 납부하여야 한다.

국조법 제72조는 추가세액에 대한 과세방법의 하나로서 '소득산입규칙(Income Inclusion Rule)'을 규정하고 있다. 동 조항 제1항에 따르면 추가세액은 소득산입규칙에 따라 저세율구성기업에 소유지분을 가진 모기업에 우선적으로 부과된다. 소득산입규칙 적용 후에 배분되지 않은 잔여 추가세액이 존재한다면(또는 모기업 소재지국에서 소득산입규칙을 적용하지 않은 경우에), 후술하는 '소득산입보완규칙' 등을 도입한 관할국에 소재하는 구성기업에 추가세액이 부과된다.

국조법 제72조 제2항에 따르면, 모기업에 대한 추가세액배분액은 저율과세구성기업의 추가세액에 '저율과세구성기업의 글로벌최저한세 소득 중 해당 모기업에 귀속되는 비율로서 대통령령으로 정하는 비율'을 곱하여 산정한다. 국조법 시행령에서는 해당 비율을 저율과세구성기업에 대한 모기업의 직·간접 소유비율로 규정할 것으로 보인다.

국조법 제72조 제3항에 따르면, '국내구성기업인 최종모기업이 해당 사업연도 중 저율과세구성기업의 소유지분을 직접 또는 간접으로 보유하는 경우 해당 최종모기업은 그 최종모기업에 대한 추가세액배분액을 납부하여야 한다'고 규정함으로써 국내 최종모기업에 대해 글로벌최저한세 납부의무를 부과하고 있다.

Pillar 2 모델규정에 따르면, 소득산입규칙은 최종모기업이 "해당 회계연도 중 언제라도" 저세율구성기업의 소유지분을 보유하는 경우에 적용된다. 이는 최종모기업이 회계연도 중에 처분하거나 취득한 구성기업에 대해서도 소득산입규칙을 적용해야 한다는 것을 의미한다. 추가세액의 계산은 최종모기업이 회계연도 중에 저세율구성기업을 소유한 보유기간을 고려한 연결재무제표에 보고된 이익금액을 기준으로 이루어지므로 여기에서 다시 보유기간을 고려할 필요는 없다는 것이다.

> ④ 국내구성기업인 중간모기업이 해당 사업연도 중 저율과세구성기업의 소유지분을 직접 또는 간접으로 보유하는 경우(해당 중간모기업의 고정사업장이 보유하는 해당 저율과세구성기업의 소유지분을 포함한다) 해당 중간모기업은 그 중간모기업에 대한 추가세액배분액을 납부하여야 한다. 다만, 다음 각 호에 해당하는 경우에는 그러하지 아니하다.
>
> 1. 해당 사업연도에 저율과세구성기업이 속하는 다국적기업그룹의 최종모기업이 소득산입규칙으로서 대통령령으로 정하는 요건을 갖춘 규칙(이하 이 장에서 "적격소득산입규칙"이라 한다)을 적용받는 경우

2. 해당 사업연도에 중간모기업의 지배지분을 직접 또는 간접으로 보유하는 다른 중간모기업이 적격소득산입규칙을 적용받는 경우

⑤ 국내구성기업인 부분소유중간모기업이 해당 사업연도 중 저율과세구성기업의 소유지분을 직접 또는 간접으로 보유하는 경우 해당 부분소유중간모기업은 그 부분소유중간모기업에 대한 추가세액배분액을 납부하여야 한다.

⑥ 해당 사업연도에 적격소득산입규칙을 적용하여야 하는 부분소유중간모기업이 다른 부분소유중간모기업의 소유지분을 직접 또는 간접으로 모두 보유하고 있는 경우 그 다른 부분소유중간모기업에 대해서는 제5항을 적용하지 아니한다.

⑦ 국내 저율과세구성기업에 대해서는 제3항부터 제6항까지의 규정을 적용하지 아니한다.

⑧ 모기업이 중간모기업 또는 부분소유중간모기업을 통하여 저율과세구성기업의 소유지분을 간접으로 보유하는 경우 해당 모기업에 대한 추가세액배분액은 제2항에 따라 계산된 추가세액배분액에서 해당 중간모기업 또는 부분소유중간모기업이 납부한 추가세액배분액을 고려하여 대통령령으로 정하는 금액을 차감하여 계산한다.

국조법 제72조 제4항부터 제8항까지의 규정은, 다국적 기업에 대해 글로벌최저한세 규정을 적용함에 있어 저세율구성기업의 소유지분을 직·간접으로 보유하는 중간모기업도 저세율구성기업의 추가세액에 대해 납부의무가 있음을 규정하면서 한편으로 관련된 세부사항을 규정하고 있다.

Pillar 2 모델규정 2.1.3조는 중간모기업이 적격소득산입규칙을 적용할 때 중간모기업에게 납부의무를 부여하지 않도록 하여, 최종모기업에게 우선적으로 납부의무가 있음을 규정하고 있다. 또한 여러 단계의 중간모기업이 있는 경우, 상위 중간모기업이 소득산입규칙을 적용하게 되면 하위 중간모기업에게 납부의무를 부여하지 않는다는 원칙도 규정하고 있다. 국조법 제74조 제4항의 규정은 이러한 원칙을 우리나

라에 소재하는 다국적기업의 중간모기업에게도 적용하는 규정이라고 할 수 있다. 즉 국내구성기업인 중간모기업이 해당 사업연도 중 저율과세구성기업의 소유지분을 직접 또는 간접으로 보유하는 경우, 해당 중간모기업은 그 중간모기업에 대한 추가세액배분액을 납부하여야 한다고 규정함으로써 납부의무를 부과하되 단서를 통해 최종모회사 또는 다른 중간모기업이 추가세액을 부담하는 경우에는 이중과세 배제를 위해 국내 구성기업인 중간기업에 대해서는 납부의무를 면제하고 있는 것이다.

국조법 제61조(정의) 제1항 제8호는 '부분소유중간모기업(Partially-Owned Parent Entity)'을 '다국적기업그룹에 속하는 다른 구성기업의 소유지분을 직접 또는 간접으로 보유하는 구성기업 중 다국적기업그룹에 속하지 아니하는 자가 그 구성기업의 소유지분 중 100분의 20을 초과하여 보유하는 중간모기업으로서 최종모기업, 고정사업장 또는 제79조 제1항에 따른 투자구성기업이 아닌 중간모기업을 말한다'라고 규정하고 있다. 국조법 제74조 제5항은, 이와 같은 다국적기업의 '부분소유중간모기업'이 국내구성기업에 해당하는 경우에는 해당 부분소유중간모기업에 납부의무가 최우선적으로 부여됨을 규정하고 있는 것이다. 예를 들어, 미국기업이 70%의 지분을 그리고 일본기업이 30%의 지분을 가진 국내 자회사가 저세율국 구성기업을 100% 소유하고 해당 저세율국 구성기업에 추가세액이 발생하는 경우 국내자회사는 부분소유중간모기업에 해당하여 추가세액배분액을 납부해야 할 의무가 발생한다.

한편 Pillar 2 모델규정 2.1.5조에 따르면, 다단계 부분소유중간모기업을 통해 저세율구성기업을 보유하고 있는 경우, 상위 부분소유중간모기업이 하위 부분소유중간모기업을 직 · 간접으로 100% 지배하고 있다면 상위 부분소유중간모기업에게 납부의무를 우선적으로 부여하고 있다. 국조법 제74조 제6항은 이와 같은 원칙을 규정한 것이다. 따라서 제6항에서 규정하는 '다른 부분소유중간모기업'이 국내구성기업에 해당하는 경우 이 기업의 상위 부분소유중간모기업이 적격산입규칙을 적용하고 있는 상황에서는 국내구성기업인 '다른 부분소유중간모기업'은 추가세액 납부의무가 면제된다.

국조법 제72조 제7항은 '국내 저율과세구성기업'에 대해서는 소득산입규칙을 적용하지 않음을 규정하고 있다. 이러한 기업이 포함된 다국적기업그룹은, 외국 과세당국에 의해 소득산입보완규칙(또는 비용공제부인규칙)이 적용되어 외국에 소재하는 해당 기업의 모회사 또는 계열회사가 추가세액을 부담할 가능성이 높다고 하겠다.

국조법 제72조 제8항은, 국내구성기업이 모회사로서 해외의 저율과세구성기업을 소유하고 그 결과 추가세액을 부담하는 상황에서 만일 소유형태가 간접소유이고 그 중간단계에 있는 중간모기업 또는 부분소유중간모기업이 추가세액을 우선적으로 부담하는 경우라면 해당 세액은 이중과세 배제를 위해 국내구성기업이 부담해야 하는 추가세액에서 차감을 해주어야 할 것이다. 그 구체적인 방법은 시행령에서 규정될 예정이다.

2) 소득산입보완규칙

제73조【소득산입보완규칙의 적용】

① 저율과세구성기업의 추가세액 중 적격소득산입규칙이 적용되지 아니하는 금액에 대해서는 제2항부터 제5항까지의 규정에 따라 계산한 추가세액배분액을 해당 다국적기업그룹의 구성기업들에 과세하는 소득

산입보완규칙을 적용한다.

② 각 사업연도 다국적기업그룹의 소득산입보완규칙 추가세액은 모든 저율과세구성기업의 추가세액 합계액으로 한다.

③ 제2항에 따른 저율과세구성기업의 추가세액은 다음 각 호의 구분에 따른 금액으로 한다.

1. 최종모기업이 직접 또는 간접으로 보유하고 있는 저율과세구성기업의 소유지분을 해당 사업연도에 그 저율과세구성기업에 대하여 적격소득산입규칙을 적용하는 하나 이상의 모기업이 직접 또는 간접으로 모두 보유하는 경우 : 영
2. 제1호에 해당되지 아니하는 경우 : 적격소득산입규칙에 따라 해당 저율과세구성기업의 모기업에 부과된 추가세액배분액만큼 차감한 금액

④ 각 사업연도 다국적기업그룹의 소득산입보완규칙 추가세액 국내 배분액은 제2항 및 제3항에 따라 산정된 소득산입보완규칙 추가세액에 다음 계산식에 따라 계산한 소득산입보완규칙 국내 배분비율을 곱하여 계산한다. 이 경우 다음 계산식을 적용하는 데 필요한 사항은 대통령령으로 정한다.

$$\text{소득산입보완규칙 국내 배분비율} = \left(\frac{A}{B} \times \frac{50}{100}\right) + \left(\frac{C}{D} \times \frac{50}{100}\right)$$

A : 해당 다국적기업그룹 각 국내구성기업의 종업원 수 합계

B : 적격소득산입보완규칙을 시행하는 국가에 소재하는 해당 다국적기업그룹 구성기업의 종업원 수 합계

C : 해당 다국적기업그룹 국내구성기업의 유형자산 순장부가액 합계액

D : 적격소득산입보완규칙을 시행하는 국가에 소재하는 해당 다국적기업그룹 구성기업의 유형자산 순장부가액 합계액

⑤ 각 사업연도 다국적기업그룹의 각 국내구성기업에 배분되는 소득산입보완규칙 추가세액배분액은 제4항에 따른 소득산입보완규칙 추가세액 국내 배분액에 다음 계산식에 따라 계산한 해당 국내구성기업의 소득산입보완규칙 추가세액배분비율을 곱하여 구한다.

$$\text{국내구성기업의 소득산입 보완규칙 추가세액배분비율} = \left(\frac{A}{B} \times \frac{50}{100}\right) + \left(\frac{C}{D} \times \frac{50}{100}\right)$$

A : 해당 국내구성기업의 종업원 수

B : 해당 다국적기업그룹 각 국내구성기업의 종업원 수 합계

C : 해당 국내구성기업의 유형자산 순장부가액

D : 해당 다국적기업그룹 각 국내구성기업의 유형자산 순장부가액 합계액

⑥ 다국적기업그룹의 국내구성기업(제79조 제1항에 따른 투자구성기업은 제외한다)은 제5항에 따라 계산한 소득산입보완규칙 추가세액배분액을 납부하여야 한다.

Pillar 2 모델규정에 따르면 저세율국 소재 구성기업을 직·간접 지배하는 최종 모기업의 실효세율이 15% 미만으로 저율 과세되거나 또는 모기업 관할국이 소득산입규칙을 도입하지 않는 경우에 한해 소득산입보완규칙이 적용된다. 국조법 제73조 제1항 및 제3항 제1호는 이러한 원칙을 명시적으로 규정하고 있다. 또한 제73조 제3항 제2호는 소득산입규칙을 먼저 적용한 후 나머지 추가세액에 대하여 소득산입보완규칙이 적용됨을 규정하고 있다. 이와 관련해서는 다음과 같은 사례가 관련 조항을 이해하는 데 도움을 준다.

A Co는 ABC 그룹의 최종모기업이다. A Co는 각각 B국, C국, D국에 소재한 B Co 지분의 100%를, C Co 지분의 55%를, D Co 지분 100%를 직접 소유한다. 한편 B Co는 C Co 지분의 40%를 소유하며, C Co 지분의 나머지 5%는 제3자인 소수지분 보유자에 의해 보유된다. ABC 그룹의 소유구조 및 구성원의 소재지는 아래의 〈그림 II-5〉과 같다.

| 그림 II-5 | 소득산입보완규칙에 따른 추가세액 부담

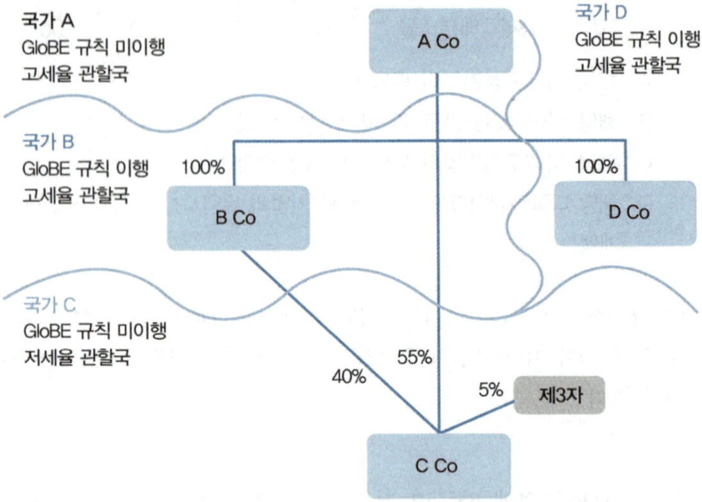

C Co는 저율과세 구성기업이며, A국과 C국은 글로벌최저한세 규칙을 이행하지 않은 반면 B국과 D국은 소득산입규칙과 소득산입보완규칙을 모두 도입하였다고 가정한다. 여기서 B국은 우리나라에 해당하고 C Co의 추가세액이 100유로라고 가정한다.

이러한 상황에서 A Co가 소재하는 A국이 글로벌최저한세 규칙을 도입하지 않고 있으므로 A Co는 소득산입규칙 적용이 요구되지 않는다. 한편 B Co의 C Co에 대한 추가세액의 배분대상 지분은 40%이다. 따라서 국조법 제72조의 규정에 따라, B Co는 C Co에 대한 40%의 추가세액과 관련하여 소득산입규칙을 적용해야 하므로 B Co는 40유로의 추가세액을 부담한다.

A Co의 C Co에 대한 소유지분은 총 95%(40%는 B Co를 통해 간접 보유, 55%는 직접 보유)이나 A국은 글로벌최저한세 규칙을 도입하지 않고 있으

므로 국조법 제73조에 의해 추가세액의 일부에 대해서는 소득산입보완규칙에 따라 B Co가 부담하게 된다. Pillar 2 모델 규정 2.5.3문단은 C Co의 추가세액 100유로가 소득산입보완규칙에 따라 배분된 소득산입보완규칙 추가세액을 산정하기 위해 B Co의 C Co의 추가세액(40유로)에 대한 배분대상 지분 금액만큼 감소한다고 설명한다. 이 사례에서 소득산입보완규칙을 통해 B국인 우리나라에서 과세할 수 있는 추가세액은 최대 60유로(=100유로-40유로)이다.

요약하면 우리나라는 소득산입규칙으로 40유로를 소득산입보완규칙으로 60유로를 과세함으로써 총 100유로의 추가세액을 징수할 수 있다.

소득산입보완규칙은 Pillar 2 모델규정에서는 '비용공제부인규칙[Under- taxed Payments Rule(소득산입보완규칙)]'이란 용어로 소개된 과세 규칙이다. OECD IF에서 논의를 할 때 초에는 소득산입규칙의 보완규칙으로서 '저율과세구성기업에 일정 금액을 지급하면서 해당 금액을 비용으로 계상한 다른 구성기업에 대하여 추가세액에 해당하는 만큼 비용공제를 부인하는 규칙'을 전제로 그 규칙을 구체화하려고 시도하였다. 그러나 이 방법을 합리적으로 운용하기 위해서는 다른 구성기업들이 서로 비용 지급내역을 글로벌최저한세 적용 전에 모두 사전에 공유를 해야 하는 점, 그리고 비용을 지급한 구성기업이 없는 경우 이 규칙이 사실상 실효성이 없어진다는 등의 문제점이 제기되었다. 결과적으로 소득산입보완규칙은 다른 구성기업들이 저율과세기업에 실제 비용 지급을 했는지와 관계없이 실질적인 사업활동을 한 정도에 비례하여 다른 구성기업 소재지국에 과세권을 배부하는 방식으로 규칙이 수정되었다. 그리고 실질 사업활동 지표는 다른 구성기업에 소속된 '종업원

수'와 '유형자산 장부가액'으로 정해지게 되었다.[108]

소득산입보완규칙 국내 배분비율에 대해서는 국조법 제73조 제4항에 규정되어 있는데 다음과 같이 공식을 다시 정리할 수 있다.

$$\text{배분비율} = 50\% \times \frac{\text{국내구성기업 종업원 수}}{\text{모든 관할국 종업원 수}} + 50\% \times \frac{\text{국내구성기업 유형자산(장부가)}}{\text{모든 관할국 유형자산(장부가)}}$$

위 산식에서 '모든 관할국'이란 다국적기업그룹 구성기업 소재지국들 중에서 적격소득산입보완규칙을 시행하는 모든 국가를 의미한다.

예를 들어 〈그림 II-6〉에서 A국은 소득산입규칙을 도입하지 않고 B, C, D국은 소득산입부인규칙을 도입했으며 최종모기업인 기업A의 실효세율이 10%이고 A의 이익은 200만 달러라고 가정하자. 그렇다면 기업A의 추가세액은 10만 달러[=(15% − 10%) × 200]이 된다. 이 경우 B국, C국, D국이 비용부인규칙을 사용하여 과세권을 행사할 수 있는데 다만 각 국별 과세권 배분비율은 위 공식에 따라 계산한다.

즉 B국 배분비율 = 50%×0.7 + 50%×0.3 = 50%
C국 배분비율 = 50%×0.2 + 50%×0.4 = 30%
D국 배분비율 = 50%×0.1 + 50%×0.3 = 20%

결과적으로 기업 B는 5만 달러, 기업C는 3만 달러, 기업D는 2만 달러를 각각 B국, C국, D국 과세당국에 납부해야 한다.

---

108 Pillar 2 모델규정 제2.6.1조

| 그림 II-6 | 소득산입보완규칙에 따른 추가세액 계산

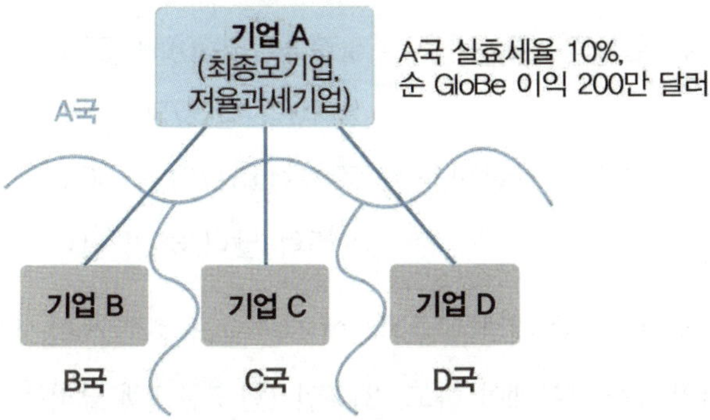

구 분	B국	C국	D국	합계
종업원 수	70명	20명	10명	100명
유형자산	30억 달러	40억 달러	30억 달러	100억 달러

위 사례에서 만일 우리나라가 B국에 해당한다면 국내구성기업인 기업 B는 기업 A의 추가세액 10만 달러 중 5만 달러를 법인세로서 관할 세무서에 신고·납부해야 한다. 그런데 만일 우리나라에 해당 다국적 기업그룹의 구성기업으로서 X, Y, Z의 세 기업이 사업을 영위하고 있고 종업수와 유형자산 장부가액이 다음과 같다고 가정하자.

구 분	구성기업 X	구성기업 Y	구성기업 Z	합계
종업원수	35명	20명	15명	70명
유형자산	15억 달러	10억 달러	5억 달러	30억 달러

이 경우 각각의 국내 구성기업에 배분되는 추가세액은 제73조 제5항 및 제6항의 따라 다음과 같이 계산된다.

즉, 구성기업 X의 배분비율 = 50%×(35/70) + 50%
×(15억 달러/30억 달러) = 50%

구성기업 Y의 배분비율 = 50%×(20/70) + 50%
×(10억 달러/30억 달러) = 31%

구성기업 Z의 배분비율 = 50%×(15/70) + 50%
×(5억 달러/30억 달러) = 19%

따라서 우리나라에 배분된 추가세액 5만 달러 중 50%인 2.5만 달러는 구성기업 X가 납부해야 하고, 31%인 1만 5천 5백 달러는 구성기업 Y가 납부해야 하며, 19%인 9천 5백 달러는 구성기업 Z가 납부해야 한다.

정부는 2022년 말 글로벌최저한세를 국조법에 도입하기 위해 법령 개정을 할 때는, 소득산입보완규칙의 도입시기를 소득산입규칙에 맞추어 2024년 1월 1일로 설정하였다. 그러나 2024년도를 기준으로 소득산입보완규칙 미도입국이 다수인 상황에서 우리나라가 먼저 소득산입보완규칙을 적용하게 되면 상당수의 우리나라의 외국인투자기업들은 자신이 소속된 다국적기업 그룹 내 소득산입규칙이 적용되지 않은 구성기업의 글로벌최저한세 추가세액의 상당부분을 국내에서 납부할 의무를 부담하게 될 수 있으므로, 국내 자회사를 둔 많은 다국적기업 그룹이 우리 과세당국에 납부해야 하는 추가세액 부담에 대해 우려를 표명하였다. 이에 따라 기획재정부는 EU, 영국, 일본, 캐나다, 싱가포르, 홍콩, 호주, 뉴질랜드 등의 국가들의 도입시기에 맞춰 우리나라도 소득산입보완규칙을 1년 유예하여 2025년 1월 1일 이후 개시하는 사업연도분부터 적용한다는 내용의 국조법 부칙 개정안을 2023년 7월에 발표한 세법개정안에 포함하였다.

그런데 2023년 7월 기획재정부가 발표한 세법개정안은 이 부분의 약간의 개정을 예고하고 있다. 즉, (i) 모기업의 직 · 간접 보유 비율에 따르거나, (ii) 신고구성기업이 지정하는 하나 이상의 구성기업에 배분하는 방법 중 하나를 선택할 수 있도록 함으로써 기업이 그룹 내 추가세액을 배분하는 방식에 있어서의 재량권을 부여할 예정이다.

한편, 특정 구성기업이 소득산입 보완규칙에 따라 배분된 추가세액을 부담하지 않는 경우 해당 기업의 소재지국을 제외한 나머지 국가에 미부담 추가세액을 배분하여 과세공백이 발생하지 않도록 하는 조치를 개정안에 포함하였다.

9

국조법에 규정된 글로벌최저한세의 주요 특례로는 어떤 것들이 있을까?

최소적용제외 특례

제74조【최소적용제외 특례】

① 제69조부터 제71조까지의 규정에도 불구하고 신고구성기업은 각 사업연도에 다음 각 호의 요건을 모두 갖춘 국가의 경우 대통령령으로 정하는 바에 따라 해당 국가에 소재하는 각 구성기업의 추가세액을 영으로 할 수 있다.

1. 해당 국가의 해당 사업연도와 그 직전 2개 사업연도의 대통령령으로 정하는 매출액 평균이 1천만 유로 미만일 것
2. 해당 국가의 해당 사업연도와 그 직전 2개 사업연도의 대통령령으로 정하는 글로벌최저한세소득·결손 금액 평균이 1백만 유로 미만일 것

② 무국적구성기업 또는 제79조 제1항에 따른 투자구성기업에 대해서는 제1항을 적용하지 아니한다.

Pillar 2 모델규정 5.5.1조에 따르면, 해당 구성기업들의 추가세액은 다음의 경우 그 회계연도에 대해 영(零)으로 간주된다.

(a) 해당 관할국가의 평균글로벌최저한세 수입(revenue)이 1천만 유로 미만이면서,

(b) 해당 관할국가의 평균글로벌최저한세소득 · 결손이 결손인 경우 또는 1백만 유로 미만의 이익인 경우

국조법 제74조의 최소적용의 특례는 위와 같은 모델규정 5.5.1.조의 내용을 반영한 것이다. 유념할 점은 모델규정은 납세자가 매년 최소적용 제외를 선택할 수 있도록 되어 있다는 점이다. 이러한 점은 국조법 시행령에 반영될 것으로 보인다.

소수지분구성기업에 대한 특례

제75조 【소수지분구성기업에 대한 특례】

① 소수지분구성기업으로 이루어진 그룹으로서 대통령령으로 정하는 그룹(이 장에서 "소수지분하위그룹"이라 한다)에 해당하는 경우에는 그 소수지분하위그룹을 별개의 다국적기업그룹으로 보아 제66조부터 제71조까지, 제74조 및 제76조부터 제81조까지의 규정에 따라 그 실효세율과 추가세액을 계산한다.

② 소수지분하위그룹에 속하지 아니하는 소수지분구성기업에 대해서는 해당 소수지분구성기업별로 제66조부터 제71조까지, 제74조, 제76조부터 제78조까지, 제80조 및 제81조에 따라 그 실효세율과 추가세액을 계산한다.

③ 소수지분하위그룹에 속하지 아니하는 소수지분구성기업이 제79조에 따른 투자구성기업인 경우에는 제79조를 적용한다.

④ 같은 다국적기업그룹의 다른 구성기업에 대하여 순글로벌최저한세소득금액 및 제69조에 따른 실효세율을 계산하는 경우에는 소수지분하위그룹과 제2항을 적용하는 소수지분구성기업의 조정대상조세 및 글로벌최저한세소득 · 결손은 제외하고 계산한다.

국조법 제61조(정의) 제1항 제16호는 "소수지분구성기업"을 '최종모기업이 같은 다국적기업그룹에 속하는 구성기업에 대하여 직접 또는

간접으로 보유하는 소유지분의 비율이 100분의 30 이하인 경우 그 구성기업'으로 정의하고 있다. 국조법 제75조 제1항은 이처럼 소수지분구성기업으로 이루어진 그룹을 '소수지분하위그룹'으로 칭하고 이 그룹을 별개의 다국적기업그룹으로 보아 글로벌최저한세 규정을 적용하여 그 실효세율과 추가세액을 계산하도록 규정하고 있다.

소수지분하위그룹은 소수지분모기업(Minority-Owned Parent Entity)과 그의 소수지분종속기업(Minority-Owned Subsidiary)을 의미한다. 소수지분하위그룹의 경우에는 최종모회사의 지분율이 상대적으로 낮기 때문에 소수지분하위그룹 소속 구성기업들과 관할국 별 합산 실효세율이 상대적으로 왜곡될 소지가 있으므로 그 실효세율과 추가세액을 별도로 계산하도록 한 것이다. 한편 국조법 제75조 제2항에 따라 소수지분하위그룹에도 속하지 아니하는 소수지분구성기업은, 소수지분구성기업별로 그 실효세율과 추가세액을 계산해야 한다. 또한 국조법 75조 제4항에서 규정하고 있듯이, 같은 다국적기업그룹의 다른 구성기업에 대하여 순글로벌최저한세소득금액 및 제69조에 따른 실효세율을 계산하는 경우에는 소수지분하위그룹과 제2항을 적용하는 소수지분구성기업의 조정대상조세 및 글로벌최저한세소득 · 결손은 제외하고 계산해야 한다.

한편 국조법 제75조 제3항은 소수지분하위그룹에 속하지 아니하는 소수지분구성기업이 제79조에 따른 투자구성기업인 경우에는 제75조 제3항을 적용하지 않고 제79조를 적용한다는 점에 유념해야 한다.

조직재편에 대한 특례

제76조【조직재편에 대한 특례】

① 기업에 대한 직접 또는 간접 소유지분이 이전되어 그 이전되는 기업(이하 이 항에서 "이전대상기업"이라 한다)이 다국적기업그룹의 구성기업이 되거나 다국적기업그룹의 구성기업에서 제외되는 경우에는 해당 기업이 다국적기업그룹의 최종모기업의 연결재무제표에 포함되는지 여부와 연결되는 금액 등을 고려하여 대통령령으로 정하는 바에 따라 이 장을 적용한다. 다만, 이전대상기업의 소재지국에서 해당 소유지분의 이전을 자산 및 부채의 이전과 같거나 유사한 방법으로 과세하는 경우로서 대통령령으로 정하는 경우에는 제2항 또는 제3항에 따른다.

② 자산 및 부채를 처분하는 구성기업(이하 이 조에서 "처분구성기업"이라 한다)과 자산 및 부채를 취득하는 구성기업(이하 이 조에서 "취득구성기업"이라 한다)의 글로벌최저한세소득 · 결손의 계산은 다음 각 호의 구분에 따른다.

1. 처분구성기업 : 해당 자산 및 부채의 처분으로 발생한 이익 또는 손실(이하 이 조에서 "처분손익"이라 한다)을 글로벌최저한세소득 · 결손 계산에 포함한다.
2. 취득구성기업 : 연결재무제표를 작성할 때 적용하는 회계기준에 따른 해당 자산 및 부채의 취득가액을 사용하여 취득 이후의 글로벌최저한세소득 · 결손을 계산한다.

③ 제2항에도 불구하고 자산 · 부채의 이전 대가가 주식 또는 출자지분일 것 등 대통령령으로 정하는 요건을 갖춘 조직재편의 일부로 자산 및 부채의 처분 · 취득이 이루어진 경우에 대한 글로벌최저한세소득 · 결손의 계산은 다음 각 호의 구분에 따른다. 이 경우 처분구성기업이 대통령령으로 정하는 바에 따라 조직재편에 따른 손익의 일부를 인식하는 경우에는 그 손익을 대통령령으로 정하는 바에 따라 글로벌최저한세소득 · 결손을 계산할 때 산입한다.

1. 처분구성기업 : 처분손익을 글로벌최저한세소득 · 결손의 계산에서 제외한다.
2. 취득구성기업 : 처분구성기업이 해당 자산 및 부채를 처분할 당시의

장부가액을 사용하여 취득 이후의 글로벌최저한세소득 · 결손을 계산한다.

글로벌최저한세 규정의 적용 여부를 판단하기 위한 연결매출액기준을 판단함에 있어서 직전 4개 회계연도에 기업그룹이 합병된 연결재무제표가 없을 것이므로 각각의 연결재무제표의 단순합계를 기준으로 한다. 예를 들어, A그룹과 B그룹이 각각 1차 연도부터 4차 연도까지 각각 4억 유로, 3억 유로, 3억 유로, 4억 유로의 연결 매출액을 별도로 보고했다고 가정한다. A그룹과 B그룹은 5년차에 AB그룹으로 통합된다. 이 경우 AB그룹은 이전 4개 회계연도 중 2개 회계연도에 A그룹과 B그룹의 각 연결재무제표에 포함된 연결수익의 단순합계가 1차 연도 8억 유로, 2차 연도 6억 유로, 3차 연도 6억 유로, 4차 연도 8억 유로로서 1차 연도와 4차 연도에 7억 5천만 유로 이상이 되기 때문에 5년차에는 글로벌최저한세 규칙의 적용을 받게 된다.[109] 한편 특정 회계연도 동안 글로벌최저한세 규정을 적용받던 다국적기업그룹이 2개 이상의 기업그룹으로 분할되는 경우에는 분할의 형태와 관계없이 적용되며 분리된 각 기업그룹 별로 적용된다.[110] 분할 후 첫 번째 연도에는 개별 분리된 기업그룹이 분할 후 첫 대상회계연도에 연간 매출액이 7.5억 유로 이상인 경우 개별 분리된 기업그룹이 연결매출액 기준을 충족하는 것으로 간주된다. 즉 이전 회계연도를 고려하는 판정기준을 적용하는 대신 대상회계연도에 연간 매출액이 7.5억 유로 이상인 각 분할기업그룹에 대해 글로벌최저한세가 적용된다. 동 규정은 분할의 경우에만 적용되며 단일기업 내에서의 지분매각을 하는 경우에는 적용대상에

109 Pillar 2 모델규정 주석서 제6.1.1(a)조 23문단.

110 Pillar 2 모델규정 제6.1.1.(c)조.

해당되지 않는다. 또한, 분할기업그룹의 일부가 대상회계연도 기간을 변경하는 경우, 7.5억 유로 기준은 그 기간에 따라 비례적으로 조정된다. 이러한 내용들은 국조법 시행령에 포함될 것으로 예상된다.

글로벌최저한세 적용 목적의 조직재편에 대한 과세처리 방식을 규정한 국조법 제76조는 법인세법상 일반적으로 적용되는 기업구조조정세제와 큰 틀에서 부합한다고 할 수 있다. 즉 자산 및 부채를 처분하는 기업의 경우에는 해당 자산 및 부채의 처분으로 발생한 이익 또는 손실을 처분손익에 포함시키고, 자산 및 부채를 취득하는 기업의 경우에는 해당 자산 및 부채의 취득가액을 사용하여 취득 이후의 이익 또는 손실을 계산하는 것이 일반적인 법인세법상의 과세원칙인데, 국조법 제76조 제2항은 이 원칙을 그대로 글로벌최저한세에도 적용한 것이라고 할 수 있다.

한편 법인세법 제44조의 3은 적격 합병의 요건을 갖춘 기업들 간의 합병의 경우 그 과정에서 발생하는 자산 및 부채의 처분가격이나 취득가격을 공정시장가격이 아닌 장부가액을 적용하도록 함으로써 손익의 실현을 이연시키는 효과를 과세상 허용하고 있다. 마찬가지로 법인세법 제46조의 3은 적격 분할의 요건을 갖춘 기업이 분할을 하는 경우 그 과정에서 발생하는 자산 및 부채의 처분가격이나 취득가격을 공정시장가격이 아닌 장부가액을 적용하도록 함으로써 손익의 실현을 이연시키는 효과를 과세상 허용하고 있다.

국조법 제76조 제3항은 이 원칙을 그대로 글로벌최저한세에도 적용한 것이라고 할 수 있다. 즉 자산 · 부채의 이전 대가가 주식 또는 출자지분인 경우 등 적격 구조조정 요건을 갖춘 경우에는, 글로벌최저한세 소득 · 결손의 계산 목적으로 조직재편에 따른 손익의 일부를 인식할 때

처분구성기업에 대해서는 처분손익을 글로벌최저한세소득 · 결손의 계산에서 제외하도록 하고, 취득구성기업에 대해서는 해당 자산 및 부채를 처분할 당시의 장부가액을 사용하여 취득 이후의 글로벌최저한세소득 · 결손을 계산하도록 함으로써 과세이연 효과가 나타나도록 하고 있다.

한편, 2023년 7월 기획재정부가 발표한 세법개정안에 따르면 국조법 제76조에 제4항을 아래와 같이 신설할 예정이다.

④ 구성기업 소재국의 세법에서 자산 및 부채의 장부가액을 공정가액으로 조정하도록 하거나 조정하는 것을 허용하는 경우로서 대통령령에서 정하는 경우에는 해당 구성기업은 신고구성기업의 선택에 따라 대통령령이 정하는 방식으로 글로벌최저한세소득 · 결손을 계산할 수 있다. 다만, 구성기업간의 재고자산 등 통상적인 자산의 판매 또는 정상가격원칙에 따른 조정에 대하여는 그러하지 아니하다.

공동기업 등에 대한 특례

제77조【공동기업 등에 대한 특례】

① 다국적기업그룹의 최종모기업이 그 소유지분의 100분의 50 이상을 직접 또는 간접으로 보유하는 기업으로서 해당 최종모기업이 연결재무제표를 작성할 때 그 소유지분의 100분의 50 이상을 보유하고 있는 기업에 대한 투자를 지분법을 사용하여 회계처리하는 기업 중 대통령령으로 정하는 기업(이하 이 장에서 "공동기업"이라 한다) 및 대통령령으로 정하는 공동기업의 자회사(이하 이 장에서 "공동기업자회사"라 한다)에 대해서는 다음 각 호의 방법에 따라 이 장을 적용한다.

1. 공동기업 및 공동기업자회사는 별개의 다국적기업그룹의 구성기업으로 보고, 해당 공동기업을 해당 다국적기업그룹의 최종모기업으로 보아 제66조부터 제71조까지, 제74조부터 제76조까지 및 제78조부터 제81조까지의 규정을 적용한다.
2. 공동기업 또는 공동기업자회사의 소유지분을 직접 또는 간접으로

보유하는 모기업에 대해서는 대통령령으로 정하는 바에 따라 제72조 및 제73조를 적용한다.

국조법 제77조 제1항은 공동기업의 특례에 대해 규정하고 있다. 글로벌최저한세 규정에 따른 공동기업(Joint Ventures)의 정의는 회계기준에서 일반적으로 사용되는 정의와 다르다. 공동기업은 제1항에서 정의하고 있는 바와 같이, 최종모기업이 소유지분의 최소 50%를 직 · 간접적으로 보유하는 경우 다국적기업집단의 연결재무제표에서 지분법에 따라 재무성과가 보고되는 기업을 의미한다. 따라서 최종모기업이 소유지분의 50% 미만을 보유하는 기업은 다국적기업집단이 공동으로 지배하는 경우 회계기준에 따라 여전히 공동기업으로 간주될 수 있으나 글로벌최저한세 규정에 따른 공동기업은 아니라는 점을 유념할 필요가 있다.

국조법 제77조 제1항 본문의 규정은, 공동기업(JV)과 공동기업 종속기업(JV Subsidiary)이 사실상 공동기업그룹(JV Group)을 구성하며 별도로 과세취급을 받고 있음을 보여준다. 동항 제1호의 규정에서 언급하는 조항들을 살펴보면, 공동기업그룹은 일반 구성기업과는 별개로 실효세율 및 추가세액을 계산해야 함을 알 수 있다. 이와 같이 공동기업그룹에 대해서는 별개로 실효세율과 추가세액을 계산한 후 해당 공동기업그룹의 모회사에 대하여는 국조법 제77조 제1항 제2호의 규정에 근거하여 소득산입규칙 또는 소득산입보완규칙을 적용해야 한다.

제77조【공동기업 등에 대한 특례】

② 다음 각 호의 요건을 모두 갖춘 둘 이상의 그룹 및 해당 각 그룹에 속하는 기업들은 대통령령으로 정하는 바에 따라 하나의 다국적기업그

룹 및 그 구성기업으로 보아 이 장을 적용한다.

1. 각 그룹의 최종모기업 사이에서 다음 각 목의 어느 하나에 해당하는 약정이 체결되었을 것
   가. 최종모기업 중 하나가 각 그룹에 속하는 모든 기업을 연결하는 하나의 연결재무제표를 작성하도록 하는 약정으로서 대통령령으로 정하는 약정(이하 이 조에서 "결합구조약정"이라 한다)
   나. 각 그룹의 사업을 결합하도록 하는 약정으로서 대통령령으로 정하는 약정(이하 이 조에서 "이중상장약정"이라 한다)
2. 결합구조약정 또는 이중상장약정에 따라 결합된 그룹의 기업 또는 고정사업장이 그 결합된 그룹 중 적어도 한 개 이상의 다른 기업과 다른 국가에 소재할 것

Pillar 2 모델규정 제10장(정의)에는 '결합구조 약정(Stapled Structure)'이 다음과 같이 정의되어 있다.

"결합구조 약정은 별도 그룹의 둘 이상의 최종모기업이 체결한 다음의 약정을 의미한다.

(a) 별도 그룹들의 최종모기업들에 대한 50% 이상의 소유지분이 소유의 형태, 이전의 제한 및 여타 조건 또는 상호 결합된 요건에 의해, 독립적으로 이전되거나 거래될 수 없다. 결합된 소유지분이 상장된다면, 소유지분은 단일가격으로 호가된다.

(b) 해당 최종모기업들 중 하나는 해당 그룹 모든 기업들의 자산 · 부채 · 수익 · 비용 및 현금흐름이 단일한 경제적 단위로서 함께 표시된 연결재무제표를 작성하고, 해당 재무제표는 규제 제도에 의해 외부감사를 받도록 요구된다."

또한 Pillar 2 모델규정 제10장(정의)에는 '이중상장약정(Dual-listed Arrangement)'이 다음과 같이 설명되어 있다.

"이중상장 약정(Dual-listed Arrangement)은 별개의 다국적기업그룹에 속해 있는 둘 이상의 최종모기업들이 다음과 같이 체결한 약정을 의미한다.

(a) 계약만으로 인해 최종모기업들은 사업을 결합하는 것에 동의한다.

(b) 계약상 약정에 따라, 최종모기업들은 주주에게 (배당과 관련하여 그리고 청산 시) 고정비율에 기반하여 분배한다.

(c) 최종모기업들은 별도의 법적 정체성을 유지하는 반면, 최종모기업들의 활동은 계약상 약정에 따라 단일한 경제적 실체로서 관리된다.

(d) 계약을 구성하는 최종모기업에 대한 소유지분은 상이한 자본시장에서 독립적으로 가격이 흥정되고 거래 · 이전된다.

(e) 최종모기업들은 해당 그룹 모든 기업의 자산 · 부채 · 수익 · 비용 · 현금흐름이 단일한 경제적 단위로서 함께 표시된 연결재무제표를 작성하고, 해당 재무제표는 회계제도에 의해 외부감사를 받도록 요구된다."

한편 '다중모기업 다국적기업그룹(Multi-Parented MNE Group)'이란, 예를 들어, 두 개의 구성기업이 다른 관할국에 소재한 기업(또는 다른 관할국에 고정사업장이 있는 국내구성기업)의 소유지분의 50%를 각각 보유하는 경우 이들 기업들은 각 기업그룹에서 개별적으로 공동기업으로 취급되나 두 기업그룹의 최종모기업이 결합구조약정 또는 이중상장약정의 일부인 경우 공동기업은 결합된 기업그룹의 구성기업이 되고 해당 기업이 다른 관할국에 있기 때문에 결합된 기업그룹은 다중모기업 다국적기업그룹이 된다.

국조법 제77조 제2항의 규정은 결합구조약정이나 이중상장 약정을 활용한 다중모기업 다국적기업그룹에 대해서는 해당 기업그룹을 별개의 기업그룹으로 취급하여 소득산입규칙 또는 소득산입보완규칙을 적용하도록 규정하고 있다. 이 규정은 Pillar 2 모델규정 제6.5.1(b)조의 규정, 즉 '어느 기업(제외기업은 제외)은 다중모기업 다국적기업집단에 의해 계정별로 연결되는 경우 또는 그 지배지분이 다중모기업 다국적기업집단 내 기업들에 의해 보유되는 경우 하나의 구성기업으로 취급된다'라는 원칙을 법령화한 것이다. 이러한 과세취급은, 구성기업의 정의를 개별 기업그룹만으로 한정하여 적용하였다면 포함되지 않았을 기업들을 다중모기업 다국적기업그룹의 연결재무제표에 포함함으로써 글로벌최저한세 적용대상 기업을 그 만큼 확대시키는 효과를 가져온다. 또한 다중모기업 다국적기업그룹에 의해 계정별로 연결되지는 않았지만 다중모기업 다국적기업그룹의 어느 기업이 지배지분을 보유하는 경우 해당 기업을 구성기업으로 간주하여 글로벌최저한세를 적용할 수 있게 한다.

제77조【공동기업 등에 대한 특례】

③ 다국적기업그룹의 최종모기업이 투과기업인 경우 그 투과기업의 각 사업연도 글로벌최저한세소득 · 결손은 다음 각 호의 구분에 따른 금액을 차감하여 계산한다.

1. 각 사업연도의 글로벌최저한세소득 : 해당 투과기업의 각 소유지분에 귀속되는 글로벌최저한세소득 금액 중 최저한세율 이상으로 과세되는 등 대통령령으로 정하는 소유지분에 귀속되는 글로벌최저한세소득 금액
2. 각 사업연도의 글로벌최저한세결손 : 해당 투과기업의 각 소유지분에 귀속되는 글로벌최저한세결손 금액 중 그 소유지분을 보유한 자가 과세소득을 산정할 때 해당 글로벌최저한세결손 금액을 공제할 수 있는 경우 해당 금액

투과기업(Flow-through Entity)이란 기업이 설립된 관할국에서 그 기업의 수입, 지출, 이익, 손실에 대해 기업실체가 아닌 소유주에게 지분에 따라 직접 귀속되는(fiscally transparent) 기업을 말한다. 예를 들어 미국의 파트너십은 투과기업에 해당한다. 다만, 그 기업이 다른 관할국

의 세무상 거주자이고, 수입 또는 이윤에 대해 글로벌최저한세의 적용을 받는 경우에는 해당 기업은 투과기업에 해당하지 않는다.

제77조【공동기업 등에 대한 특례】

④ 다국적기업그룹의 최종모기업이 배당금액을 배당지급자의 과세소득에서 공제하는 제도로서 대통령령으로 정하는 제도를 적용받는 경우 해당 최종모기업의 각 사업연도 글로벌최저한세소득은 해당 사업연도의 종료일부터 12개월 이내에 분배되는 배당액으로서 대통령령으로 정하는 배당액을 차감하여 계산하며, 그 차감하고 남은 금액이 음수일 경우 글로벌최저한세소득은 영으로 본다.

국조법 제77조 제4항은 소위 '지급공제배당(Deductible Dividend)[111] 세제'가 적용되는 최종모기업에 대한 특례를 규정하고 있고 특례에 관한 세부규정은 시행령에 위임하고 있다. Pillar 2 모델규정 7.2.1조는 지급공제배당 세제를 적용받는 최종모기업의 글로벌최저한세소득을 산정하는 방식을 규정하고 있는데, 다음 (a), (b), (c)의 어느 하나의 요건을 충족하는 배당액에 대해서는 최종모기업의 글로벌최저한세소득에서 차감하도록 규정하고 있다.[112]

(a) 배당금 수령자 단계에서 다국적기업그룹의 회계연도 종료일로부터 12개월 이내에 종료되는 과세기간 중에 해당 배당금에 대해 과세된다.
  (i) 배당금 수령자는 그 배당금에 대해 최저한세율 이상의 명목세율로 과세가 되고

111 지급공제배당(Deductible Dividend)이란 지급배당 소득공제 제도를 적용받는 구성기업에 대하여 소유지분 보유자에게 지급하는 이익분배금이다. 지급공제배당은 (a) 해당 구성기업이 소재한 관할국의 법률에 따라 구성기업의 과세소득에서 공제할 수 있는 이익분배 또는 (b) 협동조합(Cooperative) 조합원에의 이용고 배당금(patronage dividend) 중 하나에 해당한다(Pillar 2 모델규정 제10.1조 '용어정의').

112 이와 같은 내용은 국조법 시행령에서 규정될 것으로 보인다.

(ii) 최종모기업의 조정대상조세와 해당 배당금 수령자가 배당소득에 대해 납부한 세금의 합계액이 그 소득의 전체금액에 최저한세율을 곱해서 산출한 금액 이상이 되리라고 합리적으로 예상되는 경우 또는

(iii) 배당금 수령자가 자연인이고 배당금이 공급자 협동조합[113]의 이용고 배당금인 경우

(b) 배당금 수령자는 다음과 같은 자연인이다.

(i) 최종모기업 관할국의 세무상 거주자이다. 그리고

(ii) 최종모기업의 이익과 자산에 대해 5% 이하의 권리를 갖는 소유지분을 보유한다.

(c) 배당금 수령자는 최종모기업 관할국에 거주자이면서, 다음에 해당한다.

(i) 정부기관,

(ii) 국제기구,

(iii) 비영리단체 또는

(iv) 연금서비스기업[114]이 아닌 연금기금[115]

---

113 협동조합(Cooperative)은 조합원을 대신하여 재화나 서비스를 집합적으로 판매하거나 취득하는 단체를 말한다. 협동조합은 그 조합을 통해 판매하는 조합원의 재산 또는 서비스나 조합을 통해 취득하는 재산 또는 서비스와 관련하여 조세중립성이 확보되도록 설계된 해당 국가의 조세제도가 적용된다. [Pillar 2 모델규정 10.1조(용어의 정의)]

114 연금서비스기업(Pension Services Entity)은 다음의 목적을 위하여, 전적으로 또는 거의 전적으로 설립 및 운영되는 기업이다.

(a) 연금펀드 정의 규정의 제(a)항에 언급된 기업들의 편익을 위하여 펀드에 투자하는 목적 또는

(b) 연금펀드의 정의 규정의 제(a)항에 언급된 기업들이 동일한 그룹의 구성원인 경우에, 해당 기업들이 수행하는 규제 활동에 부수적인 활동을 수행하는 목적

[Pillar 2 모델규정 10.1조(용어의 정의)]

115 연금펀드(Pension Fund)는 다음을 의미한다.

(a) 개인에 대한 퇴직 급여 및 이에 부수적이거나 일시적인 급여를 관리 또는 제공하기 위한 목적으로, 전적으로 또는 거의 전적으로 설립되고 운영되는 다음과 같은 관할국 기업

i. 관할국 또는 관할국의 정치적 산하기구 또는 지방정부 중 하나에 의하여 규제되거나 또는

ii. 해당 급여가 보장되거나 국가 규제에 의하여 보호되고, 다국적기업 그룹의 파산의 경우에 상응하는 연금 관련 의무의 완전한 이행을 보장하기 위하여 신탁약정을 통해 보유되는 자산집합 또는 위탁자에 의하여 지급된다.

위 규정에 따라 글로벌최저한세소득을 감액하는 최종모기업은 대상조세(지급공제배당이 허용되는 세금은 제외)를 비례적으로 감액하고, 동 금액만큼 글로벌최저한세소득을 감액해야 한다.[116] 즉 최종모기업의 글로벌최저한세소득을 대상조세의 감소액만큼 추가로 감액해야 하는 것이다. 이러한 감액 작업은 지급공제배당 제도에 관한 글로벌최저한세 규정의 다음의 두 가지 특징 때문에 필요하다.[117]

> 첫째, 글로벌최저한세소득은 재무회계상 당기순이익(손실)에 대상조세를 다시 더하여 계산한다. 왜냐하면 재무회계상 당기순이익(손실)은 세후 손익인 데 반하여 글로벌최저한세소득은 세전 손익이기 때문이다.
>
> 둘째, Pillar 2 모델규정 7.2.1조는 분배금만큼 최종모기업의 소득을 감액하도록 규정하고 있는데 배당은 납부할 법인세를 차감한 금액에서 이루어지는 점을 감안하면 최종모기업이 그 주주에게 배당을 하는 경우 해당 분배액은 세후 이익에서 분배하는 금액이 될 것이고 따라서 관련 법인세는 차감되지 않고 남아 있기 때문이다.

예를 들어, 최종모기업이 90유로의 재무회계상 순이익(대상조세 발생액 10유로 반영)을 가지고 있다고 가정하자. 최종모기업은 지급공제배당 제도에 따라 공제받는 이익 90유로를 주주에게 분배한다. 그러나 최종모기업의 글로벌최저한세소득은 모델규정 3.2.1조(a)항에 따라 대상조세 10유로를 재무회계상순이익 · 손실에 다시 더하기 때문에 100유로가 된다. 따라서 90유로의 분배만 가지고는 100유로의 글로벌최저한

(b) 연금서비스 기업
[Pillar 2 모델규정 10.1조(용어의 정의)]

116 Pillar 2 모델규정 7.2.2조

117 Pillar 2 모델규정 7.2.2조에 관한 주석서 47문단

세소득을 0으로 감소시키지는 않는다. 따라서 모델규정 7.2.2조에서는 다국적기업그룹이 글로벌최저한세소득·결손 산정을 위해 재무회계상 순손익에 합산한 대상조세로 인해 추가세액이 산정되지 않도록 최종모기업의 글로벌최저한세이익에 10유로를 추가로 감액하도록 규정하고 있는 것이다.[118]

제78조【적격분배과세제도에 대한 특례】

① 적격분배과세제도[119](법인의 이익 분배 시점에 법인세를 과세하는 제도로서 대통령령으로 정하는 과세제도를 말한다)의 적용을 받는 구성기업의 경우 해당 구성기업이 소재하는 국가의 조정대상조세 합계액을 계산할 때에는 신고구성기업의 선택에 따라 실효세율이 최저한세율에 도달하기 위하여 필요한 금액 등 대통령령으로 정하는 금액(이하 이 장에서 "간주분배세액"이라 한다)을 가산할 수 있다.

② 제1항에 따라 간주분배세액이 가산된 구성기업은 대통령령으로 정하는 기간 이내에 그 가산한 간주분배세액에 상응하는 금액이 실제로 과세되지 아니한 경우 등 대통령령으로 정하는 경우에는 그 간주분배세액을 가산한 사업연도의 실효세율과 추가세액을 대통령령으로 정하는 바에 따라 다시 계산하여야 한다.

분배 과세제도(Distribution Tax System)는 이익이 발생한 시점이 아닌 주주에게 이익을 분배하는 시점에 법인세를 부과하는 제도로서 에스토니아·라트비아·조지아 등 일부 국가에서 운영하는 세제이다. 이 제도에 따르면, 사업과 관련없는 지출과 관련하여 당기에 세금을 부과하

118 Pillar 2 모델규정 7.2.2조에 관한 주석서 48문단.

119 적격분배 과세제도(Eligible Distribution Tax System)란 (a) 법인이 이익을 주주에게 분배하거나, 이익을 주주에게 분배하는 것으로 간주되거나, 혹은 특정 비영업비용이 발생하는 경우에만 일반적으로 납부할 세금으로 법인에 소득세를 부과하고, (b) 최저한세율 이상의 세율로 과세하며, (c) 2021년 7월 1일 이전에 시행하고 있는 법인소득 과세제도를 말한다(Pillar 2 모델규정 조문10.1 용어정의 참조).

기도 한다. 이러한 분배 과세제도는 일반적인 법인세제도와는 성격이 달라서 글로벌세최저한세 논의 초기에는 해당 세금이 대상조세에 포함될 수 없다는 것이 OECD Inclusive Framework(이하 "IF")의 입장이었으나, 그 뒤 IF회원국들 사이의 논의과정에서 분배 과세제도로서 최저한세율 이상의 세율로 과세하며 2021년 7월 1일 이전에 이미 시행하고 있는 제도만이 대상조세로 포함되는 것으로 입장이 정리되었다. 이에 따라 Pillar 2 모델규정 4.2.1조(b)항에서는 '적격분배 과세제도(Eligible Distribution Tax System)에 따라 부과되는 분배이익, 간주분배이익, 비영업비용에 대한 세금'이 대상조세의 범위에 포함된다고 규정하고 있다. 이는 OECD IF가 최종적으로 적격분배 과세제도하에 부과되는 세액이 큰 틀에서 보면 법인소득세와 성격이 다를 바 없다는 입장을 채택했음을 의미한다.

국조법 제78조 제1항에서는, 적격분배과세제도를 적용받는 구성기업의 경우 해당 구성기업이 소재하는 국가의 조정대상조세 합계액을 계산할 때에는 신고구성기업의 선택에 따라 실효세율이 최저한세율에 도달하기 위하여 필요한 금액 등 대통령령으로 정하는 금액을 "간주분배세액"이라 칭하고 이 세액을 조정대상조세에 가산할 수 있다고 규정하고 있다.

이러한 간주분배세액의 의미와 그 적용 필요성에 대해서는 Pillar 2 모델규정 7.3.1조~7.3.4조에서 자세히 기술하고 있는 바, 우선 동 모델규정 7.3.1조는 다음과 같이 규정하고 있다.

> '신고구성기업[120]은 적격분배과세제도를 적용받는 구성기업에 관하여 7.3.2조에 따라 산정되는 간주분배세액을 해당 회계연도 조정대상조세에 가산하는 선택을 매년 할 수 있다. 본 조에 따른 선택은 관할국에 소재한

모든 구성기업들에게 적용한다.'

일반적으로 분배과세제도에서 적용되는 세율이 최저한세율(즉 15%) 이상이면 소득이 최종적으로 분배될 때 낮은 세율의 적용을 받지 않을 수 있다. 그러나 실제 분배 또는 간주 분배가 없는 경우에는, 소득이 발생하여 회계장부에 기재되는 연도에 과세를 적용받지 않는다.

글로벌최저한세 규정에 따르면, 일반적으로 분배 시 납부해야 할 세금에 관한 이연법인세부채를 이연법인세조정총액의 계산에 포함시키는 것은 허용하지 않는다. 이는 해당 회계연도의 조정대상조세가 매우 작거나 영(0)이기 때문에 실제 또는 간주된 분배가 없는 연도에는 구성기업의 글로벌최저한세소득이 글로벌최저한세 규정에 따라 과세될 가능성이 높다는 것을 의미한다. 더욱이, 분배가 이루어진 연도에 분배금은 그 연도에 발생하는 소득과 관련이 없을 수도 있고, 그 결과 실효세율이 낮거나 또는 심지어 매우 높아질 수 있다.[121] 이와 같이 회계장부상 이익이 창출된 시점과 분배세가 부과되는 시점의 실효세율의 변동성을 완화하기 위해 Pillar 2 모델규정과 국조법에서는 '신고구성기업의 선택'에 따라 간주분배세액(Deemed Distribution Tax)을 해당 회계연도 조정대상조세에 가산하는 선택을 매년도마다 할 수 있도록 한 것이다. 여기서 간주분배세액은 다음 중 적은 금액을 말한다.

(a) 해당 관할국에 대해 Pillar 2 모델규정 5.2.1조[122]에 따라 계산된 해당

120 여기서 '신고구성기업'이란 국조법 제83조에 따라 글로벌최저한세정보신고서를 제출하는 기업(국외에 소재하는 구성기업이 글로벌최저한세정보신고서를 그 기업이 소재하는 국가의 과세당국에 제출하는 경우에는 그 제출하는 구성기업으로 한다)을 말한다.

121 Pillar 2 모델 규정 7.3.1.에 대한 주석서 53문단.

회계연도 실효세율을 최저한세율까지 증가시키기 위해 필요한 조정대상조세 금액 또는

(b) 만약 관할국가에 소재한 구성기업들이 해당 연도 동안 적격분배 과세제도를 적용받는 모든 소득을 분배했더라면 납부하였을 세액.

Pillar 2 모델규정 7.3.1조의 선택이 적용되는 각 회계연도에 대해 매년 간주분배세충당금계정이 설정된다. 간주분배세충당금계정은 해당 계정이 설정된 해당 관할국에 대해 동 모델규정 7.3.2조에 따라 산정된 해당 회계연도 간주분배세만큼 증가한다. 후속하는 매 회계연도 말에, 이전 회계연도들에서 설정된 간주분배세충당금계정의 잔액은 0이 될 때까지 다음 금액만큼 발생하는 순서대로 감소된다.

(a) 실제분배 또는 간주분배와 관련하여 회계연도 동안 구성기업들이 납부한 세액

(b) 관할국가의 글로벌최저한세결손 금액에 최저한세율을 곱한 금액 그리고

(c) Pillar 2 모델규정 7.3.4조[123]에 따라 당 회계연도에 적용된 충당금초과손실 이월계정 금액

---

122 Pillar 2 모델 규정 5.2.1조 : 어느 회계연도 어느 관할국의 추가세액 백분율은 다음 산식에 따라 계산한 양의 백분율 값으로 한다.
추가세액백분율 = 최저한세율 - 실효세율
이 경우 실효세율은 Pillar 2 모델규정 5.1조에 따라 산정한 해당 회계연도 해당 관할국의 실효세율을 말한다.

123 Pillar 2 모델규정 7.3.4조 : 충당금초과손실이월계정은 7.3.3조 (b)항에 기술된 금액이 간주분배세충당금계정의 잔액을 초과하는 경우 해당 관할국에 대해 설정된다. 충당금초과손실이월계정은 그 초과분에 상당하는 금액으로, 그 회계연도들에서 간주분배세충당금계정을 감소시키는데 계정 설정 이후의 회계연도들에서 고려된다. 그 금액이 차기 회계연도들에서 고려되는 경우 충당금초과손실이월계정은 그 금액만큼 감소된다.

위 조항들의 내용을 부연 설명하면, 간주분배세액 산정은 간주분배세충당금계정(Deemed Distribution Tax Recapture Account)을 두어 이를 이용하도록 하는데 이 계정은 분배 또는 간주배당 결과로서 구성기업이 실제로 납부한 분배세액 만큼 감소된다. 한편 간주분배세충당금계정 환입은 분배세액에 의해 시간순서로 이루어진다. 이 때 회계장부는 해당 회계연도에 발생하는 글로벌최저한세소득금액이 아닌 간주분배세액을 기준으로 유지된다. 결과적으로, 관할국이 분배세율을 낮추면, 간주분배세충당금계정의 제거에 필요한 세액을 보충하기 위해 더 많은 이익이 분배될 필요가 있다. 반면에, 관할국이 분배세율을 높이면, 구성기업들은 이익의 더 적은 분배를 통해 간주분배세충당금계정을 제거할 수 있다.[124]

둘째, 관할국이 순글로벌최저한세결손을 기록할 때 간주분배세충당금계정이 감소한다. 이 경우 순글로벌최저한세결손은 관할국에 소재하는 구성기업들의 글로벌최저한세결손 합계가 구성기업들의 글로벌최저한세소득 합계를 초과한다는 것을 의미한다.

투자구성기업에 대한 특례

제79조【투자구성기업에 대한 특례】

① 최종모기업이 아닌 구성기업으로서 투자펀드ㆍ부동산투자기구인 구성기업 등 대통령령으로 정하는 구성기업(이하 이 조에서 "투자구성기업"이라 한다)의 소재지국에 대해서는 각 사업연도별로 제69조에 따른 실효세율과는 별개로 투자구성기업들의 실효세율을 다음 계산식에 따라 계산한다. 이 경우 다음 계산식을 적용하는 데 필요한 사항은 대통령령으로 정한다.

---

124 Pillar 2 모델규정 7.3.3조에 관한 주석서 59문단.

해당 국가에 소재하는 투자구성기업들의 실효세율 = $\frac{A}{(B - C)}$

A : 각 투자구성기업의 조정대상조세 금액의 합계액
B : 각 투자구성기업의 글로벌최저한세소득 배분액의 합계액
C : 각 투자구성기업의 글로벌최저한세결손 배분액의 합계액에서 음의 부호를 뗀 금액

② 제1항의 계산식을 적용할 때 해당 사업연도에 B에서 C를 차감한 값이 영이거나 음수인 경우에는 해당 국가에 소재하는 투자구성기업들의 실효세율을 계산하지 아니한다.

국조법 제79조 제1항은 최종모기업이 아닌 구성기업으로서 투자펀드 · 부동산투자기구인 구성기업[125](이하 '투자구성기업') 등의 소재지국에 대해서는 각 다국적기업그룹의 최종모기업을 기준으로 일반적으로 산출하는 실효세율과는 별개로 투자구성기업들의 실효세율을 계산하도록 규정하고 있다. 투자구성기업의 실효세율을 산출하는 방법은 Pillar 2 모델규정 7.4조에서 별도로 규정하고 있는 바, 국조법 제79조는 이와 같은 모델규정의 내용을 법령화한 것으로 볼 수 있다.

특히 국조법 제79조 제1항의 산식은 Pillar 2 모델규정 7.4.2조의 다음 내용을 산식으로 정리한 것이라고 할 수 있다.

어느 투자기업인 구성기업에 대한 실효세율은 그 기업이 소재한 관할국의 실효세율과 별도로 계산된다. 각 투자기업에 대한 실효세율은 그 투자기업

125 최종모기업인 투자펀드(Investment Fund) 또는 최종모기업인 부동산투자기구(Real Estate Investment Vehicle)의 경우에는 국조법 제62조 제3항에서 구성기업이 아닌 '제외기업'(즉 글로벌최저한세가 적용되지 않는 기업)으로 규정하고 있으므로, 여기서 투자구성기업은 '최종모기업이 아닌 구성기업으로서 투자펀드 · 부동산투자기구인 구성기업'을 말한다.

의 조정대상조세를 Pillar 2 모델규정 제3장에 따라 산정된 투자기업의 글로벌최저한세소득에 대한 다국적기업그룹의 배분지분(Allocable Share)으로 나눈 것을 말한다. 해당 관할국가에 둘 이상의 투자기업들이 있는 경우, 각 투자기업에 대하여 산정된 조정대상조세와 각 투자기업의 글로벌최저한세소득 · 결손에 대한 다국적기업그룹의 배분지분은 투자기업들 전체의 실효세율을 계산하기 위해 통산한다.

여기서 특히 유념해야 할 사항은, 투자구성기업의 실효세율은 동일 관할국의 다른 구성기업과 별개로 계산한다는 점이다. 즉 관할국의 다른 구성기업들의 실효세율은 서로 통산하지 않는다. 그러나 다국적기업그룹이 동일 관할국에 지분을 갖는 투자기업들이 둘 이상 경우에는 그 관할국에 모든 구성기업들 전체를 하나 실체로 보아 실효세율을 계산한다.

제79조【투자구성기업에 대한 특례】

③ 각 사업연도 해당 국가에 소재하는 투자구성기업들의 추가세액은 다음 계산식에 따라 계산한다. 이 경우 다음 계산식을 적용하는 데 필요한 사항은 대통령령으로 정한다.

> 해당 국가에 소재하는 투자구성기업들의 추가세액 = (A×B) + C - D
>
> A : 해당 국가에 소재하는 투자구성기업들의 추가세액비율
> B : 해당 국가에 소재하는 투자구성기업들의 초과이익 금액
> C : 해당 국가에 소재하는 투자구성기업들의 당기추가세액가산액
> D : 해당 국가에 소재하는 투자구성기업들의 적격소재국추가세액

④ 각 사업연도 해당 투자구성기업의 추가세액은 다음 계산식에 따라 계산한다.

$$\text{해당 투자구성기업의 추가세액} = A \times \frac{B}{C}$$

A : 제3항에 따른 해당 국가에 소재하는 투자구성기업들의 추가세액
B : 해당 투자구성기업의 글로벌최저한세소득 배분액
C : 해당 국가에 소재하는 각 투자구성기업의 글로벌최저한세소득 배분액의 합계액

국조법 제79조 제3항은 해당 국가에 소재하는 투자구성기업들의 추가세액 산정 공식을 규정하고 있는데, 그 계산구조는 근본적으로 제70조(구성기업 소재지국의 추가세액 계산) 제1항의 산식과 다르지 않다. 즉 해당 국가에 소재하는 투자구성기업들의 추가세액비율에 초과이익을 곱한 후 해당 국가에 소재하는 투자구성기업들의 당기추가세액가산액을 가산하고 적격소재국추가세액을 차감하여 투자구성기업들의 추가세액을 구한다.

한편 국조법 제79조 제4항은 해당 투자구성기업의 추가세액 공식을 규정하고 있는데 이는 제3항에 의해 산정한 '해당 국가에 소재하는 투자구성기업들의 추가세액'을 그 국가에 소재하는 개별 투자구성기업에 배분하는 산식이다. 제3항과 마찬가지로 제4항의 산식도 제71조(구성기업의 추가세액 계산)의 산식을 준용하고 있다. 즉 해당 투자구성기업의 추가세액은 '해당 국가에 소재하는 투자구성기업들의 추가세액'에 해당 국가에서의 각 투자구성기업의 글로벌최저한세소득의 점유율을 곱하여 계산하는 것이다.

제79조 【투자구성기업에 대한 특례】

⑤ 제1항부터 제4항까지의 규정에도 불구하고 투자구성기업의 주주구성기업이 해당 투자구성기업에 대한 소유지분의 공정가치에 기초하여 과세되는 경우에는 신고구성기업의 선택에 따라 해당 투자구성기업을 투과기업으로 보아 대통령령으로 정하는 바에 따라 이 장을 적용할 수 있다.

국조법 제79조 제5항의 규정은, Pillar 2 모델 규정 7.5.1조에서 규정하는 '투자구성기업의 투과과세 선택'에 관한 내용 중 핵심부분을 법령화한 것인데, 나머지 부분은 시행령 또는 시행규칙에 포함될 것으로 전망된다. Pillar 2 모델 규정 7.5.1조의 내용은 다음과 같다.

(7.5.1조) 신고구성기업은 투자기업(Investment Entity) 또는 보험투자기업(Insurance Investment Entity)인 어느 구성기업을 조세투과기업(Tax Transparent Entity)으로 처리할 것을 선택할 수도 있다. 다만, 이 경우 투자기업의 구성기업 소유주는 그 기업에 대한 소유권 지분의 공정가치의 연간 변동에 대해 시가법(mark-to-market) 등 유사한 방식으로 그 소재지에서 과세를 적용받고, 그 세율은 최저한세율 이상이어야 한다. 이러한 목적상, 또 다른 투자기업 또는 보험투자기업에 대한 직접소유지분을 통해 어느 투자기업 또는 보험투자기업에 대한 소유지분을 간접적으로 소유하는 구성기업은 두 번째 언급된 기업의 직접소유지분에 관해 시가법 또는 유사한 방법으로 과세를 적용받는다면, 첫 번째 언급된 기업의 간접소유지분에 관해서도 시가법 또는 유사한 방법에 따라 과세를 적용받는 것으로 간주한다.

이와 같이 신고구성기업의 선택에 따라 투자기업 등을 조세투과기업으로 취급함으로써 다국적기업그룹은 투자기업 영업실적의 구성기업 소유주 지분을 글로벌최저한세 목적상 구성기업 소유주의 소득으로 취급할 수 있다. 다만, 이러한 선택은 구성기업 소유주가 시가법 체계를 적용받는 경우에만 가능하다는 점을 유념할 필요가 있다.

Pillar 2 모델 규정 7.5.2조에서는, 이와 같은 선택을 한번 하게 되면 투과과세가 5개년도 동안 적용된다고 규정하고 있다. 한편 선택을 취소하는 경우, '투자기업이 보유한 자산 또는 부채의 처분으로 인한 차익 · 차손은 취소연도의 초일 현재 자산 또는 부채의 공정가치를 기초로 산정된다'라고 규정하고 있다.

제79조【투자구성기업에 대한 특례】

⑥ 제1항부터 제4항까지의 규정에도 불구하고 투자구성기업이 주주구성기업에 이익 등을 분배하고 주주구성기업이 그 분배받은 금액에 대하여 최저한세율 이상으로 과세될 것이 합리적으로 예상되는 경우에는 신고구성기업의 선택에 따라 다음 각 호의 방법을 대통령령으로 정하는 바에 따라 적용할 수 있다.

1. 투자구성기업의 글로벌최저한세소득 중 주주구성기업에 분배되는 금액 등 대통령령으로 정하는 금액은 해당 주주구성기업의 글로벌최저한세소득을 계산할 때 포함한다.
2. 각 사업연도 종료일에 해당 사업연도 개시 전 세 번째 사업연도 투자구성기업의 글로벌최저한세소득 금액 중 아직 분배되지 아니한 금액 등 대통령령으로 정하는 금액이 있는 경우에는 해당 투자구성기업을 저율과세구성기업으로 보고, 그 금액 중 주주구성기업에 귀속되는 금액에 최저한세율을 곱하여 계산한 금액을 그 투자구성기업의 추가세액으로 보아 제72조 및 제73조를 적용한다.

국조법 제79조 제6항은 투자구성기업의 실효세율을 계산함에 있어 또 다른 대안을 제공한다. 즉 이 규정은, Pillar 2 모델 규정 7.6조에서 규정하는 '투자구성기업의 분배과세 방법(Taxable Distribution Method) 선택'에 관한 내용 중 핵심적인 부분을 법제화한 것인데 나머지 부분은 시행령 등에 규정될 것으로 보인다. Pillar 2 모델 규정 7.6조의 내용은 다음과 같다.

(7.6.1조) 신고구성기업의 선택으로, 투자기업이 아닌 구성기업 소유주는 투자기업인 구성기업의 소유지분에 관하여 분배과세방식을 선택할 수도 있다. 다만, 이 경우 구성기업 소유주는 투자기업의 분배에 대해 최저한세율 이상의 세율로 과세를 적용받을 것이 합리적으로 예상될 수 있어야 한다.

(7.6.2조) 분배과세방법하에서

(a) 투자기업의 글로벌최저한세소득에 대한 분배 및 간주분배는 그 분배를 받은 구성기업소유주(투자기업인 경우는 제외함)의 글로벌최저한세소득에 포함된다.

(b) 현지 공제가능세금가산액은 그 분배를 받은 구성기업소유주(투자기업인 경우는 제외함)의 글로벌최저한세소득과 조정대상조세에 포함된다.

(c) 판정연도에 대해 투자기업의 미분배 글로벌최저한세 순소득 중 구성기업소유주의 비례적 지분은 보고회계연도 투자기업의 글로벌최저한세소득으로 처리되고, 그 글로벌최저한세소득에 최저한세율을 곱한 값은 Pillar 2 모델규정 제2장 목적상 해당 회계연도 저세율구성기업의 추가세액으로 처리된다. 그리고

(d) 해당 회계연도 투자기업의 글로벌최저한세소득 · 결손과 그 소득에 귀속되는 조정대상조세는 상기 (b)에서 제시한 것 이외에는 Pillar 2 모델규정 제5장 7.4.2조부터 7.4.5조에 따른 실효세율 계산에서 모두 제외된다.

(7.6.3조) 어느 회계연도 미분배글로벌최저한세순소득은 해당 판정대상연도에 대해 투자기업의 글로벌최저한세소득(해당 시) 금액에서 다음이 감소된 금액(0이하일 경우 0으로 함)을 말한다.

(a) 투자기업의 대상조세

(b) 판정기간에 투자기업인 구성기업들을 제외한 주주에 지급된 분배액 및 간주분배액

(c) 판정기간에 발생한 글로벌최저한세결손

(d) 투자손실 이월액

(7.6.4조) 판정대상연도 미분배글로벌최저한세순소득은 분배 또는 간주분배가 이전 판정대상연도의 미분배글로벌최저한세순소득 감소로 처리되는 한도까지는 그 분배에 의해 감액될 수 없다. 미분배글로벌최저한세 순소득 계산목적상, 글로벌최저한세결손은 이전 회계연도말 미분배글로벌최저한세순소득을 감액한 한도까지 감소된다. 어느 회계연도 글로벌최저한세결손은 그 회계연도가 포함되는 최종 판정기간 종료일 전에 0으로 감소되지 않으면, 그 잔액은 투자손실 이월액이 되고 후속 회계연도들에서 글로벌최저한세결손과 동일한 방식으로 감소된다.

(7.6.5조) 7.6조 목적상

(a) 판정대상연도는 보고회계연도의 직전 세 번째 연도를 말한다.
(b) 판정기간은 판정대상연도의 첫날에 시작하여 어느 기업집단내부기업이 소유지분을 보유한 보고회계연도의 마지막 날에 끝나는 기간을 말한다.
(c) 간주분배는 투자기업에 대한 직접 또는 간접 소유지분이 기업집단외부기업에게 양도될 때 발생하며, 그 금액은 해당 양도일에 그 소유지분에 기인하는 미분배글로벌최저한세순소득의 비례적 지분(간주분배와 관계없이 산정됨)을 말한다.
(d) 현지 공제세액가산액은 투자기업에 의해 발생되는 대상조세로서, 투자기업으로부터의 분배와 관련하여 발생하는 구성기업 소유주의 납부세액에 대해 공제가 허용되는 금액을 말한다.

(7.6.6조) 이 조에 따른 선택은 5개년도 동안 적용한다. 선택이 취소된 경우, 취소연도 직전 회계연도 말에 판정대상연도 투자기업의 미분배글로벌최저한세순소득 중 구성기업소유주의 비례적 지분은 취소연도 투자기업의 글로벌최저한세소득으로 처리되고, 그 해 글로벌최저한세소득에 최저한세율을 곱한 값은 Pillar 2 모델규정 제2장의 목적상 취소연도 저세율구성기업의 추가세액으로 처리된다.

위에서 규정된 분배과세방법의 주요 내용을 요약하면 다음과 같다. 즉 투자구성기업의 소유주가 투자구성기업으로부터 소득을 배분받은 후 4년 이내에 최저한세율 이상으로 과세가 된다면, 신고구성기업은 분배과세방법을 선택할 수 있다. 이 방법에 따르면 투자구성기업의 소유주에 분배된 금액은 해당 소유주가 글로벌최저한세소득에 포함시켜 실효세율을 계산하고, 투자구성기업이 지급배당 소득공제를 받은 경우에는 해당 소유주가 글로벌최저한세소득과 대상조세에 각각 포함시켜 실효세율을 계산한다. 한편, 미분배된 금액은 투자구성기업의 실효세율 계산 시 분모를 구성한다. 이 경우 분배금액은 실제분배와 간주분배를 포함한 금액을 가리킨다.

분배과세 방법에 따른 간주분배는 일반적으로 구성기업 소유주에게 적용되는 법률을 참조하여 결정된다. 분배과세 방법은 해당 기업 소유주가 분배과세를 적용받을 경우 투자구성기업을 통해 다국적기업그룹이 창출한 소득의 귀속시기와 소재지를 모두 소유주의 소득에 대한 세금과 일치시키기 위해 도입된 제도이다.[126] 미분배글로벌최저한세순소득은 투자기업인 구성기업들이 아닌 주주들에 대한 분배 및 간주분배를 행한 만큼 감소된다. 다국적기업그룹의 외부기업을 포함한 다른 모든 주주에 대한 분배는 미분배글로벌최저한세순소득을 감소시킨다. 투자기업들인 구성기업들에 대한 분배는 그 분배가 후속적으로 비투자기업에게 분배될 때에만 미분배글로벌최저한세순소득을 감소시킨다. 미분배글로벌최저한세순소득은 결손으로 인해 배당으로 분배할 수 있는 금액이 감소하기 때문에 결손의 경우에도 해당 소득은 감소한다.

판정대상연도 미분배글로벌최저한세순소득 계정은 그러한 분배가 이전 판정대상연도 미분배글로벌최저한세순소득 계정을 감소시키는 것으로 처리되지 않는 한 판정기간 동안의 분배에 의해 감소된다. 판정기간(Testing Period)은, 판정대상연도(Tested Year)에서 시작하여 보고대

[126] Pillar 2 모델규정 7.6.2조에 관한 주석서. 102문단

상 회계연도로 끝나는 4년의 기간으로 정의된다.

이와 같은 방식으로 미분배글로벌최저한세순소득 계정의 금액이 확정되면 이것을 토대로 투자구성기업의 추가세액을 확정한 후 이 세액에 대해 국조법 제73조에 규정된 소득산입규칙 또는 제74조에 규정된 소득산입보완규칙을 적용하여 우리나라의 구성기업이 납부해야 할 글로벌최저한세가 산정된다.

적용면제 특례

제80조【적용면제】

제70조 제1항에도 불구하고 대통령령으로 정하는 적용면제 요건을 갖춘 국가에 대해서는 신고구성기업의 선택에 따라 해당 사업연도 해당 국가의 추가세액을 영으로 볼 수 있다. 다만, 대통령령으로 정하는 요건을 갖추었는지에 대하여 소명하지 못하는 경우로서 대통령령으로 정하는 경우에는 그러하지 아니하다.

기획재정부가 2022년 7월 발표한 세제개편안을 보면 '글로벌최저한세 적용면제 대상으로서 특정국가에 있는 어느 다국적기업그룹의 연평균 글로벌최저한세매출액이 1천만 유로 미만이고 평균 글로벌최저한세소득·결손이 1백만 유로 미만인 국가에 소재하고 있는 경우에는 해당 국가에 있는 구성기업 등의 추가세액은 없는 것으로 간주하여 실효세율을 계산하지 않을 수 있다'고 규정한 바 있다. 이는 납세편의를 고려한 일종의 safe harbour 규정이라고 할 수 있다. 이와 같은 사항은 현재 개정된 국조법 자체에는 규정되어 있지 않으나 추후 개정될 국조법 시행령에는 반영될 것으로 생각된다.

최초적용연도에 대한 특례

제81조 【최초적용연도에 대한 특례】

① 다국적기업그룹이 제69조에 따라 국가별 실효세율을 계산할 때 해당 국가에 대하여 이 장이나 그에 상당하는 다른 국가의 법령(이하 이 장에서 "글로벌최저한세제도"라 한다)이 적용되는 첫 번째 사업연도(이하 이 장에서 "최초적용연도"라 한다)의 경우에는 제67조 제2항에도 불구하고 해당 국가에 소재하는 모든 구성기업의 최초적용연도 회계에 계상되거나 공시된 모든 이연법인세자산과 이연법인세부채를 산입하여 총이연법인세조정금액을 산정한다.

② 제1항에 따른 총이연법인세조정금액의 산정 등 최초적용연도 실효세율의 계산에 필요한 사항은 대통령령으로 정한다.

국조법 제81조는 최초적용연도에 대한 특례를 규정하고 있는 바, 그 핵심적인 내용은 글로벌최저한세 도입초기에 납세자들이 제도에 쉽게 순응할 수 있도록 납세의무자의 의무적 준수사항을 간소화한다는 것이다.

Pillar 2 모델규정 9.1조에서는 '전환 시 조세속성'에 대해 다음과 같이 규정하고 있다.

(9.1.1조) 어느 전환연도[127], 그리고 각 후속연도에 어느 관할국에 대해 실효세율을 산정할 때, 다국적기업그룹은 해당 전환연도 관할국의 모든 구성기업들의 회계장부에 반영되거나 공시된 모든 이연법인세자산과 이연법인세부채를 고려한다. 그 이연법인세자산 및 부채는 최저한세율 또는 해당 국내세율 중 낮은 세율로 고려된다. 이연법인세자산이 글로벌최저한세결손에서 기인한다는 것을 납세자가 입증할 수 있다면, 최저한세율보다 낮은 세율로 기록된 이연법인세자산은 최저한세율로 고려될 수 있다. 이 조항의 적용 목적상, 이연법인세자산에 관련하여 가치평가 조정이나 회계인식 조정의 영향은 무시된다.

(9.1.2조) 이연법인세자산이 2021년 11월 30일 이후에 일어난 거래에서

발생하는 경우, Pillar 2 모델규정 제3장에 따라 글로벌최저한세소득 · 결손에서 제외되는 항목에서 발생하는 이연법인세자산은 9.1.1조의 계산으로부터 제외된다.

(9.1.3조) 2021년 11월 30일 이후와 전환연도 개시 전 구성기업들 간에 자산양도가 있는 경우, 취득자산(재고자산 제외)의 기초가액은 처분구성기업의 처분 시 양도자산 장부가액을 따르고 그 기초가액에 따라 산정된 이연법인세자산 · 부채를 글로벌최저한세에 적용하여야 한다.

위 규정들을 통해서 알 수 있듯이, 글로벌최저한세 도입 초기에는 다국적기업그룹이 전환연도가 개시되기 전에 글로벌최저한세 규정의 적용을 받은 것처럼 복잡한 계산을 수행하도록 요구하는 대신 다국적기업그룹이 전환연도의 개시일 현재 최저한세율과 해당 국내세율 중 낮은 세율로 다국적기업그룹의 이연법인세회계 속성을 고려할 수 있도록 하는 단순화된 접근법을 Pillar 2 모델규정에서 규율하고 있다. 그러나 글로벌최저한세결손에 대해 최저한세율보다 낮은 세율로 기록된 이연법인세자산에 대해서는, 납세자가 '결손이 발생한 연도에 다국적기업그룹이 글로벌최저한세 규정의 적용을 받는다면 글로벌최저한세결손이 될 수 있다'는 것을 증명할 수 있다면 최저한세율로 재계산될 수 있다. 이러한 속성에는 회계인식조정이나 평가충당금 때문에 인식하지 못한 손실도 포함된다. 비록 일반적인 경우에는 글로벌최저한세 계산 목적상 산출되는 이연법인세비용에 대해 국조법 제67조 제2항을 적용해야 하지만, 국조법 제81조는 위와 같은 점을 감안하여 이연법인세비용에 대해 별도의 특례를 규정할 수 있는 법적 근거를 마련하였으며, 위 모델규정 9.1.1조~9.1.3조의 내용은 조만간 국조법 시행령에

---

127 전환연도(Transition Year)란 해당 다국적기업그룹이 해당 관할국에 대해 글로벌최저한세가 적용되게 하는 최초의 회계연도를 말한다(Pillar 2 모델규정 10.1조 용어정의).

반영될 것으로 보인다.

해외진출 초기의 다국적기업그룹에 대한 특례

제82조【해외진출 초기의 다국적기업그룹에 대한 특례】

① 각 사업연도에 해외진출 초기의 다국적기업그룹으로서 대통령령으로 정하는 다국적기업그룹에 대해서는 제73조를 적용하지 아니한다. 다만, 해당 다국적기업그룹이 글로벌최저한세제도를 적용받는 사업연도에 그 다국적기업그룹이 소유한 국가별 유형자산의 대통령령으로 정하는 순장부가액의 합계가 가장 큰 국가가 우리나라인 경우에는 다음 각 호의 방법에 따라 제73조를 적용한다.

1. 우리나라에 저율과세구성기업이 소재하는 경우에는 제73조 제2항 및 제3항을 적용할 때 해당 저율과세구성기업의 추가세액을 영으로 본다.
2. 제73조 제4항을 적용할 때 소득산입보완규칙 국내 배분비율을 1로 본다.

② 다국적기업그룹이 처음으로 글로벌최저한세제도를 적용받는 사업연도의 개시일 이후 5년이 되는 날의 다음 날 이후에 개시하는 사업연도부터는 제1항을 적용하지 아니한다.

국조법 제82조는 '해외진출 초기의 다국적기업그룹에 대한 특례'를 규정함으로써 상대적으로 국제거래를 개시한 지 오래되지 않고 국제거래 규모가 상대적으로 작은 기업들에 대해서는 글로벌최저한세 적용대상에서 제외시키는 규정을 두고 있다.

국조법 제82조 제1항 제1호에서는 '해당 저율과세구성기업의 추가세액을 영으로 본다'고 규정하고 있는 바, 이는 다국적기업집단이 구성기업들의 실효세율을 계산할 필요가 없으며, 배제가 적용되지 않았다면 납부해야 할 추가세액을 계산할 필요가 없다는 것을 의미한다.

Pillar 2 모델규정 9.3조에서는 '해외활동 초기단계 다국적기업집단의 비용공제부인규칙[128] 제외'라는 제목하에 다음과 같이 규정하고 있는데 일부 주요 내용은 국조법 제82조에 포함되어 있으나 나머지 대다수의 내용들은 추후 개정될 국조법 시행령 등에 반영될 것으로 보인다.

(9.3.1조) 필라 2 모델규정 2.5.1조에 따라 고려되는 추가세액은 동 모델규정 제5장에 규정된 요건에도 불구하고, 9.3.4조에 따라 다국적기업그룹의 해외활동 초기단계 동안 0으로 감소된다.

(9.3.2조) 9.3조의 목적상, 다국적기업그룹은 어느 회계연도 다음의 요건을 모두 갖춘 경우에는 해외활동의 초기단계에 있다고 본다.

(a) 6개 이하의 관할국들에 구성기업들을 두고 있다.

(b) 기준 관할국을 제외한 모든 관할국에 소재한 모든 구성기업의 유형자산 순장부가액[129]의 합이 5,000만 유로를 초과하지 않는다.

(9.3.3조) 9.3.2조의 목적상, 어느 다국적기업그룹의 기준 관할국(Reference Jurisdiction)은 원래대로라면 글로벌최저한세 규칙 적용 범위 내에 속하였을 회계연도에 가장 큰 유형자산 총액을 보유한 관할국을 말한다. 어느 관할국의 유형자산 총액은 그 관할국에 소재한 다국적기업그룹의 모든 구성기업들의 유형자산의 순장부가액의 합계를 말한다.

(9.3.4조) 9.3조는 다국적기업그룹이 최초 글로벌최저한세 규칙의 적용범위에 포함되었을 때 첫 번째 회계연도의 첫날부터 5년 후에 시작하는 모든 회계연도에 대해서는 적용하지 않는다. 글로벌최저한세 규칙이 시행될 때 그 적용범위에 있는 다국적기업그룹들에 대해서는 5년 기간은 비용공제부인규칙이 시행되는 시점부터 시작한다.

---

128 Pillar 2 모델규정상 '비용공제부인규칙'은 국조법상 '소득산입보완규칙'을 가리킨다.

129 유형자산 순장부가액(Net Book Value of Tangible Assets)이란 재무제표에 기재된 감가상각비, 감모상각비, 손상차손 누계액을 고려한 후 유형자산의 기초가액과 기말가액의 평균액을 말한다(Pillar 2 모델규정 10.1조 용어정의)

국조법 제82조 제2항에서 규정하는 5년의 기간은 다국적기업그룹이 글로벌최저한세 적용 요건을 처음 충족하는 시점부터이며, 다국적기업그룹이 글로벌최저한세 규정의 적용을 받는 첫 회계연도를 포함한다. 예를 들어, 다국적기업그룹이 2025년 1월 1일부터 시작되는 회계연도에 대해 글로벌최저한세 요건을 최초 충족한다고 가정한다. 해당 다국적기업그룹은 2029년 12월 31일 이후 시작되는 회계연도에 대해서는 모델규정 9.3.1조에 규정된 제외 혜택을 받지 못한다.[130] 이는 구성기업이 소재한 국가 중 2024년 개시일 현재 발효 중인 손금산입보완규칙을 채택했는지 여부에 관계없이 적용된다.[131]

130 Pillar 2 모델규정 9.3.4조에 관한 주석서 24문단.

131 Pillar 2 모델규정 9.3.4조에 관한 주석서 25문단.

10 글로벌최저한세의 신고 · 납부는 어떻게 해야 할까?

글로벌최저한세정보신고서의 제출

제83조【글로벌최저한세정보신고서의 제출】

① 국내구성기업은 각 사업연도의 글로벌최저한세정보신고서를 대통령령으로 정하는 바에 따라 해당 사업연도 종료일부터 15개월(최초적용연도의 경우에는 18개월) 이내에 납세지 관할 세무서장에게 제출하여야 한다.

② 제1항에 따라 국내구성기업이 제출하여야 하는 글로벌최저한세정보신고서는 해당 국내구성기업과 같은 다국적기업그룹에 속하는 국내구성기업으로서 대통령령으로 정하는 기업(이하 이 장에서 "지정국내기업"이라 한다)이 대신하여 제출할 수 있다.

③ 제1항 및 제2항에도 불구하고 국내구성기업은 해당 국내구성기업과 같은 다국적기업그룹에 속하는 국외 소재 구성기업이 제1항에 따른 글로벌최저한세정보신고서에 해당하는 신고서를 그 소재지국 과세당국에 제출하는 경우로서 대통령령으로 정하는 경우에는 제1항 및 제2항에 따른 글로벌최저한세정보신고서를 제출하지 아니할 수 있다.

④ 국내구성기업이 제3항에 따라 글로벌최저한세정보신고서를 제출하지 아니하는 경우에도 해당 국내구성기업 또는 지정국내기업은 제3항에 따른 신고서를 제출하는 국외 소재 구성기업에 관한 사항을 해당 사업연도 종료일부터 15개월(최초적용연도의 경우에는 18개월) 이내에 대통령령

령으로 정하는 바에 따라 납세지 관할 세무서장에게 신고하여야 한다.
⑤ 납세지 관할 세무서장 또는 관할 지방국세청장은 제1항 및 제2항에 따라 제출된 글로벌최저한세정보신고서 또는 그 밖의 제출서류에 미비한 점이 있거나 오류가 있을 때에는 보정할 것을 요구할 수 있다.

국조법 제83조 제1항은 국내구성기업의 글로벌최저한세정보신고서[132] 제출의무를 규정하고 있고, 제2항은 지정국내기업이 국내구성기업을 대신하여 글로벌최저한세정보신고서를 제출할 수 있음을 규정하고 있다. 또한 제3항에 따르면 국외 소재 구성기업이 글로벌최저한세정보신고서를 그 소재지국 과세당국에 제출하는 경우에는 국내구성기업은 글로벌최저한세정보신고서를 제출하지 않아도 된다.

국조법 제61조(정의) 제1항 제14호는, "「신고구성기업」이란 제83조에 따라 글로벌최저한세정보신고서를 제출하는 기업(국외에 소재하는 구성기업이 글로벌최저한세정보신고서를 그 기업이 소재하는 국가의 과세당국에 제출하는 경우에는 그 제출하는 구성기업으로 한다)을 말한다."라고 규정하고 있는 바, 신고구성기업은 경우에 따라 국내구성기업이 될 수 있고 국외 소재 구성기업이 될 수도 있음을 유념할 필요가 있다. 이러한 규정은 Pillar 2 모델 규정 8.1.1조를 반영한 것이라 할 수 있는데, 이 조항은 글로벌최저한세 시행 관할국에 소재하는 각 구성기업이 글로벌최저한세정보신고서를 글로벌최저한세를 시행하는 관할국의 과세당국에 제출해야 하는 의무가 있음을 규정하면서 그 구성기업이 지정하는 현지 기업이 대신하여 제출할 수 있음도 함께 규정하고 있다.

한편 최종모기업이 아닌 도관기업 같은 무국적 구성기업은 시행 관

132 '글로벌최저한세정보신고서(GloBE Information Return)'는 과세당국에 글로벌최저한세 규정에 따라 특정 구성기업의 납부세액의 정확성을 평가하는 데 필요한 정보를 제공하는 표준화된 템플릿 형태의 신고서를 말한다.

할국에 소재하지 않기 때문에 신고서를 제출할 필요가 없다. 예를 들면, 도관기업으로서 기업이 조직된 관할국에서 세무상 거주자로 취급되지 않는 파트너십은 일반적으로 글로벌최저한세정보신고서를 제출할 필요가 없다. 그러나 도관기업이 최종모기업이거나 소득산입규칙을 적용해야 하는 경우에는 글로벌최저한세정보신고서를 제출해야 한다. 이러한 경우에, 글로벌최저한세정보신고서는 도관기업을 대신하여 수탁자 또는 관리자와 같은 승인받은 기업이 제출할 수 있다. 마찬가지로, 고정사업장에 해당하는 구성기업들은 사업장들이 소재하는 관할국에 글로벌최저한세정보신고서를 제출한다.[133]

다국적기업그룹의 연결재무제표에서 공동기업으로 취급되는 기업은 그 기업의 추가세액 계산목적으로만 구성기업으로 취급되므로 모델 규정 8.1.1조에 따라 글로벌최저한세정보신고서를 제출할 필요가 없다. 같은 이유로, 다국적기업집단에 의해 공동기업의 종속기업으로 취급되는 기업은 글로벌최저한세정보신고서를 제출할 필요가 없다.[134]

국조법 제83조 제4항은, 제3항의 경우와 같이 국외 소재 구성기업이 신고구성기업이 되는 경우에도 국내구성기업 또는 지정국내기업은 해당 사업연도 종료일부터 15개월(최초적용연도의 경우에는 18개월) 이내에 납세지 관할 세무서장에게 신고하도록 규정하고 있다. 이는 '글로벌최저한세 시행국에 소재한 구성기업 또는 지정현지기업은 시행국 과세당국에 글로벌최저한세정보신고서를 제출하는 기업의 실체와 그 기업이 소재하는 관할국을 통지'하도록 한 Pillar 2 모델 규정 8.1.3조와 '글로벌최저한세정보신고서 및 이 조에 따른 통지서들은 보고대상 회계연도

[133] 필라 2 모델규정 8.1.1조의 주석서 6문단.

[134] 필라 2 모델규정 8.1.1조의 주석서 8문단.

종료일 후 15개월 이내에 시행국의 과세당국에 제출'하도록 한 모델 규정 8.1.6조를 반영한 조항이라고 할 수 있다.

Pillar 2 모델 규정 8.1.4조에서는 글로벌최저한세정보신고서에 포함되어야 하는 정보에 대해 다음과 같이 규정하고 있다. 이와 같은 내용은 국조법 시행령 또는 시행규칙에 반영될 것으로 보인다.

(8.1.4조) 글로벌최저한세정보신고서는 글로벌최저한세 이행체계(GloBE Implementation Framework)에 따라 개발된 표준양식[135]에 따라 제출되어야 하고, 글로벌최저한세정보신고서는 다국적기업그룹에 관한 다음의 정보[간편 보고절차의 개발을 포함하여 글로벌최저한세 이행체계에 따라 구체화, 확장 또는 제한됨]를 포함한다.

(a) 세금식별번호(Tax Identification Numbers) 등 구성기업들의 실체, 소재지 관할국, 글로벌최저한세 규칙상의 지위
(b) 다른 구성기업들이 보유한 구성기업들에 대한 지배지분을 포함한 다국적기업그룹의 전반적인 기업구조에 대한 정보
(c) 계산에 필요한 정보 :
  i. 제5장에 따른 각 관할국의 실효세율 및 각 구성기업의 추가세액
  ii. 제6장에 따른 공동기업그룹 소속기업의 추가세액
  iii. 제2장에 따른 소득산입규칙에 따른 추가세액 배분 및 각 관할국에 대한 비용공제부인규칙(소득산입보완규칙) 추가세액
(d) 글로벌최저한세 규정의 관련 조항에 따라 이루어진 선택 관련 기록
(e) 글로벌최저한세 이행체계의 일부로서 합의되고 글로벌최저한세 규정의 시행에 필요한 기타 정보

---

135 2022년 12월 20일에 글로벌최저한세 이행체계의 일부로서 OECD IF가 발간한 "Pillar Two - GloBE Information Return"이라는 제목의 의견수렴용 문서(public consultation document)에는 Annex A1. Data Points에 템플릿 형태의 정보 신고양식이 포함되어 있다.

신고 후 조정 및 세율변경

제68조【신고 후 조정 및 세율변경】

① 각 사업연도에 구성기업의 이전 사업연도 회계상 계상된 대상조세 금액이 제83조 제1항에 따른 글로벌최저한세정보신고서의 제출 이후에 결정이나 경정 등으로 증가 또는 감소되는 경우에는 다음 각 호의 구분에 따라 결정이나 경정 등이 이루어진 날이 속하는 사업연도(이하 이 조에서 "경정사업연도"라 한다)의 대상조세 또는 결정이나 경정의 대상이 되는 이전 사업연도(이하 이 조에서 "경정대상사업연도"라 한다)의 조정대상조세에 가산하거나 조정대상조세에서 차감한다.

1. 경정대상사업연도의 대상조세 금액이 증가되는 경우 : 대상조세 금액의 증가액을 경정사업연도의 대상조세에 가산한다.
2. 경정대상사업연도의 대상조세 금액이 감소되는 경우 : 대상조세 금액의 감소액을 경정대상사업연도의 조정대상조세에서 차감하고 대통령령으로 정하는 바에 따라 경정대상사업연도의 제69조에 따른 실효세율과 제70조 및 제71조에 따른 추가세액을 다시 계산한다.

② 제1항 제2호에도 불구하고 경정대상사업연도 대상조세의 감소액이 대통령령으로 정하는 경미한 감액에 해당하는 경우에는 신고구성기업의 선택에 따라 그 감소액을 해당 구성기업의 경정사업연도 대상조세에서 차감할 수 있다.

③ 구성기업의 소재지국에서 구성기업의 이연법인세비용 산정에 적용되는 세율이 변경되는 경우에는 대통령령으로 정하는 바에 따라 대상조세를 조정한다.

④ 구성기업이 이전 사업연도에 회계상 당기법인세비용으로 계상하고 조정대상조세에 포함한 금액으로서 1백만 유로를 초과하는 금액을 그 이전 사업연도의 종료일부터 3년 이내에 납부하지 아니하는 경우에는 미납된 금액을 그 이전 사업연도의 조정대상조세에서 차감하여 대통령령으로 정하는 바에 따라 해당 이전 사업연도의 제69조에 따른 실효세율과 제70조 및 제71조에 따른 추가세액을 다시 계산한다.

⑤ 제1항부터 제4항까지에서 규정한 사항 외에 이전 사업연도의 제83조제1항에 따른 글로벌최저한세정보신고서의 제출 이후 대상조세, 조정대상조세 등의 조정 등에 필요한 사항은 대통령령으로 정한다.

국조법 제68조 제1항 제1호에 따르면, 구성기업이 이전 회계연도 대상조세에 대한 증가조정을 하는 경우 '대상조세 금액의 증가액을 경정사업연도의 조정대상조세에 가산한다.'는 원칙을 규정함으로써 글로벌최저한세 규정 목적에 따라 당기 회계연도 대상조세의 증가조정으로 취급할 수 있도록 허용하고 있다. 그러나 국조법 제68조 제1항 제2호는 "대상조세 금액의 감소액을 경정대상사업연도의 조정대상조세에서 차감하고 대통령령으로 정하는 바에 따라 경정대상사업연도의 제69조에 따른 실효세율과 제70조 및 제71조에 따른 추가세액을 다시 계산한다"라고 규정하고 있는 바, 이는 대상조세 금액이 감소하는 경우 수정이 발생한 해당 회계연도의 실효세율 및 추가세액을 재계산하고 필요시 추가세액을 납부해야 함을 의미한다. 대상조세의 중요한 감소에 대한 조정은 해당 회계연도에 과다하게 대상조세가 인식되어 있어 대상조세의 과대표시로 인해 추가세액의 회피가능성이 존재하고 단순히 대상조세의 감소만으로는 추가세액을 재계산할 수 없을 가능성이 존재하기 때문에 조정이 발생한 회계연도에 대해 이루어지도록 규정한 것이다.[136]

한편 국조법 제68조 제2항은 "제1항 제2호에도 불구하고 경정대상사업연도 대상조세의 감소액이 대통령령으로 정하는 경미한 감액에 해당하는 경우에는 신고구성기업의 선택에 따라 그 감소액을 해당 구성기업의 경정사업연도 대상조세에서 차감할 수 있다"라고 규정하고 있다. 즉 납세자는 대상조세에 중요하지 않은 감소를 당기 회계연도에 포함할 수 있도록 선택할 수 있다. 여기서 시행령으로 정할 예정인 경미한 감액은 '특정 회계연도에 대해 확정된 조정대상조세의 총감소액이 1백만 유로 미만인 경우[137]'로 규정될 것으로 보인다.

---

136 Pillar 2 모델규정 4.6.1에 관한 주석서 121문단.

국조법 제68조 제3항은 "구성기업의 소재지국에서 구성기업의 이연법인세비용 산정에 적용되는 세율이 변경되는 경우에는 대통령령으로 정하는 바에 따라 대상조세를 조정한다"라고 규정하고 있다. 이 규정은 "국내 적용세율로의 인하로 인한 이연법인세비용 금액은 이러한 인하로 인해 최저한세율보다 낮은 세율이 적용되는 경우, 이전 회계연도에 대해 4.1.조에 따라 청구된 구성기업의 대상조세에 대한 부담세액 조정으로 처리된다"라는 모델 규정 4.6.2.조의 내용을 국조법에 법제화한 것으로 판단된다.

위와 같은 모델 규정 및 동 규정에 대한 주석서의 내용을 감안하면, 시행령에는 '국내 세율이 후속적으로 감소되는 경우 이전에 대상조세로서 계상된 이연법인세 비용은 이연법인세부채를 환입할 때 실제로 납부될 세액으로 수정되어야 한다'는 내용이 포함되어 규정될 것으로 보인다.[138] 이러한 시행령 규정이 마련되는 경우 효과를 예를 들어 살펴보자. 1차 년도에 구성기업의 관할국의 세율이 15%이고 해당 구성기업은 글로벌최저한세이익이 100이었으나 그 관할국의 법인세법상 가속상각이 허용되어 과세표준은 0이 되었다고 가정하자. 이 경우 이연법인세부채로서 15를 설정하고 이를 이용하여 2차 연도에는 대상조세 15를 상쇄시킬 수 있게 된다.

그런데 2차 년도에 관할국은 내국세율을 10%로 인하한다면, 구성기업은 최종 납부시점에는 실효세율의 10%인 10의 세금만 납부하게 된다. 이 경우 1차 회계연도에 15로 설정한 이연법인세 부채는 10으로 재계산해야 하고 이를 2차 연도에 환입할 때 15가 아닌 실제로 납부할

---

137 Pillar 2 모델규정 4.6.1에 관한 주석서 121문단.

138 Pillar 2 모델규정 4.6.1에 관한 주석서 128문단.

세액인 10으로 수정해야 한다. 이러한 이연법인세부채의 재계산으로 인하여 2차 회계연도에 추가세액 5(=15-10)를 납부하여야 한다.

국조법 제68조 제4항은 "구성기업이 이전 사업연도에 회계상 당기 법인세비용으로 계상하고 조정대상조세에 포함한 금액으로서 1백만 유로를 초과하는 금액을 그 이전 사업연도의 종료일부터 3년 이내에 납부하지 아니하는 경우에는 미납된 금액을 그 이전 사업연도의 조정대상조세에서 차감하여 대통령령으로 정하는 바에 따라 해당 이전 사업연도의 제69조에 따른 실효세율과 제70조 및 제71조에 따른 추가세액을 다시 계산한다"고 규정하고 있다. 이러한 규정의 효과를 다음과 같은 예를 통해 살펴보자. 1차 연도에서 구성기업은 당기 법인세비용을 10으로 설정하고 세무신고 시 해당 금액을 대상조세로서 당기법인세비용 중 10을 조정대상조세로 취급하고 결과적으로 10을 납부할 세액으로 신고했다고 가정하자. 그런데 해당 구성기업은 현지 세법에 따른 법인세 신고서를 제출했지만, 4차 연도까지 해당 금액을 납부하지 않았다면, 그 구성기업은 해당세액의 미납부 결과로서 조정대상조세에서 10을 제외하고 실효세율을 재계산해야 한다.[139]

추가세액배분액의 신고 및 납부

제84조【추가세액배분액의 신고 및 납부】

① 제72조에 따라 모기업인 국내구성기업에 대한 추가세액배분액 및 제73조에 따라 국내구성기업에 배분되는 추가세액배분액을 우리나라에 납부할 의무가 있는 국내구성기업은 해당 사업연도 종료일부터 15개월(최초적용연도의 경우에는 18개월) 이내에 대통령령으로 정하는 바에 따라 추가세액배분액을 납세지 관할 세무서장에게 신고하여야 한다. 이

139 Pillar 2 모델규정 4.6.4에 관한 주석서 133문단.

경우 추가세액배분액의 원화 환산에 사용되는 환율에 관하여는 대통령령으로 정한다.
② 추가세액배분액을 우리나라에 납부할 의무가 있는 국내구성기업은 제1항에 따른 신고기한까지 대통령령으로 정하는 바에 따라 납세지 관할 세무서, 한국은행(그 대리점을 포함한다) 또는 체신관서에 그 금액을 납부하여야 한다.
③ 국내구성기업이 제2항에 따라 납부할 추가세액배분액이 1천만원을 초과하는 경우에는 대통령령으로 정하는 바에 따라 납부할 금액의 일부를 납부기한이 지난 날부터 1개월(「조세특례제한법」 제6조제1항에 따른 중소기업의 경우에는 2개월) 이내에 분납할 수 있다.
④ 제1항에 따라 추가세액배분액을 신고한 경우에는 「국세기본법」을 적용할 때 국세의 과세표준과 세액을 신고한 것으로 본다.

Pillar 2 모델 규정 8.1.1조에 관한 주석서는, 세금 신고와 납부의무 규정의 운용은 기존 관할국별 세금신고와 납부절차의 설계에 기초하여 각 관할국의 결정에 맡기는 것으로 규정하고 있다. 이에 따라 국조법 제84조 및 그 이하의 조항들은 국내구성기업의 신고 · 납부와 관련된 절차 및 행정사항을 우리나라의 일반적인 세금 신고 · 납부 절차 및 행정사항에 부합하는 방식으로 규정하고 있다. 다만, 제1항에서 추가세액배분액 신고기한은 사업연도 종료일부터 15개월(최초적용연도의 경우에는 18개월) 이내에 규정하고 있는 바, 이는 글로벌최저한세정보신고서 제출기한인 사업연도 종료일부터 15개월(최초적용연도의 경우에는 18개월)보다 추가세액신고기한을 앞당기는 것은 불합리하기 때문에 이에 맞춘 것으로 보인다.

한편 국조법 제84조 제2항은 추가세액배분액의 납부기한을 규정하고 있는데 이는 추가세액배분액의 신고기한과 동일한 '사업연도 종료일부터 15개월 이내'이다. 국조법 제84조 제3항은 납부할 세액이 1천만 원을 초과하는 경우 분납을 허용하는 규정으로서 법인세법 제64조 제2항의 분납 규정과 사실상 동일한 내용이 규정되어 있다. 글로벌최저한세의 추가세액배분액을 법인세로서 취급하는 국조법 제63조(납세의무자)의 규정을 고려하면, 국조법 제84조 제2항의 규정을 법인세법 제64조 제2항의 규정과 동일하게 맞춘 것은 당연한 조치로 판단된다.

국조법 제84조 제4항은 '추가세액배분액을 신고한 경우에는 「국세기본법」을 적용할 때 국세의 과세표준과 세액을 신고한 것으로 본다'고 규정하고 있는 바, 이는 국내구성기업이 추가세액배분액을 신고하지 않을 경우 법인세 신고 불성실 가산세를 부과할 수 있는 법적 근거를 제공하는 조항이라고 할 수 있다.

2023년 7월에 발표한 기획재정부의 세법개정안에 따르면 국조법 제84조에 제5항을 다음과 같이 신설할 예정이다.

> ⑤ 과세당국은 제1항 및 제2항에 따라 국내구성기업이 추가세액배분액을 신고·납부하는데 있어 제80조 제1항에 따른 각 전환기사업연도에 해당하는 사업연도에 대해서는 「국세기본법」 제47조의 2 및 제47조의 3에 따른 가산세는 부과하지 아니하며, 같은 법 제47조의 4에 따른 납부지연가산세는 같은 조 제1항에 따른 금액의 100분의 50에 해당하는 금액으로 한다.

이는, 전환기(개시일이 2026.12.31. 이전이고 종료일이 2028.6.30. 이전이라는 제약이 있음) 동안 국세기본법에 따른 무신고, 과소신고·초과 환급 신고 가산세는 면제되고 납부지연가산세는 50% 감면됨을 의미한다.

> **제85조 【결정·경정·통지 및 징수】**
> ① 납세지 관할 세무서장 또는 관할 지방국세청장은 국내구성기업이 제84조에 따른 신고를 하지 아니한 경우에는 그 기업의 각 사업연도

추가세액배분액을 결정한다.

② 납세지 관할 세무서장 또는 관할 지방국세청장은 국내구성기업이 제84조에 따라 신고한 내용에 오류 또는 누락이 있는 경우에는 그 기업의 추가세액배분액을 경정한다.

③ 납세지 관할 세무서장 또는 관할 지방국세청장은 제1항과 제2항에 따라 추가세액배분액을 결정 또는 경정하는 경우에는 장부나 그 밖의 증명서류를 근거로 하여야 한다.

④ 납세지 관할 세무서장 또는 관할 지방국세청장은 제1항과 제2항에 따라 추가세액배분액을 결정 또는 경정한 후 그 결정 또는 경정에 오류나 누락이 있는 것을 발견한 경우에는 즉시 그 추가세액배분액을 다시 경정한다.

⑤ 납세지 관할 세무서장 또는 관할 지방국세청장은 국내구성기업이 그 사업연도 중에 대통령령으로 정하는 사유(이하 이 조에서 "수시부과사유"라 한다)로 추가세액배분액을 포탈할 우려가 있다고 인정되는 경우에는 수시로 그 기업에 대한 추가세액배분액의 부과(이하 "수시부과"라 한다)를 할 수 있다. 이 경우 추가세액배분액을 우리나라에 납부할 의무가 있는 국내구성기업은 수시부과된 세액을 납부한 경우에도 각 사업연도 추가세액배분액에 대하여 제84조에 따른 신고를 하여야 한다.

⑥ 제5항은 그 사업연도 개시일부터 수시부과사유가 발생한 날까지를 수시부과 기간으로 하여 적용한다. 다만, 직전 사업연도에 대한 제84조에 따른 추가세액배분액 신고기한 이전에 수시부과사유가 발생한 경우(직전 사업연도에 대한 추가세액배분액의 신고를 한 경우는 제외한다)에는 직전 사업연도 개시일부터 수시부과사유가 발생한 날까지를 수시부과 기간으로 한다.

⑦ 제5항에 따른 수시부과에 필요한 사항은 대통령령으로 정한다.

⑧ 납세지 관할 세무서장 또는 관할 지방국세청장은 제1항과 제2항에 따라 기업의 추가세액배분액을 결정 또는 경정한 경우에는 대통령령으로 정하는 바에 따라 그 사실을 해당 기업에 알려야 한다.

⑨ 납세지 관할 세무서장은 국내구성기업이 추가세액배분액의 전부 또는 일부를 납부하지 아니하면 그 미납된 추가세액배분액을 「국세징수법」에 따라 징수하여야 한다.

국조법 제85조 제1항 내지 제4항까지의 규정은 법인세법 제66조(결정 및 경정)의 제1항 내지 제4항의 규정과 가급적 부합하도록 작성된 것으로 보인다. 다만 유념해야 할 사항은, 법인세법의 경우에는 제66조 제3항에서 '장부나 그 밖의 증명서류에 의하여 소득금액을 계산할 수 없는 경우'에는 추계(推計)과세가 가능하도록 규정되어 있으나 국조법 제85조에는 이와 같은 규정을 두고 있지 않다. 뿐만 아니라 법인세법 제67조에서는 '법인소득의 귀속자에 대한 소득처분' 규정을 두고 있는데 반하여 국조법 제85조는 이와 같은 규정을 두고 있지 않다. 따라서 현행 규정을 놓고 판단해보면, 글로벌최저한세의 경우에는 일반적인 법인세의 경우와는 달리 추계과세와 소득처분이 적용되지 않는 것으로 판단된다.

국조법 제85조 제5항 내지 제7항은 추가세액배분액에 대한 수시부과에 대해 규정하고 있는데, 이는 법인세법 제69조 제1항 내지 제3항을 준용하여 만들어진 규정이라고 할 수 있다.

국조법 제85조 제8항은, 과세당국이 기업의 추가세액배분액을 결정 또는 경정한 경우 그 사실을 납세자에게 고지해야 하는 의무를 규정하고 있다. 이는 법인세법 제70조(과세표준과 세액의 통지)를 기초로 하여 마련된 규정이라고 할 수 있다.

국조법 제85조 제9항은 '국내구성기업이 추가세액배분액의 전부 또는 일부를 납부하지 아니하면 그 미납된 추가세액배분액을 국세징수법에 따라 징수하여야 한다'고 규정하고 있는데 이는 법인세법 제71조(징수 및 환급) 제1항의 규정을 준용하여 마련된 것으로 보인다.

제86조【질문 · 조사】

글로벌최저한세에 관한 사무에 종사하는 공무원은 그 직무수행에 필요한 경우에는 다음 각 호의 어느 하나에 해당하는 자에 대하여 질문하거나 해당 장부 · 서류 또는 그 밖의 물건을 조사하거나 그 제출을 명할 수 있다. 이 경우 직무상 필요한 범위 외에 다른 목적 등을 위하여 그 권한을 남용해서는 아니 된다.

1. 국내구성기업
2. 제1호의 국내구성기업과 거래가 있다고 인정되는 자

국조법 제86조는 글로벌최저한세 관련 질문 · 조사권을 세무공무원에게 부여하는 규정으로서 법인세법 제122조(질문 · 조사) 규정을 준용한 것으로 판단된다.

한편 국조법 제87조(국제거래에 대한 자료 제출의무 불이행에 대한 과태료) 제1항 본문은 "다음 각 호의 어느 하나에 해당하는 자가 대통령령으로 정하는 부득이한 사유 없이 자료를 기한까지 제출하지 아니하거나 거짓의 자료를 제출하는 경우에는 1억 원 이하의 과태료를 부과한다"라고 규정하고 제1호에서는 '국제거래정보통합보고서 또는 거래명세서를 제출할 의무가 있는 자'를 그리고 제2호에서는 '정상가격산출방법등과 관련하여 세무공무원으로부터 자료제출을 요구 받은 자'를 규정하였는데 2022년 말 국조법 개정 시 제3호에 다음과 같은 규정이 추가되었다.

3. 제83조 제1항에 따라 글로벌최저한세정보신고서를 제출할 의무가 있는 국내구성기업 또는 같은 조 제4항에 따라 신고할 의무가 있는 국내구성기업

이 규정으로 인해, 국내 신고구성기업이 과세당국에 신고기한까지 신고를 하지 않은 경우 1억 원 이하의 과태료가 부과될 수 있다. 그런

데 국외에 신고구성기업이 있는 경우라고 하더라도 그 신고구성기업에 대해 국내구성기업이 국내 과세당국에 신고를 하지 않은 경우(즉 국조법 제83조에 제4항에 따라 신고의무가 있는 경우)에는 1억 원 이하의 과태료가 부과될 수 있다는 점을 유념할 필요가 있다.

한편 2023년 7월 기획재정부가 발표한 세제개편안에 따르면, 국세기본법 제26조의 2 제6항에 제7호를 신설하여 글로벌최저한세의 실효세율이 변경되는 경우에는 과세당국이 변경 사실을 알게 된 날로부터 1년이 되는 날까지 부과제척기간이 연장될 수 있는 특례를 마련할 예정이다. 결과적으로 과세당국 입장에서는 글로벌최저한세 적용에 따른 과세권을 보다 확실하게 확보할 수 있을 것으로 전망된다.

또한 2023년 7월 기획재정부가 발표한 세제개편안은 국조법 제87조에 제4항을 다음과 같이 신설할 예정이다.

> ④ 과세당국은 제1항 제3호에 따른 국내구성기업이 제80조에 따른 각 전환기사업연도에 대하여 글로벌최저한세 규칙의 적용을 위하여 대통령령으로 정하는 적절한 조치를 취하였다고 판단하는 경우 해당 사업연도의 글로벌최저한세정보신고서 또는 그 밖의 제출서류와 관련한 제1항의 과태료를 부과하지 아니한다.

관련 시행령에는 아래와 같은 내용이 적절한 조치의 예시로서 규정될 것으로 예상된다.

① 계산내역 전체를 과세당국에 완전히 공개
② 오인의 상황이 합리적인 경우
③ 오류가 합리적으로 발생가능한 경우
④ 합리적 해석에 기반한 경우
⑤ 당기 또는 이후 사업연도 납부 세액부담이 경감되지 않는 경우

궁금증을 풀어주는

이전가격과 디지털세 Guide Book

이경근

現 서울과학종합대학원 경영학과 교수/ 법무법인(유) 율촌 고문
서울과학종합대학원 국제조세센터장
세계은행 산하 국제투자분쟁해결기구 한국 조정위원
『BEPS 대응지원센터』 자문위원회 위원
조세일보 객원 논설위원

前 한국국제조세협회 이사장(2019.1.~2020.2.)
기획재정부 세제발전심의위원(2013~2015)
UN Tax Expert Committee 부의장(2005~2009)
이전가격 소위원회 위원(2010~2013)
재정경제부 세제실 소득세과장/법인세과장/국제조세과장/
재정경제부 국세심판원 과장 역임(2003~2007)
OECD 재정위원회 사무국 주무행정관 역임(1999.10~2003.1)
美 UC Berkeley 경영학 석사(1992)
프랑스 시앙스포(Sciences - po)대학 경제학 박사(2002)
세무사 자격(1999)

주요저서 · 논문

국제조세 이해와 실무(2022)
국제조세조정에 관한 법률의 이론과 실무(1998)
"Tax Policy Options Enhancing Neutrality in the International Financial Markets (2002)" 등 다수 논문

궁금증을 풀어주는
이전가격과 디지털세 가이드북

저 자	이경근
발 행 인	서동혁
편집·교정	류현수, 박가온, 김영림
편집디자인	이인아, 이은희, 황자애
발 행 처	㈜조세통람
펴 낸 날	2023년 8월 30일 초판 발행

저자와의
협의하에
인지생략

주 소	서울특별시 중구 동호로 14길 5-6(신당동)
등 록	1976. 11. 5. 제9-81호
대 표 전 화	02) 2231-7027
F A X	02) 2234-1754
구 입 문 의	02) 2231-7027~9
I S B N	979-11-6064-280-3 13320
정 가	**50,000원**

(주)조세통람은 좋은 책을 만들기 위해 독자 여러분의 의견을 기다립니다.
• 독자 의견 및 도서 문의 메일 : josetop@inaus.co.kr